O CONTROLE DA ADMINISTRAÇÃO NA ERA DIGITAL

AROLDO CEDRAZ DE OLIVEIRA

Coordenador

Prefácio
Augusto Sherman Cavalcanti

O CONTROLE DA ADMINISTRAÇÃO NA ERA DIGITAL

Belo Horizonte

EDITORA Fórum

2016

© 2016 Editora Fórum Ltda.

É proibida a reprodução total ou parcial desta obra, por qualquer meio eletrônico, inclusive por processos xerográficos, sem autorização expressa do Editor.

Conselho Editorial

Adilson Abreu Dallari
Alécia Paolucci Nogueira Bicalho
Alexandre Coutinho Pagliarini
André Ramos Tavares
Carlos Ayres Britto
Carlos Mário da Silva Velloso
Cármen Lúcia Antunes Rocha
Cesar Augusto Guimarães Pereira
Clovis Beznos
Cristiana Fortini
Dinorá Adelaide Musetti Grotti
Diogo de Figueiredo Moreira Neto
Egon Bockmann Moreira
Emerson Gabardo
Fabrício Motta
Fernando Rossi

Flávio Henrique Unes Pereira
Floriano de Azevedo Marques Neto
Gustavo Justino de Oliveira
Inês Virgínia Prado Soares
Jorge Ulisses Jacoby Fernandes
Juarez Freitas
Luciano Ferraz
Lúcio Delfino
Marcia Carla Pereira Ribeiro
Márcio Cammarosano
Marcos Ehrhardt Jr.
Maria Sylvia Zanella Di Pietro
Ney José de Freitas
Oswaldo Othon de Pontes Saraiva Filho
Paulo Modesto
Romeu Felipe Bacellar Filho
Sérgio Guerra

Luís Cláudio Rodrigues Ferreira
Presidente e Editor

Coordenação editorial: Leonardo Eustáquio Siqueira Araújo

Av. Afonso Pena, 2770 – 15º andar – Savassi – CEP 30130-012
Belo Horizonte – Minas Gerais – Tel.: (31) 2121.4900 / 2121.4949
www.editoraforum.com.br – editoraforum@editoraforum.com.br

C764	O controle da administração na era digital / Aroldo Cedraz de Oliveira (Coord.). – Belo Horizonte : Fórum, 2016. 483 p. ISBN: 978-85-450-0176-8
2016-249	
	1. Direito Administrativo. 2. Administração Pública. 3. Tecnologia da Informação. I. Oliveira, Aroldo Cedraz de. II. Título.
	CDD 351:372.358 CDU 35:004

Informação bibliográfica deste livro, conforme a NBR 6023:2002 da Associação Brasileira de Normas Técnicas (ABNT):

OLIVEIRA, Aroldo Cedraz de (Coord.). *O controle da administração na era digital*. Belo Horizonte: Fórum, 2016. 483 p. ISBN 978-85-450-0176-8.

SUMÁRIO

PREFÁCIO
Augusto Sherman Cavalcanti.. 13

APRESENTAÇÃO
O CONTROLE DA ADMINISTRAÇÃO PÚBLICA
NA ERA DIGITAL
AROLDO CEDRAZ DE OLIVEIRA.. 17
    A transformação da Administração Pública... 20
    A transformação do controle... 26
    O controle como indutor da transformação digital............................ 33
    Governo digital e controle digital: uma visão do futuro.................... 37
    Sobre este livro... 44
    Referências.. 47

PARTE I

CAPÍTULO 1
PANORAMA EVOLUTIVO DA ADMINISTRAÇÃO PÚBLICA
NAIR MARIA GASTON NOGUEIRA.. 51
1.1   Introdução... 51
1.2   Revolução Industrial... 52
1.2.1 Indústria 4.0... 56
1.3   Modelos de Administração Pública... 58
1.3.1 Sistema patrimonial... 58
1.3.2 Sistema burocrático... 59
1.3.3 Sistema gerencial... 61
1.4   O novo quadro de referência da Administração Pública................... 63
1.5   Sociedade Digital... 65
1.6   O novo modelo de intervenção social... 66
1.7   Governo Eletrônico (*e-Gov*) e inclusão digital.................................... 68
1.8   Conclusão... 71
       Referências.. 72

CAPÍTULO 2

TRANSFORMAÇÕES DA ADMINISTRAÇÃO PÚBLICA

RAFAEL JARDIM CAVALCANTE.. 75
2.1   A "nova" Administração Pública Digital.. 76
2.2   A "mutabilidade" do Direito Administrativo na Administração
       Pública Digital.. 79
2.3   A juridicidade e o papel do controle.. 82
2.4   O dilema da discricionariedade.. 85
2.5   A responsabilidade do administrador na Era Digital: O conflito
       entre a liberdade e a responsabilidade.. 88
2.6   Transparência, dados abertos e acesso à informação: o dever
       republicano de utilização da TI.. 93
2.7   O uso (vinculado) de TI na Administração Pública e o controle....... 96
       Referências.. 98

CAPÍTULO 3

ERA DIGITAL

ANTONIO QUINTINO ROSA.. 101
3.1   Importância da informação.. 102
3.1.1 O que é informação... 102
3.1.2 Crescimento da informação.. 105
3.2   Evolução tecnológica – Internet das coisas 110
3.3   Evolução das relações sociais... 114
3.4   Evolução das relações comerciais... 116
       Referências.. 121

CAPÍTULO 4

INOVAÇÃO: DEVER DO ESTADO, DIREITO DO CIDADÃO

GLEDSON POMPEU CORREA DA COSTA 123
4.1   Programas de inovação no Brasil e no mundo............................... 123
4.2   Características e áreas de aplicação no setor público..................... 127
4.3   Inovação social, coprodução e governo aberto.............................. 131
4.4   Aspectos culturais e comportamentais.. 135
4.5   Inovação no controle da Administração Pública............................ 139
       Referências.. 147

CAPÍTULO 5

GOVERNO DIGITAL, CONTROLE DIGITAL E PARTICIPAÇÃO
SOCIAL

GLEDSON POMPEU CORREA DA COSTA 151
5.1   Do governo eletrônico ao governo digital...................................... 152

5.2	Foco do cidadão	154
5.3	Desafios da transformação digital	156
5.4	Governo aberto como fator de sucesso	160
5.5	Estratégias de governo digital	164
5.6	Estratégias de controle digital	173
	Referências	178

PARTE II

CAPÍTULO 1
VISÃO ESTRATÉGICA: GOVERNANÇA E PLANEJAMENTO

ANTONIO QUINTINO ROSA		183
1.1	O que é governança	183
1.1.1	Caracterização	183
1.1.2	Teorias basilares	184
1.1.3	Governança corporativa e governança pública	184
1.1.4	Origem da governança pública contemporânea	185
1.1.5	Princípios de governança pública	186
1.1.6	Governança – Um tema complexo	187
1.2	Capacidade de governança pública	188
1.2.1	Capacidade de governança corporativa no setor público	189
1.2.2	Capacidade de governança em centros de governo	189
1.2.3	Capacidade de governança em políticas públicas	190
1.2.4	Capacidade de governança intraorganizacional	190
1.3	Planejamento e direcionamento estratégico	191
1.3.1	Universalização do planejamento estratégico	191
1.3.1.1	O que é estratégia	191
1.3.1.2	Do planejamento à gestão da estratégia	192
1.3.2	A estratégia no Brasil	195
1.3.2.1	Planejamento estratégico	195
1.3.2.2	Planejamento estratégico institucional	197
1.3.3	Foco nos macroprocessos	198
1.3.3.1	Identificando os macroprocessos	198
1.3.4	Direcionadores de recursos	202
1.3.5	Transparência como dimensão da governança	204
1.3.5.1	Transparência organizacional	204
1.3.5.2	Transparência no Brasil	205
1.3.6	Governo aberto	206
1.3.7	Atuação do TCU na promoção da transparência	207
1.4	Inteligência Organizacional (IO)	210
1.4.1	Conceitos relacionados	211

1.4.2 Disciplinas essenciais para a Inteligência Organizacional............. 212
1.4.2.1 Ciência da Informação (CI) 212
1.4.2.2 Gestão do conhecimento (GC) 212
1.4.2.3 Aprendizagem organizacional (AO) 213
1.4.2.4 Inteligência competitiva (IC) 214
1.4.3 Inteligência Organizacional na Administração Pública e no
Controle Externo 215
1.4.4 Como promover melhorias na Inteligência Organizacional 216
1.4.5 Relação da Inteligência Organizacional com o planejamento
estratégico 219
Referências 220

CAPÍTULO 2
CONTAS PÚBLICAS: TRANSPARÊNCIA E CREDIBILIDADE
CLAUDIO SILVA DA CRUZ 225
2.1 O que é transparência? 225
2.1.1 A evolução do conceito e das normas de transparência no caso
brasileiro 225
2.1.2 Transparência ativa e passiva 230
2.2 Prestação de contas na era da Internet 232
2.3 Certificação da qualidade da informação 236
2.4 Perspectivas de avaliação de governança, riscos e transparência 238
2.4.1 Gestão de riscos institucionais 241
2.4.2 Transparência institucional 243
2.4.3 Responsabilização institucional e da liderança 244
2.5 Tendências das contas públicas na esfera federal 247

CAPÍTULO 3
DESEMPENHO: EFICIÊNCIA, EFICÁCIA E EFETIVIDADE
DAYSON PEREIRA DE ALMEIDA 249
3.1 Evolução da gestão pública: legalidade, transparência e
resultados 249
3.2 Otimalidade e controle 254
3.3 Controle de resultados e políticas públicas baseadas em
evidências 259
3.4 Inovação e controle de resultados 268
3.5 Conclusões 282

CAPÍTULO 4

CONTROLES EFICIENTES NA ADMINISTRAÇÃO PÚBLICA

FABIO HENRIQUE GRANJA E BARROS.. 285
4.1   Introdução.. 285
4.2   Uso intensivo de tecnologia, informação e comunicação (TIC)....... 299
4.3   Atuação das instâncias do controle baseada em risco...................... 301
4.4   Integração e coordenação das instâncias de controle...................... 302
4.5   Conclusão... 304
        Referências... 305

CAPÍTULO 5

NOVAS TECNOLOGIAS APLICADAS AO CONTROLE

REMIS BALANIUK.. 307
5.1   Uso intensivo de TIC – Oportunidades e desafios para as EFS....... 308
5.2   Abordagens preditivas.. 310
5.3   O desafio de integrar a análise preditiva à prática institucional
        das EFS... 314
5.4   Uso de dados semiestruturados e desestruturados......................... 318
5.5   Uso de dados geoespaciais para o controle..................................... 322
5.6   Mineração de grafos e análise de relacionamentos......................... 326
5.7   Dados abertos, governo aberto e o papel das EFS........................... 327
5.8   Engajamento social apoiado em tecnologias cívicas....................... 329
5.9   Criação de um ambiente institucional propício à adoção das
        novas tecnologias na prática do controle....................................... 332
5.10   Conclusão... 335

CAPÍTULO 6

LEGALIDADE: COMBATE À CORRUPÇÃO E *COMPLIANCE* NA "ERA DIGITAL"

RAFAEL JARDIM CAVALCANTE.. 337
6.1   A corrupção nas corporações e no setor público............................ 337
6.2   Corrupção, delegação de competência, governança corporativa
        e o papel do controle... 344
6.3   Prevenção, detecção e responsabilização no combate à corrupção
        no século XXI... 348
6.3.1   Prevenção da corrupção.. 348
6.3.2   Detecção da corrupção.. 357
6.3.3   Responsabilização... 368
6.4   Os programas de integridade e o "paradoxo" do *compliance*.......... 371
        Referências... 376

APÊNDICES

CASES INOVADORES NO TCU 379

APÊNDICE A

LABORATÓRIO DE INOVAÇÃO E COPARTICIPAÇÃO (COLAB-I) 381

Pesquisa 385
Prototipação 386
Comunicação 386
Networking 387
Desafio 388
Design 388
Capacitação 394

APÊNDICE B

O USO DE *ANALYTICS* NO TCU: MODELO PREDITIVO PARA
ESTIMAR O RISCO DE OCORRÊNCIA DE CONLUIO ENTRE
A UNIDADE GESTORA E O FORNECEDOR 403

APÊNDICE C

FISCALIZAÇÃO REALIZADA COM VISTAS AO
MAPEAMENTO E CLASSIFICAÇÃO DE RISCOS ASSOCIADOS
ÀS TRANSFERÊNCIAS VOLUNTÁRIAS POR MEIO DA
METODOLOGIA CRISP-DM 415

APÊNDICE D

FISCALIZAÇÃO REALIZADA NAS OBRAS DE
ESGOTAMENTO SANITÁRIO NOS MUNICÍPIOS A SEREM
BENEFICIADOS PELO PROJETO DE INTEGRAÇÃO DO
RIO SÃO FRANCISCO (PISF) 429

APÊNDICE E

LEVANTAMENTO OPERACIONAL REALIZADO PARA
EXAMINAR AS POLÍTICAS PÚBLICAS DE INCLUSÃO
DIGITAL 433

Antecedentes 434
Levantamento operacional 434
Inclusão Digital no Brasil 437
Desafios 439

APÊNDICE F
PROJETO DE FISCALIZAÇÃO CONTÍNUA...443

APÊNDICE G
PROJETO GEOCONTROLE 445

APÊNDICE H
LABORATÓRIO DE APOIO AO CONTROLE EXTERNO
(LABCONTAS)...449

APÊNDICE I
AVALIAÇÃO DO FINANCIAMENTO DO DESENVOLVIMENTO
REGIONAL..453

APÊNDICE J
SISTEMA DE AUDITORIA DE ORÇAMENTOS (SAO 2.0) 459
    Utilização de informações gerenciais para Obras Públicas.............460
    Da análise dos dados gerenciais fornecida pela Caixa....................462
    Do escopo de análise automatizada..463
    Das possíveis inconformidades verificadas...465
    Dos resultados...465

APÊNDICE K
NUVEM CÍVICA: A PLATAFORMA TCU DE SERVIÇOS DE
DADOS PARA APOIO AOS APLICATIVOS CÍVICOS......................467

APÊNDICE L
ALGORITMOS COGNITIVOS PARA O CONTROLE EXTERNO ..475
    Funcionamento...475
    Aplicações em Ações de Controle 476
    Conclusão..477

APÊNDICE M
SERVIÇOS DIGITAIS ATRAVÉS DE DISPOSITIVOS MÓVEIS
NO TCU 479

PREFÁCIO

Recebi com alegria o convite para prefaciar esta obra, de conteúdo atual e relevante, contextualizada pela crescente busca das ferramentas digitais, de *tecnologia da informação e comunicação*, eis que são vetores seguros de novas e grandes transformações das pessoas, das instituições e do mundo.

O Tribunal de Contas da União tem assumido, já há alguns anos, a vanguarda no aperfeiçoamento do controle externo das contas públicas, não só no nosso país, e contribuído ativamente para incentivar o uso de *tecnologias da informação e comunicação* em busca da excelência na prestação dos serviços públicos e nas ações de controle da administração pública.

Exemplo nessa linha foi a iniciativa no sentido de lançar o *Seminário Internacional Brasil 100% Digital*, já em sua segunda edição, como forma de incentivar o pleno uso de *tecnologias da informação e comunicação* como instrumento de melhoria dos serviços prestados aos cidadãos e como forma de propiciar a busca por maior eficiência e competitividade, além de aprimorar o funcionamento da máquina pública e os respectivos instrumentos de controle. Também não poderia deixar de mencionar o lançamento do *Programa de Inovação do Tribunal de Contas da União*, instituído para fomentar, internamente, o desenvolvimento de cultura de inovação, por meio do apoio e do acompanhamento de iniciativas e práticas inovadoras nas atividades de controle externo, governança e gestão.

Esta obra que agora chega ao público leitor é mais uma iniciativa nesse sentido.

O Controle da Administração Pública na Era Digital é uma obra coordenada pelo Ministro-Presidente Aroldo Cedraz, conhecedor e entusiasta do assunto, e constituída por artigos de auditores especialistas na área do controle estatal, os quais oferecem, em colaboração com a socialização do conhecimento por eles adquirido, ricas contribuições para os constantes desafios do controle em uma Era Digital. As *tecnologias de informação e comunicação* são hoje realidades no governo e na sociedade, indissociáveis da vida institucional e pessoal pela massificação das tecnologias na internet, dados, aplicações móveis, traduzidas em grandes interações e acessos, por *smartphones*, computadores e *tablets*, mediante disponibilização de serviços públicos e privados digitais mais diversos aos cidadãos, esses, fins últimos do Estado.

A partir da leitura desta obra será possível perceber que o avanço da implementação do governo digital, da massificação do uso das tecnologias de informação e comunicação, aliado ao desenvolvimento simultâneo de estratégias de controle digital por parte das instituições de auditoria governamental, demandam a aplicação de estratégias e processos inovadores de controle, de forma a incorporar novos conceitos e procedimentos, como a *auditoria contínua* a partir de dados informacionais, *auditorias baseadas em riscos*, e *auditorias preditivas*, que demandam investimentos em conhecimento e plataformas de tecnologias aplicadas, incluindo o domínio de ferramentais úteis e de conhecimentos necessários ao melhor proveito de realidades inovadoras da Era Digital, como *Big Data, Data Mining, Text Mining, Business Intelligence* e *Business Discovery*.

Nesse contexto, de especial interesse são os artigos que tratam de (i) *Governo Digital, Controle Digital e Participação Social* e (ii) das *Novas Tecnologias Aplicadas ao Controle*.

O primeiro traz à reflexão o desafio da construção de plataformas e modelos de interação adequados à Era Digital, em termos de canais e processos associados, bem como da construção e divulgação de aplicativos cívicos que utilizam dados abertos governamentais, de grande valia para o controle social. Desafio esse que, antevisto nesta obra, já se vislumbra materializado na recente iniciativa de vanguarda do Tribunal de Contas da União de lançar o primeiro edital de premiação "DESAFIO DE APLICATIVOS CÍVICOS: CONTROLE SOCIAL DIGITAL-2016", em parceria com a Universidade Católica de Brasília, o Instituto Serzedello Corrêa (ISC/TCU) e entidades representativas da categoria dos auditores do TCU, de forma a já buscar o desenvolvimento de aplicativos por membros da própria sociedade civil que possam se valer dos serviços de dados da chamada *Nuvem Cívica*, para prover serviços e instrumentos facilitadores da cidadania nas áreas da educação, saúde ou assistência social, a partir de *dados abertos* da administração pública.

O segundo, por sua vez, traz ao leitor reflexões acerca do uso intensivo da *tecnologia da informação e comunicação* na prática das atividades de controle exercidas pelas Entidades Fiscalizadoras Superiores, tratando de ferramentas de extrema atualidade e relevância como o uso de *análises preditivas*, de dados não estruturados, semiestruturados e estruturados, *dados geoespaciais* e *dados abertos*, singularmente úteis ao planejamento e execução de ações de controle na Era Digital, os quais já vêm sendo empregados pelos auditores do Tribunal em suas fiscalizações mais recentes.

Os artigos desta obra revelam o contexto evolutivo e atual de uma sociedade e governo em constantes transformações. Versam sobre a necessidade de se quebrarem paradigmas, prosseguindo rumo a inovações na administração pública e no controle estatal e social, sendo de grande valia para aqueles que se interessam pela nobre atividade de gestão administrativa e de controle administrativo dos recursos, bens e serviços públicos.

Tenho a convicção de que a obra em questão representa uma grande contribuição dos autores, especialistas do Tribunal de Contas da União, instigando os leitores às suas próprias reflexões sobre os desafios que se prestam a enfrentar no controle da administração.

A obra me parece sobremaneira interessante àqueles que pertencem aos quadros das entidades de controle externo nacionais e internacionais e dos órgãos de auditoria de controle interno. Mas não só a eles, também aos acadêmicos, à sociedade organizada, a agentes públicos e a interessados nas atividades de controle estatal, sabedores de que estamos entrando no limiar de uma era predominantemente digital. Boa leitura a todos.

Augusto Sherman Cavalcanti
Ministro-Substituto do Tribunal de Contas da União.

APRESENTAÇÃO

O CONTROLE DA ADMINISTRAÇÃO PÚBLICA NA ERA DIGITAL

AROLDO CEDRAZ DE OLIVEIRA

Estamos à beira de uma revolução tecnológica que irá alterar fundamentalmente a maneira como vivemos, trabalhamos e nos relacionamos. Em sua escala, escopo e complexidade, essa transformação será diferente de tudo que a humanidade tenha experimentado antes. Ainda não sei exatamente como isso vai se desenrolar, mas uma coisa é clara: a resposta a ela deve ser integrada e abrangente, envolvendo todas as partes interessadas da política mundial, dos setores público e privado, até a academia e a sociedade civil.

(Klaus Schwab. Fundador e Presidente Executivo - Fórum Econômico Mundial)

Historicamente, sabe-se que a evolução das necessidades humanas, o progresso científico e desenvolvimento tecnológico têm provocado, de tempos em tempos, o surgimento de pontos de ruptura na forma de organização do trabalho e nas competências exigidas dos trabalhadores. Esses movimentos, por sua vez, dão origem a ciclos cada vez mais rápidos de transformação social, econômica e cultural, e impõem, como consequência, novas demandas sobre as instituições públicas.

Nesse contexto, pudemos acompanhar como a disseminação de recursos de informática provocou mudanças radicais nas indústrias e nas empresas em geral, principalmente a partir da década de 1980. Em seguida, com a popularização dos microcomputadores pessoais e a criação da Internet, essa revolução alcançaria as relações sociais e a própria atuação exigida do Estado, resultando na criação de uma sociedade da informação, nos termos propostos por Manuel Castells (1999), e na materialização de conceitos e práticas de governo eletrônico.

Eis que hoje, menos de vinte anos depois, temos a oportunidade de protagonizar outro desses momentos históricos, com a transição para uma nova etapa do desenvolvimento humano: a Era Digital. Como ressaltam Eric Schmidt e Jared Cohen (2013) — altos executivos da Google —, até 2025, a maioria da população mundial, em uma só geração, terá saído de uma condição de falta quase absoluta de acesso à informação e passado a dispor de todo o conhecimento existente ao seu alcance, em um dispositivo na palma da mão.

Ao mesmo tempo em que se pode constatar efeitos de grande relevância dessa evolução tecnológica recente, é importante lembrar que novos avanços continuam sendo produzidos em ritmo cada vez mais acelerado. Aplicações de realidade virtual e aumentada já estão disponíveis para o cidadão comum, em seu próprio *smartphone*, e provavelmente não tarda o dia em que esses equipamentos passarão a contar com telas flexíveis, recursos de computação quântica e novos saltos na capacidade de armazenamento de energia e comunicação, graças ao uso intensivo do grafeno.

Transformações dessa magnitude não podem passar desper-cebidas por qualquer segmento da sociedade, inclusive pela Administração Pública. Não por acaso, o governo da Alemanha instituiu a "Indústria 4.0" como uma das principais iniciativas de sua estratégia tecnológica, lançada em 2011 e baseada na combinação de inovações em áreas como robótica, internet das coisas, análise de dados, computação móvel, fabricação digital e algoritmos autônomos. A partir dos resultados obtidos desde então, já se discute a existência de uma quarta revolução industrial, caracterizada pela fusão de aspectos físicos e virtuais ao longo de uma cadeia produtiva integrada em nível global (GEISSBAUER *et al.*, 2016).

Mesmo com tais avanços e tendências, pode-se dizer que ainda estamos distantes da "singularidade", descrita por Ray Kurzweil (2005) como o momento em que a inteligência artificial irá superar a humana, e, assim, passar a gerar novos conhecimentos e tecnologias além da nossa capacidade de compreensão. Pelo menos por enquanto, a integração do mundo físico ao virtual estaria limitada a máquinas industriais ou a serviços digitais, não alcançando transformações na própria natureza do homem, ou a transcendência proposta por Kurzweil.

Por outro lado, isso não significa que não existam desafios urgentes a serem enfrentados na perspectiva individual, especialmente no que se refere às características do trabalho nos próximos anos. Com o desenvolvimento da computação cognitiva e da aprendizagem de máquina, com seus algoritmos preditivos e prescritivos baseados na análise de volumes cada vez maiores de dados, a tendência é que os computadores avancem progressivamente sobre ocupações hoje reservadas aos chamados "trabalhadores do conhecimento".

Conforme alerta Cezar Taurion, evangelista tecnológico da IBM por doze anos, parece inevitável que, a cada nova habilidade adquirida pelas máquinas a partir de técnicas de inteligência artificial e robótica, milhões de empregos sejam ameaçados de extinção. Ao contrário do que aconteceu em etapas anteriores, espera-se que a quarta revolução industrial não tenha seus efeitos limitados ao chão de fábrica, atingindo igualmente — ou de forma mais intensa — trabalhos administrativos e até mesmo atividades intelectuais, como a realização de consultas médicas, a elaboração de reportagens jornalísticas ou o desenvolvimento de novos algoritmos e *softwares* (TAURION, 2016).

Há algumas décadas, a ameaça de obsolescência recaiu sobre os profissionais que realizavam trabalhos mecânicos repetitivos no ambiente fabril. Hoje e no futuro, tal risco alcança aqueles que produzem, de forma recorrente, conclusões a partir dos fluxos de dados nas organizações. O cenário se agrava, em especial, com o advento do *Big Data*: o volume crescente de informações, de grande variedade, e cuja velocidade de produção aumenta em ritmo exponencial. Nessa situação, os computadores ultrapassam facilmente a capacidade humana de análise e síntese, por meio de redes neurais e de algoritmos de inteligência artificial e *machine learning*.

Por outro lado, é inegável que essa nova realidade proporciona condições para ganhos de eficiência e de qualidade em ações e decisões nos mais diversos campos do conhecimento. Nesse sentido, além de áreas mais tradicionais, como indústria, comércio, saúde ou finanças, é interessante notar que o *Big Data* tem se difundido de forma ampla também, por exemplo, no esporte, desde modalidades individuais, como atletismo e vela, até aqueles de alta tecnologia, como as competições de Fórmula 1.

O mundo digital, portanto, não conhece fronteiras, e os avanços das tecnologias da informação e comunicação têm produzido alterações sem precedentes no funcionamento das organizações e no comportamento humano.

Em movimento que se iniciou nos países mais desenvolvidos, mas chegou rapidamente ao restante do mundo, pessoas de todas as idades e classes passam a maior parte do dia conectados à Internet e às redes sociais por meio de dispositivos móveis, e utilizam essa plataforma para se relacionar também com empresas de forma simples e ágil; como consequência natural, passam a exigir o mesmo em suas interações com as instâncias do poder público. Afinal, se vivemos em uma era digital, não se admite mais que o Estado continue sendo analógico, amarrado a papéis, carimbos e processos burocráticos.

Vale ressaltar que, no âmbito governamental, a questão vai além da cobrança da população por eficiência e qualidade, ou da possibilidade de aproveitamento da ampla massa de dados dos diversos órgãos para construção de algoritmos inteligentes. É importante considerar também que há limites para o crescimento da máquina pública e do peso que ela representa para a economia dos países. A transformação digital representa oportunidade única para que seja possível fazer muito mais pelo cidadão, com menos recursos.

Esse é, portanto, o desafio sobre o qual devemos nos debruçar: aplicar os mesmos princípios que impulsionam a quarta revolução industrial — interoperabilidade, virtualização, descentralização, coleta e análise de dados em tempo real, orientação a serviços e modularidade (HERMANN *et al.*, 2016) — para promover uma verdadeira "revolução digital" em todos os níveis de governo, ao redor do mundo.

A transformação da Administração Pública

Não há dúvidas de que a tecnologia pode trazer ganhos enormes de eficiência e agilidade para as engrenagens internas do Estado; porém, é fundamental que se tenha em mente que o cidadão é o principal beneficiário e a verdadeira razão de ser da transformação digital do setor público. Esta só estará completa quando as instituições governamentais passarem a trabalhar para que a Administração esteja a serviço da sociedade, e não o contrário.

Nesse sentido, um bom ponto de partida é a gestão da informação. Nos dias de hoje, não há motivos para que várias organizações mantenham cadastros redundantes, às vezes inconsistentes entre si, quando o compartilhamento e a integração de bases de dados no âmbito estatal podem aumentar a confiabilidade de sistemas, reduzir custos e simplificar a vida da população. Afinal, qual é o sentido de se exigir que o indivíduo acesse o *site* de um órgão público pela Internet para obter uma certidão, imprimir uma cópia e entregar em outra repartição do próprio governo?

Quanto maiores forem as possibilidades de acesso aos inúmeros repositórios mantidos por diferentes órgãos, mais sofisticados e eficientes poderão ser os algoritmos concebidos para apoiar gestores e servidores no desempenho de suas tarefas, em benefício da sociedade. Esse fluxo ampliado de informações, portanto, é essencial para que tenhamos não somente o atendimento adequado às necessidades do cidadão, mas também melhorias efetivas em programas e políticas públicas, a partir de decisões tomadas com base em análises sistemáticas de dados estruturados e não estruturados.

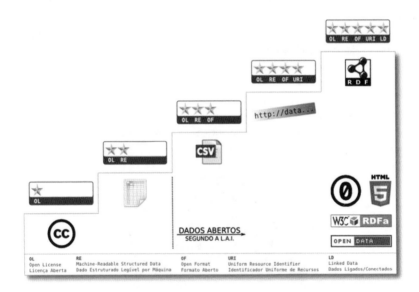

Figura 1 – Padrão cinco estrelas para publicação de dados abertos (SILVA, 2013)

É igualmente importante que esses dados sejam publicados de modo aberto, em formatos não proprietários, legíveis por máquina e conectados entre si por meio de descritores bem definidos, em consonância com o padrão "cinco estrelas" sugerido por Tim Berners-Lee (2006), exceto nos poucos casos em que isso não for possível por questões de sigilo. Só assim, pessoas e empresas, fora do governo, poderão tomar conhecimento e se utilizar deles para avaliar o desempenho da Administração ou mesmo para construir novas aplicações, voltadas para as demandas da própria sociedade.

Todavia, reitera-se: esse é apenas o ponto de partida. É urgente acelerar o processo de transformação do Estado, por meio de ações efetivas e, sobretudo, orquestradas de modo sincronizado para propiciar avanços consistentes. Que nos sirva de exemplo o Reino Unido, consagrado novo líder do ranking mundial de governo digital (ONU, 2016) após a criação de uma agência específica para cuidar do tema: propósitos claros e coordenação técnica competente são instrumentos fundamentais para propiciar melhorias concretas na interação entre o cidadão e o setor público.

Nesse sentido, cabe lembrar que os estudiosos da Administração reconhecem, de forma unânime, a importância da liderança para o sucesso de mudanças organizacionais. Quanto maior a abrangência e a profundidade, mais crítico o papel do líder. Assim, considerando que a transformação que se espera envolve aspectos humanos, tecnológicos e culturais, com impactos potenciais nas relações políticas e de poder, essa questão não pode ser menosprezada.

> Em complemento aos fatores já elencados, há três premissas fundamentais para o sucesso nessa empreitada: inovação, cooperação e foco no cidadão.

Figura 2 – Atores e fundamentos da transformação digital

Em primeiro lugar, deve-se reconhecer que a era digital traz desafios para os quais as soluções antigas já não se aplicam. Portanto, é preciso haver abertura para a experimentação responsável, de modo que os eventuais fracassos sejam vistos como passos intermediários em busca do êxito. Mais uma vez, serve de inspiração o Reino Unido, que há mais de uma década já produzia estudos reconhecendo a inovação como atividade essencial para acompanhar a evolução das demandas da sociedade e assegurar o seu atendimento de forma efetiva e eficiente (MULGAN; ALBURY, 2003).

Além disso, também é necessário admitir que nem sempre o governo será capaz de encontrar as melhores respostas, ou de fazê-lo em um tempo razoável. Por conseguinte, é imperativo transpor as barreiras da burocracia para estabelecer parcerias efetivas entre as diversas instituições do Estado, a iniciativa privada, a academia e o terceiro setor. Só assim serão criadas condições para aproveitar ao máximo o conhecimento disponível e encurtar o caminho até os objetivos estabelecidos.

Como terceira premissa, é essencial colocar o cidadão no centro do processo, como agente correspnsável pela construção de soluções que atendam plenamente aos seus anseios. Ou seja, trata-se de promover o "cocompartilhamento", prática inovadora que pode ser definida nos seguintes termos:

> O cocompartilhamento surge como evolução da participação social e consiste na construção de relacionamentos abertos e omnidirecionais entre governo, setor privado e cidadão, tendo como base a colaboração mútua e o compartilhamento efetivo de dados, recursos e responsabilidades entre todos os atores envolvidos no processo.

Nesse contexto, a modernização tecnológica surge como o elemento de ligação que permeia todos os demais. Ao mesmo tempo em que facilita o teste de ideias, por meio de novas arquiteturas de *software* ou da fabricação por impressoras 3D, viabiliza o relacionamento direto entre entidades públicas e privadas, sem barreiras geográficas ou temporais, e oferece recursos cada vez mais poderosos para que seja possível, finalmente, substituir formulários e carimbos por serviços digitais, móveis e integrados que transformem a experiência do cidadão em sua interação com o Estado.

Por fim, pode-se dizer que a transformação digital que se espera não será completa sem uma evolução do direito administrativo, visto que o sistema jurídico brasileiro se baseia no *Civil Law*, de origem romano-germânica, que tem como pontos fracos justamente a morosidade, a burocracia e o baixo pragmatismo, quando comparado com o *Common Law* presente no Reino Unido e nos Estados Unidos.

Portanto, ainda que nosso modelo possua vantagens, em especial, no respeito aos direitos individuais e subjetivos do cidadão e no alto teor democrático dos seus elementos, suas características negativas podem causar entraves à adoção de processos mais ágeis. Nessa linha, não é difícil imaginar que interpretações mais restritivas do princípio da legalidade, que determina que o gestor só pode agir dentro daquilo que é previsto e autorizado por lei, sirvam como barreira para avanços disruptivos. Nas palavras de Sérgio Guerra (2016), renomado especialista no tema:

> Os instrumentos e mecanismos do direito administrativo do passado, este muito ancorado na lei, se apresentam, em determinadas situações complexas, incapazes de se acoplar à contemporaneidade das necessidades da sociedade, notadamente diante das inovações tecnológicas e demandas digitais.

A contratação de bens e serviços constitui bom exemplo do desafio de gerir a máquina pública com eficiência e de forma menos burocrática nesse contexto. Sabe-se que os processos licitatórios ocupam grande parte do trabalho dos gestores e são responsáveis pela alocação de parcela significativa do orçamento na maioria dos órgãos. Entretanto, vários dos comandos estabelecidos na Lei nº 8.666 e na legislação correlata poderiam tornar-se obsoletos pelo simples uso de ferramentas digitais para essa finalidade.

Vale ressaltar que as licitações na modalidade pregão eletrônico, amplamente utilizadas pelo setor público brasileiro, ainda estão muito longe dos padrões esperados para um governo 100% digital. Tal conclusão se sustenta em características observadas nos procedimentos atuais, como: repetição de processos longos e burocráticos, por múltiplas entidades, para aquisição dos mesmos produtos; ocorrência frequente de grandes divergências em valores unitários entre tais contratações, sem justificativa plausível; exigência de comprovações documentais de informações que já constam de sistemas do próprio órgão, ou aos quais ele detém acesso; e ausência de verificação automática de empresas impedidas de contratar com a Administração.

Nota-se, portanto, que há limites importantes para que se possam alcançar níveis mais elevados de adoção de processos digitais, o que indica a importância de que esse movimento possa contar com o amparo de uma reforma legislativa. Por outro lado, não se pode ignorar que há diversos avanços que dependem somente da iniciativa dos gestores, dentro da discricionariedade que possuem para perseguir a consecução dos princípios da eficiência e da supremacia do interesse público. É nesses, sobretudo, que deve recair o foco dos primeiros investimentos de modernização, como forma de minimizar as dificuldades causadas pela cultura legalista e burocrática tão presente em muitas instituições.

Figura 3 – A transformação digital e o desafio de redução da burocracia

É interessante perceber que esse processo de transformação ganhou tamanha relevância em nível mundial, a ponto de demandar a atenção das maiores consultorias especializadas em tecnologia da informação. O grupo Gartner, por exemplo, ao abordar as dez principais tendências de negócio que impactam o setor público em 2016, cita: "trabalho orientado por *insight*", relacionado a dados abertos, ao *analytics* e ao *Big Data*; "agilidade institucional", associada à redução da burocracia e a estratégias de inovação; e "ecossistema de parcerias", que remete ao governo aberto (HOWARD *et al.*, 2016a).

Acima de tudo, é preciso que se entenda que a mudança esperada no funcionamento das instituições governamentais, e especialmente na sua interação com a sociedade, não é mais uma questão de escolha. O aproveitamento de novos métodos e tecnologias, em iniciativas inovadoras que proporcionem ganhos de eficiência e eficácia, é um dever do Estado. Trata-se, enfim, de resgatar o respeito à cidadania e aos direitos individuais, de forma alinhada ao presente contexto social e à premissa fundamental apresentada no início deste texto:

> O cidadão é o principal beneficiário e a verdadeira razão de ser da transformação digital do setor público.

Com esse objetivo em vista, não há dúvidas de que o governo digital é o único caminho que pode alçar a Administração Pública a níveis de excelência jamais vistos, na eficiência de seus processos e no atendimento efetivo às necessidades e aos anseios da sociedade.

Diante desse contexto, o desafio para o Tribunal de Contas da União (TCU), e para as entidades de fiscalização em geral, não se resume ao uso da tecnologia para controle dos gastos públicos e combate a desvios, a fraudes e à corrupção. Mais do que isso, torna-se fundamental induzir o aperfeiçoamento do Estado, de modo a assegurar que os avanços dessa nova era propiciem os benefícios concretos que a coletividade espera e merece receber, como justa retribuição à sua contribuição tributária.

Torna-se claro, portanto, que essa jornada de transformação possui duas dimensões igualmente importantes: uma, referente à modernização das próprias atividades; e outra, que se traduz na responsabilidade por avaliar e exigir a adoção de práticas de governo digital pelos demais órgãos, como meio para aprimorar a gestão e a execução de programas e de políticas públicas.

A transformação do controle

No âmbito interno, a transição da abordagem tradicional de obtenção de evidências em papéis de trabalho para um paradigma de controle digital requer, necessariamente, o uso intensivo de técnicas de análise de dados como base para planejamento e realização das ações de fiscalização. Com isso, torna-se possível direcionar esforços para evitar a ocorrência de falhas e irregularidades, em vez de somente identificar desvios já ocorridos, mais difíceis de serem reparados.

Vale ressaltar que a auditoria sempre consistiu na coleta de dados para posterior exame, tendo como parâmetros certos critérios legais ou de desempenho. Um grande diferencial que a tecnologia atual oferece, portanto, é a facilidade, a qualidade e a tempestividade com que permite cumprir essa atribuição. Além disso, a automação e o poder das ferramentas também trazem ganhos inegáveis à robustez do processo, pois se pode examinar todo um universo de registros, ao invés de reduzidas amostragens populacionais, e assim extrair conclusões mais precisas sobre o objeto em questão.

Em um enfoque mais avançado, o conhecimento gerado a partir desses diagnósticos pode ser de grande valor para orientar estratégias de controle e a melhoria da própria ação governamental, na medida em que os algoritmos de *machine learning* viabilizam a identificação de padrões, tendências e correlações cuja detecção manual seria praticamente impossível, mesmo por profissionais mais experientes.

> Trata-se, portanto, de um conjunto abrangente de conceitos, métodos e técnicas que habilitam um verdadeiro salto quântico no potencial para geração de resultados, uma vez que se adote o paradigma do controle digital.

Pode-se dizer que a auditoria contínua, conforme concebida originalmente pelo eminente professor Miklos Vasarhelyi, serviu como pedra fundamental desse novo modelo ao estabelecer a realização de testes e procedimentos de forma automatizada, diretamente sobre o fluxo de transações do processo auditado, em tempo real ou em curtos intervalos de tempo (VASARHELYI; HALPER, 1991).

Desde então, com a aplicação progressiva dessa ferramenta a áreas cada vez mais amplas, e graças aos avanços exponenciais na capacidade de processamento dos computadores, na sofisticação dos algoritmos de análise de dados e na disponibilidade de informações detalhadas sobre a operação das mais diversas áreas de negócio, o uso de análise de dados para fins de auditoria evoluiu de abordagens descritivas para as preditivas, e destas, para as prescritivas.

Quadro 1 – Abordagens de análise de dados para auditoria (ERNST, 2014)

Abordagem	Objetivo
Descritiva	Visualizar e *compreender o que aconteceu*, em tempo real ou pouco tempo após a sua ocorrência, para identificar possíveis desvios.
Preditiva	Desenvolver hipóteses a fim de *determinar por que algo aconteceu* ou *prever o que poderá acontecer*, considerando as relações subjacentes entre variáveis de um determinado contexto.
Prescritiva	*Sugerir o que deve acontecer*, em um determinado contexto, para assegurar que sejam obtidos resultados mais efetivos.

Como consequência, torna-se viável um controle intensivo em tecnologia da informação, com o uso de ferramentas avançadas de análise ao longo de todo o processo: avaliação de risco para seleção de objetos, em fiscalizações programadas, ou identificação tempestiva de situações críticas, para ação imediata; planejamento e realização do trabalho de campo, com foco preciso em possíveis irregularidades; produção de relatórios consistentes, suportados por evidências robustas; e monitoramento do cumprimento e dos efeitos de eventuais determinações ou recomendações ao auditado.

Atores relevantes ao redor do mundo já estão cientes dessa oportunidade e buscam dela se apoderar rapidamente. Pesquisa conduzida pelo Fórum Econômico Mundial junto a mais de 800 executivos e especialistas da área de tecnologia da informação revelou que 75% dos respondentes acreditam que, dentro de dez anos, pelo menos 30% das auditorias corporativas seriam realizadas por inteligência artificial (GLOBAL, 2015).

De modo similar, estudos patrocinados pela Associação Americana de Contadores Públicos Certificados (AICPA) relatam o potencial da Internet e dos avanços tecnológicos recentes para transformar completamente as atividades de auditoria, em vez de simplesmente melhorar sua eficiência. Nesse sentido, o uso de técnicas aprimoradas de análise de dados e *Big Data*, auditoria contínua e detecção de fraudes seriam apenas os passos iniciais para uma reengenharia completa dos processos de fiscalização (BYRNES *et al.*, 2014).

Cabe registrar que esse é exatamente o movimento em curso no Tribunal de Contas da União, norteado pelo Plano de Diretrizes para o biênio 2015-2016, no qual destacam-se estratégias para "inovar o processo e as ações de controle" e "aprimorar métodos de priorização de fiscalização, com foco na análise de dados". Tal direcionamento foi traduzido, no Relatório Anual de Gestão de 2015 (TCU, 2016), nos seguintes termos:

> Para que uma instituição de controle tenha uma atuação mais efetiva, além de analisar o passado, é preciso olhar para frente, antecipando-se às irregularidades. O caminho que se apresenta é o de estimular a difusão de plataformas abertas e de promover auditorias preditivas e contínuas, contando com ferramentas como mineração de grandes bases de dados, análise semântica de textos e outras inovações tecnológicas.

Como resultado, o TCU tem desenvolvido e aprimorado continuamente rotinas analíticas que foram aplicadas, com sucesso, em trabalhos de grande relevância para a consecução de sua missão institucional, tais como:

a) aplicação-piloto de modelo preditivo para análise de risco em transferências voluntárias, com obtenção de índices de acurácia da ordem de 80% na indicação de casos suspeitos (Acórdão nº 539/2016-Plenário);

b) auditoria contínua de benefícios da Previdência Social, cuja execução inicial apontou possíveis irregularidades no montante de 500 milhões de reais/ano (Acórdão nº 718/2016-Plenário);

c) auditoria no Programa Nacional de Reforma Agrária, com identificação de 578 mil casos em desacordo com restrições legais (Acórdão nº 775/2016-Plenário).

É importante considerar que os exemplos relacionados se referem a ações de controle específicas, que foram concluídas e tiveram seus resultados apreciados pelo colegiado de Ministros. Porém, há aplicações igualmente relevantes na construção de ferramentas de apoio ao trabalho dos auditores, tais como a pesquisa de eventuais vínculos — diretos ou indiretos — entre pessoas físicas, empresas e órgãos públicos, ou a extração automática de informações sobre licitações e contratos a partir da análise semântica de textos do *Diário Oficial da União* e de documentos similares.

Outro aspecto digno de registro é que, embora essas primeiras fiscalizações tenham sido integralmente orientadas a avaliações de conformidade, também há iniciativas em curso abrangendo os demais tipos de auditoria reconhecidos pela Intosai: financeira, com análises sobre a evolução da dívida pública, e operacional, com a verificação de efetividade de programas sociais voltados à colocação de jovens carentes no mercado de trabalho.

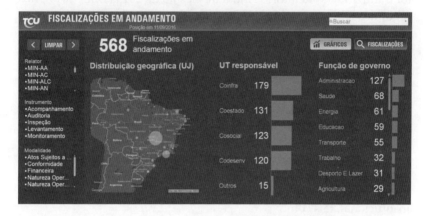

Figura 4 – Painel de gestão estratégica do TCU: fiscalizações em andamento

Além das ações envolvendo o uso de técnicas avançadas de mineração e cruzamento de dados, investimentos significativos têm sido feitos nos últimos anos para construção e evolução contínua de painéis gerenciais, que permitem a visualização e manipulação de informações de cunho estratégico, tático e operacional a respeito dos planos institucionais, tanto na área de controle como em outras igualmente importantes, como a execução orçamentária e os projetos de tecnologia da informação.

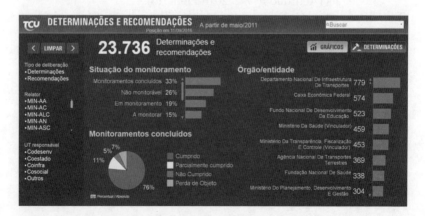

Figura 5 - Painel de gestão estratégica do TCU: monitoramento de deliberações

Nessa mesma linha, foi dado início à elaboração de conjuntos de gráficos e relatórios sintéticos para obtenção de visão geral sobre aspectos relevantes da formulação e execução de programas e políticas públicas. Embora esse esforço esteja direcionado, em um primeiro momento, a áreas prioritárias como saúde, educação e previdência social, a intenção é que, em pouco tempo, seja possível dispor de recursos dessa natureza para subsidiar o acompanhamento e a avaliação de todas as principais funções de governo.

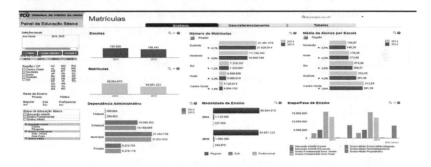

Figura 6 – Painel de acompanhamento da efetividade da educação básica

O que se nota, portanto, é o surgimento de um novo modelo de operação do controle externo, fortemente baseado no processamento de informações extraídas dos sistemas da Administração Pública. Como resultado, o que se espera é que, além dos ganhos de eficácia e eficiência na atuação do Tribunal, sejam aprimorados os critérios de transparência e desempenho para o funcionamento do Estado. Inclusive, sempre que possível, por meio do compartilhamento de painéis gerenciais e procedimentos analíticos com os próprios gestores e a sociedade, de modo que esse conhecimento, produzido sob a forma de algoritmos e visualizações gráficas, seja aproveitado por todos para melhoria da execução e fiscalização das ações governamentais.

> É importante ressaltar que a transformação desejada não se resume à adoção de métodos e ferramentas de análise de dados, ou mesmo ao uso de tecnologia, em termos mais gerais. Por esse motivo, o TCU tem procurado se estruturar como uma organização bimodal.

Bimodal é a prática de gestão simultânea de dois estilos distintos, mas coerentes, de trabalho: um voltado para aquilo que é previsível, e outro de caráter exploratório (MINGAY; MESAGLIO, 2015). Busca-se, portanto, a coexistência de duas estratégias: uma de sustentação das ações fundamentais do órgão, com base em processos e resultados estáveis, regulados e amparados por normas claras e estruturas de governança; e outra, de caráter experimental, focada na prospecção de práticas ágeis, flexíveis e capazes de assegurar a sobrevivência e, sobretudo, a relevância da nossa entidade ante os desafios do futuro.

Para tanto, foi implantado um Centro de Pesquisa e Inovação, responsável pela operação do Laboratório de Inovação e Coparticipação (coLAB-i), unidade pioneira no âmbito do controle público no mundo, que fomenta a busca, geração e aplicação de conhecimentos e técnicas de vanguarda às atividades da instituição, como o *design thinking* e a mineração de textos. Em complemento à atuação do coLAB-i, o Laboratório de Informações para o Controle Externo (LabContas) propicia ambiente virtual e compartilhado para o desenvolvimento de algoritmos avançados de aprendizagem de máquina e outros recursos de inteligência artificial aplicados ao cruzamento e à análise de dados para fins de auditoria.

Ainda no que se refere à experiência do TCU, não se pode deixar de registrar o papel estratégico exercido pelo Instituto Serzedello Corrêa (ISC), Escola Superior do Tribunal de Contas da União, que, além de abrigar o Centro de Pesquisa e Inovação, exerce a missão indispensável de capacitar nosso corpo técnico para as mudanças em curso e para um novo futuro do controle na era digital. Afinal, é necessário ter em mente os sábios ensinamentos de Tom Davenport (2016), um dos principais expoentes em estudos sobre os impactos do *Big Data* e da análise de dados sobre esse contexto:

> Os adventos do *audit analytics* e da tecnologia cognitiva não significam o fim dos auditores humanos, e sim o início de carreiras de auditoria que deverão prosperar com base na compreensão, no monitoramento e na melhoria de sistemas analíticos e cognitivos.

O controle como indutor da transformação digital

Como se viu, a adoção de práticas de governo digital viabiliza a integração das mais diversas instâncias do setor público, resultando em maior eficiência operacional e melhoria da experiência do cidadão em sua relação com o Estado. Além disso, torna disponíveis grandes volumes de dados a respeito do funcionamento da Administração, o que permite alcançar patamares elevados de transparência e facilita o acompanhamento e a fiscalização das ações pela população.

Assim, considerando que tais efeitos se traduzem em benefícios para a sociedade, cabe às instituições de controle a responsabilidade por atuar como indutores deste processo de mudança. Para tanto, é fundamental que haja disposição para sair da posição cômoda do fiscal, que apenas aponta falhas e exige conformidade com as normas, e assumir em alguns momentos o papel de líder, que aponta direções a seguir, ou mesmo de parceiro, que segue junto ao longo do caminho, pronto para ajudar em momentos de dificuldade.

Surge daí, portanto, um grande desafio: como é possível exercer liderança ou estabelecer parcerias, sem que isso comprometa de forma inaceitável a necessária independência em relação aos órgãos fiscalizados?

Sem dúvida, ao assumir posições mais proativas de estímulo à adoção de práticas digitais pelas diversas instâncias da Administração Pública, há que se tomar cuidados para não usurpar a discricionariedade decisória dos respectivos gestores. Porém, tal missão torna-se relativamente simples, quando suportada por uma compreensão integral sobre a verdadeira natureza da função do auditor.

De acordo com guia editado pelo Instituto de Auditores Internos (IIA, 2012), para o bom funcionamento da governança do setor público é essencial que profissionais e entidades de fiscalização assumam três papéis complementares, os quais podem ser associados a três momentos distintos de atuação do controle na indução da transformação digital.

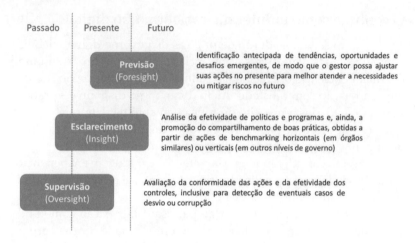

Figura 7 – Papéis da auditoria na governança do setor público

Inicialmente, diante da eventual constatação de que o assunto não esteja merecendo a devida atenção por parte das áreas responsáveis, cabe ao órgão de auditoria — em sua função de *foresight* — assumir a liderança desse processo, apresentando informações e fomentando debates. Com isso, espera-se que os gestores reconheçam as alterações do contexto social e tecnológico, e, como consequência, promovam ações adequadas à importância do tema.

Vencida essa etapa, é recomendável que o controle possa manter durante algum tempo uma postura de colaboração, utilizando sua posição de observador privilegiado como meio para sistematizar e disseminar conhecimentos — ou *insights* — que auxiliem os demais entes públicos nos primeiros passos dessa jornada de transformação.

Cabe ressaltar que as mudanças necessárias, em muitos casos, podem demandar prazos que ultrapassem os mandatos dos atuais dirigentes, levando a dificuldades para priorização de ações estruturantes (IIA, 2012). Em situações desse tipo, torna-se ainda mais relevante a atuação das entidades de fiscalização como líderes e parceiras, de modo a assegurar a continuidade dos investimentos em períodos de transição eleitoral.

Por fim, uma vez que o assunto tenha sido incorporado à agenda governamental de forma permanente, convém que a auditoria volte a assumir a função clássica de acompanhamento e avaliação (*oversight*), a fim de verificar a conformidade e o desempenho das ações empreendidas pelos gestores sob sua jurisdição.

Esse tem sido exatamente o roteiro seguido pelo TCU, a partir dos primeiros encontros ministeriais, realizados em janeiro e fevereiro de 2015, para dar início às discussões sobre governo digital. Na sequência, promoveu-se seminário internacional e, desde então, foram realizados inúmeros eventos e reuniões técnicas sobre temas correlatos, envolvendo equipes do Tribunal e de órgãos parceiros de todos os poderes e esferas do Estado Brasileiro. Todo esse esforço, sempre, com um único objetivo: impulsionar a transformação digital de nosso País.

Merece destaque a velocidade com que tais ações produziram efeitos. Afinal, exatamente um ano após as primeiras provocações, foi publicado o Decreto nº 8.638, que instituiu a Política de Governança Digital da Administração Pública Federal, com princípios e diretrizes referentes à transparência, à participação social, à integração e ao compartilhamento de dados.

Outra iniciativa relevante se deu com a edição do Decreto nº 8.777, em maio de 2016, que estabeleceu a Política de Dados Abertos do Poder Executivo Federal e definiu objetivos ambiciosos, tais como o intercâmbio facilitado de informações entre órgãos de diferentes esferas, a redução da duplicidade de ações e recursos, o desenvolvimento de ambientes tecnológicos para gestão pública participativa e a oferta de serviços digitais unificados.

No mês seguinte, o Decreto nº 8.789 avançou ainda mais nesse processo de modernização ao determinar expressamente que entidades da Administração Direta e Indireta, inclusive aquelas de natureza privada, mas controladas pela União, deveriam promover o compartilhamento de suas bases de dados, além da integração de cadastros de cidadãos e empresas. Tal medida visou a: simplificar a oferta de serviços à sociedade; subsidiar a formulação, implementação e avaliação de políticas públicas; permitir a análise da regularidade da concessão e do pagamento de benefícios; e melhorar a qualidade e fidedignidade dos dados governamentais.

É inegável que esses instrumentos normativos são apenas os primeiros passos de uma longa caminhada, especialmente diante do cenário de instabilidade política e dificuldades econômicas que o Brasil atravessa no momento. Ainda assim, foram suficientes para conquistar um avanço de seis posições — da 57ª para a 51ª — na última edição do ranking de governo digital elaborado pelas Nações Unidas (ONU, 2016).

Portanto, a fim de assegurar a continuidade dessa evolução, cabe ao Tribunal de Contas da União liderar pelo exemplo, a partir de aplicações concretas das práticas que tem recomendado ao restante da

Administração Pública nos últimos anos, mediante o uso intensivo de tecnologia da informação e de análise de dados para transformar as atividades do controle externo.

> Busca-se, com isso, materializar a visão do "TCU *Smart & Mobile*": uma instituição inteligente, que aproveita integralmente o conhecimento ao seu dispor para tomada de decisões; e cada vez mais disponível em plataformas móveis, para que se faça presente na vida dos cidadãos.

Considerando que os investimentos no uso de *analytics* já foram apresentados em seções anteriores e serão abordados em mais detalhes ao longo do livro, faz-se necessário breve registro acerca das iniciativas de criação de aplicativos e plataformas para alcançar níveis mais elevados de engajamento entre o Tribunal e a sociedade.

Já no início de 2015, foi firmada parceria com empresa que produziu, sem custos para o Erário, uma versão interativa do Plano de Controle Externo do TCU, vigente até março de 2017. Tal realização, é importante que se diga, consistiu em uma dupla inovação: além de dar ampla publicidade a objetivos, diretrizes e linhas de ação da fiscalização exercida pela Corte, informações que até então eram omitidas do público externo, ainda o fez por meio de um processo de colaboração com a iniciativa privada, sem o desembolso de recursos financeiros.

Dando continuidade à estratégia de ampliação do engajamento social, nossa própria equipe de tecnologia desenvolveu, em 2016, o aplicativo "Eu Fiscalizo", que permite a qualquer indivíduo encaminhar ao Tribunal elementos textuais, documentos ou imagens relacionadas a possíveis irregularidades, e, assim, participar efetivamente do controle do uso de recursos públicos no Brasil.

Por fim, cabe destacar a realização do primeiro desafio de aplicativos cívicos para controle social, no período de agosto a novembro de 2016. Mais do que um simples *hackathon*, o objetivo dessa iniciativa é apresentar aos indivíduos engajados no assunto um novo conceito, que poderá transformar o ecossistema de *softwares* de interesse público para dispositivos móveis: a chamada Nuvem Cívica. Trata-se de ambiente virtual, desenvolvido e mantido pelo TCU, que se propõe a facilitar o acesso a dados abertos governamentais por meio de *webservices* e, ainda, a prover o armazenamento das informações coletadas por aplicativos que guardem relação com as competências institucionais do TCU.

Figura 8 – Evolução do engajamento entre o TCU e a sociedade

Com esse conjunto de ações, espera-se também que dentro de pouco tempo seja possível alcançar o ponto mais alto da escala de engajamento entre o cidadão e as entidades de fiscalização superiores, no qual são estabelecidas parcerias efetivas para que a população participe, em alguma medida, do processo decisório do controle (ONU, 2013).

Pode-se afirmar que as ações levadas a cabo nos últimos anos posicionam o Tribunal de Contas da União na vanguarda da transformação do setor público, criando condições para que possa apontar, com segurança, os caminhos a serem trilhados pelas demais instituições, em busca da excelência nas suas operações internas e no atendimento às demandas da sociedade. Só assim será possível melhorar a qualidade dos serviços prestados e tratar com o devido respeito os beneficiários das políticas públicas no País.

Governo digital e controle digital: uma visão do futuro

> Um Brasil 100% digital implica menos burocracia, mais eficiência e, por conseguinte, melhores condições para o desenvolvimento econômico e social. Esse é o País que estamos ajudando a construir.

A geração de informações detalhadas sobre o funcionamento da Administração, nesse contexto, torna viável integrar processos e ampliar a transparência, por meio da abertura de dados, contribuindo também para a redução de desvios e da corrupção.

Cabe às instituições de controle oferecer exemplos e promover discussões técnicas entre governo, setor privado, academia e sociedade civil, para que dirigentes e tomadores de decisão, em todos os níveis hierárquicos, compreendam que a tecnologia e a inovação são os motores que nos permitirão chegar mais rápido a um futuro melhor. Somente assim, por meio do compartilhamento de experiências e da construção coletiva de conhecimento, conseguiremos transformar o Estado para que se torne mais ágil e efetivo na prestação de serviços ao cidadão.

É urgente, portanto, a adoção integral de princípios e práticas de governo aberto, para estimular e viabilizar a participação de empresas, organizações não governamentais e cidadãos engajados na concepção, na implementação e na operação de serviços e políticas públicas.

> A colaboração efetiva é fundamental para que as organizações não desperdicem recursos, desenvolvendo, ao mesmo tempo e de forma isolada, soluções iguais para problemas comuns a todos.

Mais do que isso, é preciso prosseguir na concepção de modelos que propiciem ao Estado a agilidade e a flexibilidade necessárias para tomar conhecimento e tirar proveito da evolução frenética dos recursos da era digital. Afinal, como nos alerta o Presidente do Fórum Econômico Mundial, na citação que abre este texto, "estamos à beira de uma revolução tecnológica que irá alterar fundamentalmente a maneira como vivemos, trabalhamos e nos relacionamos" (SCHWAB, 2016). O impacto desse novo ciclo sobre o governo é descrito por ele nos seguintes termos:

> À medida que os mundos físicos, digitais e biológicos continuam a convergir, novas tecnologias e plataformas vão, cada vez mais, habilitar cidadãos a interagir com os governos, expressar suas opiniões, coordenar seus esforços, e até mesmo contornar a supervisão de autoridades públicas.
>
> Simultaneamente, os governos vão ganhar novos poderes tecnológicos para aumentar seu controle sobre as populações, com base em sistemas de vigilância pervasivos e na capacidade de controlar a infraestrutura digital.

Em geral, no entanto, os governos enfrentarão pressões cada vez maiores para mudar sua abordagem atual de engajamento público e formulação de políticas, à medida que o seu papel central de condução de políticas públicas diminuir devido a novas fontes de concorrência, à redistribuição e à descentralização de poder que as novas tecnologias tornam possível.

Em última análise, a capacidade dos sistemas governamentais e das autoridades públicas para se adaptar vai determinar a sua sobrevivência. Se provarem ser capazes de abraçar um mundo de mudanças disruptivas, sujeitando suas estruturas aos níveis de transparência e eficiência que lhes permitam manter sua vantagem competitiva, eles vão resistir. Se eles não puderem evoluir, terão de enfrentar problemas crescentes.

Nesse contexto, é digno de nota o exemplo do programa *Presidential Innovation Fellowship*, criado de forma experimental pelo Presidente Norte-Americano Barack Obama, em 2012, e tornado permanente após três anos de resultados expressivos. Por meio dessa iniciativa, aquele País tem conseguido atrair profissionais criativos e de elevada competência técnica, motivados pela oportunidade de aplicar seus conhecimentos e habilidades em projetos transformadores com a participação de agências governamentais, empresas e organizações sociais, visando a maximizar os benefícios de avanços recentes na ciência e na tecnologia.

Em certa medida, o desafio imposto ao setor público por essa revolução digital se assemelha ao que o mundo privado já vive há alguns anos. O mais interessante, no entanto, é notar que as estratégias e abordagens empregadas por ambos, em sua luta pela sobrevivência nesse novo cenário, também têm demonstrado similaridades.

Chama a atenção, em especial, a disseminação de laboratórios de inovação em governo ao redor do mundo. Apesar de variações significativas no papel exercido pelo Estado em cada caso — de fundadores ou proprietários a parceiros, clientes ou apoiadores — e no rol de atividades desempenhadas por essas unidades, todas constituem espaços para reunião de *designers*, servidores públicos e membros da comunidade com o propósito de experimentar soluções criativas para questões complexas que ultrapassam a capacidade de atuação das estruturas mais tradicionais (TONURIST *et al.*, 2015).

Assim, com base nas características da revolução tecnológica atual, descritas por Klaus Schwab, nas recomendações do grupo Gartner sobre estratégias de inovação habilitadas por tecnologia (MINGAY; MESAGLIO, 2015) e no sucesso de abordagens experimentais em curso no Brasil e no mundo, pode-se concluir que:

> A era digital exige o desenvolvimento de governos bimodais, capazes de manter serviços e políticas públicas essenciais em funcionamento, de forma precisa e confiável, ao mesmo tempo em que experimentam continuamente novas maneiras de utilizar a tecnologia para melhor atender às necessidades de uma sociedade em constante evolução.

Para dar suporte a essa transformação, o TCU está promovendo, em conjunto com o Ministério do Planejamento, Desenvolvimento e Gestão, a constituição de uma Rede Federal de Inovação, congregando órgãos e entidades dos três poderes, além de representantes da academia, do setor privado e da sociedade civil. Com isso, espera-se que em um futuro próximo o Estado brasileiro possa dar sinais concretos da adoção de práticas alinhadas aos novos paradigmas da era digital.

Na mesma linha, o Tribunal está concebendo modelo específico para contratação de serviços de nuvem, em cooperação com aquele Ministério, como forma de se integrar a essa nova realidade e, ainda, servir de exemplo para o restante da Administração Pública quanto às estratégias adequadas para gestão de riscos no uso de tecnologias desse tipo.

No que se refere especificamente ao sistema de controle, é importante registrar que já começa a se disseminar a aplicação de técnicas avançadas de análise de dados em várias instituições, nos três poderes e em todos os níveis da Federação. Porém, é urgente ampliar investimentos na abertura e na integração desses dados. Quanto maiores forem as possibilidades de acesso aos inúmeros repositórios de cadastros e a sistemas mantidos pelos diferentes órgãos, mais sofisticados e eficientes poderão ser os algoritmos concebidos para apoiar gestores e auditores no desempenho de suas tarefas, em prol da sociedade.

> A informação é uma das ferramentas mais poderosas para o combate aos desvios, às fraudes e à corrupção, e somente com a inteligência provida pelo uso da tecnologia teremos chances de vencer a luta contra aqueles que insistem em dilapidar os cofres públicos em benefício próprio.

Ademais, em paralelo a esse progresso tecnológico, é igualmente necessário avançar no desenvolvimento dos profissionais que farão uso das ferramentas resultantes. A manipulação de informações torna-se competência essencial para atuação em organizações governamentais, que passam a demandar um amplo portfólio de pessoal qualificado, entre analistas e cientistas de dados, em uma tendência denominada *analytics everywhere* (HOWARD *et al.*, 2016b).

Vale ressaltar que há diferenças significativas entre os dois perfis requeridos. Enquanto o analista dedica-se essencialmente à elaboração de relatórios e painéis gráficos a partir do uso e da integração de dados, com necessidades ocasionais de programação, espera-se que o cientista atue principalmente na elaboração de modelos e algoritmos preditivos, com uso mais intensivo de *Big Data* e *Machine Learning* (LANEY *et al.*, 2015). Ambos se assemelham, todavia, na exigência de conhecimentos de tecnologia, de estatística e, sobretudo, de domínio sobre a área de negócio (ou função de governo) a ser analisada.

Devido à dificuldade de se reunir características tão diversas em um único indivíduo, a estratégia adotada no TCU — e que se entende ser a mais adequada para as instituições públicas em geral — consiste na constituição de equipes multidisciplinares, nas quais as competências requeridas estejam presentes como resultado da composição do grupo. Esses times, distribuídos na estrutura organizacional, são suportados em suas atividades por uma unidade central, na qual se concentram especialistas com maior conhecimento sobre técnicas avançadas e sobre o conjunto das bases de dados disponíveis para análise.

Essa mesma abordagem poderia ser replicada, em maior escala, para a cooperação entre diferentes instituições, como forma de unir esforços e recursos para a construção de uma Rede de Controle Digital, sustentada pela integração de informações e capacidades analíticas das organizações participantes. Com isso, a partir da definição de um ou mais nós de referência, que funcionariam como "torres de controle" para a rede, seria viável produzir indicadores e análises de risco capazes de monitorar, em tempo real, o funcionamento dos mais diversos serviços e políticas públicas, em consonância com as melhores práticas mundiais de uso de *Big Data* e *analytics* em governo (KIM *et al.*, 2014).

Nesse sentido, cabe destacar que proposta similar foi debatida por ocasião da segunda edição do Seminário Brasil 100% Digital – Análise de Dados na Administração Pública, promovido pelo Tribunal de Contas da União, em agosto de 2016. Espera-se, portanto, que tal ideia encontre ressonância nos demais atores envolvidos com o tema e que, no futuro próximo, venha a ter sua implementação iniciada.

> Avançando-se ainda mais em direção ao futuro, já é possível vislumbrar o momento em que passaremos do controle digital ao virtual, habilitado por novas tecnologias de georreferenciamento, processamento de imagens e realidade aumentada ou mista.

Enquanto as práticas de *audit analytics* se prestam ao controle de ações da Administração Pública em geral, com potencial para geração de resultados significativos, há pelos menos duas áreas — obras de engenharia e infraestrutura e ações ambientais — nas quais os benefícios podem ser ainda maiores, mediante a combinação da análise de dados estruturados e não estruturados com tecnologias avançadas de captura e processamento de imagens e recursos de visualização em realidade virtual.

O TCU já iniciou os investimentos nessa fronteira do conhecimento, mediante cooperação com o Laboratório de Sistemas de Informações Espaciais da Universidade de Brasília. O objetivo inicial do trabalho é o desenvolvimento de metodologias e algoritmos para avaliação de projetos e detecção de mudanças por meio do processamento digital de imagens obtidas por sensoriamento remoto, a partir de satélites geoestacionários ou de veículos aéreos não tripulados (VANTs), programados para mapear em detalhes áreas ou percursos específicos relacionados ao objeto de uma auditoria.

A partir dos primeiros projetos-piloto, em fiscalizações de obras rodoviárias e ferroviárias, já foi possível constatar a capacidade dessas novas tecnologias para identificar divergências entre as intervenções realizadas e os respectivos projetos básicos e executivos. Além disso, também se torna possível obter evidências concretas de eventuais divergências na medição de serviços de grande envergadura, como terraplanagem e movimentação de materiais, ou mesmo desembolsos financeiros sem a correspondente execução física da obra, mecanismos utilizados com frequência em casos de desvios e corrupção nesse tipo de empreendimento.

Não há dúvidas, entretanto, de que isso é apenas o começo de uma longa e profícua jornada. Assim como ocorre com o cruzamento e a análise de dados estruturados para avaliação de serviços e políticas públicas, é preciso reconhecer que, em algumas situações, o processamento de imagens será capaz de fornecer somente indícios de possíveis irregularidades, cuja comprovação dependerá do julgamento especializado de um auditor com experiência no assunto.

É justamente nesse ponto que surge oportunidade única de utilização de novas tecnologias para revolucionar a atuação do controle. Por meio de equipamentos e aplicações de realidade virtual, pode-se eliminar por completo a exigência de deslocamento de equipes para inspeções *in loco*, que muitas vezes se revelam inviáveis devido a restrições relacionadas à dificuldade de acesso a locais inóspitos ou ao custo elevado de se percorrer grandes extensões territoriais.

Os recursos necessários para tanto já estão disponíveis hoje e continuam a evoluir em ritmo acelerado, como nos mostra o projeto *OnSight*, conduzido pelo Laboratório de Propulsão a Jato (JPL), centro de pesquisa e desenvolvimento ligado à agência espacial norte-americana (NASA). Com base em imagens capturadas pelo veículo *Curiosity*, lançado na superfície de Marte em 2012, os profissionais do JPL utilizaram o equipamento *Microsoft Hololens* para desenvolver uma plataforma de realidade mista, com modelos tridimensionais holográficos que permitem visualizar ou percorrer ambientes do planeta vermelho de modo hiper-realista. Essa interação pode se dar de forma simultânea por vários cientistas, dentro de uma sala do laboratório em Pasadena ou a partir de diferentes locais, inclusive com possibilidade de acesso direto, no próprio ambiente virtual, a informações estruturadas e a documentos relacionados aos locais "visitados" (NASA, 2015).

Figura 9 – Exemplo de interação de cientistas na plataforma OnSight (NASA, 2015)

De volta ao planeta Terra, e mais especificamente ao mundo do controle, é possível conceber o desenvolvimento de solução similar, dedicada a suportar a fiscalização de obras que se estendem por milhares de quilômetros, a exemplo da Transposição do Rio São Francisco ou a Ferrovia Transnordestina. Para tanto, bastaria o uso de VANTs dotados de câmeras estereoscópicas para capturar imagens de alta resolução ao longo de todo o empreendimento, as quais seriam posteriormente integradas em modelos tridimensionais a serem "percorridos" por auditores.

Vale ressaltar que, além da reprodução fiel do objeto a ser fiscalizado em um ambiente virtual, este ainda poderia ser incrementado com alertas de possíveis irregularidades e outras informações produzidas a partir de técnicas convencionais de cruzamento de dados ou de algoritmos preditivos, consolidando todas essas inovações tecnológicas em uma única interface, ao mesmo tempo poderosa e de uso intuitivo.

> Trata-se, portanto, de um novo paradigma, concebido de forma pioneira pelo TCU: a Auditoria em Realidade Mista, que combina recursos avançados de análise de dados com ferramentas de realidade virtual, a fim de elevar a fiscalização de obras e de questões ambientais a patamares inéditos de eficiência e efetividade.

Por mais futurista que a proposta da auditoria em realidade mista pareça nesse momento, em um prazo máximo de cinco a dez anos, conforme previsões do Fórum Econômico Mundial (GLOBAL, 2015), teremos um cenário completamente distinto do que vivemos hoje, caracterizado por novas tecnologias cujas implicações, em muitos casos, sequer temos capacidade de estimar.

Portanto, parafraseando Benjamin Franklin, podemos assumir três coisas como certas na vida: a morte, os impostos e a evolução tecnológica. Nos cabe aproveitar ao máximo a terceira, como forma de otimizar o uso dos recursos provenientes da segunda e, quem sabe um dia, com os avanços na medicina e na saúde pública, conseguir retirar a primeira dessa lista.

Sobre este livro

Como se viu, não há dúvidas de que o mundo atravessa uma verdadeira revolução, que transforma continuamente a vida das pessoas, as relações sociais e a maneira como interagem com o mercado e com entidades do setor público. A tecnologia, que em um primeiro momento eliminou barreiras geográficas, hoje causa a diluição de fronteiras de toda ordem entre indivíduos, organizações sociais, empresas privadas e o governo.

Nesse contexto, o desafio que se impõe aos diferentes segmentos do Estado é duplo. Por um lado, a sociedade exige a transformação de serviços e políticas públicas para se adequarem aos canais e padrões de relacionamento da era digital. Por outro, a evolução contínua desses elementos e das ferramentas que lhes dão suporte propicia o surgimento de novos modelos de operação, nem sempre compatíveis com as normas e restrições vigentes, concebidas para a realidade analógica do passado.

Provocação similar se aplica às instituições de controle, que precisam modernizar com urgência suas práticas, tanto na realização de auditorias como na interação com gestores e com a sociedade. Nos países desenvolvidos em governo digital, devem ser capazes de compreender e avaliar as transformações do setor público; nos que ainda iniciam nesse caminho, ou que nele progridem a passos lentos, como o Brasil, sugere-se que o controle assuma papel de destaque, liderando pelo exemplo e exigindo respostas rápidas e resultados efetivos das políticas públicas, condizentes com as expectativas da sociedade nessa nova era. Afinal, não são mais suficientes as análises tardias e nem os simples indicadores referenciais.

Portanto, pode-se dizer que a motivação que levou à criação desta obra foi reunir, em um só volume, reflexões sobre os impactos da revolução tecnológica sobre a gestão do Estado, juntamente com o exame das oportunidades e dos desafios que essas mudanças impõem às entidades responsáveis pela fiscalização governamental, em todas as suas dimensões.

Para tanto, a primeira parte do livro apresenta panorama evolutivo da Administração Pública nas últimas décadas, seguido de suas alterações mais recentes, associadas às particularidades da era digital. Esta, por sua vez, é caracterizada em termos do desenvolvimento tecnológico e das relações sociais e comerciais. Por fim, são apresentados dois pilares fundamentais para a contextualização dos elementos descritos no restante do livro: a visão da inovação como um dever do Estado e a importância da adoção de práticas de governo e controle digitais, com forte ênfase na participação social.

Estabelecido esse contexto, a segunda parte do livro dedica-se à avaliação de seu impacto sobre as principais dimensões do controle: a governança pública, as auditorias de desempenho e conformidade e o combate à corrupção, com especial atenção ao uso de novas tecnologias e de gerenciamento de riscos como formas de conferir maior eficiência e eficácia às atividades de fiscalização. Ao longo do texto, tais elementos são descritos tanto em suas bases teóricas como em exemplos concretos, extraídos de práticas adotadas pelo TCU nos últimos dois anos.

É importante registrar que todos os autores desta coletânea são Auditores Federais de Controle Externo do Tribunal de Contas da União, que foram convidados a compartilhar seus conhecimentos em função do papel relevante que têm desempenhado, nos últimos anos, como responsáveis pela construção de uma nova realidade para o controle da Administração Pública no Brasil.

Os textos resultantes, apesar do elevado nível técnico, foram escritos em linguagem que se pretende igualmente acessível a auditores, gestores e cidadãos comuns, de modo a facilitar a compreensão e replicação de conceitos e práticas e, assim, maximizar os benefícios oferecidos por esta obra ao seu público. Na mesma linha, o apêndice traz robusto conjunto de estudos de caso, com experiências inovadoras que podem servir de inspiração para iniciativas similares e apresentação de ferramentas passíveis de evolução para uso customizado por outras instituições, em todos os níveis de governo.

Por fim, cabe reiterar: dentro de poucos anos, certamente haverá progressos tecnológicos cujas implicações, em muitos casos, sequer temos capacidade de estimar. Por esse motivo, este livro será acompanhado de plataforma online específica, dedicada à interação com os leitores e ao compartilhamento de avanços em conceitos, métodos e práticas, de modo a facilitar a incorporação contínua de novos conhecimentos pelos interessados no tema.

Com essa abordagem, espera-se despertar a atenção de todos quanto ao potencial da tecnologia da informação para revolucionar o controle e a gestão, no Brasil e no Mundo, estabelecendo assim os fundamentos para a transformação da auditoria pública, nas próximas décadas, em potente instrumento para a melhoria do funcionamento do Estado e para o verdadeiro controle social.

Referências

BERNERS-LEE, Tim. *Linked Data*. W3C, 2006. Disponível em: <https://www.w3.org/DesignIssues/LinkedData.html>.

BYRNES, Paul. et al. *Reimagining Auditing in a Wired World*. AICPA, 2014. Disponível em: <https://www.aicpa.org/interestareas/frc/assuranceadvisoryservices/downloadable documents/whitepaper_blue_sky_scenario-pinkbook.pdf>.

CASTELLS, Manuel. *A era da informação*: economia, sociedade e cultura. São Paulo: Paz e Terra, 1999. v. 1.

DAVENPORT, Tom. *Innovation in audit takes the analytics, AI route*. Deloitte University Press, 2016. Disponível em: <http://dupress.com/articles/audit-analytics-cognitive-technology-artificial-intelligence/>.

ERNST Young. Harnessing the power of data: How Internal Audit can embed data analytics and drive more value. *Insights on governance, risk and compliance*. 2014. Disponível em: <http://www.ey.com/Publication/vwLUAssets/EY-internal-audit-harnessing-the-power-of-analytics/$FILE/EY-internal-audit-harnessing-the-power-of-analytics.pdf>.

GEISSBAUER, Reinhard. et al. A Strategist's Guide to Industry 4.0. *Strategy+business*, n. 83, 2016. Disponível em: <http://www.strategy-business.com/article/A-Strategists-Guide-to-Industry-4.0>.

GLOBAL Agenda Council on the Future of Software & Society. *Deep Shift: Technology Tipping Points and Societal Impact*. Geneva: World Economic Forum, 2015. Disponível em: <http://www3.weforum.org/docs/WEF_GAC15_Technological_Tipping_Points_report_2015.pdf>.

GUERRA, Sérgio. Inovações Tecnológicas, Regulação e o Direito Administrativo. *Revista Colunistas de Direito do Estado*, n. 163, 2016. Disponível em: <http://www.direito doestado. com.br/colunistas/sergio-guerra/inovacoes-tecnologicas-regulacao-e-o-direito-administrativo>.

HERMANN, Mario. et al. *Design Principles for Industrie 4.0 Scenarios*: a literature review. Working Paper. Dortmund: Technische Universität Dortmund, 2015.

HOWARD, Rick *et al. The Top 10 Business Trends for Government in 2016*. Stamford: Gartner, 2016a.

HOWARD, Rick. et al. *The Top 10 Strategic Technology Trends for Government in 2016*. Stamford: Gartner, 2016b.

IIA – The Institute of Internal Auditors. *Supplemental Guidance*: The Role of Auditing in Public Sector Governance. 2. ed. 2012. Disponível em: <https://na.theiia.org/standards-guidance/Public%20Documents/Public_Sector_Governance1_1_.pdf>.

KIM, Gang-Hoon. et al. Big-data applications in the government sector. *Communications of the ACM*, v. 57, n. 3, 2014.

KURZWEIL, Ray. *The singularity is near*: when humans transcend biology. London: Penguin, 2005.

LANEY, Douglas. et al. *How Data Scientist Skills and Qualifications Differ from Those of BI Analysts and Statisticians*. Stamford: Gartner, 2015.

MINGAY, Simon; MESAGLIO, Mary. *How to Achieve Enterprise Agility with a Bimodal Capability*. Stamford: Gartner, 2015.

MULGAN, G.; ALBURY, D. *Innovation in the Public Sector*. London: The Stationery Office, 2003. Disponível em <http://www.sba.oakland.edu/faculty/mathieson/mis524/resources/readings/innovation/innovation_in_the_public_sector.pdf>.

NASA. National Aeronautics and Space Administration. *NASA, Microsoft Collaboration Will Allow Scientists to 'Work on Mars'*. NASA Mars Exploration, 2015. Disponível em: <http://mars.nasa.gov/news/whatsnew/index.cfm?FuseAction=ShowNews&News ID=1773>.

ONU. Organização das Nações Unidas. *Citizen Engagement Practices by Supreme Audit Institutions*: Compendium of Innovative Practices of Citizen Engagement by Supreme Audit Institutions for Public Accountability. New York, 2013. Disponível em: <https://publicadministration.un.org/publications/content/PDFs/Compendium%20of%20 Innovative%20Practices%20of%20Citizen%20Engagement%202013.pdf>.

ONU. Organização das Nações Unidas. *United Nations e-Government Survey 2016*: e-Government in support of sustainable development. New York, 2016. Disponível em: <http://workspace.unpan.org/sites/Internet/Documents/UNPAN96407.pdf>.

SCHMIDT, Eric; COHEN, Jared. *The new digital age*: Reshaping the future of people, nations and business. London: Hachette UK, 2013.

SCHWAB, Klaus. The Fourth Industrial Revolution: what it means, how to respond. *Foreign Affairs Anthology Series*: The Fourth Industrial Revolution. Council on Foreign Relations, 2016. Disponível em: <https://www.weforum.org/agenda/2016/01/the-fourth-industrial-revolution-what-it-means-and-how-to-respond>.

SILVA, Nitai. *Maturidade em dados abertos*: entenda as 5 Estrelas. Open Knowledge Brasil, 2013. Disponível em: <http://br.okfn.org/2013/01/17/maturidade-em-dados-abertos-entenda-as-5-estrelas>.

TAURION, Cezar. A auarta revolução industrial chegou, e você não passará imune a ela. *Computerworld*, 26 jan 2016. Disponível em: <http://computerworld.com.br/quarta-revolucao-industrial-chegou-e-voce-nao-passara-imune-ela>.

TONURIST, Piret. et al. Discovering Innovation Labs in the Public Sector. *Working Papers in Technology Governance and Economic Dynamics*, n. 61. Tallin: Tallin University of Technology, 2015. Disponível em: <http://hum.ttu.ee/wp/paper61.pdf>.

TCU. Tribunal de Contas da União. *Inovação a Serviço do Controle*: relatório anual de gestão 2015. Brasília: TCU, Secretaria de Planejamento, Governança e Gestão, 2016. Disponível em: <http://portal.tcu.gov.br/lumis/portal/file/fileDownload.jsp?fileId= 8A8182A254AB 80050154BF9E62745A72>.

VASARHELYI, Miklos A.; HALPER, Fern B. The continuous audit of online systems. *Auditing*: a Journal of Practice and Theory, v. 10, 1991.

Informação bibliográfica deste texto, conforme a NBR 6023:2002 da Associação Brasileira de Normas Técnicas (ABNT):

OLIVEIRA, Aroldo Cedraz de. Apresentação – O controle da Administração Pública na Era Digital. In: OLIVEIRA, Aroldo Cedraz de (Coord.). *O controle da administração na era digital*. Belo Horizonte: Fórum, 2016. p. 17-48. ISBN 978-85-450-0176-8.

PARTE I

CAPÍTULO 1

PANORAMA EVOLUTIVO DA ADMINISTRAÇÃO PÚBLICA

NAIR MARIA GASTON NOGUEIRA

1.1 Introdução

Atualmente está em curso um vigoroso ciclo de inovação que repercute sobre os mais diversos ambientes – corporativo, tecnológico, institucional e social —, e que pode ensejar a quebra definitiva de velhos paradigmas organizacionais e, com isso, provocar a reestruturação política e administrativa das sociedades modernas, obrigando-as, inclusive, a redesenhar o futuro de seus governos e instituições.

Nos campos da Informática e da Inteligência Artificial, as conquistas tecnológicas já se avolumaram de tal modo que as máquinas começaram a invadir "espaços" antes considerados de exclusivo domínio humano, conforme é o caso dos veículos capazes de andar sozinhos pelas ruas, sem concurso de volante, acelerador ou pedal de freio, fabricados por uma empresa multinacional de tecnologia sediada em *Mountain View*, na Califórnia – EUA, denominada *Google*.

Watson, um famoso supercomputador criado pela IBM, foi "contratado" como mais novo membro da equipe encarregada de diagnósticos do sistema de seguros de saúde *WellPoint*, que atua nos Estados Unidos. Em sua nova função, *Watson* é responsável por analisar históricos médicos e ajudar os médicos da empresa a identificar o que há de errado com seus clientes. Segundo a IBM, o supercomputador tem capacidade para analisar duzentos milhões de páginas de dados e responder com máxima precisão a qualquer questão que lhe seja formulada, num prazo inferior a três segundos.

> "Paradigma" é um vocábulo derivado do grego *paradigma* que designa um modelo ou padrão utilizado pelos indivíduos na compreensão dos diferentes problemas ou situações do cotidiano. Pode também ser empregado para explicitar um arcabouço de regras e preceitos informais que regem atitudes e comportamentos legitimados pela tradição e pela cultura dos grupos sociais, que serve para demarcar os limites dentro dos quais os indivíduos podem viver e agir, sem ser objeto de sanção.

Com o passar do tempo, inúmeros paradigmas de sociedade sofreram radicais alterações ou até mesmo se extinguiram no redemoinho da História.

Até meados do século XX, era necessário um bom número de décadas para uma transformação radical conseguir se disseminar por todo um país ou continente. Devido à globalização, as impressionantes inovações tecnológicas dos dias de hoje se propagam quase que instantaneamente pelo mundo inteiro.

O objetivo do presente estudo é traçar um breve panorama evolutivo da Administração Pública *vis-à-vis* dos desafios típicos da nova Sociedade Digital, a exemplo do Governo Eletrônico e da Inclusão Digital.

1.2 Revolução Industrial

A História da Civilização é composta de inúmeros pontos de inflexão – usualmente denominados de "revolução" —, causados por saltos tecnológicos que fizeram a humanidade avançar para adiante e cujos efeitos se mostraram essenciais para o progresso humano, a exemplo da invenção da agricultura, ocorrida há cerca de doze mil anos, durante a Pré-história, no período do neolítico ou da pedra polida.

O plantio e o cultivo de plantas a distâncias próximas umas das outras permitiram aumentar a oferta de alimentos em escala nunca vista. Isto porque os frutos produzidos podiam ser facilmente colhidos a seu tempo, o que permitia maior produtividade das plantas cultivadas em relação ao seu habitat natural. Assim, as frequentes e perigosas empreitadas à caça de alimentos foram minimizadas, ao tempo em que se fez a seleção, entre os grãos selvagens, daqueles que possuíam as características compatíveis com o interesse dos primeiros agricultores, tais como formato, produtividade, sabor, etc.

Em 1776, o escocês Adam Smith publicou a obra *Uma Investigação sobre a Natureza e as Causas da Riqueza das Nações*, mais conhecida simplesmente como "A Riqueza das Nações", na qual esboçou os primeiros conceitos relativos à produtividade e à especialização, em ambiente de fábrica.

> Smith observou que, na confecção de alfinetes, mesmo um artesão de notória habilidade, não conseguia produzir mais que 20 peças por mês. Já numa fábrica de alfinetes, mediante um processo que envolvia dezoito etapas e dez funcionários, que, à medida que se especializavam e conferiam mais velocidade à tarefa, dava como resultado um volume sensivelmente maior de produção. Tanto que, no início do século XIX, as empresas têxteis de Lancashire, cidade situada no norte da Inglaterra, comprovaram empiricamente que o binômio trabalhadores capacitados combinados com o fator tecnologia sempre resultava em ganhos extraordinários de produtividade.

A Revolução Industrial (RI) representou o apogeu de uma radical quebra de paradigma que se foi engendrando ao longo de séculos, no âmbito das sociedades europeias, a partir da Baixa Idade Média, mediante a paulatina substituição das ferramentas por máquinas e da energia humana por energia motriz, que resultou no aparecimento da produção fabril mecanizada, em detrimento da produção artesanal.

A mudança de paradigma veio proporcionar a produção de mercadorias em larga escala e com menor preço. Verificou-se a elevação da demanda por matéria-prima e mão de obra especializada para as fábricas, além do aparecimento do mercado consumidor, nos moldes como é conhecido na atualidade. Consequentemente, a atividade comercial passou a requerer meios hábeis para transporte de pessoas e de cargas. Fazia-se necessário encurtar o tempo de escoamento das mercadorias das regiões produtoras aos mercados consumidores.

Deu-se então a massiva construção de ferrovias e a invenção da máquina a vapor, eventos marcantes e característicos do período compreendido entre 1760 e 1860.

A partir de 1870, uma nova onda de inovação tecnológica sedimentou a Segunda Revolução Industrial, uma era em que se tirou proveito do emprego da energia elétrica, do motor a explosão, dos corantes sintéticos e da invenção do telégrafo para empreender a exploração de novos mercados e acelerar o ritmo da produção industrial.

Já a Terceira Revolução Industrial, também identificada como Revolução Técnico-Científica-Informacional, originou-se na década de 1960, a partir do desenvolvimento dos semicondutores e da computação em *mainframe*, que se transformou no estuário para o qual convergiram os melhoramentos advindos da Computação Pessoal – nos anos 1970 – e, da Internet – nos anos 1990.

Hoje a industrialização mundial está rumando para além das fronteiras da Terceira Revolução. O Fórum Econômico Mundial de 2016, ocorrido em Davos, na Suíça, teve como foco uma Quarta Revolução Industrial cuja origem é atribuída à livre combinação das prodigiosas inovações tecnológicas consubstanciadas nas revoluções antecedentes.

O economista alemão Klaus Schwab, em seu no livro *A Quarta Revolução Industrial*, publicado em 2016, traça um interessante apanhado das transformações estruturais que se anunciam para os próximos dez anos. Ressalta que a Quarta RI tende a ser ainda mais profunda que as anteriores, dado que ela se compõe da interação de ondas simultâneas originárias de vários campos: Nanotecnologia, Energias Renováveis, Engenharia Genética, Computação Quântica etc.

O mencionado autor afirma que as tecnologias digitais que se apresentam ancoradas num tripé formado por computador, *software* e redes, embora não sejam tão recentes assim, evoluíram com impressionante celeridade, deixando para trás a Terceira Revolução à medida que passaram a exercer seus efeitos transformadores sobre a sociedade e a economia global.

Em artigo publicado originalmente na Revista *Foreign Affairs*, edição de 12 de dezembro de 2015, Schwab afirmou: "A Primeira Revolução Industrial usava água e a força do vapor para mecanizar a produção. A segunda RI usava o poder da eletricidade para criar a produção em massa. A terceira RI, a revolução digital, usava a tecnologia da informação para automatizar a produção. Agora a quarta Revolução Industrial está se desenvolvendo à partir da terceira, que vem ocorrendo desde os meados do século passado, e se caracteriza pela fusão de tecnologias que estão esmaecendo as fronteiras entre as esferas física, biológica e digital".

Os elementos propulsores da Quarta RI classificam-se em digitais, materiais e biotecnológicos. Os elementos digitais são os mais perceptíveis, pois, em curto espaço de tempo os aparelhos celulares conectados à internet provocaram uma reorganização de diversos aspectos da vida, a exemplo dos meios de transportes urbanos.

Entre os novos materiais, destaca-se o grafeno, que é duzentas vezes mais resistente que o aço e um milhão de vezes mais fino que um fio de cabelo. Com potencial para inúmeras aplicações, da tecnologia atual a novas tecnologias disruptivas, o material ainda enfrenta dificuldades para fabricação em escala industrial. Foi aberto no Brasil o Centro de Pesquisas Avançadas em Grafeno, Nanomateriais e Nanotecnologias (MackGraphe), no campus da Universidade Presbiteriana Mackenzie (UPM), em São Paulo. Este Centro representa investimentos de mais de R$100 milhões e é o primeiro do gênero na América Latina.

O Mackgraphe dedica-se a explorar as propriedades do grafeno e de outros materiais bidimensionais ou unidimensionais – formados por camadas planas e simples de átomos ou moléculas —, com vistas a aplicações na indústria

Segundo especialistas da área, o Brasil tem grandes chances de explorar essa janela de oportunidade, uma vez que possui uma das maiores reservas mundiais de grafite – a matéria-prima do grafeno – cujo quilograma custa US$1,00, do qual é possível extrair 150 gramas de grafeno, comercializados a US$15 mil. Quando o preço do grafeno cair – pois hoje ainda é considerado um material de alto preço —, estima-se que causará um forte abalo sobre as plantas industriais e a infraestrutura logística das economias globalizadas.

A família inaugurada pelo grafeno cresceu e hoje inclui molibdenita, fosforeno, estaneno, germaneno, siliceno e até um pentagrafeno. Nesse sentido vale mencionar o carbino, cuja estrutura molecular lhe dá uma característica unidimensional com amplas possibilidades de rotação, nos pontos formados por ligações químicas simples. Estudos teóricos indicam que o carbino apresentaria o dobro da rigidez do grafeno e dos nanotubos de carbono, além de dureza quase três vezes superior à dureza do diamante.

Os avanços biotecnológicos costumam chamar pouca atenção. Porém, apresentam extremo potencial transformador e, por esse ângulo, seja considerado como um fator desencadeador de justificadas preocupações morais e éticas. Por exemplo, foi preciso esperar dez anos para terminar o sequenciamento do genoma humano, ao custo de US$2,7 bilhões. Hoje o sequenciamento genético de um organismo pode ser feito em menos de um dia e a um custo de menos de US$1.000.

Segundo afirmam os professores Erik Brynjolfsson e Andrew McAfee, do *Massachusetts Institute of Technology* (MIT), no livro *A Segunda Era das Máquinas – Trabalho, Processo e Prosperidade em uma Época de Tecnologias Brilhantes*, publicado no ano de 2014, no momento presente, as economias avançadas encontram-se num ponto de inflexão em que o efeito das tecnologias digitais se manifesta com "força total" por meio da automação e de "coisas sem precedentes".

1.2.1 Indústria 4.0

"Indústria 4.0" é uma expressão cunhada em 2011, por ocasião da Feira da Indústria de Hannover, para descrever o processo de organização das cadeias globais de valor. É um tema que está no cerne da Quarta Revolução Industrial.

A Alemanha é amplamente reconhecida como um dos países mais desenvolvidos e diversificados do planeta, sendo o mais importante da Europa. Entre os países ricos, é o único que não se desindustrializou e apresenta a segunda maior economia exportadora de bens industrializados do mundo, apenas superada pela China.

Importa acentuar que o Projeto Indústria 4.0 oficialmente lançado em 2012 é fruto de uma coalizão entre governo, empresas, universidades e associações de classe, com vistas à construção de "fábricas inteligentes" e à garantia da competitividade industrial.

> O atual paradigma industrial alemão envolve uma teia de tecnologias digitais, tais como, Robótica Avançada, Internet das Coisas, *Big Data* e Realidade Aumentada, que elevou a produtividade do trabalho no setor privado e também no setor público.

As "fábricas inteligentes" desvendam uma nova realidade onde os sistemas físicos e virtuais de fabricação cooperam de forma global e flexível, viabilizando a total customização de produtos e o surgimento de novos arranjos operacionais. Estima-se que, até 2030, parte considerável da indústria germânica tenha adotado as "fábricas inteligentes" como padrão de produção.

Segundo afirma Henning Kagermann, diretor da Academia Alemã de Ciências Técnicas (Acatech – *Deutsche Akademie der Technikwissenschaften*), em entrevista concedida à Revista *Brasil-Alemanha de Inovação*, produzida e editada pelo Departamento de Inovação e Tecnologia e pelo Departamento de Comunicação Social da Câmara de Comércio e Indústria Brasil-Alemanha, "na Indústria 4.0, os setores da produção e da automatização crescem juntos com as tecnologias da informação e da comunicação. É a introdução da Internet das Coisas (*Internet of Things*), dados e serviços na fábrica. O ser humano, as máquinas e os produtos comunicam entre si numa rede social. Não é mais a produção rígida que determina o produto fabricado de maneira igual; mas, sim, a peça isolada que determina seu caminho individual de produção".

A Indústria 4.0 é uma realidade plausível na Alemanha, onde já existem empresas que produzem módulos que são instalados como fábricas-modelo completas, a exemplo do ocorrido no Centro Alemão de Pesquisa da Inteligência Artificial (*Deutschen Forschungszentrum für Künstliche Intelligenz*). Naquele país existem também consórcios de pesquisa, como o *cluster* de sistemas técnicos inteligentes de *OstWestfalenLippe* (OWL). Porém, ainda levará algumas décadas, até que todos os padrões sejam completamente desenvolvidos, todas as questões jurídicas e de segurança técnica sejam solucionadas e todos os componentes atuem conjuntamente, sem problemas técnicos.

> No Brasil, o Laboratório de Sistemas Computacionais para Projeto e Manufatura (SCPM) da Universidade Metodista de Piracicaba (UNIMEP) possui uma parceria de mais de 20 anos com o *Fachgebiet Datenverarbeitung in der Konstruktion* (DiK) da Universidade Técnica de Darmstadt (*Technische Universität Darmstadt* – TUD).

O objetivo do Projeto SCPM é transformar componentes físicos individuais em portadores de informações, para que possam ser empregados como agentes ativos em ambientes físico-cibernéticos. Incrementados com informações sobre seu ciclo de vida, suas propriedades físicas individuais e seus propósitos, esses componentes inteligentes podem controlar os processos de manufatura aplicados a eles e à sua movimentação dentro de uma fábrica equipada com sistemas de produção físico-cibernético.

"A partir da introdução de componentes inteligentes, os quais transportam suas informações em processos de produção e em ambientes de manufatura também inteligentes, são esperados ganhos de produtividade, melhoria na utilização dos recursos e dos meios de produção, para não citar outras aplicações inovadoras", afirma o professor Klaus Schützer Diretor do Laboratório de Sistemas Computacionais da Universidade Metodista de Piracicaba (UNIMEP).

1.3 Modelos de Administração Pública

O jurista brasileiro Hely Lopes Meirelles conceitua Administração Pública como "a gestão de bens e interesses qualificados da comunidade no âmbito federal, estadual ou municipal, segundo preceitos de Direito e da Moral, visando o bem comum".

Desse ângulo, o objetivo primacial da Administração Pública é trabalhar a favor do bem comum, primordialmente em favor dos direitos e interesses da sociedade que lhe outorga esse mister e paga salários a seus quadros.

A Administração Pública envolve uma série de tarefas que são de competência legal dos profissionais integrantes da estrutura administrativa do Estado, os quais são obrigados à prestação de contas e publicação de relatórios de gestão para conhecimento e apreciação das autoridades responsáveis e da sociedade em geral.

A solidez econômica e financeira do Estado depende diretamente da qualidade de sua Administração Pública. Tanto é assim que alguns estudiosos da matéria afiram que "não existem Estados ricos ou pobres, e sim Estados 'bem' administrados e 'mal' administrados".

Numa retrospectiva histórica do Estado moderno, a Administração Pública – cujos princípios e características não se confundem com os da Administração de Empresas Privadas – evoluiu até o presente segundo três paradigmas que se sucederam na linha do tempo, embora sem o integral descarte dos pressupostos adotados anteriormente: os sistemas patrimonialista, burocrático e gerencial.

1.3.1 Sistema patrimonial

O economista alemão Max Weber, um dos fundadores da Sociologia, define o Estado como "uma relação de dominação do homem sobre o homem, fundada no instrumento da violência legítima" que só pode existir "sob a condição de que os homens dominados se submetam à autoridade continuamente reivindicada pelos dominadores".

Segundo Weber, a dominação, isto é, a probabilidade de obediência a um determinado mandato, pode fundar-se em diversos motivos justificadores da submissão. Pode depender, por exemplo, da visão utilitarista das vantagens e desvantagens por parte daquele que obedece. Pode também depender de mero "costume", do hábito cego de um comportamento inveterado, ou fundar-se no puro afeto, na mera inclinação pessoal do súdito. Entretanto, acentua que a dominação que repousa apenas em tais fundamentos é relativamente instável.

> A legitimidade das relações entre dominantes e dominados apoia-se internamente em bases jurídicas, e o abalo da crença nessa legitimidade costuma acarretar graves consequências.

Entre as formas de dominação legítima, o pensador alemão incluiu o "Patrimonialismo", cuja característica proeminente é uma administração do Estado "puramente pessoal do senhor", ou seja, os frutos da administração revertem todos em proveito da pessoa do governante, pois o aparato administrativo é apenas uma "extensão daquilo que lhe pertence".

A Administração Pública Patrimonialista baseia-se no personalismo ou pessoalidade dos "donos do poder" e se caracteriza pelo emprego de critérios discriminatórios aplicados a indivíduos vistos pelo Estado conforme a estirpe ou a rede de relacionamentos entabulada com os poderosos de ocasião.

Em vez de destinar a todos os indivíduos um tratamento protocolar, avesso à concessão de privilégios, o Estado patrocina uma série de sinecuras e benesses vedadas às "pessoas comuns", com base no Princípio da Pessoalidade, alçado a diretivo número um do Estado Patrimonialista.

Com o advento da economia de livre iniciativa e o consequente declínio dos governos monárquicos absolutistas existentes no mundo, os agentes econômicos e a sociedade civil puseram freios à tutela do Estado e proclamaram a separação entre o público e o privado, o que levou o Patrimonialismo a perder poder e cair em desuso.

Entretanto, os males do Patrimonialismo acometem até hoje a Administração Pública, em maior ou menor proporção, a depender do grau civilizatório atingido pela sociedade que lhe dá suporte. Nas administrações patrimonialistas que ainda restam, o Estado costuma ser vítima de políticas populistas, aparelhamento ideológico, corrupção endêmica e sistemática, apadrinhamento político e nepotismo.

1.3.2 Sistema burocrático

O surgimento da Administração Pública Burocrática remonta ao Estado liberal surgido na metade do século XIX. Deu-se em contraposição aos males causados pelo Patrimonialismo e traz em seu bojo a ideia de profissionalização, plano de carreira, hierarquia funcional, impessoalidade e formalismo.

Segundo Weber, um dos tipos básicos de dominação legítima é a "racional-legal", que tem por fundamento o cumprimento das leis prescritas em regras estatuídas. A burocracia é forma mais pura deste tipo de dominação.

> As principais características da burocracia são: impessoalidade nas relações; a crescente especialização; a disciplina; a tendência ao nivelamento; plutocratização; e crescente racionalização dos quadros e meios administrativos.

O corpo funcional do setor público passou a ser composto de administradores profissionais recrutados após aprovação em concursos públicos e em cursos de formação específicos. O Estado estruturou-se a partir de instituições hierarquizadas dotadas de controles focados em processos. Aliás, esse é o modelo manifesto no vigente Sistema Brasileiro de Administração Pública, ainda caracterizada pelo formalismo explicitado no emaranhado de normativos e na inflexibilidade dos ritos e procedimentos.

A consagração do Princípio da Impessoalidade veio reforçar o propósito de se tratar a *res publica* com probidade e transparência.

Um dos lados positivos apresentados pela Administração Pública Burocrática é o efetivo combate dos tradicionais abusos patrimonialistas. Como aspectos negativos, vale citar os acúmulos de ineficiência e a incapacidade da burocracia em se colocar a serviço do cidadão como se este fizesse parte de uma clientela preferencial.

No nascedouro da burocracia, tais deficiências não eram notadas porque o volume de serviços a cargo do Estado não era tão complexo, vultoso e diversificado como atualmente.

O Estado, à época do liberalismo puro, tinha por funções tão somente a manutenção da Ordem e a administração da Justiça, mormente no tocante à garantia do cumprimento dos contratos e do consagrado direito de propriedade.

Ao assumir a responsabilidade pela defesa dos direitos sociais, o Estado burocrático de fato agigantou-se e fez proliferar os seus tentáculos, a ponto de a sociedade aquilatar que os custos da assunção de tamanhas obrigações são insustentáveis para cofres públicos, no longo prazo. Por isso, no último quartel do século XX as administrações burocráticas foram alvo de enérgica contestação no mundo desenvolvido, e substituídas por um novo paradigma de Administração Pública: o gerencialismo.

1.3.3 Sistema gerencial

Ante o declínio do sistema burocrático de administração, verificado em função da ampliação das incursões governamentais enquanto monopolista prestador de serviços públicos, deu-se o surgimento do sistema gerencial, influenciado por um movimento conhecido como Novo Gerencialismo, que trouxe para a cena o Estado Regulador que facultou a particulares consideráveis parcelas da prestação de serviços públicos, por meio de delegação estatal.

Desde então, o Novo Gerencialismo vem influenciando concepções e práticas organizacionais no campo do serviço público, impregnando-se da lógica concorrencial e de uma filosofia de ação empreendedorista.

> O modelo gerencialista enfatiza o mercado, estimula a realização de parcerias entre agências públicas e privadas e privilegia inovações gerenciais, como, por exemplo, os programas de Qualidade Total. Os cidadãos são olhados com a dupla face de contribuintes de impostos e consumidores finais de seus serviços. Assim, as características visíveis do gerencialismo no âmbito do setor público são: a eficiência nos serviços, a avaliação de desempenho e o controle de resultados.

O surgimento do Estado Gerencial deve-se em grande parte aos progressos ocorridos no campo da tecnologia de informação e comunicação, que impulsionaram uma nova organização política e econômica mundial caracterizada pela sustentabilidade dos ganhos de produtividade e competitividade.

Aceitando-se o ponto de vista de que o anacronismo do Estado Burocrático teria exaurido sua capacidade de gerar receitas para atendimento das inumeráveis demandas sociais da modernidade, a Administração Pública gerencialista vem suprir duas exigências da atualidade: rever e atualizar as formas de agir do Estado nas diferentes realidades de cada nacionalidade; e, deter a explosão dos custos decorrentes das demandas sociais próprias das democracias de massa contemporâneas.

O Modelo Gerencial conservou alguns dos princípios típicos da Administração Burocrática, embora flexibilizados, a exemplo da admissão segundo rígidos critérios de mérito, a existência de um sistema estruturado e universal de remuneração, planos de carreira, a avaliação constante de desempenho e treinamento sistemático.

Os servidores públicos seguem contratados por meio de concurso público, e as obras e os serviços, por meio de licitação, mas o foco de preocupação com o controle da atuação desses servidores recai sobre o desempenho – ao menos teoricamente – e a finalidade dos serviços prestados ao cidadão-cliente, os quais devem estar em consonância com as atribuições inerentes aos cargos.

Sob o gerencialismo foi possível aplicar à Administração Pública os parâmetros de governança corporativa já utilizados no setor privado, preocupando-se muito mais, por exemplo, com o princípio da eficiência. Assim, manteve-se o espírito da Administração Pública Burocrática, com reconhecimento das instituições, da impessoalidade e das formalidades, mas com o foco na eficiência prática em busca de resultados objetivos.

A promulgação da Constituição brasileira de 1988, em sua origem, respaldou-se no modelo de Administração Pública Burocrática, tendo consagrado os princípios do concurso público para acesso a cargos públicos, da licitação, da publicidade, da impessoalidade etc. Posteriormente, graças à ascensão das práticas de Administração Pública Gerencial, foram incluídos no texto constitucional a possibilidade de delegação aos particulares da prestação dos serviços de telecomunicações, e o princípio da eficiência, mediante a Emenda Constitucional nº 8/1995 e a Emenda Constitucional nº 19/1998, respectivamente.

Fundamentado nos princípios da confiança e da descentralização da decisão, o paradigma gerencial contemporâneo exige formas flexíveis de gestão que impliquem achatamento de níveis hierárquicos, descentralização de funções e incentivos à inovação e à criatividade. Desse ponto de vista, ao acrescer os princípios do foco no cidadão-cliente, do controle por resultados e o da competição administrada (*managed competition*), o gerencialismo contrapôs-se ao excesso de formalismo e rigorismo técnico característicos da Administração Burocrática, que se baseavam na avaliação sistemática, recompensa por melhorias de desempenho e capacitação permanente.

Note-se que a Administração Pública brasileira atravessa um período de transição do modelo de Administração Pública Burocrática para o de Administração Pública Gerencial. Neste último modelo, busca-se otimizar a eficiência nos serviços e a funcionalidade do Estado, reduzindo custos e melhorando a qualidade dos serviços prestados em função do interesse público.

1.4 O novo quadro de referência da Administração Pública

O volume crescente das demandas sociais ainda esbarra na estrutura anacrônica dos governos, a começar dos antiquados processos de formulação de políticas públicas, a despeito de ultimamente se terem ampliado as possibilidades e oportunidades de fortalecimento da governança. A popularização da Internet e das Tecnologias de Informação e Comunicação (TICs), especialmente num contexto de Quarta RI, prenuncia o desenvolvimento de um novo quadro de referência para a Administração Pública.

O crescimento do uso da rede mundial de computadores (*web*), do *e-mail* e das tecnologias típicas da Era Digital modificou, inclusive, os processos levados a cabo na retaguarda administrativa – atrás do balcão ou *back-office* —, quanto às formas de relacionamento entre o governo e a sociedade.

A aplicação das tecnologias de informação tornou-se essencial, pois permitem não só a melhor alocação dos recursos públicos e a intercomunicação entre os órgãos governamentais e atores sociais, mas também o redesenho de processos de governo, de modo a atender as necessidades dos usuários e a ampliar os meios de acesso aos serviços públicos e à própria Administração, com impactos positivos e relevantes sobre a capacidade estatal de entregar serviços de qualidade, além de reforçar o papel do Estado em prol da cidadania e da participação democrática.

A postura diferenciada da Administração Pública ante o gigantesco acervo de informação acessível por meio da Internet define o seu potencial de eficiência, eficácia e economicidade, ao ponto de condenar à falência instituições públicas e privadas que manifestarem alguma lerdeza ou inépcia na interpretação de códigos digitais, isto é, se mostrarem avessas à análise e decifração de grandes volumes de dados, estruturados e não estruturados, acompanhados ou não de imagens, vídeos, áudios e gráficos.

> A Administração Pública é chamada, por exemplo, a investir na estruturação de setores destinados ao monitoramento de redes sociais, gerenciamento de sites de reclamações, recebimento de mensagens de dúvidas de usuários, de modo que todas essas tarefas se efetivem de qualquer lugar e em qualquer hora, por intermédio da implantação de sistemas informatizados, pontos de acesso à Internet, além de itens tecnológicos usuais, como computadores de mesa, *notebooks*, *tablets* ou *smartphones*.

Na década de 1940 já se falava em "explosão de dados" e "grandes volumes de dados". A partir dos anos 1990, em vista do crescimento da necessidade de armazenar, manipular e analisar de forma rápida e inteligente, grandes volumes de dados não estruturados, surgiu o conceito de *Big Data* para designar as ferramentas e práticas que gerenciam e analisam grandes volumes de dados, de diferentes fontes, em velocidade considerável, com a finalidade de carrear para organizações maior confiabilidade ao processo de tomada de decisão.

O conjunto de *softwares* que fazem análises complexas a partir de grandes bases eletrônicas de dados está deixando de ser um assunto que só interessa a profissionais de tecnologia e vem se consolidando como um assunto afeto ao aparecimento de novas carreiras profissionais. Dada essa realidade de mercado, urge favorecer a formação dos chamados "seres digitais", isto é, indivíduos de nova safra habilitados a explorar as potencialidades da sociedade digital, embora sujeitando-se a riscos constantes e insuspeitados.

No decorrer da Quarta Revolução Industrial, a sociedade digital produz e põe em uso novas tecnologias – e evidentemente necessita de profissionais habilitados a operá-las. Porém, é necessário notar que os centros universitários e os governos não se reinventam na mesma velocidade com que progridem as respectivas sociedades. Por isso, as grandes instituições se obrigam a investir cada vez mais em "universidades corporativas" para customizar cursos e treinamentos de acordo com as políticas e estratégias da instituição patrocinadora, reduzindo os custos tradicionais de capacitação e ensejando rapidez na formação da mão de obra.

O importante é haver sempre uma convergência entre as instituições de ensino corporativas e as universidades, pois a educação é a chave-mestra da competitividade e todos os possíveis cenários futuros propõem investimentos continuados em capacitação profissional dos quadros funcionais.

A palavra está com as universidades públicas e privadas, intimadas para suprir o mercado de trabalho com profissionais habilitados a filtrar e processar a imensa gama de informação disponível na Rede para utilizá-la como *input* nas soluções requeridas pela sociedade digital, e também por grupamentos comerciais ou conglomerados econômicos e financeiros.

Impõe-se como tarefa crucial o aperfeiçoamento da democracia e dos modelos de tomada de decisão para acompanhamento e enfrentamento de desafios sociais crescentes e de maior monta. Assim, os países que quiserem trilhar a senda do desenvolvimento econômico e social devem criar normas que se mostrem amigáveis aos processos de inovação, tema hoje relegado a segundo plano em muitas partes do mundo.

1.5 Sociedade Digital

A abordagem das questões trazidas pela vertiginosa escalada do desenvolvimento econômico, tecnológico e social requer atributos que não são típicos do setor público: tempestividade, precisão e inovação.

A especialização e a verticalização do conhecimento oferecem meios inumeráveis para a Administração Pública ofertar respostas tempestivas, precisas e inovadoras às demandas da sociedade.

> Conhecimento é uma capacidade dinâmica, ou seja, o indivíduo que o detém está apto a estabelecer novas relações, engendrar soluções, conceber inferências, carrear novo aporte de informações e reformular significados. Vale dizer, é um conjunto de informações interligadas e logicamente relacionadas que desfruta de um status acima do nível de um mero conjunto de informações.

Na virada do milênio, a expressão "sociedade digital" consagrou-se em vários fóruns internacionais, a saber, na Organização para a Cooperação e Desenvolvimento Econômico (OCDE), na Organização das Nações Unidas (ONU), no Banco Mundial, na Organização Mundial do Comércio (OMC) e no Fundo Monetário Internacional (FMI), culminando com a publicação dos quatro documentos da Cúpula Mundial da Sociedade da Informação, debatidos e redigidos em Genebra (2003) e Túnis (2005), nos quais foram delimitadas as fronteiras entre a sociedade industrial e a sociedade da informação, ou seja, entre um mundo marcado por tecnologias analógicas e um mundo marcado por tecnologias digitais, ubíquas e difusas, como a Internet.

Para Manuel Castells – um pensador pioneiro em se tratando dos reflexos da sociedade digital na economia, e na convivência social em todo o mundo, a partir do fenômeno da Internet –, "o essencial é que agora todo o planeta está conectado. Existem sete bilhões de números de telefones celulares no mundo e 50% da população adulta do planeta tem um smartphone. O percentual será de 75% em 2020. Consequentemente, a rede é uma realidade generalizada para a vida cotidiana, as empresas, o trabalho, a cultura, a política e os meios de comunicação. Entramos plenamente numa sociedade digital – não no futuro, mas no presente – e teremos que reexaminar tudo o que sabíamos sobre a sociedade industrial, porque estamos em outro contexto".

Na visão de Castells, "as novas tecnologias da informação não são apenas ferramentas para se aplicar, mas processos para se desenvolver", nos quais compete aos atores sociais o protagonismo do processo de elaboração das políticas públicas.

O período de transição da Terceira para a Quarta Revolução Industrial que aí está oferece aos gestores públicos a oportunidade de revisitar os paradigmas e procedimentos ainda vigentes nos governos e instituições que, embora fossem relevantes em outro tempo, perderam razão de ser em face da multiplicação das Tecnologias de Informação e Comunicação – TIC.

1.6 O novo modelo de intervenção social

O mundo de hoje está assentado numa sociedade virtual, multifacetada, caleidoscópica, cujos indivíduos se conectam e desconectam rapidamente, ao sabor das circunstâncias. O sociólogo brasileiro Fernando Henrique Cardoso reporta-se a uma "sociedade móvel, dinâmica, na qual as classes estão umas dentro das outras, atraídas pela energia da conectividade e nela dissolvidas em forma quase imaterial".

> Zygmunt Bauman, um dos mais aclamados sociólogos contemporâneos, afirma que na sociedade da informação, ou pós-modernidade, "as pessoas não se relacionam, mas se conectam, não pela facilidade da conexão, mas pela facilidade da desconexão. Conectam-se por que a relação não tem mais a mesma consistência; agora, é frágil como uma conexão, e quando não se tem qualidade, investe-se na quantidade".

O fato é que no dia a dia das economias emergentes já se experimenta o que é viver em ambientes fortemente caracterizados pela utilização em larga escala de tecnologias digitais – juntamente com a mobilidade e a conectividade de pessoas —, em que se diluem as diferenças entre pessoas e máquinas, e cujo valor primacial é a informação.

Mas, Fernando Henrique também aponta para a existência de "um divórcio crescente entre sociedade e política; o sistema político está em crise e a sociedade está criando novas formas de participação. Porém, os dois processos correm em paralelo".

Na democracia brasileira o povo parece habituado a estar distanciado dos representantes que elege para o Legislativo e o Executivo, optando muitas vezes por lançar mão de instrumentos heterodoxos quando se trata da defesa da *res pública*.

Os avanços tecnológicos e a massificação dos dispositivos eletrônicos que permitem o acesso aos serviços públicos por diversos meios, a saber, *smartphones*, *tablets*, televisores digitais, redes sociais, entre outros, possibilitam à população intervir no contexto social em que é afeta, de acordo com o interesse de momento. Hoje há tecnologias que detectam e ampliam conexões, acoplagens e permutas de dados, e, com isso, oferecem a seus usuários pleno e fácil acesso aos enlaces digitais disponíveis na Internet.

Um novo modelo de sociedade se impõe na esteira da difusão dos meios tecnológicos de informação e comunicação que facultam a qualquer momento aos cidadãos a decisão de conectar-se ou desconectar-se de uma causa ou movimento social. A telefonia móvel se desenvolveu no Brasil na velocidade de um bólido, espraiando-se até às camadas populares. O brasileiro médio tem verdadeiro fascínio por *blogs*. Os *smartphones*, verdadeiros minicomputadores, estão em todas as mãos, e não há mais um único cidadão que não saiba manuseá-lo.

> É forçoso também notar a crescente diversidade de comportamentos da sociedade, as exigências quanto à transparência das informações, a explicitação dos critérios utilizados nas decisões, bem como o desenvolvimento e o uso intensivo da tecnologia.

Essa conjuntura avolumou o desejo de participação da sociedade brasileira no controle da Administração Pública. Todas as esferas da Administração estão às voltas com a crescente pressão social por racionalização e contenção de desperdícios na gestão da coisa pública. A sociedade está a exigir eficiência, eficácia e economicidade da Administração Pública, sobretudo que se conduza munida de mecanismos aptos a assegurar que os gestores públicos sejam responsabilizados judicialmente em consequência de malversação dos dinheiros do contribuinte ou de desmazelo com as contas públicas.

Em conclusão, dir-se-ia que o atual cenário está a exigir da Administração Pública uma postura permeável à mudança e à inovação, a começar pela preparação técnica de seus quadros, para que estes se tornem agentes capacitados e competentes para enfrentar, sopesar e deslindar os desafios propostos pela Sociedade Digital.

1.7 Governo Eletrônico (*e-Gov*) e inclusão digital

As redes sociais já se radicaram definitivamente como instrumento transgressor de comportamentos e de protagonista das ações sociais em situações de crise ou de instabilidade institucional. Esse recurso tecnológico plasmou um novo modelo de intervenção social, de profundo significado para a organização social e política de países, democráticos ou não, embora para os primeiros essa manifestação se processe sem culpas e sem punições.

Em 20 de junho de 2013, mais de 1,25 milhão de pessoas participaram dos protestos de rua acontecidos em mais de 100 cidades brasileiras – pequenas, médias e grandes. Para êxito do movimento, os líderes ativistas lançaram mão de todos os recursos disponíveis atualmente para conectar e informar pessoas, por meio de envio de torpedos aos aparelhos celulares, uso do *Twitter*, *Facebook* ou *Instagram*, enfim, recorrendo a formas inovadoras de ação política, completamente à margem dos partidos tradicionais.

A Administração esboça uma reação a esse estado de coisas mediante a disponibilização de informações e serviços públicos em plataformas digitais acessíveis e amigáveis, de modo a permitir que os cidadãos se conectem com os dirigentes públicos de forma imediata e tranquila.

> A forma pela qual a Administração Pública, por intermédio das Tecnologias da Informação e Comunicação, busca atingir seus objetivos e fornecer razão de existência para o Estado, costuma chamar-se Governo Eletrônico ou, simplesmente, *e-Gov*.

Um dos objetivos essenciais de um *e-Gov* politicamente consistente é incrementar a inclusão digital por meio da disseminação do uso das TIC orientadas ao desenvolvimento social, econômico, político, cultural, ambiental e tecnológico, centrados nas pessoas, em especial nas comunidades e segmentos economicamente desfavorecidos.

Mediante o *e-Gov* a Administração pode também atender diversos objetivos de interesse dos setores de comunicação social do governo, tais como, fortalecimento da democracia, prestação de contas à sociedade, abertura de canais de comunicação com os cidadãos por intermédio da geração e do envio de mensagens, no momento exato e com endereço preciso, conseguindo manter-se em contínua interação com a sociedade.

Desse ponto de vista, o Governo Eletrônico vem ao encontro da ampliação da interatividade e da participação política nos processos do Estado e a facilitação da navegação e acesso a portais e serviços de governo em prol da integração, da transparência e do atendimento às demandas da sociedade.

> Tornar acessível as tecnologias de informação para todos os cidadãos que assim o desejarem é imprescindível para o exercício da cidadania cujo motor social se encontra justamente no acesso e na possibilidade de beneficiamento doméstico da informação.

Assim, os administradores públicos da Sociedade Digital são diretamente responsáveis por oferecer soluções que potencializem o impacto positivo das TIC no estímulo à transparência pública, ao pleno exercício da cidadania e do controle social.

Até meados da década de 1990, o acesso à rede mundial de computadores – denominada como *Internacional-Networking* ou, simplesmente, Internet – deixou de ser restrito ao setor nacional de educação superior e pesquisa para tornar-se patrimônio público à disposição de toda a sociedade brasileira, pois, conforme se dizia, era "um produto bom demais para ficar restrito somente à Universidade". Dada essa realidade, alteraram-se profundamente os paradigmas de comunicação e remessa de dados, os padrões de publicidade e *marketing*, bem como os hábitos e as práticas de produção e consumo.

A postura diferenciada da Administração Pública ante o desmedido acervo de informação acessível por meio da *Internet* define o seu potencial de eficiência, eficácia e economicidade, ao ponto de condenar à falência instituições públicas e privadas que manifestarem alguma inépcia na interpretação de códigos digitais, isto é, se permanecerem mostrarem avessas à análise e decifração de grandes volumes de dados, estruturados e não estruturados, acompanhados ou não de imagens, vídeos, áudios e gráficos.

> O *Big Data*, ou seja, o conjunto de *softwares* que fazem análises complexas a partir de grandes bases eletrônicas de dados, está deixando de ser um assunto que só interessa a profissionais de tecnologia, e se consolidando como um assunto importante no futuro de todas as carreiras. Por essa razão, urge favorecer a formação dos chamados "seres digitais", isto é, indivíduos de nova safra habilitados a explorar as potencialidades do mundo digital, embora sujeitando-se a riscos constantes e insuspeitados.

Enquanto a sociedade digital produz e persegue novas tecnologias – e, claro necessitam de profissionais formados para operá-las —, as universidades e os governos não se reinventam na mesma velocidade. A saída para as instituições públicas tem sido investir em "universidades corporativas", no entendimento de que a responsabilidade pela formação profissional não é exclusiva das instituições de ensino e que a prática do dia a dia também faz parte do processo de formação. O importante é que haja uma convergência entre os dois lados, pois a questão da educação é a chave-mestra da competitividade. Os cenários do futuro, todos eles, apontam para a realização de investimentos que melhorem a capacitação profissional dos indivíduos.

A abordagem das questões trazidas pela vertiginosa escalada do desenvolvimento econômico, tecnológico e social requer acurada dosimetria de agilidade, precisão e criatividade. A especialização e a verticalização do conhecimento criam dificuldades para os administradores públicos ofertarem respostas rápidas, precisas e criativas às demandas da sociedade.

No caso, a palavra está com as universidades públicas e privadas, intimadas a suprir o mercado de trabalho, no mesmo compasso da evolução tecnológica, com profissionais habilitados a filtrar e processar a imensa gama de informações disponíveis na Rede para utilizá-la como insumo nas soluções requeridas pela sociedade digital, e também por grupamentos comerciais ou conglomerados econômicos e financeiros.

Tornar acessíveis as tecnologias de informação para todos os cidadãos que assim o desejarem é imprescindível para o exercício da cidadania cujo motor social se encontra justamente no acesso e no beneficiamento da informação.

Os administradores públicos da sociedade digital são diretamente responsáveis por oferecer soluções que potencializem o impacto positivo das TIC no estímulo à transparência pública, ao pleno exercício da cidadania e do controle social.

1.8 Conclusão

Os avanços tecnológicos e a massificação dos dispositivos eletrônicos que permitem a consulta aos serviços públicos por diversos meios, a saber, *smartphones*, *tablets*, televisores digitais, redes sociais, entre outros, possibilitam à população intervir no contexto social em que é afeta, de acordo com o interesse de momento. Hoje, há tecnologias que detectam e ampliam conexões, acoplagens e permutas de dados, e, com isso, oferecem a seus usuários pleno e fácil acesso aos enlaces digitais disponíveis na *Internet*.

Um novo modelo de sociedade atualmente se impõe na esteira da difusão dos meios tecnológicos de informação e comunicação que facultam a qualquer momento aos cidadãos a decisão de conectar-se ou desconectar-se de uma causa ou movimento social. A telefonia móvel se desenvolveu no Brasil na velocidade de um bólido, espraiando-se até as camadas populares. O brasileiro médio tem verdadeiro fascínio por *blogs*. Os *smartphones*, verdadeiros minicomputadores, estão em todas as mãos, e não há mais um único cidadão que não saiba manuseá-lo.

Corre o risco de inviabilizar a própria gestão o administrador público que optar por ignorar as profundas transformações por que passa a ordem política e econômica mundial intensificadas a partir de meados do século XX, quando se deu o início da Terceira Revolução Industrial.

É forçoso também notar a crescente diversidade de comportamentos da sociedade, as exigências quanto à transparência das informações, a explicitação dos critérios utilizados nas decisões, bem como o desenvolvimento e o uso intensivo da tecnologia.

Essa conjuntura avolumou o desejo de participação da sociedade brasileira no controle da Administração Pública. Todas as esferas da Administração estão às voltas com a crescente pressão social por racionalização e contenção de desperdícios na gestão da coisa pública. A sociedade, cada vez mais, exige da Administração Pública eficiência e eficácia, sobretudo que se conduza munida de mecanismos aptos a assegurar que os gestores públicos sejam responsabilizados judicialmente em consequência de malversação dos dinheiros do contribuinte ou desmazelo com as contas públicas.

Em conclusão, acredita-se que a elevação do engajamento político das populações levará a Administração Pública a finalmente adotar uma postura amigável à mudança e à inovação, a começar pela preparação técnica de seus quadros, para que estes se tornem agentes capacitados e competentes para enfrentar, deslindar e superar os desafios impostos pela Sociedade Digital, principalmente nas áreas de Educação, Saúde e Segurança Pública.

Referências

BARROSO, Luis Roberto. *Interpretação e aplicação da Constituição.* 5. ed. São Paulo: Saraiva, 2003.

BOBBIO, Norberto. Max Weber e os clássicos. *In*: BOBBIO, Norberto; SANTILLÁN, José Fernández (Org.). *Norberto Bobbio*: o filósofo e a política. Rio de Janeiro: Contraponto, 2003.

BONAVIDES, Paulo. *Teoria do Estado.* São Paulo: Saraiva, 1967.

BONAVIDES, Paulo. *Teoria do Estado.* 7. ed. São Paulo: Malheiros, 2008.

BRASIL-ALEMANHA. Revista de Inovação. Ed. Departamento de Inovação e Tecnologia da Câmara de Comércio e Indústria Brasil – Alemanha. São Paulo, agosto, 2015.

BRASIL. *Constituição Federal.* Diário Oficial da República Federativa do Brasil, Brasília, DF, nº 191-A, 05 out. 1988.

BRASIL. *Instrução Normativa nº 1,* de 13 de junho de 2008. Disciplina a Gestão de Segurança da Informação e Comunicações na Administração Pública Federal, direta e indireta, e dá outras providências. Brasília: Gabinete de Segurança Institucional da Presidência da República, 2008.

CARDOSO, Fernando Henrique. *A soma e o resto*: um olhar sobre a vida aos 80 anos. 3 ed. Rio de Janeiro: Civilização Brasileira, 2011.

CASTELLS, Manuel. *A era da informação*: economia, sociedade e cultura. São Paulo: Paz e Terra, 1999.

COSTA, Maria Maragão; PARADELA, Victor. *Modelagem de organizações públicas*. São Paulo: FGV, 2003.

DAFT, Richard L. *Administração*. São Paulo: Cengage Learning, 2010.

HOBSBAWM, Eric J. *A era das revoluções* (1798-1848). 35. ed. Rio de Janeiro: Paz & Terra, 2015.

MEIRELLES, Hely Lopes. *Direito Administrativo brasileiro*. 8. ed. São Paulo: RT, 1981.

NEGROPONTE, Nicholas. *A vida digital*. São Paulo: Companhia das Letras, 1995.

SCHWAB, Klaus. *A quarta revolução industrial*. Tradução Daniel Moreira Miranda. São Paulo: Edipro, 2016.

WEBER, Max. *Economia e sociedade*. Brasília: Editora UnB, 2004. v. 2.

Informação bibliográfica deste texto, conforme a NBR 6023:2002 da Associação Brasileira de Normas Técnicas (ABNT):

NOGUEIRA, Nair Maria Gaston. Panorama Evolutivo da Administração Pública. In: OLIVEIRA, Aroldo Cedraz de (Coord.). *O controle da administração na era digital*. Belo Horizonte: Fórum, 2016. p. 51-73. ISBN 978-85-450-0176-8.

CAPÍTULO 2

TRANSFORMAÇÕES DA ADMINISTRAÇÃO PÚBLICA

RAFAEL JARDIM CAVALCANTE

As rápidas transformações ambientais, econômicas e culturais do novo milênio, como dito, modificaram relevantemente a sociedade. A relação entre as pessoas; o acesso à informação; as pesquisas científicas; o entretenimento; a imprensa; os esportes; a economia; a saúde; a educação; toda uma cultura.

Na academia, houve considerável alavancagem nas ciências tecnológicas e sociais. Maior disponibilidade de informações, aliada a uma capacidade exponencial de processamento viabilizaram amplos leques de pesquisa, antes "impensáveis". Ao mesmo tempo – e ao que importa na proposta deste capítulo –, ainda no campo das ciências, o Direito não passou incólume ao dinamismo do chamado "mundo fático" (ou mundo real, ao qual serão submetidos as normas e os princípios).

Natural assumir que as mudanças em cada ínfimo lapso da vida cotidiana redundam em um "novo" paradigma de exigibilidades e contentamentos. Em um viés de atendimento pleno das satisfações pessoais, nas expectativas básicas esperadas pelo cidadão médio – que, em última instância, legitimam a própria existência do Estado – a "revolução digital" torna dinâmico esse rol de exigibilidades. Os avanços tecnológicos e o sentimento de contentamento saltitam, cada vez mais velozmente, em direção a cada novidade diuturnamente conhecida.

Alguns direitos constitucionais foram incisivamente impactados. A universalização da Internet e as mídias digitais fazem parte de qualquer discussão sobre a massificação do ensino. Novos tratamentos de saúde, instantaneamente conhecidos pelo grande público, têm reflexos em seguidas decisões judiciais contra o Estado para custeio de tratamentos "obrigatórios". Estimam-se em mais de 283 milhões de linhas celulares ativos no país[1] – mais de um aparelho por brasileiro – e todas as exigibilidades regulatórias da Administração daí decorrentes. Na prática, o sentimento de cidadania está, indubitavelmente, associado à noção de "inclusão digital".

Desse reconhecimento, pondera-se o papel do Estado diante dessas mudanças. Se a Administração Pública pode – ou deve; ou consegue – acompanhar esse dinamismo de satisfações, em face da própria legitimidade de sua existência. Também se ausculta o avanço da aplicação do Direito (especialmente o Direito Administrativo), como sistema uno normativo, diante de uma sociedade com costumes (e valores?) em rápida mutação. Em vinculação com o título desta obra, insta discorrer, afinal, sobre a "Administração Pública na Era Digital".

2.1 A "nova" Administração Pública Digital

Permita-nos, de início, pedirmos escusas ao utilizar o já surrado termo "nova" para intitular este introito. Desejamos, antes de despojar alguma "velha" Administração pública do Século XX – e mesmo das definições já concebidas de "nova Administração Pública"; ou do "Estado Burocrático"; ou do "Estado Social" –, unicamente chamar a atenção sobre alguma modificação na forma pela qual o Estado constrói o seu aparelhamento administrativo para atendimento do que a Constituição da República lhe impõe, em termos de satisfações de seus administrados. Já, nesse ponto, em uma sociedade que se reinventa, justifica-se o termo "novo" unicamente para estudar o comportamento formal da estrutura do "Estado constituído" para lidar com as novidades que se apresentam.

Embora acreditemos que inexista modificação conceitual no vocábulo – posto que a finalidade do interesse coletivo é, sempre, a legitimação dos estados democraticamente constituídos, e a Administração Pública é a "pessoa" incumbida dessa finalidade – insta investigar a forma pela qual o Estado coloca em prática a "atividade administrativa" (especificamente quanto aos "serviços administrativos") tenha, sim, sofrido relevantíssimo impacto.

---

[1] Disponível em: <www.anatel.gov.br>.

Na realidade, a "administração pública" (assim em minúsculo) é corriqueiramente utilizada como sinônimo do próprio labor administrativo. Do conjunto de atividades prestadas pelo Estado, em satisfação à legitimação constitucional de sua existência, para satisfação dos seus administrados (no fomento da atividade econômica, na regulação, na prestação de serviços públicos ou exercendo o poder de polícia).

Ao emprestar as iniciais em maiúsculo, a "Administração Pública" é o próprio Estado; o ente, ativo ou passivo, do Direito Administrativo. Um conjunto estruturado de órgãos, normas e pessoas criados para a consubstanciação do labor típico estatal.

Ou poder-se-ia falar unicamente em "Administração", tida, no jargão do dia a dia, como algum ente da estrutura direta ou indireta da "Administração Pública"; ou mesmo a própria "Administração Pública".

Em termos formais ou subjetivos, Diogenes Gasparini[2] indica que a Administração Pública é "um complexo de órgãos responsáveis por funções administrativas". Materialmente, contudo, seria "um complexo de atividades concretas e imediatas desempenhadas pelo Estado sob os termos e condições da lei, visando o atendimento das necessidades coletivas", dentre as quais se enquadram o "fomento, a polícia administrativa ou poder de polícia e os serviços públicos".

Marçal Justen Filho[3] define Administração Pública como um "conjunto de entes e organizações titulares da função administrativa". No viés subjetivo, postula que "é o conjunto de pessoas, públicas ou privadas, e de órgãos que exercitam atividade administrativa". Em conceito objetivo, seria "o conjunto de bens e direitos necessários ao desempenho da *função administrativa*".

E é precipuamente sobre a *função administrativa* o impacto da "Era Digital".

O Estado se estrutura para adimplir suas obrigações. Por meio da Constituição Republicana e diplomas legais, divide-se estruturalmente em órgãos e entidades para, com delegações de poderes positivamente constituídos, viabilizar a satisfação de cada pequena parcela legitimadora de sua existência.

Historicamente, em breve resumo, para evitar desvio da finalidade pública de seus interesses e ações, o limite constituído da ação de seus agentes é, de forma amiúde, esboçado em lei – ao menos na tradição

---

[2] GASPARINI, Diogenes. *Direito Administrativo*. 11. ed. rev. e atual. São Paulo: Saraiva, 2006, p. 45.

[3] JUSTEN FILHO, Marçal. *Curso de Direito Administrativo*. 8 ed. rev. ampl. e atual. Belo Horizonte. Fórum 2012, p. 225/226.

romano-germânica brasileira. Existe, via de regra, uma hierarquia muitíssimo bem definida e um rol taxativo (e muitas vezes exaustivo) de afazeres e atribuições.

Na coluna tradicional de legalidade, as atividades e decisões administrativas têm de se pautar na lei, dela não podendo se afastar. Decisões dos administradores não sustentadas em supedâneo legal fadam-se à invalidade. Em brocardo conhecido, fruto da tradição burocrática, "o gestor público só pode agir no que a lei lhe autoriza".

É justamente no caráter pouco mutável do arcabouço normativo, frente a um mundo e necessidades cada vez mais voláteis, aliado a uma tradição positivista de possibilidades jurídicas, o primeiro embargo à Administração Pública em arcar, com eficiência, de seus deveres constitucionais. Contrapõem-se a legitimação legal da transferência do poder estatal a um órgão específico (e a pessoa específica) para atender as necessidades dos administrados, com uma realidade cada vez mais mutável e de necessidades emergentes.

Em outras palavras, ao mesmo tempo que se vive uma revolução cultural na agilidade na obtenção de informações; na universalização, em tempo real, do conhecimento; na massificação das relações digitais; no aparecimento repentino de tecnologias influentes em cada fatia do dever da Administração (segurança, educação, transportes, saúde...), os administradores dispõem como balizamento de suas condutas e afazeres um letárgico sistema normativo/regulatório/legislativo.

Se existe alguma necessidade de reinvenção do Estado – capaz de justificar o malfadado termo "novo" – notoriamente que a digressão perpassa pela estrutura da Administração Pública e pelo seu arcabouço normativo/interpretativo, capaz de tanto legitimar a certeza do privilégio coletivo nas decisões administrativas, mas principalmente pela eficiência nessas tratativas.

> Diríamos, então, que a "nova" Administração Pública Digital deve ser o meio pelo qual o Estado deve se estruturar para, frente a um ambiente volátil e diante da disponibilidade crescente de ferramentas, adimplir com as suas obrigações e ter capacidade de mais eficientemente atender os "novos" anseios de seus administrados. Se os direitos fundamentais, como a saúde, segurança e educação (além dos direitos supraindividuais como sustentabilidade e equilíbrio fiscal), acompanham as novéis possibilidades tecnológicas, o estado há de estruturalmente ter capacidade de atendê-los, em uma visão mais ampla das limitadas possibilidades normativas.

2.2 A "mutabilidade" do Direito Administrativo na Administração Pública Digital

A definição de competências e possibilidades, como ainda a formalização dos deveres do Estado, perpassa pela formalização de deveres e obrigações assim definidas em lei. O arco legal é, nessa visão, tanto a força que compele do Estado no "atendimento ao cidadão", como o seu ferramental para o resguardo do interesse coletivo.

O Direito Administrativo, nesse diapasão, é o ramo de estudo Direito, constituído pelo conjunto de normas e princípios que, dado um determinado contesto fático e social, norteia essas relações de obrigações e direitos entre Estado (como polo passivo ou ativo) e a sociedade.

Como conceitua Hely Lopes Meirelles,[4] o Direito Administrativo é o "conjunto harmônico de princípios jurídicos eu regem os órgãos, os agentes e as atividades públicas tendentes a realizar concreta, direta e imediatamente os fins desejados pelo Estado". Fins esses intimamente entrelaçados com as necessidades coletivas, em um dever de finalidade. Nesse ponto, sobre a estrutura de direito positivo que rege o Direito Administrativo, Gasparini[5] argui que as normas do Direito Administrativo "destinam-se a ordenar a estrutura e o pessoal (órgãos e agentes) e os atos e atividades da Administração Pública".

Existe, então, nesses conceitos, uma peculiar dicotomia na norma para dirigir essas obrigações do Estado: ao mesmo tempo em que confere poderes ao Estado para cumprir com o seu desiderato – potencializando suas ações e conferindo-lhe uma estrutura condizente –, é incapacitante, no sentido de limitar a conduta dos gestores nos termos do seu estreito rol autorizativo.

Se, nos limites do princípio da legalidade, a Administração da lei não pode se afastar, existirá, em potencial, uma inércia ativa do Estado nos cada vez mais frequentes vácuos legais, provenientes de um mundo com ferramentas, fatos, práticas e condutas ainda não "previstas" no arcabouço legal. A norma – por sua estabilidade – não acompanha o ritmo das mudanças do mundo, característica mais contumaz da chamada "Era Digital". Se o Estado deve escoltar essas mudanças, o primeiro caminho para legitimar a legalidade de suas ações é uma

---

[4] MEIRELLES, Hely Lopes. *Direito administrativo brasileiro*. 39. ed. Atualizada por Eurico Andrade Azevedo *et al*. São Paulo, 2004, p. 40.

[5] GASPARINI, Diogenes. *Direito Administrativo*. 11. ed. rev. e atual. São Paulo: Saraiva, 2006, p. 45.

solução de interpretação de aplicação do Direito – estável, ao menos no seu viés positivo – em comparação com um quadro fático volúvel.

O problema não é novo para o Direito. Em verdade, este é – e sempre foi – o seu grande embaraço: conciliar uma justiça ficta e formal, lastreada em regras e princípios preconcebidos, frente a um mundo real, com costumes mutantes e diante de uma "verdade real" não necessariamente congruente com a "verdade formal" conhecida pelo magistrado e pelo aplicador do Direito.

O exercício de justiça, portanto (e ao que importa a este capítulo, relativo às obrigações e potencialidades reais do estado, frente às obrigações e possibilidades escritas), envolve o entendimento do mundo a que se julga. Para o cidadão comum, que pauta suas ações pelo conceito de mundo que aprendeu, importa resgatar Kant,[6] para quem "a produção, em um ser racional, da capacidade de escolher os próprios fins em geral e, consequentemente, de ser livre, deve-se à cultura". Para o entendimento do papel do Estado importa, igualmente, entender a sociedade (ou, agora, entender a volatilidade dessa cultura).

As postulações de Miguel Reale, em sua internacionalmente reconhecida Teoria Tridimencial do Direito são necessariamente aplicáveis:

> O Direito é sempre fato, valor e norma, para quem quer que o estude, havendo apenas variação no ângulo ou prisma de pesquisa. A diferença é, pois, de ordem metodológica, segundo o alvo que se tenha em vista atingir. É o que Aristóteles chamava de "diferença especifica", de tal modo que o discurso do jurista vai do fato ao valor e culmina na norma; o discurso do sociólogo vai da norma para o valor e culmina no fato; e, finalmente, nós podemos ir do fato à norma, culminando no valor, que é sempre uma modalidade do valor do justo, objeto próprio da Filosofia do Direito.[7]

O sistema normativo é, desse modo, um trinômio equilibrado entre norma, princípio jurídico e costumes. É, assim, mutante, posto que a sociedade também é polimorfa.

No Decreto-Lei nº 4.657/42, que postula sobre a introdução às normas do direito brasileiro, consta que "quando a lei for omissa, o juiz decidirá o caso de acordo com a analogia, os costumes e os princípios gerais de direito" (art. 3º). No art. 5º, por sua vez, invoca que "na

---

[6] KANT, Immanuel. *Kritik der Sitten*. Frankfurt: Suhrkamp, 1985, p. 83 Tradução dos autores.

[7] REALE, Miguel. *Teoria tridimensional do Direito:* situação atual. 5. ed. São Paulo: Saraiva, 1994, p. 122.

aplicação da lei, o juiz atenderá aos fins sociais a que ela se dirige e às exigências do bem comum".

A noção de mutabilidade do Direito é descrita por Zymler,[8] em sua *Política e Direito*, em alusão à autopoiese de Luhmann. Para o autor, a questão da legitimidade do direito perpassa pelo "convencimento fatual da validade do direito ou dos princípios e valores nos quais as decisões vinculativas se baseiam". A legitimidade da norma – e, para nós, o próprio ferramental normativo de que dispõe o Estado para atuar – estaria dissociada da fundamentação metafísica, ontológica ou axiológica. O mecanismo por meio do qual as pessoas se mostram inclinadas a acatar e respeitar as decisões jurídicas, portanto, vai para além do concretizado pela norma, mas se inclina a valores e a conceitos culturalmente adquiridos que se relacionam à noção política de legitimação do próprio Estado.

Se a legitimação política do Estado atravessa de forma secante o atendimento dos chamados direitos fundamentais da sociedade, em um canal de legitimidade e disposição para aceitação pacífica da norma, é lícito afirmar que a atividade estatal – ou o entendimento da norma que legitima a atividade estatal – é necessariamente associada a esses valores legitimadores.

> Quer dizer ainda que, assumindo que o aparato jurídico para a afirmação das necessidades dos administrados é incompleto (ou imperfeito, tendo em vista a rápida mutação das necessidades), dele não pode se servir o Estado para não agir. A interpretação da norma deve sempre privilegiar os finais ao qual se designa; e menos ao meio declarado para o atingimento de suas motivações. Eventual ineficiência da ação estatal, da qual a imperfeição normativa pode fazer parte, culmina na corrosão da legitimidade administrativa e comprometimento da "paz social" pretendida pelo regramento constituído.

A velocidade na disposição de ferramentas tecnológicas – e a mutação de relações entre pessoas e de culturas – acelera a incompletude normativa de estruturalmente dotar a Administração de mecanismos para cumprir com o seu fim. Se as possibilidades do Estado aumentam com o avanço digital, também avançam as diferenças

---

[8] Benjamim, ZYMLER. *Política e direito*: uma visão autopoiética. Curitiba: Juruá, 2002.

sociais (e a sensação de necessidade). Se a Administração tem de estar preparada para seus fins, a dialética perpassa pelo contínuo reconhecimento da limitação positiva da norma, em contraposição a uma cultura pautada em princípios e costumes.

A estrutura para o enfrentamento desses desafios perpassa pela ampliação do conceito de legalidade estrita para um caminho mais pleno de paridade com o sistema jurídico, alçando em evidência os valores legais, aplicados à dinâmica de uma sociedade mutante e a seus costumes. Constitui-se, desta forma, a juridicidade, como o necessário equilíbrio da norma (e a legalidade estrita), com os valores fundamentais jurídicos e sociais, noção indispensável para potencializar, dentro da lei, a eficiência da ação estatal no cumprimento de seus deveres perante os administrados.

Tal visão mais ampla do arco legal dentro da Administração Pública não é unicamente dos juízes; mas pelo contrário: inicia pelos próprios gestores, o primeiro aplicador (e julgador) da lei. No dia a dia administrativo, na resolução de problemas do Estado e da sociedade, os representantes da Administração Pública devem estar preparados para atuar dentro da Lei, de forma ampla. Se a Lei é imbróglio para resolução de determinada satisfação do administrado (meio para o atingimento das finalidades), possivelmente aquela não seria a sua melhor interpretação. Se a Lei não prevê estrutura administrativa para o cumprimento de determinada ação social, dela não pode o administrador servir-se de guarida para a sua ineficiência.

2.3 A juridicidade e o papel do controle

Em uma administração mais fortemente sustentada por valores (em visão, como visto, de *juridicidade*), existe um necessário contraponto: a legalidade, dentro da governança do setor público, existe para garantir a ação da Administração Pública no interesse da sociedade, e não de seus agentes. Interroga-se, então, se sob o manto da juridicidade, o abrandamento do comando legal não pode trazer riscos ao interesse coletivo, sob "desculpas" interpretativas de quem a aplica.

A resposta é óbvia: sim, existe o risco. Se a lei é a proteção do cidadão e ao se propor um contraponto da norma com valores etéreos (e inacessíveis ao cidadão médio), uma aura de insegurança pode levar justamente ao contrário do que se propõe: a insegurança nos deveres do Estado e na ilegitimidade das Leis que o norteiam. A intensa judicialização das relações entre Estado e sociedade pode, na validade da assertiva então posta, ensejar a perda de eficiência então defendida. Processos morosos e um judiciário ineficiente contrapõem, mais uma vez, a "dinâmica da Administração Pública eficiente".

Duas soluções, dentro da esfera de Governança do setor público daí decorrentes – não excludentes, diga-se: a primeira, uma profunda discussão sobre o sistema judiciário, que viabilize decisões independentes e céleres, que desencorajem desvios de finalidade de seus gestores. A segunda, fortalecer a própria governança do setor público, por meio de seus controles internos e externos, de modo a, prontamente, não somente punir condutas irregulares, mas coibir e prevenir o seu acontecimento.

As diversas necessidades da população são tão complexas como diversos são os ramos da atividade econômica e social. Educação, saúde, ciência e tecnologia, trabalho, comércio, indústria, etc.: o entendimento do labor do Estado e das leis que regem cada parcela dessa miríade de atividades envolve especializações diversas, com princípios negociais próprios desses ramos de conhecimento. Controlar a ação do administrador, nesse leque de cenários interpretativos e opções discricionárias – e reconhecendo a insuficiência normativa –, exige da Administração freios e contrapesos próprios, com olhares capacitados para dotar a sociedade de "olhos" para cuidar de suas vontades. Impera a existência de mecanismos coibidores de eventuais "excessos", fruto dessa liberdade como império de eficiência.

Eis que exsurge, nessa realidade, o insubstituível papel dos tribunais de contas. Cabe, aqui, mencionar a genial digressão exposta por Marçal Justen Filho:

> De há muito tenho defendido a existência de cinco "Poderes" na Constituição Brasileira. Além do Poder Judiciário, do Poder Legislativo e do Poder Executivo, a CF/88 dispôs sobre o Tribunal de Contas e o Ministério Público. O Tribunal de Contas é um dos Poderes do Estado brasileiro porque apresenta uma estrutura organizacional com sede constitucional. A Constituição não apenas impôs a sua existência, mas também especificou competências próprias e insupríveis, além de garantias destinadas a assegurar a sua atuação autônoma, não subordinada a qualquer outro órgão estatal (...).[9]

---

[9] CAMPELO, Valmir; CAVALCANTE, Rafael Jardim. *Obras públicas*: comentários à jurisprudência do TCU. 3. ed. rev. atual. Belo Horizonte: Fórum. 2014. Prefácio.

As funções do Tribunal de Contas não são qualitativamente homogêneas. São *competências complexas, que refletem a concepção constitucional da limitação* do poder estatal pelo próprio poder estatal. O sistema brasileiro de freios e contrapesos se caracteriza também pela presença do Tribunal de Contas. Trata-se de um órgão de acompanhamento, de fiscalização e de repressão a *desvios e ineficiências na atividade exercitada por agentes* investidos de poderes e competências administrativas do poder público. Em uma fórmula sumária (e insuficiente), o Tribunal de Contas desempenha função de *controle da atividade administrativa do Estado*. Ao prever a sua existência, a Constituição brasileira reconheceu a insuficiência do controle jurisdicional, caracterizado pelo princípio dispositivo. O Estado-jurisdição somente atua quando provocado, não atua de ofício. O controle jurisdicional dos atos estatais é imprescindível, mas não suficiente.

É indispensável a existência de mecanismos internos ao próprio Estado, que atuem de ofício e sem necessidade de provocação mediante o exercício do direito de ação. Mais ainda, é imperiosa a avaliação da regularidade da atuação estatal não apenas sobre o prisma da compatibilidade com as normas jurídicas. Mais precisamente, só é válida e legítima a atuação estatal quando assegure a utilização mais satisfatória e adequada para os recursos públicos e promova o *atendimento eficiente das necessidades coletivas e a realização das finalidades primordiais* previstas no art. 3º da CF/88. Esse tipo de controle de *eficiência*, de *eficácia* e de *economicidade* não se enquadra na dimensão própria da função jurisdicional. Portanto, é necessário admitir que certa atividade estatal possa ser reconhecida como válida segundo os critérios da jurisdição, mas ser violadora do modelo de eficiência, eficácia e economicidade imposto pela Constituição.

O Tribunal de Contas desempenha uma atividade de controle de legalidade similar, sob diversos ângulos, àquela exercitada pelo Poder Judiciário. Mas há uma parcela de atuação do Tribunal de Contas que é totalmente inconfundível com o controle jurisdicional. Trata-se de *delimitar*, de *restringir* e de *orientar* o desempenho das *escolhas discricionárias do Estado*. Como é sabido, a discricionariedade é uma *margem de autonomia nos limites da lei*. A fixação dos limites da discricionariedade é essencial num Estado Democrático de Direito. *O Tribunal de Contas é um mecanismo constitucional para a concretização dos limites à discricionariedade.* Não é válida a atuação ativa ou omissiva da autoridade administrativa simplesmente porque desempenhada no exercício de uma competência discricionária. É *indispensável a compatibilidade das escolhas discricionárias com os postulados de eficiência, eficácia e economicidade*. Esse tipo de controle não se compatibiliza com as peculiaridades da função jurisdicional. Demanda um tipo de conhecimento técnico especializado e uma dimensão de envolvimento com a própria atividade administrativa. Em síntese, pode-se afirmar que o mérito do ato administrativo não se subordina a controle jurisdicional, mas se subordina a um controle diferenciado pelo Tribunal de Contas – e somente por ele. (grifamos)

O atendimento às necessidades, como princípio, e uma interpretação da norma mais voltada à eficiência, efetividade e economicidade da ação administrativa envolvem, fora de qualquer dúvida, um incremento da discricionariedade administrativa. Em pressuposto republicano, todavia, tal eficiência, efetividade e economicidade hão de ser "medidas". Fato é que a crítica de tal métrica, bem como o entendimento das diversas linguagens justificadoras devem contar com ouvidos e olhos hábeis para "digerir" tais informações à sociedade. Os caminhos (e interpretações) das ações administrativas mais eficientes que levem ao "bem comum" têm de contar com uma instância que detenha ouvidos capacitados e dinâmica própria (célere) na resolução de conflitos e na identificação de ineficiências na prática nos deveres do Estado.

As instituições de controle, pois, representam os olhos da sociedade em uma visão proativa de identificação das necessidades e crítica das liberdades administrativas para o adimplemento do papel do Estado. Para tal, há de se contar com uma especialização condizente com cada meandro da atividade estatal, como ainda de mecanismos céleres para identificação de "desvirtuamentos interpretativos" das discricionariedades necessárias para o exercício da atividade administrativa na Era Digital.

Tem de contar, para tal, com ferramentas tecnológicas suficientes a viabilizar um controle concomitante, preditivo e tempestivo, fincado em indicadores. Esta é a maneira de equalizar uma administração (e interpretação normativa) pautada em princípios com o necessário contrapeso de juridicidade aqui defendido. Sem o fortalecimento de uma instituição pública capacitada para entender a linguagem das diversas especialidades administrativas, e viabilizar uma ação estatal em direção da juridicidade (nem tanto na legalidade estrita), a eficiência e legitimidade do Estado tornam-se comprometidas.

2.4 O dilema da discricionariedade

No contexto de uma interpretação mais "aberta" e sob o foco de atendimento ao interesse da sociedade, natural um aumento da discricionariedade dos gestores para bem gerir a Administração. Se, de um modo, a lei pode compelir o administrador a executar determinada conduta, a ausência de lei (ou mesmo a ineficácia de comando legislativo para resolver o problema) não pode impor a inação do

Estado em resolver a questão. Pautado em princípios e na obrigação da Administração Pública em cumprir com seu desiderato constitucional, o gestor deve agir – em conveniência e oportunidade, como maior liberdade – para a resolução da situação.

Se um ato, não vedado por lei, interessa, em determinado momento, ao interesse público, ele *deve* ser tomado segundo as premissas e na forma que melhor atenda o interesse coletivo. Esta é precipuamente a definição de discricionariedade.

Em visão prática, a discricionariedade poderia levar à consideração de atos de gestão, pelos administrados, puramente optativos, pois a lei não lhe compeliria a uma ação objetiva. Mas engano é considerar que a ação discricionária é optativa. Definido um determinado problema e delineado o melhor caminho para resolvê-lo, torna-se obrigatória a conduta do gestor agir. Porque a inação, neste caso, comprovado o "melhor caminho", seria agir com sabida ineficiência, constitucionalmente vedada.

> A liberdade, portanto, é sempre relativa. Se existe determinado problema e uma vez identificado, o administrador é obrigado a estudar a melhor forma de resolvê-lo (ou mitigá-lo; ou aceitá-lo; ou transferi-lo). Definida a maneira viável de lidar com a situação, não se trata mais de uma opção, mas de uma obrigação.

Poder-se-ia dizer, nesse sentido, que a margem de liberdade seja tida na forma pela qual o gestor identificará, estudará e tratará o problema, pois identificadas as opções e balanceadas as "conveniências e oportunidades", surge sempre uma obrigação. Um dilema de liberdade, portanto, posto que ela é sempre relativa.

A questão é como sopesar um "melhor caminho", posto que nas numerosas ferramentas a todo momento postas a prova (em característica da "Era Digital"), diversas soluções se avizinham para resolver determinada imposição. O problema, além disso, possui diversos "ângulos", tão maiores quanto mais áreas do conhecimento são postas à prova (dilema comum no multidisciplinar mundo tecnológico).

Para equacionar a contenda, necessário se faz definir o que vem a ser a *motivação* de um ato administrativo, como essência do poder discricionário e como solução interpretativa da legalidade das condutas dos gestores.

De acordo com a Lei nº 9.784/99, em seu art. 5º:

Art. 5º. Os atos administrativos deverão ser motivados, com indicação dos fatos e dos fundamentos jurídicos, quando:

I – Neguem, limitem ou afetem direitos ou interesses;

II – Imponham ou agravem deveres, encargos ou sanções;

III – Decidam processos administrativos de concurso ou seleção pública;

IV – Dispensem ou declarem a inexigibilidade de processo licitatório;

V – Decidam recursos administrativos;

VI – Decorram de reexame de ofício;

VII – deixem de aplicar jurisprudência firmada sobre a questão ou discrepem de pareceres, laudos, propostas e relatórios oficiais;

VIII – importem anulação, revogação, suspensão ou convalidação de ato administrativo.

§1º A motivação deve ser explícita, clara e congruente, podendo consistir em declaração de concordância com fundamentos de anteriores pareceres, informações, decisões ou propostas, que, neste caso, serão parte integrante do ato.

§2º Na solução de vários assuntos da mesma natureza, pode ser utilizado meio mecânico que reproduza os fundamentos das decisões, desde que não prejudique direito ou garantia dos interessados.

§3º A motivação das decisões de órgãos colegiados e comissões ou de decisões orais constará da respectiva ata ou de termo escrito.

Assim, motivação viciada em seus desígnios de melhor atender ao interesse coletivo redunda ilegitimidade (e consequente anulação) do ato questionado.

A motivação está sempre vinculada a determinada situação-problema. A demonstração da melhor forma de agir, por sua vez, inclui o dever comparativo entre as possíveis alternativas de resolver o problema, nas diversas disciplinas impactadas: normalmente a técnica, a financeira, a econômica, a ambiental, a social e mesmo a política.

Motivar significa comparar soluções. Motivar impõe uma conduta identificadora de dificuldades, com balanceamento objetivo de possíveis saídas para contorná-las, segundo pareceres técnicos que sopesem: a disponibilidade de recursos materiais e financeiros; o atendimento mais econômico no ciclo de vida do gasto; a possibilidade técnica de implantar e manter a solução; e a sustentabilidade da ação, coerente com os anseios e impactos sociais e políticos da alternativa.

Via de regra, nos projetos de engenharia (em exemplo), tal estudo é denominado *Estudo de Viabilidade Técnico, Financeira, Econômica e Ambiental* (EVTEA). No teor regulatório, chama-se "Análise de Impacto Regulatório" (AIR) o documento cumpridor dessas necessidades comparativas, em termos de idealização de políticas públicas. A raiz, todavia, é a mesmíssima, em qualquer atividade estatal: dado determinado problema (coletivo, em interesse primário ou secundário do Estado), cumpre-se motivar a política, gasto ou contratação que redunde em melhores resultados para a sociedade ou para o próprio Estado.

Tais resultados, por sua vez, podem ser resumidos no atingimento dos seguintes parâmetros: economicidade, eficiência, eficácia e efetividade. A melhor solução será a que, comparativamente a outra, seja mais econômica, eficiente, eficaz e efetiva, em dimensão técnica, financeira, econômica, ambiental, social e política.

> O dilema de discricionariedade é, então, a obrigação dos gestores de motivar seus próprios atos, estudando e comparando soluções para determinada situação-problema, segundo critérios técnicos, econômicos, financeiros, ambientais, sociais e políticos, frente ao melhor resultado quanto à economicidade, eficiência, eficácia e efetividade.

Veremos que tal definição é a mola mestra na avaliação da responsabilidade do Estado frente aos desafios que se apresentam na Era Digital.

2.5 A responsabilidade do administrador na Era Digital: O conflito entre a liberdade e a responsabilidade

É conhecido o dilema "maior liberdade carrega consigo maior responsabilidade". Talvez decorrente do conceito Freudiano: "A maioria das pessoas não quer realmente a liberdade, pois liberdade envolve responsabilidade, e a maioria das pessoas tem medo da responsabilidade".

Esse é, senão, o primeiro dilema da juventude. Na adolescência, recheiam-se testes diários de liberdades e responsabilidades; com inevitáveis arbítrios além das habilidades suficientes para arcar com suas consequências.

O brocardo não atravessa incólume o dilema do gestor público. Um mundo mutante, um direito rígido e necessidades do dia a dia exigem-lhe eficiência com a coisa pública. Se, nesse contexto, a legitimação do estado perpassa – como visto – pela ampliação do leque de possibilidades ao administrador (em visão de "juridicidade" e em aumento da discricionariedade), uma equiparada responsabilidade recai sobre os ombros do gestor.

Se liberdade carreia responsabilidade, há de existir maior grau de preparação (inclusive ética) do administrador para a tomada de um maior número de decisões. Se para cada problema via de regra existem diversas soluções que o resolvam, a ponderação da melhor solução (na lógica da motivação) envolve maior preparação; maior profissionalização; e maiores padrões éticos preventivos.

Em publicação sobre o fortalecimento das instituições superiores de controle para combater a corrupção, em um projeto da INTOSAI,[10] discorre-se que "a seleção de servidores públicos deve ser feita por uma minuciosa triagem prévia pré-contratação e deve estar baseada unicamente e sua integridade e capacidade" (tradução livre). A capacidade e a integridade dos primeiros aplicadores da lei (os gestores), como o fortalecimento da governança para a certificação e controle de tais atributos dos gestores, são tanto mais necessárias, quanto mais "abertos" os controles formais e interpretativos da norma.

Em tese, portanto, em avaliação de boa-fé subjetiva – em uma ponderação do que se exigiria do administrador público médio –, essas liberdades seriam respondidas de acordo com o que se esperar do modelo de conduta de um gestor diligente; cioso de seus deveres de finalidade com a coisa pública, maior conhecedor da atividade de negócio ao qual se propõe a gerir. *Modelos de administração com maior discricionariedade são consentâneos tanto com um maior conhecimento do negócio por parte do gestor, como com mais elevados padrões éticos de conduta.*

---

[10] INTERNATIONAL ORGANIZATION OF SUPREME AUDIT INSTITUTIONS (Intosai) / Unit Nations. *Collection of Important Literature o Strenghthening Capacities of Supreme Audit Institutions on the Fight against Corruption.* ST/ESA/PAD/SER.E/193. Disponível em: <http://www.intosai.org/fileadmin/downloads/downloads/4_documents/publications/eng_publications/E_UN_INTOSAI_Joint_Project.pdf>. Acesso em: out. 2013. p. 3.

> Eis, aqui, o maior limitador da aplicação mais abrangente da lei e mais profissional da Administração Pública, barreira para a proposição de soluções gerenciais inovadoras para um melhor cuidar do bem público: uma visão engessada, em estrito teor de legalidade, não encoraja a inovação e a aplicação de soluções inéditas (tantas quantas a "Era Digital" lhe permita). Por outro lado, demandas gerenciais mais abertas, com incremento da discricionariedade, pressupõem maior concentração de responsabilidade individual do gestor público, o que é igualmente desencorajador da inovação; ou perigoso quando se traz à baila a "corrupção". Muitas vezes, tendo em vista o "risco" de decidir errado e diante da iminente responsabilização pelo controle, tende-se à mediocridade. A carência de controle, por outro lado, abre passos para o desvio de recursos, em idêntica (ou pior) ineficiência administrativa.

Em paradigma individual do tomador de decisão: "se não tiver ganho, a opção será sempre pelo menor risco pessoal". O contrário também é válido: "se o risco pessoal for muito alto, e o ganho (individual) pequeno, não obstante a possibilidade alta de ganho institucional, a decisão mais provável será a mediocridade".

> Gestores públicos tendem a assumir baixos riscos para si, porque tendem a ganhar pouco no sucesso de uma linha decisória, e a perder muito para decisões malsucedidas.

A regra é tão mais válida quanto maior a tolerância ao risco dos superiores hierárquicos (primeiros julgadores da conduta) e pelas entidades responsáveis pelo Controle da Administração Pública.

Diante dessas conclusões, forma-se a dicotomia: em exemplo, a esfera administrativa mais próxima da população são as prefeituras; justamente no nível em que genericamente mais se observa carência de habilidades administrativas, como menores controles sobre a qualidade do gasto. Tanto os municípios carecem de *expertise* humano, quanto financeiro, como ainda uma estrutura de controle para avaliar a qualidade do gasto. Maior liberdade tanto pode significar brecha para gestão ruinosa, oriunda de *gaps* de competência, como viabilizar o prestígio de interesses particulares em detrimento do interesse coletivo. Em situações de lacunas de capacidade administrativa, talvez seja mais vantajoso oferecer menor número de possibilidades ao administrador, com maior leque de estruturas *compliance* a mitigar o risco. Tal dilema pode ser aplicado em qualquer estrutura gerencial.[11]

As novidades tecnológicas e a aplicação mais rotineira de ferramentas TI também estão incluídas nesse cenário de discricionariedade na "Era Digital". Ao mesmo tempo que a sociedade ganha "novos costumes" – que não passam intocados na avaliação do Direito e das "obrigações" do Estado –, a tecnologia tende a criar um cenário de disponibilidade ferramental cada vez maior para a solução dos problemas da Administração Pública.

Tal qual discorrido, entre dois ou mais caminhos a trilhar, o administrador público é compelido a escolher a "melhor" hipótese, em estudo diligente e demonstrado de causas e consequências. Em caso cada vez mais comum (eminentemente na "Era Digital"), se as soluções estão disponíveis e cada vez mais acessíveis; e diante do reconhecimento de que as necessidades do cidadão terão melhor guarida com a utilização cada vez mais frequente de ferramentas digitais, tal opção pode ser encarada não mais como uma opção; mas uma vinculação. Se o dever do Estado e o bem-estar do cidadão (ou o *accountability* público) se torna mais bem atendido com o uso de uma solução tecnológica viável e acessível, o dever de eficiência da Administração impõe a sua utilização; ou, no mínimo, a sua inclusão no rol de soluções a serem balanceadas nas soluções dos problemas. Quer dizer que quando acessível, disponível e, portanto, viável, há de se demonstrar o porquê de sua não utilização.

Quanto mais universal, mais barata e menos complexa for a opção tecnológica, uma vez comprovado o benefício ao cidadão ou a potencialização de valores fundamentais da Administração Pública, mais o Estado estará compelido a utilizá-la. O dever de motivar a solução mais econômica, eficiente, eficaz e efetiva impõe tal escolha.

Na realidade, a ampla disponibilidade de ferramentas de TI, a custo acessível, envolve um *custo de oportunidade* na não utilização da tecnologia. A motivação de implantação ou não da solução tecnológica, portanto, envolve muito mais o custo para a sociedade (e seus valores) que propriamente o da sua implantação.

---

[11] Tema melhor desenvolvido no capítulo 6.

A responsabilidade pela implantação – ou não – de determinada solução tecnológica é sempre da alta administração. Esse deve ser o olhar do controle sobre atos dos administradores. Segundo a NBR ISO/IEC 38500, "A responsabilidade por aspectos específicos de TI pode ser delegada aos gerentes da organização. No entanto, a responsabilidade pelo uso e entrega aceitável, eficaz e eficiente da TI pela organização permanece com os dirigentes e não pode ser delegada".

O TCU já se posicionou sobre o assunto, mediante o Acórdão nº 2.079/2009-TCU-Plenário, quando determinou à Secretaria Executiva do Ministério do Planejamento, Orçamento e Gestão que "inclua no modelo de Governança de Tecnologia da Informação para os entes integrantes do SISP (Sistema de Administração de Recursos de Informática e Informação) a definição da responsabilidade da alta administração quanto ao tema, conforme preconizam as boas práticas existentes".

Dessas discussões, em arremate, extraem-se duas conclusões sobre a análise responsabilidades relativas quando colocadas frente ao pano de fundo da "Era Digital":

a) quanto maior o entendimento consentâneo de uma aplicação do direito voltada à finalidade – em um atintar de juridicidade e discricionariedade – maior deve ser o investimento no primeiro aplicador da norma: o gestor. Dissociar essa realidade em qualquer tentativa de "reinvenção" do Estado, de modo a torná-lo mais eficiente em um mundo em mudanças, seria avessa ao paradigma "liberdade x responsabilidade". Há de se ter mecanismos de tanto viabiliz a escolha de bons administradores, quanto a boa, contínua e sistemática capacitação dos agentes; inclusive com relação a sua ética e integridade;

b) se viável determinada solução tecnológica que incremente a ação governamental, em termos de acessibilidade, disponibilidade e viabilidade do seu uso, a demonstração da legitimidade da opção do gestor (em sua não utilização), e, portanto, de sua responsabilidade, deverá perpassar pela justificativa do porquê da omissão. Mais que os "custos" de implantação de determinada solução tecnológica, a alta administração deve demonstrar o "custo" para a sociedade da sua não utilização.

2.6 Transparência, dados abertos e acesso à informação: o dever republicano de utilização da TI

Talvez a maior revolução proporcionada pela Tecnologia da Informação na Administração Pública tenha sido o incremento da transparência dos negócios públicos. Se a legitimidade dos atos do gestor atravessa a motivação das decisões, no caminho do interesse coletivo, a publicação límpida à sociedade de tais resultados e seus fundamentos aumentam o nível de confiança dos administrados sobre a administração segundo seus interesses, o que viabiliza a ampla fiscalização dos cidadãos sobre a conduta dos seus eleitos, legitimando e fortalecendo a própria presença do Estado.

Atos, licitações, contratos, votos legislativos, preços, pagamentos, alocação de recursos, gastos com publicidade, decisões judiciais, empréstimos governamentais: tudo potencialmente publicável, em tempo real. Além de oferecer a atividade administrativa aos olhos diretos do cidadão, empresta-se, também, uma vitrine inesgotável de fatos noticiáveis à imprensa, ecoando – instantaneamente, na velocidade típica da Era Digital – erros e acertos administrativos; um instrumento poderosíssimo de governança pública.

A governança, de maneira geral, envolve os mecanismos capazes de fomentar e garantir que os detentores de mandato (público ou privado) ajam nos interesses dos "donos do negócio" (acionistas ou cidadãos). A tecnologia da informação alçou reais mecanismos de controle real aos administrados, outrora impossíveis. Se a enorme máquina estatal está disponível aos cidadãos – milhões deles –, e se tal legitimação administrativa antes se faria impensável sem a tecnologia disponível, é correto afirmar que a TI oportunizou um inédito cenário de governança pública e vivência republicana.

Podemos arriscar, desse reconhecimento, que:

> A TI já fez mais pela República que qualquer gestor ou pensador conseguiria fazê-lo.

A afirmativa, reconhecemos, tem mais valor figurativo que propriamente um postulado científico demonstrável. É certo que a tecnologia da informação revolucionou todos os ramos do conhecimento; e isso inclui a gestão administrativa pública e privada. É claro, também, que tanto um administrador teve de se encarregar pela idealização e implantação da solução tecnológica quanto outros filósofos e pensadores idealizaram a própria Administração Pública, com a tripartição dos poderes e todo o acervo de legitimação política do Estado. O tom da frase, todavia, advém do inédito potencial de transparência e prestação de contas proporcionado pelas soluções tecnológicas e todas as consequências geradas por esse potencial fiscalizador dos "donos do negócio".

O brocardo traduz a sabedoria popular sobre a dialética da governança: "o olho do dono é que engorda o gado". O ideal republicano viabilizado pelas soluções de TI torna, de fato, a *res publica* (coisa do povo), cuidando diretamente dos seus negócios.

Na realidade, incrementou-se a potencialidade do *accountability*. O termo em inglês – sem tradução direta para o português – é utilizado para caracterizar a obrigação ou responsabilidade de um sujeito (individual ou coletivo) perante outrem, por alguma coisa. O Estado Democrático de Direito existe, como todo o já discorrido, para organizar uma satisfação de seus administrados impassível de ser realizada individualmente; e os donos do mandato devem prestar contas dessa obrigação. A responsabilidade dos governos por seus cidadãos, desse modo, mas parte da estrutura conceitual republicana; tanto pelos serviços ofertados pelo Estado em si, como pela prestação de contas de seus deveres legalmente constituídas.

Os administrados, em paralelo, têm legitimidade para exigir do Estado uma contraprestação, com instrumentos de pressão típicos da sociedade civil, como a imprensa e o terceiro setor. A aceitação passiva do poder do Estado enfraquece a estrutura de governança construída para pressionar os Administradores Públicos para o foco do longevo bem coletivo. A saúde institucional frente à corrupção, ao clientelismo e mesmo à incompetência depende de um papel ativo da sociedade. O povo (mais propriamente a sua força de exigir) é a verdadeira mola propulsora do desenvolvimento. Na ausência, o esfacelamento de tal capacidade, a governança de garantir decisões em privilégio coletivo resta-se comprometida; com todas as consequências potenciais de administradores e legisladores com mandato em nome próprio.

Para viabilizar o controle social – essencial para o desenvolvimento, como discorrido –, a Administração tem de oferecer instrumentos para viabilização desse papel do povo e da imprensa. A saúde, a plenitude e a desenvoltura da democracia plena dependem disso. Inviabilizar o controle ou digerir os instrumentos de pressão social são enfraquecedores republicanos e contra a legitimação do poder constituído em um Estado Democrático.

De acordo com a Transparência Internacional, entidade do terceiro setor sediada em Berlim, o *accountability* é a "atitude ou condição que devem observar os servidores públicos, que consiste na responsabilidade fiduciária de cumprir tarefas específicas e de prestar contas de forma precisa e oportuna" (POPE, 2000, p. 142, tradução dos autores).[12]

Quanto mais o cidadão se envolve com as questões públicas, inteirando-se dos temas da agenda pública, questionando, acompanhando, fiscalizando e exigindo prestação de contas pelo Estado, mais este é compelido a produzir informações de qualidade, a tornar-se mais transparente, a atender melhor o público. Depreende-se que a existência de regras formais não é suficiente para o estabelecimento da *accountability* – também é necessário haver uma sociedade capaz de controlar o poder público (FERREIRA, 2006, p. 23).[13]

É papel do controle – interno e externo – fiscalizar, garantir, exigir e responsabilizar administradores que não prestigiem o valor fundamental da publicidade. A prestação de contas deve ser feita também à sociedade, "não mais uma vez ao ano e em linguagem hermeticamente técnica, mas diariamente e por meio de demonstrativos capazes de – pela fácil compreensão – ampliar cada vez mais o número de controladores".[14]

Citando Cavalcante, "Tais demonstrativos devem possibilitar ao público avaliar o administrador, coagindo-o a manter condutas adequadas e permitindo a prevenção da alocação de recursos para fins indevidos. Além de analisar a retidão das ações públicas, há que se aquilatar o mérito das escolhas públicas. Muito esforço deve ser despendido pelas autoridades para estimular a participação popular. Ela qualifica as escolhas do poder público ao fornecer melhores parâmetros

---

[12] POPE, Jeremy. El Contralor General. *In*: POPE, Jeremy. *Libro de Consulta 2000 de TI*. Londres: Transparency International, set. 2000, 417 p.

[13] CAVALCANTE, Roberto Jardim. *Transparência do orçamento público brasileiro*: exame dos documentos orçamentários da União e uma proposta de estrutura para o Orçamento-Cidadão. Monografia (especialização) – Instituto Serzedello Corrêa, do Tribunal de Contas da União, Centro de Formação, Treinamento e Aperfeiçoamento (Cefor), da Câmara dos Deputados e Universidade do Legislativo Brasileiro (Unilegis), do Senado Federal, Curso de Especialização em Orçamento Público, 2008, p. 20. Premiada em 1º lugar no II Prêmio SOF de monografias – Novas abordagens de Orçamento Público.

[14] OLIVEIRA, Arildo da Silva. Controle social: perspectivas para a fiscalização popular da administração pública no Brasil. *In*: PRÊMIO SERZEDELLO CORRÊA 2001 – monografias vencedoras: perspectivas para o controle social e a transparência da administração pública, tribunal de Contas da União. Brasília: TCU, 2002, p. 143-207. Monografia premiada em 3º lugar.

para a tomada de decisões e garante que estas se coadunam com as necessidades da população. A gestão colaborativa constitui-se em espaço onde emergem outras estratégias, além das deliberadas pelo ente público (GRAÇA, 2003b, p. 358). A disponibilização de informações claras permite que a sociedade forme opinião e tome posição nos debates orçamentários, exponha suas preferências, influa nas decisões e exija o cumprimento das escolhas refletidas na lei orçamentária. Para que as decisões governamentais de alocação de recursos reflitam as escolhas dos contribuintes e garantam o máximo de satisfação coletiva possível, é necessário que os cidadãos apontem oportunamente essas preferências – ainda que indiretamente, via representantes no parlamento –, tarefa difícil se o processo orçamentário se vale de documentos incompreensíveis ao grande público".[15]

E tal publicidade, para autêntico *accountability*, deve ser manejada da maneira mais eficiente disponível. Como já defendido, se viável determinada solução tecnológica que incremente a ação governamental, em termos de acessibilidade, disponibilidade e viabilidade do seu uso, ela não mais "pode" ser utilizada, mas "deve". A omissão pode render a devida responsabilidade.

As soluções de TI, além de tonar mais eficiente os meios para se atingir qualquer resultado das ações governamentais – seja em seu planejamento, sua execução, sua finalização e seu controle –, catalisa a decorrente transparência e *accountability* republicanos, obrigatórios e essenciais ao exercício democrático.

2.7 O uso (vinculado) de TI na Administração Pública e o controle

> "A tecnologia da informação é o coração da administração pública, podendo fazê-la parar ou avançar" (Ministro Augusto Sherman, 30 Anos de TI no TCU).

A assertiva do eminente Ministro-Substituto Augusto Sherman Cavalcanti não somente resume o contexto de estreita dependência da eficiência administrativa com o uso competente dos recursos de TI, mas

---

[15] CAVALCANTE, Roberto Jardim. *Transparência do orçamento público brasileiro...*, p. 20 e 21.

estampa os riscos advindos de uma subutilização – ou mau uso – dos recursos de tecnologia da informação pela Administração Pública (e sua legitimação).

A tecnologia da informação, em coerência com a afirmação propugnada e de maneira geral, é o coração pulsante que leva as informações do mundo para a organização, irriga os processos internos de trabalho e levam informações e resultados da empresa para a organização. *Um uso ineficiente de TI, portanto, levará a uma ineficiência da respectiva função estatal*, seja pela qualidade, custo e prazo superiores, seja pela perda de transparência necessária para um saudável exercício democrático republicano.

Em conclusão imediata, portanto, se a eficiência é um dever do Estado, é também seu dever trabalhar eficientemente com os recursos de TI de que dispõe; e é papel do controle garantir não somente o bom uso dessas ferramentas, mas também o seu fomento.

> Se o "Controle" é braço fundamental do equilíbrio republicano, um "Controle Eficiente", com maximização dos recursos disponíveis e com aparato tecnológico condizente com a "Era Digital" é também requisito necessário para uma democracia saudável.

A primeira noção do papel do Controle advém da avaliação de responsabilidade do gestor na utilização de mecanismos eficientes de gestão. Em repetição ao já demonstrado em capítulo anterior, se viável determinada solução tecnológica que incremente a ação governamental, em termos de acessibilidade, disponibilidade e viabilidade do seu uso, a demonstração da legitimidade da opção do gestor (em sua não utilização) e, portanto, de sua responsabilidade, deverá perpassar pela justificativa do porquê da omissão. Em seu papel diagnóstico dos problemas da Administração Pública, com vistas à proposição de aprimoramentos, tal vinculação de uma gestão eficiente deve ser exigida pelo Controle.

A gestão, a governança e a legalidade das aquisições de TI devem ser diligentemente observadas. Fiscalizações sistemáticas para um exame sobre a economicidade, eficiência, eficácia e efetividade das escolhas (ou "não escolhas"), em auditorias operacionais e de conformidade, ao tempo em que fortalecem o bom uso da tecnologia da informação, iluminam oportunidades de melhorar a prestação de serviços da atividade estatal.

Quer dizer que a avaliação de desempenho do Estado perpassa por uma avaliação de bom uso das soluções de TI, em viés de legalidade (ou *juridicidade*) e desempenho.

Nos limitados recursos alocados para o controle, ainda – seja interno, externo ou controles tipos de projetos ou processos –, a ampliação dos resultados perpassa por uma estratégia de respectivo uso das disponibilidades, proporcional ao risco, ao impacto no resultado, e ao consumo dos respectivos recursos disponíveis. Tal avaliação (do que fiscalizar) deve ser sistemática e contínua; e igualmente – para incremento de eficiência – deve contar com instrumentos de tecnológica da informação para adequadamente cumprir com as obrigações de um controle eficiente. O *data mining*, o exame de consistência de dados e os monitoramentos digitais contínuos são, nesse sentido, mais que uma potencialidade, mas uma necessidade.[16]

> É papel do Controle garantir o bom e regular uso e contratação dos serviços de TI, como também fomentar a sua utilização, seja para aumentar a eficiência na prestação dos serviços públicos, seja para incrementar a transparência da atividade estatal.

Referências

CAVALCANTE, Roberto Jardim. *Transparência do orçamento público brasileiro*: exame dos documentos orçamentários da União e uma proposta de estrutura para o Orçamento-Cidadão. Monografia classificada em 1º lugar no II Prêmio SOF de monografias – Novas abordagens de Orçamento Público. (Especialização) – Instituto Serzedello Corrêa (TCU); Centro de Formação, Treinamento e Aperfeiçoamento (Câmara dos Deputados); Universidade do Legislativo Brasileiro (Senado Federal). Curso de Especialização em Orçamento Público, 2008. p. 20.

CAMPELO, Valmir; CAVALCANTE, Rafael Jardim. *Obras públicas*: comentários à jurisprudência do TCU. Prefácio Marçal Justen Filho. 3. ed. rev. atual. Belo Horizonte: Fórum, 2014.

GASPARINI, Diogenes. *Direito Administrativo*. 11. ed. rev. e atual. São Paulo: Saraiva, 2006.

INTERNATIONAL ORGANIZATION OF SUPREME AUDIT INSTITUTIONS – Intosai; United Nations – UN. *Collection of Important Literature on Strengthening Capacities of Supreme Audit Institutions on the Fight against Corruption*. ST/ESA/PAD/SER.E/193. Disponível em: <http://www.intosai.org/fileadmin/downloads/4_documents/publications/eng_publications/E_UN_INTOSAI_Joint_Project.pdf> Acesso em: 10 jun. 2016.

---

[16] Ver capítulo 6.

JUSTEN FILHO, Marçal. *Curso de Direito Administrativo*. 8. ed. rev. ampl. e atual. Belo Horizonte: Fórum, 2012. p. 225-226.

KANT, Immanuel. *Kritik der*. Frankfurt: Suhrkamp, 1985.

MEIRELLES, Hely Lopes. *Direito Administrativo brasileiro*. Atualização Eurico Andrade Azevedo *et al*. 39. ed. São Paulo: Malheiros, 2004. p. 40.

OLIVEIRA, Arildo da Silva. *Controle Social*: perspectivas para a fiscalização popular da administração pública no Brasil. Monografia classificada em 30º lugar no Prêmio Serzedello Corrêa 2001 – Monografias Vencedoras: Perspectivas para o Controle Social e a Transparência da Administração Pública, Tribunal de Contas da União. Brasília: TCU, 2002. p. 143-207.

POPE, Jeremy. *El contralor general*. In: POPE, Jeremy. Libro de Consulta 2000 de TI. Londres: Transparency International, 2000. p. 417.

Informação bibliográfica deste texto, conforme a NBR 6023:2002 da Associação Brasileira de Normas Técnicas (ABNT):

CAVALCANTE, Rafael Jardim. Transformações da Administração Pública. In: OLIVEIRA, Aroldo Cedraz de (Coord.). *O controle da administração na era digital*. Belo Horizonte: Fórum, 2016. p. 75-99. ISBN 978-85-450-0176-8.

CAPÍTULO 3

ERA DIGITAL

ANTONIO QUINTINO ROSA

Era Digital, era da informação, era do conhecimento são nomes dados à época em que vivemos hoje e que se firmou e se intensificou a partir de fins do século XX, viabilizada por avanços durante todo o século passado. Assim como houve a era agrícola e a industrial, vivenciamos no século XXI a Era Digital, caracterizada pelo uso intensivo da tecnologia da informação e da internet, bem como pela dinamização dos fluxos informacionais e negociais, e por transformações nas relações sociais, profissionais e econômicas.

Com as demais eras, a digital tem em comum a introdução de novas formas de pensar, de produzir, de transformar o espaço geográfico, de se relacionar, mas delas diferencia-se pela velocidade e profundidade com que as mudanças têm ocorrido. Tem ainda como características notáveis grande acúmulo e intenso compartilhamento de informações, bem como conectividade mundial.

Na Era Digital, se por um lado a comunicação instantânea propicia interação em tempo real, por outro, dificulta o processo reflexivo desejável à incorporação de novidades que, inadvertidamente, na maioria das vezes, são adotadas de forma acrítica, superficial e imediatista.

Não se furtando aos ganhos advindos da Era Digital, muito pelo contrário, há que se discutir sobre as rápidas mudanças, antevê-las e antecipar-se a elas, principalmente sob os pontos de vista legal e ético.

3.1 Importância da informação

3.1.1 O que é informação

O conceito de informação sofreu variações e evoluções desde períodos anteriores ao cristão. Na sociedade atual, é utilizado em duas situações, ambas relacionadas entre si. Um dos contextos em que é correntemente usado é o de comunicar conhecimento, o outro seria o ato de moldar a mente. Essas são também as duas conjunturas básicas para o uso do termo informação, segundo alguns dicionários, a exemplo do *The Oxford English Dictionary*.

Embora conhecimento e informação sejam fenômenos básicos da vida social desde tempos remotos, o advento da tecnologia da informação (TI) é que caracterizou a contemporânea como sociedade da informação. O impacto da TI nas ciências, tanto naturais quanto sociais, foi tão profundo que ainda hoje não há consenso sobre o que seja informação.

Na tentativa de descobrir como e quando ambos os contextos – o ato de comunicar conhecimento e o ato de moldar a mente – se aproximaram, pesquisas exploraram o uso do termo informação desde o período helenístico aos tempos modernos, passando pela Idade Média.

Etimologicamente, a palavra informação tem raízes latinas em *informatio* e *informo*, os quais, por sua vez, têm origem grega. Constatou-se que existem duas conjunturas básicas para o uso desses *termos*: uma tangível, outra intangível.

Sob o olhar tangível, há referências de seu uso em épocas anteriores à cristã, com o significado de dar forma a algo, é a coisa física representando a informação – um livro, um desenho pré-histórico nas cavernas. Já a concepção intangível ou espiritual, com alusão a usos morais e pedagógicos, apareceu depois da era cristã, com influência tanto do cristianismo como da ontologia e da epistemologia gregas antigas. É a informação transformada no conhecimento adquirido, por exemplo, da leitura de um livro.

Na passagem da Idade Média para a Moderna, o conceito de informação muda do sentido de dar forma, de moldar a própria mente, para a acepção de comunicar algo a alguém. Essa mudança é detectada na filosofia racionalista de René Descartes (1596-1650), para quem ideias são formas de pensamento.

A teoria de Descartes fez a mediação da percepção dos escolásticos, pensamento essencialmente cristão dominante na Idade Média, para a filosofia moderna, seja a racionalista, seja a empirista.

Até então, partia-se das coisas reais para formular uma ideia. A partir dali, elas viriam primeiro: no empirismo, possibilitavam a construção do conhecimento; no racionalismo, só vingariam se explicadas pela lógica e pela razão.

Há filósofos que afirmam ser informação um fenômeno exclusivamente humano, qualquer outro significado seria metafórico. No entanto, há controvérsias, defensores há que compartilham visão diferente, em que o termo aplicar-se-ia também a outros entes, inclusive máquinas.

Nas ciências naturais, algumas correntes postulam ser informação um conceito contextual, somente pode ser definido dentro do cenário em que ocorre. Segundo essa ideia, não existiria definição absoluta e perene para informação, pelo contrário, o significado seria mutante ao longo do tempo e do espaço.

O epistemólogo Dretske propôs a teoria semântica em que diferencia informação de significado, posto que ela não requer interpretação, existe por si só. O conhecimento anterior do receptor é tanto requisito para o processo interpretativo quanto condição necessária à sua expansão. Um livro na estante tem informação apenas, que não se transmite e nem se altera enquanto na estante permanecer. Entretanto, a partir do momento em que alguém o lê e o absorve, o conteúdo nele contido vira aprendizado para o leitor. Dessa forma, não haveria informação falsa, mas significado sem verdade.

O escritor César Hidalgo vai além. Pondera que cada informação é única e o que a torna particular não é ela em si mesma, mas a singularidade da ordem de seus componentes. O físico cita como exemplo a Terra: o que faz nosso planeta especial não é ele ser uma particularidade de matéria ou de energia, e sim a singularidade de ordem física ou a informação resultante da forma como seus constituintes se organizaram.

Segundo essa visão, um mesmo conjunto de vocábulos pode constituir frases distintas, até mesmo antagônicas, dependendo da ordem em que forem dispostos no texto. A situação se repete em um laboratório de química em que os elementos vão reagindo entre si na medida em que são acrescentados à mistura, de tal forma que a adição dos mesmos componentes, porém em ordens distintas, resulta diferentes produtos.

Para Hidalgo, informação é sempre incorpórea, embora fisicamente materializada, na medida em que não é coisa, mas resultado de arranjos físicos. O ser humano retira dessa combinação o significado da mensagem com base em sua própria história de vida, no contexto em que se insere e no conhecimento que acumula.

O químico Prigogini propôs em sua teoria das estruturas dissipativas que o Universo seria naturalmente concebido com ricas informações que "emergem naturalmente nos estados estáveis de sistemas físicos afastados do equilíbrio".

Por definição não há fluxos de energia ou de matéria em sistemas em equilíbrio. Como nos sistemas enunciados pelo cientista há troca de energia com o exterior na tentativa de recompor as perdas causadas pela dissipação, eles são ditos afastados do equilíbrio. O fluxo permanente e a mesma proporção de energia importada e exportada levam não à estabilidade do sistema, mas ao balanceamento daquela permuta.

O comportamento descrito responde à pergunta "de onde vem a informação?" Ela brotaria depois do caos, quando o sistema torna-se altamente organizado. Porém, essa condição pode ser efêmera, pois assim que a estabilidade é alcançada, a entropia tende a surgir novamente e a destruir as informações geradas. Dessa forma, não apenas a origem destas é importante, mas também o é sua capacidade para permanecer e se recombinar.

Refletindo acerca disso, o nobel Erwin Schrodinger afirmou, em *What is life?* que, para compreender a permanência – entendida aqui como durabilidade – da informação, é necessário considerar algo além dos sistemas fluidos, posto que estes são evanescentes, etéreos. Portanto, o que explicaria o fato de a informação durar e se recombinar seria sua materialização em sólidos, que propiciaria sua conservação.

As ideias combinadas de Prigogine e de Schrodinger trazem duas elucidações: a informação origina-se nos sistemas afastados do equilíbrio e se preserva porque se armazena em sólidos. Se assim o é, deduz-se dessa explicação que o Universo – onde as informações nascem e permanecem – é sólido e é dinâmico.

Mas não é suficiente que a informação nasça e seja preservada, ela precisa crescer, recombinar-se para expandir-se. Para isso, é necessário que a matéria tenha capacidade de processá-la. Hidalgo cita como exemplo, entre outros, a árvore. Ela possui habilidade de processar a informação disponibilizada no meio ambiente para comportar-se de maneiras diferentes conforme a estação climática.

Elas não têm a capacidade de pensar, mas detêm o *know-how* para realizar diferentes tarefas, como a fotossíntese e a troca de folhas. Da mesma forma, nosso organismo também possui aptidão inata para manter o funcionamento de nossos órgãos internos involuntariamente sem que tenhamos que pensar sobre isso.

Esses exemplos levam a concluir que a matéria é capaz de calcular. Confirmando-se tal assertiva, a computação precede a origem da vida, tanto quanto lhe é anterior também a informação. Essas ilações levaram Hidalgo a afirmar que "vida é consequência da habilidade da matéria para computar".

A habilidade computacional da matéria, personificada nos sistemas físicos afastados do equilíbrio, sejam complexos ou simples, é o que explica e permite que a informação cresça infinitamente em nosso Universo, apesar da presença constante e ameaçadora da entropia, que conspira contra esse crescimento.

Trazendo esses conceitos para o contexto de uma entidade suprema de auditoria, a exemplo do Tribunal de Contas da União, é possível afirmar que a função essencial desse organismo é processar grandes volumes de informações. Recebe prestações de contas, denúncias, representações e bases de dados, analisa esses conteúdos em confronto com as auditorias que realiza e produz outras informações, na forma de pareceres, acórdãos e avaliações sobre a gestão de administradores públicos e a eficácia de seus atos.

Nas atividades de auditoria, identifica-se o caos nos objetos trazidos à avaliação, quase sempre desorganizados e até mesmo ocultos, frustrando a obtenção de informações relevantes, devidamente "solidificadas" em suportes analógicos ou digitais. Quando ordenadas segundo um propósito, supera-se o caos e então o arcabouço da análise apresenta-se mais claro, estável e deixa transparecer situações que, interpretadas, sustentarão os achados.

Para encontrar o que é relevante em meio à desordem, necessário se faz capacitar os profissionais – auditores, especialistas em métodos quantitativos e em TI – em especial quanto ao domínio de algoritmos e meios digitais para processar a informação e dela extrair evidências para subsidiar as decisões.

O manancial de informações sobre a atividade governamental não só robustece o trabalho das entidades fiscalizadoras, mas também serve ao propósito de dar transparência à atuação pública, desde que se promova a abertura desses dados à sociedade e à iniciativa privada, ensejando assim o controle social, exercido pelo cidadão, e boas oportunidades de negócio para as empresas.

3.1.2 Crescimento da informação

O ser humano, a todo instante, durante toda a vida e em qualquer interação – seja social ou profissional, familiar ou religiosa –, recebe, transmite, armazena e processa informações. Desde que existe como espécie, armazena informação ao construir instrumentos de pedra ou desenhar nas paredes das cavernas. Ao abrir os olhos pela manhã, está processando informação no simples ato de decidir o que vestir ou o que comer. Assim é dia após dia: esse processar constante cansa, escraviza até, ao mesmo tempo que contribui para o crescimento da informação como um todo.

Conforme apregoou Schrodinger, a informação é acumulada pela cristalização da imaginação em objetos sólidos, cuja criação requer a capacidade humana de processá-la para, assim, resultar fisicamente na coisa imaginada. Processar a informação concebida exige duas qualidades de seu mentor: conhecimento e *know-how*. Este último seria uma maneira muito particular, instintiva, de se executar determinada tarefa. Não se aprende em livros, é algo personalíssimo como a regência musical de Herbert Von Karajan ou a de Leonard Bernstein – ambos maestros brilhantes, cada um com seu modo próprio e peculiar de reger. Por outro lado, conhecimento é aprendido, é adquirido por um ser humano a partir de outro. Juntos, os dois conceitos representam a capacidade que as pessoas possuem para processar informação.

Segundo Hidalgo, há dois tipos de informação relacionada à espécie humana: aquela preexistente na natureza e posteriormente incorporada pela mente, caso da maçã (*apple*), fruta; e a informação inicialmente idealizada na cabeça de alguém para depois se materializar no mundo físico, como a fabricante de computadores *Apple*. A primeira seria aquela importada para a mente; a outra, exportada a partir dela. Uma, nós processamos e armazenamos; a outra, originária da imaginação e materializada em sólidos, é o tipo de informação que pode crescer e se multiplicar. Isso ocorre porque, a cada criação, abre-se um vasto campo de novas possibilidades para o imaginário da pessoa.

É fácil verificar o processo criativo e acelerado em vários campos, a rápida evolução na área de TI, os avanços médicos, as conquistas na astronomia, a modernização e a melhor adequação das auditorias nas contas públicas. Todos esses progressos e tantos outros são possíveis e acontecem cada vez mais rapidamente porque há muita informação cristalizada, seja na forma de equipamento ou *software*; de pesquisas concluídas ou em andamento; de modelos bem-sucedidos ou não. Toda a habilidade humana para materializar uma ideia, e consequentemente trocar conhecimento, beneficia a própria espécie, pois é insumo para o crescimento ainda que pareça infrutífera, pois as falhas também são fontes de saber.

Embora não tenham concebido o produto, possuam pouco ou nenhum entendimento sobre ele e não detenham a noção de como fazê-lo, os seres humanos tornam-se mais capazes ao fazerem uso do fruto da cristalização da imaginação de outrem. Eles têm extrapoladas suas próprias fronteiras, amplificam-se, assumem aptidões outras que não as suas próprias.

Por outro lado, interessa também ao mentor do produto, ao detentor da mente criativa, o compartilhamento de sua criação. É a forma de disseminar seu pensamento materializado, de persuadir os outros a partir de sua perspectiva. Solidificar a imaginação é fundamental não apenas para difundir o conhecimento, mas também para perpetuá-lo, sem o que ele se extinguiria.

Embora a capacidade de incorporar informação não seja exclusiva da espécie humana, esta é a única que a conserva fisicamente visando além da simples comunicação. Há também o propósito de aumentar as aptidões alheias por meio do compartilhamento da criatividade, do conhecimento e do *know-how* embutidos em objetos.

As pessoas acumulam individualmente saberes e aptidões distintos e os potencializam caso venham a fazer parte de uma equipe. Exatamente essa diversidade adicionada é que possibilita ao grupo armazenar e processar volume de informação impensável para um só indivíduo.

Assim, pode-se entender que as auditorias do TCU, realizadas por equipes cujos membros possuem competências individuais multidisciplinares e complementares, possibilitam campo de investigação maior do que aquele ao alcance de uma única pessoa.

No entanto, há que se ter em conta que, ao contrário da informação contida em objetos, facilmente acessada, o conhecimento e a capacidade incorporados nos indivíduos e nas redes de pessoas ficam neles aprisionados e deles dependem para se disponibilizar à humanidade. Não repartir a informação dificulta e até impede que ela cresça, resultando na inibição do acúmulo tanto da teoria quanto da habilidade de fazer.

Por se tratar de algo ensinado entre pessoas, portanto de natureza experiencial e social, o saber é disseminado e se faz mais presente em lugares onde exista quem o domine. Como é comum esses indivíduos estarem concentrados ou espacialmente próximos, é também apropriado inferir que o conhecimento e o *know-how* sejam tendenciosamente geográficos.

Exemplo disso são os grandes nomes da música erudita concentrados na Europa Ocidental, principalmente na Alemanha e na Áustria dos séculos XVII a XIX, em que os músicos ali se sucediam numa linearidade de mestres e discípulos. Outra regionalização, agora nos tempos modernos, é o *Silicon Valley*, o conhecido Vale do Silício nos Estados Unidos (EUA), na região da Califórnia, composto por várias cidades que concentram inúmeras empresas de tecnologia e de inovação e os maiores gênios do ramo.

Voltando ao pensamento sobre importação e exportação mental da informação, Hidalgo o extrapola para países. Alguns seriam importadores de imaginação, enquanto outros, exportadores. Segundo o autor, a composição de bens e serviços produzidos por uma nação informaria acerca do conhecimento e das habilidades incorporados por sua população e explicitaria o talento de seu povo para criar objetos antes concebidos.

A composição dos produtos de cada país possivelmente dá-se de acordo com a tendenciosidade geográfica do conhecimento e do *know-how* necessários à sua fabricação. A disposição para essa concentração espacial, mais que econômico-financeiro, é fator social e cultural. A Universidade de *Stanford* nos Estados Unidos é reconhecida por incentivar, desde sua fundação em 1891, o empreendedorismo, a criatividade, a inovação. Essa visão contagia e atrai estudantes, professores e empreendedores para uma grande parceria.

Não por acaso, é a universidade que acumula o maior número de vencedores do prêmio Nobel. Também está localizada em *Palo Alto* no Vale do Silício, região em que a Universidade disseminou seu espírito empreendedor e onde nasceram, ou para lá migraram, empresas revolucionárias que mudaram a sociedade e as relações mundiais, como a *Hewlett-Packard* (HP), *Google*, *Apple*, *eBay*, *Facebook* e tantas outras.

Entretanto, embora a cristalização da imaginação faça crescer a informação, a capacidade tanto individual quanto em grupo para esse crescimento é limitada. A coletiva se restringe ainda mais, proporcionalmente, pois perde percentuais de cada capacidade individual em razão da necessidade de interação entre os membros da equipe.

Isso implica que informação volumosa ou complexa pode demandar mais que uma pessoa, pode requerer a formação de equipe, empresa e até redes delas. A partir desse momento, em que o processamento de qualquer informação nova exija o envolvimento de mais pessoas que as disponíveis, a informação não será solidificada e consequentemente não será acumulada, não se expandirá, ela se perderá.

Essa barreira pode ser também interpretada como o limite imposto pelas competências próprias, especialmente no setor público, em que elas são determinadas pelo arcabouço jurídico-legal. Por exemplo, o Ministério Público Federal tem atribuições específicas enquanto o Departamento de Polícia Federal possui as suas. Elas não se sobrepõem, pelo contrário, podem ser complementares, assim também as da Receita Federal, do Ministério da Transparência, Fiscalização e Controle, do Tribunal de Contas da União e demais órgãos.

Individualmente, eles só podem atuar até onde a legislação permite, o que, na maioria das vezes, é suficiente. Pode acontecer, porém, que as responsabilidades de um impeçam ou limitem a execução de uma operação que demandaria também a atuação de outro, limitação que pode ser resolvida pela associação entre ambos e consequente expansão das fronteiras individuais.

No Brasil, um modelo de parceria muito comum, também controverso, que se estende do setor privado ao público, são os contratos de terceirização. No setor público, geralmente terceirizam-se serviços de conservação e limpeza, vigilância e transporte, além de outras atividades consideradas de área-meio.

Em tese, a contratação indireta permitiria foco maior na atividade central da instituição, desobrigando-a das preocupações com tarefas não essenciais e, seguindo tendências do mundo desenvolvido e da sociedade contemporânea, reduziria o tamanho do Estado, diminuiria gastos públicos e aumentaria a eficiência da máquina administrativa.

Nos últimos anos, o setor público brasileiro tem dado bons exemplos de atuações conjuntas, que assumem diferentes denominações: força-tarefa, operação especial, ação conjunta, etc. O Ministério da Transparência, Fiscalização e Controle, por exemplo, só em 2015 realizou 32 operações especiais – termo que utiliza para denominar os trabalhos realizados em conjunto com outros órgãos de defesa do Estado. Também em 2015, a Polícia Federal desarticulou, junto com o Ministério da Previdência Social, uma quadrilha que fraudava benefícios previdenciários, na chamada Operação *Malloy*, enquanto em 2014, outra força-tarefa realizou 28 ações conjuntas no combate a crimes praticados contra a previdência. Além disso, intensificou-se nos últimos anos a troca de informações entre órgãos do governo federal e das esferas estadual e municipal.

O TCU, atento a essa tendência, tem posto em prática seu objetivo estratégico de intensificar parcerias e intercâmbios sob a forma de acordos de cooperação com entidades congêneres. Desde 2012, realiza auditorias coordenadas em temas relevantes, em conjunto com outras instituições de controle de todo o Brasil e da América Latina. Um exemplo foi a realizada pelo Tribunal em 2013 nas unidades federais de conservação do bioma Amazônia, com participação dos tribunais de contas dos nove estados que fazem parte da Amazônia Legal.

Outro exemplo, em 2014, foi a auditoria internacional que o TCU coordenou, juntamente com a Controladoria-Geral da República do Paraguai, envolvendo doze países da América Latina – Argentina, Bolívia, Brasil, Colômbia, Costa Rica, Equador, El Salvador, Honduras, México, Paraguai, Peru e Venezuela – na fiscalização de mais de 1100 áreas ambientais protegidas da região.

Para o período de 2015 a 2021, o Plano Estratégico do Tribunal prevê "intensificar parcerias com outros órgãos de controle" e "intensificar o intercâmbio nacional e internacional para compartilhamento de melhores práticas para o controle".

Parece não restar dúvida de que este é o caminho, formar redes – e redes de redes – que permitam ampliar a capacidade de processar e de acumular informações por meio do conhecimento e do modo de fazer das organizações públicas. Os primeiros produtos dessas parcerias são animadores e encorajam o avanço das atuações conjuntas. As redes formadas por esses órgãos têm recebido destaque na mídia e aprovação popular, justamente porque têm alcançado resultados que não seriam possíveis a cada instituição alcançar isoladamente.

3.2 Evolução tecnológica – Internet das coisas

A internet das coisas provavelmente representará o mais alto impacto entre todas as tecnologias nas próximas décadas. Além de grandes desafios, será também fonte de muitas oportunidades, mudará o modo como vivemos, como trabalhamos e como nos relacionamos em sociedade.

Conectar objetos entre si não é ideia recente, mas hipótese já aventada desde 1991, quando começou a se popularizar na Internet a conexão TCP/IP (*Transfer Control Protocol/Internet Protocol*). É consenso entre autores diversos que o termo internet das coisas teria surgido em 1999, em uma apresentação de Kevin Ashton, do *Massachusetts Institute of Technology* (MIT).

A expressão é utilizada como sinônimo de máquinas e ambientes inteligentes conectados em rede, e dos processos envolvidos nessa conexão para processar e produzir informação de forma autônoma e em tempo real, com profundas implicações na interação homem-coisa. Simplificando ainda mais, quando se fala "coisa" está se falando literalmente de coisas, desde as mais próximas como um eletrodoméstico até uma sonda espacial.

Em 2014, o grupo empresarial americano de pesquisa em TI, *Gartner*, publicou estudo com previsões acerca dos impactos no mercado de trabalho, já a partir de 2015, advindos da utilização de máquinas inteligentes. Seriam profundas as transformações, desde alterações dos padrões de empregos até a completa modificação dos locais de trabalho, além de mudanças nas relações das empresas com os consumidores.

As conclusões do estudo na verdade são previsíveis, visto preconizarem que as máquinas serão ainda mais inteligentes, a ponto de desempenhar com maiores rapidez e eficácia algumas tarefas humanas ou mesmo executar atividades impossíveis de serem realizadas por pessoas.

O que de certa forma causa surpresa é constatar que as máquinas inteligentes não são mais um devaneio, elas já estão sendo desenvolvidas e implementadas por grandes organizações e por outras nem tão grandes, mas que já perceberam os resultados relevantes que podem alcançar fazendo uso desses equipamentos. Isso sem mencionar a velocidade com que estão sendo desenvolvidos e aperfeiçoados.

Mais surpreendente, no entanto, é a constatação da pesquisa de que aquelas máquinas podem desenvolver comportamentos não programados originalmente, a partir da interação com seres humanos e com outras coisas.

Há muitas incertezas sobre os potenciais benefícios da internet das coisas, mas não se duvida que sua evolução e o uso generalizado de máquinas inteligentes impactará de forma relevante a vida das pessoas. Os impactos tendem a ser positivos, por exemplo, na execução, pelas máquinas, de processos de trabalho de maneira mais rápida e com menos falhas do que o faria uma pessoa, ou no desempenho de tarefas árduas ou impossíveis para o ser humano.

Cirurgias já são realizadas com auxílio da robótica, inclusive no Brasil, a exemplo dos Hospitais *Albert Einstein*, Sírio Libanês e Oswaldo Cruz, em São Paulo, que utilizam robôs para realizar cirurgias minimamente invasivas.

No Rio de Janeiro, órgãos públicos como a Defesa Civil monitoram em tempo real, por meio de telão compartilhado instalado no Centro de operações da Prefeitura Municipal, problemas urbanos detectados por sensores e câmeras instaladas nas ruas, com o objetivo de agir também em tempo real.

Várias escolas, até mesmo públicas e interioranas como em Vitória da Conquista na Bahia, têm equipado os uniformes dos estudantes com sistema de rádio frequência para monitorá-los, solução extensível inclusive aos próprios pais.

Outro estudo do *Gartner* afirma que uma combinação de tendências tecnológicas e de necessidades sociais estabeleceriam o alcance do mundo digital em 2030. As demandas seriam quatro retratos da sociedade naquela década: 70% da sociedade vivendo em grandes centros; movimento de pessoas originárias do sul e do leste; demografia e longevidade crescentes; e aumento da população que sairá da linha de pobreza.

As áreas tecnológicas consideradas pelo estudo como tendências-chave são a segurança cibernética e a ética; a informação e a análise; os dispositivos inteligentes; e a computação ambiente, que se refere ao desenho de interfaces e às interações em ambientes altamente tecnológicos.

As previsões do estudo são tais que não seria exagero afirmar que coisas dominarão o planeta em 2030, no sentido de quantidade e de tarefas executadas. Já em 2020, estima-se que mais de 26 bilhões de dispositivos estarão conectados entre si. Em 2050 já seriam mais de 100 bilhões. Especula-se que essas máquinas serão capazes de agir, sentir, analisar e se comunicar entre si e com humanos. Estima-se que tudo – produtos, serviços, processos e dispositivos – será digital até 2030. As empresas que não aderirem a essas transformações, estima-se que sejam um terço das atuais, deixarão de existir nos próximos 10 anos.

O uso de máquinas inteligentes provavelmente reduzirá acentuadamente a oferta de empregos no primeiro momento: a máquina substitui o homem. Isso já se verificou em muitos setores em que a mecanização de tarefas reduziu bastante a demanda por mão de obra. A oferta possivelmente sofrerá redução de volume e alteração qualitativa, visto que alguns trabalhos serão exclusivos de máquinas.

Do ponto de vista das empresas, o horizonte parece sedutor, pois em tese haverá maior oferta de mão de obra, o que poderá deixá-la mais barata e mais especializada devido à concorrência. Pelos mesmos motivos citados, a perspectiva imediata é oposta para os trabalhadores.

Por outro lado, a posição das empresas, que parece confortável em primeira análise, pode não ser bem assim, caso elas não acompanhem a evolução do mercado tecnológico. Na verdade, isso nem é uma opção para elas: ou se modernizam ou não resistem à concorrência, o que será fatal para elas e para os trabalhadores.

A longo prazo, as novas tecnologias – fruto da cristalização da imaginação – farão crescer a informação, permitirão criar e desenvolver produtos e serviços que desencadearão diferentes demandas e postos de trabalho.

Com os governos não será diferente, a internet das coisas provocará revolução também no setor público. Uma das conquistas será a capacidade de dar respostas rápidas a grandes incidentes – incêndios, acidentes aéreos, catástrofes naturais, terrorismo, etc. – onde o uso de câmeras, *drones*, sensores, permitirá rápida detecção do evento e ação tempestiva dos setores responsáveis pelo socorro.

Portanto, considerando-se os grandes investimentos em pesquisas, os resultados obtidos e as tendências, parece certo que as coisas da internet ou a internet das coisas, cada vez mais, farão parte de nosso convívio. Assim, quanto antes os governos, as empresas e a sociedade aceitarem esse fato, tentarem se adaptar e se aliar a essas tecnologias, maiores as possibilidades de êxito em relação àqueles que acordarem tardiamente para as mudanças.

Essas máquinas, entretanto, embora inteligentes, não são isentas de erros. Por serem assim, não são 100% previsíveis ou controláveis. É justamente essa característica que as permite ir além de sua programação original, desenvolver comportamentos a partir da interação e tomar decisões eventualmente não desejadas, negligentes ou até criminosas.

Não se discute que elas cometam menos erros que humanos ou que seu julgamento seja isento de sentimentos e, portanto, imparcial. No entanto, quando erram, as consequências podem ser universais, por exemplo, se uma bomba ou um míssil controlado por máquinas for erroneamente disparado.

Em consequência dessa possibilidade, são necessárias, previamente ao desenvolvimento e ao emprego de máquinas com tais funcionalidades, avaliações éticas de seus projetos e das políticas de utilização, elaboração de legislação adequada, inclusive tratados internacionais, bem como análise prévia de conformidade da nova máquina com a legislação vigente.

A avaliação ética deve incluir os benefícios advindos do uso dos equipamentos comparado ao não uso. Antecipar e especular situações indesejadas que poderiam ocorrer e capacitar a própria máquina para impedi-las. E, importantíssimo, habilitar a máquina para que registre seus processos de tomadas de decisão e os disponibilize para fins de auditoria. Além disso, os governos e a sociedade têm de avaliar e estudar alternativas que aloquem a mão de obra ociosa proveniente de sua substituição no mercado de trabalho pelas máquinas inteligentes.

O *Gartner* afirma que os governos devem regular as tecnologias independentes como o fizeram com a área farmacêutica, em que se estabeleceram regras para uso dos compostos químicos, incluindo na regulação as possíveis reivindicações sobre a propriedade de patentes que pudessem ocorrer. A regulação – com definição clara de papéis e responsabilidades para trabalhadores humanos e máquinas inteligentes – deverá reduzir as incertezas para usuários e fornecedores.

3.3 Evolução das relações sociais

A Era Digital tem sua vigência coincidente com a III Revolução Industrial – Revolução Técnico-Científica-Informacional –, que se iniciou na década de 1990 e perdura até os dias atuais. Ela corresponde a um processo de inovações sem paralelo no campo tecnológico, desencadeado pela junção entre o conhecimento científico e suas aplicações na produção industrial, que tem impactado a vida humana, sobremaneira.

As barreiras geográficas parecem não mais existir e as modernas formas de interação social propiciadas pela tecnologia diversificam as artes, as profissões, o modo de se organizar politicamente e os afazeres do dia a dia. A Era Digital está mudando profundamente os cenários, o relacionamento humano e a forma de trabalhar os valores da sociedade, trazendo uma série de implicações. No relacionamento interpessoal, o uso da tecnologia tem afetado significativamente a maneira de se comunicar, além de proporcionar maior velocidade no processo de tomada de decisões.

Diferentes meios de comunicação têm surgido e muitas vezes substituem os convencionais. São *blogs*, sites de relacionamento, aplicativos para troca de mensagens via Internet, é a cibercultura, que nada mais é que a manifestação da cultura na sociedade digital. É uma cultura contemporânea, surgida com o nascimento do ciberespaço, ambiente onde ocorre a interconexão mundial dos computadores e dos internautas. Ambos os neologismos surgiram nos anos 70 com a evolução tecnológica, em especial, com os progressos da Internet.

Como os tradicionais canais – rádio, televisão, jornalismo, cinema –, as redes sociais e consequentemente a Internet são atualmente consideradas meios de comunicação de massa, mais acessadas que os convencionais. Esse uso maciço e ininterrupto tem influenciado o comportamento das sociedades contemporâneas, em especial o dos jovens de nosso tempo.

As transformações tecnológicas ao mesmo tempo em que aceleraram a globalização, influenciaram as relações sociais e criaram novas visões de mundo. Um dos exemplos mais significativos desse avanço foi o modo como impulsionou manifestações e movimentos sociais no cenário político internacional.

Com efeito, a partir de fins de 2010, inúmeros protestos sociais mundo afora demandando mudanças de âmbito democrático por meio do embate ideológico. Os movimentos ensejaram alterações nas agendas éticas e morais, exigindo novos rumos para as políticas econômicas e sociais. As redes sociais tiveram papel central nessas manifestações mobilizadas por contingente majoritariamente jovem e oriundo de cenários tão diversos, como a Primavera Árabe no norte da África e no Oriente Médio a partir de 2010; o *Occupy Wall Street*, nos Estados Unidos e a Marcha da Liberdade no Brasil, ambos em 2011.

Pode-se também compreender o impacto da tecnologia sobre as relações sociais ao analisar-se o uso da Internet em cada faixa etária. Pessoas em idade "adulta intermediária" em diante tendem a utilizar a Internet para atividades similares às existentes antes do advento dessa tecnologia, ou seja, basicamente para enviar *e-mail* em substituição às ligações telefônicas e ao correio tradicional, obter notícias, fazer pesquisas, compras *on-line* e para atividades profissionais. Por outro lado, crianças, adolescentes e "adultos mais jovens" adotam novos usos para a Internet, como por exemplo, para se integrar a "tribos" e fazer amizades, expor suas ideias e seu modo de ver a vida.

A interatividade e a imediaticidade proporcionadas pelo relacionamento *on-line* são responsáveis por grandes mudanças de comportamento e uma sensação de proximidade sem precedentes.

As comunidades virtuais nascem e se expandem em questão de horas e se configuram em torno de um tema que atrai os integrantes com interesse comum. Sua capacidade de mobilização é um fenômeno que surpreende, caso da Primavera Árabe, quando jovens manifestantes utilizaram maciçamente mídias sociais, como *Facebook* e *Twitter*, para convocar a população e pedir apoio da comunidade internacional. As manifestações tomaram dimensão impensável e provocaram queda de governos, entre eles o de Muammar Kadhafi, ditador da Líbia por mais de quarenta anos.

Sem dúvida, a emergência das comunidades virtuais foi um dos maiores acontecimentos sociológicos do início do século XXI e irá demandar amplos estudos das ciências sociais a fim de descobrir seus impactos, por exemplo, se a Internet aproxima ou isola as pessoas, qual o grau de contribuição para a transformação de identidades pessoais e profissionais. O avanço sem fronteiras da tecnologia da informação e da comunicação propicia a unificação de valores, crenças, estilo de vida e determina padrões de consumo, ao mesmo tempo que pode enfraquecer identidades culturais tradicionais.

3.4 Evolução das relações comerciais

A Era Digital tem provocado profundas transformações também no mundo das relações comerciais. O novo mundo proporcionado pela tecnologia pode ser melhor entendido, analisando-se os seis modelos de evolução de negócio propostos pelo Gartner: Analógico, *Web*, *e-Business*, *Marketing Digital*, Negócio Digital e Negócio Autônomo.

No período anterior ao advento da Internet, que se estendeu até o final da década de 1980, as transações eram realizadas entre pessoas, integralmente no mundo físico. Esse sistema seria uma forma de negócio analógico em que o foco era na construção de relacionamentos, pois as transações dependiam deles e neles se baseavam.

Com a chegada da Internet, as negociações passaram a alcançar novos mercados, para além das fronteiras geográficas. As transações não envolviam mais apenas pessoas, passaram a compreender também organizações. Essa fase inicial caracteriza-se pela adoção dos três níveis seguintes – *Web*, *e-Business* e Marketing Digital –, ainda embrionários na evolução das relações comerciais.

O modelo introdutório da Internet, a fase *Web*, permitiu ampliar significativamente o mercado e, por conseguinte, as relações comerciais. O fenômeno da globalização das economias ficou evidente e começou a afetar expressivamente os mercados, as operações financeiras, as relações de trabalho e o processo produtivo.

No nível seguinte, do comércio eletrônico, o *e-Business*, a atenção voltou-se para os canais de venda como meios para aumentar a eficiência das operações, o que levou à criação das lojas virtuais. Esse momento representou uma quebra de paradigma e um grande salto na evolução das relações comerciais.

O comércio eletrônico ensejou outras formas de ganhos de competitividade nos negócios, interferindo na cadeia de valor das organizações, na oferta de produtos e serviços junto ao consumidor e nas transações entre empresas.

Os modelos de funcionamento dos estabelecimentos comerciais já não mais dependem de espaços físicos, podendo ser de qualquer tamanho e estar em qualquer lugar, em face da emergência do comércio virtual.

Os recursos da Internet aproximaram as pessoas, independentemente da distância, e proporcionaram a oferta de uma enorme e diversificada gama de mercadorias e serviços, o que aumentou significativamente a competitividade. Essa profusão de oferta e consumo contribuiu para a rápida obsolescência dos produtos, seja pela entrada de novas marcas, seja pelo lançamento de novas versões, muitas vezes apenas com pequenas melhorias.

As mudanças no mercado não se ativeram ao polo ofertante, também mudou o perfil do consumidor que, antes passivo, assume agora um protagonismo ativo nas compras *on-line*. Há quase uma inversão dos papeis da relação comercial, o consumidor, agora mais bem informado e mais exigente, influencia a oferta, determina o que deseja adquirir e quanto está disposto a pagar.

Por ser global em sua essência, o comércio eletrônico tem alcançado cifras cada vez maiores. De acordo com pesquisa da FGV/EAESP de 2014, os investimentos em *e-commerce* cresceram 127% nos últimos 10 anos. No mundo, há cerca de 1,3 bilhão de consumidores do comércio eletrônico – 22,2% desse mercado encontra-se na China e 10,2%, nos Estados Unidos, respectivamente primeiro e segundo lugares.

Entre as modalidades de comércio eletrônico, destaca-se o *mobile commerce*, praticado por meio de equipamentos móveis, como um dos tipos de maior potencial de crescimento. De acordo com a Câmara Brasileira de Comércio Eletrônico, de todas as vendas de bens de consumo pela Internet em 2014, 9,7% foram feitas com uso de *tablets* e *smartphones*.

Novas formas de comércio eletrônico continuam surgindo, a exemplo de: B2B (*business to business*), B2C (*business to consumer*), B2G (*business to government*), B2E (*business to employee*) e C2C (*consumer to consumer*).

O modelo mais comum é o comércio *on-line* entre lojas virtuais e consumidores, o B2C. Grandes empresas multinacionais oferecem seus produtos diretamente aos consumidores por meio da Internet. Mas não apenas as gigantes utilizam o mercado virtual, já consolidado e em franca expansão, também pequenos comerciantes. Há inclusive aqueles que não dispõem de estrutura para o comércio físico e limitam-se às vendas *on-line*.

Na interação B2B, é formada parceria entre empresas que atuam no mesmo setor, proporcionando o crescimento de ambas. Esse modelo de relacionamento é facilmente verificado na indústria da tecnologia da informação quando uma grande organização atua em cooperação com empresas menores, provendo capacitação àquelas, que utilizam e distribuem seus produtos e serviços. Ganha a produtora, que fideliza sua clientela, ganham as empresas parceiras e seus empregados, que recebem suporte e capacitação para atuar no mercado.

A transação B2G assemelha-se à B2B ao envolver pessoas jurídicas nos dois polos da relação, porém sendo o governo um dos envolvidos, a negociação tem particularidades. São, via de regra, os contratos resultantes de licitações, que cada vez mais são realizadas pelos portais eletrônicos governamentais. Ganha-se muito com o fato de os certames serem realizados virtualmente, pois amplia-se a competitividade – a licitante não precisa estar presente fisicamente, fato importante em um país de dimensões continentais como o Brasil – além de favorecer a transparências das ações de governo.

O modelo B2E diz respeito à relação direta da empresa com seus empregados, seja para transmissão de informações, seja para venda direta de seus produtos, com facilidades como menor preço ou desconto em folha. A transação é vantajosa para a empresa – ao ter funcionários satisfeitos com a deferência oferecida e ganhar clientela divulgadora dos produtos – e também para os funcionários, que se beneficiam com boas condições de compra.

Por fim, uma modalidade que tem se tornado bastante popular é o C2C, em que transações de compra e venda ocorrem diretamente de um a outro consumidor, sem envolvimento de empresas. Geralmente, as pessoas interessadas em negociar utilizam sites que disponibilizam sua plataforma em troca de um percentual sobre a transação. São exemplos o Bom negócio, o OLX e o mais conhecido entre os brasileiros, o Mercado Livre.

As empresas têm investido ainda em soluções de TI para mapear o perfil dos consumidores de modo a conhecer suas preferências e a incentivá-los a novas compras, bem assim para o aprimoramento da logística envolvida nas transações eletrônicas. A situação descrita caracteriza o terceiro nível da evolução de negócio, o *Marketing Digital*, um aprofundamento da relação com os clientes.

Nos próximos estágios de evolução dos negócios, o relacionamento passa a incorporar, além de pessoas e organizações, também coisas: equipamentos tradicionais que ganharam inteligência com a adição de interfaces de comunicação, sensores, câmeras e *software*. É quando se verifica a emergência do Negócio Digital e do Negócio Autônomo.

Negócio Digital traduz o rompimento com os modelos então vigentes e a criação de novo desenho de relacionamento, que mistura pessoas, empresas e coisas; funde o mundo físico e o digital, solidifica a internet das coisas, objetos ou ambientes que, conectados à Internet, produzem e processam informação de forma autônoma e em tempo real, em verdadeira interação com seres humanos. A TI passa a fazer parte da estratégia de negócios das organizações.

O sexto e último modelo, Negócio Autônomo, vislumbra que a internet das coisas estará muito presente na vida das pessoas, seja interagindo com elas ou agindo em seu lugar. Nesse contexto, as organizações também terão que adotar máquinas inteligentes para entregar facilidades ao novo mercado e apresentar soluções que se aproximem do comportamento humano, ou até soluções que substituam o indivíduo.

Numa ou noutra solução, o foco são as necessidades pessoais, as máquinas inteligentes deverão espelhá-las ao atender essas demandas. É o humanismo digital, a valorização do ser nas soluções, indicando que a tecnologia aplicada aos negócios deverá reproduzir o modelo humano.

O incremento nos níveis de automação conduzirá às operações autônomas, como os veículos que dispensam motoristas, os *drones* que entregam produtos, os sistemas cognitivos que utilizam funções semelhantes às humanas – memória, atenção, linguagem, percepção, funções executivas – para escrever textos ou responder a perguntas de clientes.

Apesar de esse processo tecnológico ser evolutivo não quer dizer que as fases anteriores já não mais existam, todos esses momentos continuam acontecendo de certa forma e em muitas organizações. Todos esses níveis ainda subsistem em maior ou menor grau a depender do estágio de desenvolvimento do mercado em que se encontrem, do tipo e do tamanho da organização.

Também as instituições públicas estão evoluindo rumo ao negócio digital. Governos de todo o mundo estão buscando a inovação, a utilização de tecnologias da informação e da comunicação, com objetivo de oferecer melhores serviços, aumentar a eficiência e garantir a participação dos cidadãos nas decisões do Estado. É o Governo digital, um conjunto de serviços e de informações ofertados à sociedade por meios eletrônicos, um governo mais próximo do cidadão, mais responsivo e transparente.

Mais do que qualquer outra organização, o governo é uma combinação de diversas áreas de interesse, como saúde, educação, defesa, assistência social. Em cada uma delas, a contribuição de pessoas e de ativos digitais varia significativamente. O que se verifica é que cada vez mais o componente humano tem dado lugar ao uso da tecnologia.

Por meio de aplicativos e serviços eletrônicos, o cidadão paga tributos, requisita serviços, emite certidões e executa inúmeras outras operações. A tendência é que o serviço prestado pelas coisas ocupe espaço cada vez maior em detrimento do que é oferecido pelas pessoas.

No Brasil, o Governo Digital está presente, de forma ainda embrionária, não apenas na esfera federal mas também na estadual e na municipal. Em nível federal, há serviços digitais para declaração de imposto de renda, eleições, emissão de certidões e agenda de atendimento ao público. Nas esferas estaduais e municipais, soluções de matrícula em escolas, consultas médicas e guias de visitação a museus e espaços culturais.

Entre as instituições de controle, o TCU oferece em seu portal várias facilidades à sociedade, como sistema para prestação de contas e submissão de atos de pessoal, vista eletrônica de processos, emissão de certidões e consultas a jurisprudência.

No cumprimento de suas funções de controle e visando induzir melhorias, o TCU avalia, por meio de auditorias e diagnósticos, a situação da Administração Pública federal no que se refere a estrutura e aplicação da tecnologia da informação nos processos internos e na forma de relacionamento com o cidadão.

O Tribunal defende que o uso da tecnologia pode transformar a sociedade por meio da expansão e da melhoria dos serviços públicos, alterando a forma de atuação do governo e de seu relacionamento com os cidadãos, entidades privadas e outros entes públicos. A tecnologia pode promover maior transparência na gestão pública ao disponibilizar informações de governo relevantes para o exercício do controle social.

Nesse sentido, não é suficiente ser um Governo Digital, necessário se faz abrir à sociedade os dados governamentais a fim de consolidar um Governo Aberto. Assim, torna-se possível a inclusão da sociedade no processo de tomada de decisão, uma vez que permitirá ao cidadão obter informações sobre o orçamento público e ações planejadas, de forma a incentivar o seu envolvimento na elaboração de políticas públicas bem como no desenho e na implementação de serviços públicos.

Referências

CAPURRO, Rafael; HJORLAND, Birger. *O conceito de informação*. Blaise Cronin, 2003. p. 343-411.

DRETSKE, Fred. *Teoria da SEMÂNTICA DA INFORMAÇÃO*. Cambrigde: Blackwell Publisher, 1981. p. 63-64.

SCHRODINGER, Erwin *apud* HIDALGO, César. *Why Information Grows*. Nova Iorque: Basics Books, 2015. p. 33.

GARTNER GROUP. *Digital Business Is Here Now*. Publicado em março de 2015.

GARTNER GROUP. *Predicts 2015*: Smart Machines to Complicate Labor Markets and Ethics. 2014.

GARTNER GROUP. *Technology and Business in 2030*. Apresentado no Symposium ITxpo, de 4 a 8 de outubro de 2015.

GARTNER GROUP. *The CIO Survival Guide: Your Role in a World of Increasingly Smart Machines-Bimodal IT*: How to Be Digitally Agile Without Making a Mess – Mary Mesaglio e Simon Mingay. 2015.

GARTNER GROUP. Creating a Digital Workplace Execution Strategy – Matthew W. Cain, Tom Austin, Mike Gotta. 2015.

GARTNER GROUP. Business Moments: The New Speed of Business – Jorge Lopez. 2015.

GARTNER GROUP. Strategic Technology Map of the Job Loss Digital Civic Moment – Rick Howard. 2015.

HIDALGO, César. *Why Information Grows, Prologue*, X. Nova Iorque: Basics Books, 2015.

HIDALGO, César. *Why Information Grows*. Nova Iorque: Basics Books, 2015. p. 35.37.50.52.

KANT, Immanuel. *Crítica da Razão Pura*. 7. ed. Lisboa: Fundação Calouste Gulbenkian, 2010.

LÉVY, P. *A inteligência coletiva*: por uma antropologia do ciberespaço. 4. ed. São Paulo: Loyola, 2003.

SILVEIRA, Marcelo Deiro Prates da. Efeitos da globalização e da sociedade em rede via Internet na formação de identidades contemporâneas. *Scielo*, v. 24, n. 4, p. 42-51, 2004.

KANAN, Lilia Aparecida e ARRUDA, Marina Patrício de. A organização do trabalho na era digital. *Scielo*, 2013. Disponível em: <http://www.scielo.br/pdf/estpsi/v30n4/11. pdf>. Acesso em: 1 out. 2015

ZUFFO, J. A. A era da informação transformando as relações sociais. São Paulo, v. 10, n. 1, 2005. Disponível em: <http://www.journals.usp.br/comueduc/article/view/37510/40224>. Acesso em: 6 out. 2015.

Informação bibliográfica deste texto, conforme a NBR 6023:2002 da Associação Brasileira de Normas Técnicas (ABNT):

ROSA, Antonio Quintino. Era digital. In: OLIVEIRA, Aroldo Cedraz de (Coord.). *O controle da administração na era digital*. Belo Horizonte: Fórum, 2016. p. 101-121. ISBN 978-85-450-0176-8.

CAPÍTULO 4

INOVAÇÃO: DEVER DO ESTADO, DIREITO DO CIDADÃO

GLEDSON POMPEU CORREA DA COSTA

As transformações sociais provocadas pela Era Digital deram origem a um novo perfil de cidadão-consumidor, acostumado a exigir produtos e serviços de qualidade e que sejam entregues de forma ágil e tempestiva, preferencialmente nas plataformas móveis que se tornam onipresentes no Brasil e no mundo. Ao mesmo tempo, tais mudanças impõem novos desafios aos administradores públicos, que precisam dar maior agilidade a decisões e ações, sem descuidar dos controles necessários e das limitações legais e éticas à sua atuação.

Diante desse cenário, verificou-se na última década aumento significativo do interesse de governos nacionais e infranacionais pela adoção sistemática de conceitos e práticas desenvolvidos e aplicados há tempos no setor privado. Tal movimento visa, sobretudo, acelerar os processos necessários à efetiva transformação da Administração Pública. Como resultado, constata-se que hoje a maioria – senão a totalidade – dos países desenvolvidos possuem programas de inovação e políticas públicas específicas sobre o tema.

4.1 Programas de inovação no Brasil e no mundo

Nesse contexto, é forçoso reconhecer o pioneirismo do Reino Unido, que desde o início deste século tem desenvolvido estratégias e aprimorado estruturas, processos e políticas voltadas para o tema tanto no setor público como na iniciativa privada. Em um dos primeiros estudos de que se tem notícia sobre o assunto no ambiente estatal, o governo britânico já declarava a inovação como atividade essencial, por ajudar os serviços públicos a obter melhor desempenho e custos menores, além de responder de forma mais adequada à evolução de necessidades e expectativas dos cidadãos (MULGAN; ALBURY, 2003).

Cabe realçar o alinhamento entre as conclusões do referido estudo e o princípio da eficiência, introduzido na Constituição Federal brasileira pela Emenda nº 19, que impõe ao agente público o dever de realizar suas atribuições com o melhor desempenho possível, de modo a obter resultados otimizados em relação aos recursos disponíveis. De outro lado, concede ao cidadão o direito de exigir serviços de qualidade compatível com suas necessidades. Assim, pode-se dizer que esse mandamento constitucional implica que a inovação deva ser considerada não somente como atividade essencial, nos moldes sugeridos pelos autores citados, mas como dever do Estado e direito do cidadão, por seu potencial para gerar aumento de desempenho da máquina pública e maior valor para a sociedade.

Graças aos investimentos nessa área, o Reino Unido mantém-se ainda hoje como referência de vanguarda em nível mundial. Tal situação decorre, em grande medida, da criação de um departamento especializado no gabinete britânico, com o propósito de transformar aquele País em uma nação da inovação (REINO UNIDO, 2008). Para tanto, foram definidas ações abrangendo o papel do governo no incentivo e suporte ao setor privado, a realização de pesquisas, a cooperação internacional, a criação de laboratórios e outros ambientes propícios à experimentação e, claro, a construção de serviços públicos diferenciados. Em sua estrutura atual, tal unidade continua desenvolvendo e implementando planos para permitir que o Reino Unido possa "liderar a quarta revolução industrial" por meio da inovação (JAVID, 2016).

Por outro lado, é importante considerar que diversos países produziram, nos últimos anos, estratégias destinadas especificamente à promoção de práticas inovadoras na esfera governamental e ao fomento e apoio à sua adoção por instituições privadas, além do desenvolvimento de estudos e pesquisas nos meios acadêmicos. Assim, pode-se dizer que os casos ilustrados a seguir, dentre outros igualmente relevantes, estabelecem a inovação como característica marcante da Administração Pública no século XXI.

Nos Estados Unidos, por exemplo, tal estratégia foi editada pela Casa Branca em 2009 e revisada em 2011; no documento, afirma-se que "o futuro do crescimento econômico e da competitividade internacional da América depende de sua capacidade de inovar" (WHITE HOUSE, 2011). Essa visão deu origem, dentre outras iniciativas, ao *Presidential Innovation Fellowship*: programa criado em 2012 para atração de empreendedores e especialistas do mercado, que são contratados por períodos limitados para auxiliarem a Casa Branca e as agências federais na aplicação de novos conceitos e processos para concepção, implantação e transformação de políticas e serviços públicos.

Por sua vez, o governo da Austrália lançou uma agenda para inovação em 2009 e, desde então, os investimentos na área têm demonstrado resultados crescentes. É interessante notar que, como forma de disseminar projetos, boas práticas e resultados, aquele país mantém um site na Internet[1] que se propõe a incentivar e apoiar o desenvolvimento ou replicação de soluções diferenciadas para os desafios do setor público, por meio do compartilhamento de ideias, ferramentas e casos de sucesso.

Outro ponto que chama atenção no caso australiano é o fato de que o movimento do governo foi acompanhado de iniciativa da entidade fiscalizadora superior do País, o *Australian National Audit Office*, que elaborou seu próprio guia de boas práticas sobre inovação no setor público, oferecendo a visão do controle sobre o tema como forma de dar maior respaldo às ações de gestores e servidores (ANAO, 2009). Essa abordagem difere do que tem sido feito no Reino Unido e nos Estados Unidos, por exemplo, cujas respectivas entidades fiscalizadoras têm se manifestado sobre o assunto somente por meio de relatórios de auditorias pontuais ou mesmo de análises sistêmicas, que apontam falhas e oferecem recomendações de melhoria tipicamente restritas às constatações das inspeções realizadas.

Por fim, merece destaque o exemplo dos Emirados Árabes, pela abordagem escolhida para garantir a adoção sistemática de práticas inovadoras em toda a administração pública daquele país. Para tanto, além da criação de um Centro de Inovação com o propósito de motivar servidores e coordenar a implantação de laboratórios, foi determinada a criação de cargo diretivo específico para o tema em todas as agências governamentais e, ainda, a alocação mínima de 1% do orçamento de cada entidade para suporte a iniciativas dessa natureza. Espera-se, com isso, que seja possível acelerar de forma significativa o desenvolvimento

---

[1]   *Public Sector Innovation Toolkit*. Disponível em: <http://innovation.govspace.gov.au>.

de uma cultura nacional diferenciada, com o objetivo de fazer com que os Emirados Árabes sejam reconhecidos como a nação mais inovadora do mundo até 2021 (EMIRADOS ÁRABES, 2015).

Ao analisar o cenário brasileiro, nota-se igual tendência de disseminação sistemática de novos conceitos e práticas no âmbito governamental. Nesse sentido, cabe ressaltar a atuação pioneira da Escola Nacional de Administração Pública (Enap), que realiza, desde 1996, Concurso Nacional de Inovação com o objetivo de incentivar e disseminar a implementação de soluções transformadoras no âmbito do poder executivo, bem como reconhecer e valorizar os servidores públicos envolvidos com o tema. As iniciativas premiadas são descritas em publicações anuais, ficando também disponíveis para consulta em repositório de informações no site do programa na Internet.[2]

Porém, foi somente nos últimos dez anos que se observou crescimento mais significativo da atenção dada ao assunto no País, inclusive com a criação de concursos similares de âmbito nacional, como o Prêmio Innovare no âmbito do Poder Judiciário, ou estadual, a exemplo do Prêmio Mário Covas em São Paulo. A esse movimento seguiu-se, mais recentemente, a formalização de estratégias e programas de inovação em diversos Estados da Federação, como São Paulo, Espírito Santo e Goiás.

Pode-se dizer, entretanto, que um dos principais marcos relacionados ao tema no Brasil, até o presente momento, se deu com a promulgação da Emenda Constitucional nº 85/2015, que incluiu a inovação no rol das competências comuns da União, dos Estados, do Distrito Federal e dos Municípios (BRASIL, 2015). Tal emenda também acrescentou dispositivos que estabeleceram, de forma concreta, diretrizes para o desenvolvimento de ecossistemas de inovação tanto no setor público como na iniciativa privada, nos seguintes termos:

> Art. 218. O Estado promoverá e incentivará o desenvolvimento científico, a pesquisa, a capacitação científica e tecnológica e a inovação.
>
> [...]
>
> §6º O Estado, na execução das atividades previstas no caput, estimulará a articulação entre entes, tanto públicos quanto privados, nas diversas esferas de governo.
>
> §7º O Estado promoverá e incentivará a atuação no exterior das instituições públicas de ciência, tecnologia e inovação, com vistas à execução das atividades previstas no caput.

---

[2] Disponível em: <http://inovacao.enap.gov.br/>.

Art. 219. [...]

Parágrafo único. O Estado estimulará a formação e o fortalecimento da inovação nas empresas, bem como nos demais entes, públicos ou privados, a constituição e a manutenção de parques e polos tecnológicos e de demais ambientes promotores da inovação, a atuação dos inventores independentes e a criação, absorção, difusão e transferência de tecnologia.

Art. 219-A. A União, os Estados, o Distrito Federal e os Municípios poderão firmar instrumentos de cooperação com órgãos e entidades públicos e com entidades privadas, inclusive para o compartilhamento de recursos humanos especializados e capacidade instalada, para a execução de projetos de pesquisa, de desenvolvimento científico e tecnológico e de inovação, mediante contrapartida financeira ou não financeira assumida pelo ente beneficiário, na forma da lei.

Art. 219-B. O Sistema Nacional de Ciência, Tecnologia e Inovação (SNCTI) será organizado em regime de colaboração entre entes, tanto públicos quanto privados, com vistas a promover o desenvolvimento científico e tecnológico e a inovação.

§1º Lei federal disporá sobre as normas gerais do SNCTI.

§2º Os Estados, o Distrito Federal e os Municípios legislarão concorrentemente sobre suas peculiaridades.

Tais alterações na Constituição Federal foram regulamentadas, em grande parte, por meio da Lei nº 13.243, de 11 de janeiro de 2016, que alterou a Lei nº 10.973/2004 (conhecida como Lei da Inovação) e outras relacionadas, sendo considerada assim um novo marco legal referente ao tema. Dentre outros aspectos, a legislação atualizada traz maiores facilidades para realização de parcerias entre os setores público e privado, bem como para contratação simplificada de produtos e serviços que sejam inovadores, ou que sejam adquiridos para fins de pesquisa e inovação (BRASIL, 2016).

4.2 Características e áreas de aplicação no setor público

Antes que se possa falar sobre a adoção de práticas e o desenvolvimento de uma cultura inovadora no setor público, é necessário compreender o conceito em si. O conhecimento sobre o que é inovação, suas características, tipos e áreas de aplicação é requisito fundamental para o sucesso de qualquer empreitada relacionada ao tema.

Inicialmente, cabe recorrer aos ensinamentos de Theodore Levitt (1963), que resumiu de forma genial a diferença entre criatividade e inovação: enquanto uma consiste em pensar em coisas novas, a outra se materializa quando efetivamente fazemos tais coisas. Ou seja, para ser inovador não basta ter ideias; é essencial que estas sejam colocadas em prática, para que possam gerar valor para as organizações.

Assim, para que ideias teoricamente aplicáveis a uma determinada situação se comprovem viáveis e possam dar origem a resultados concretos, é necessário que sejam testadas no mundo real, pois somente assim será possível verificar se existem as condições técnicas, financeiras ou jurídicas necessárias para a sua implementação. Portanto, evolui-se da criatividade para a inovação e, potencialmente, para a geração de valor, quando se passa do pensar para o fazer. Conforme resumiu Vijay Govindarajan (2010), de forma igualmente genial, a inovação é consequência da multiplicação da criatividade pela execução; se não houver um destes fatores, aquela não existirá.

Por outro lado, é importante ressaltar a impossibilidade de se estabelecer relação direta entre inovação e resultados. Ainda que o objetivo final da implementação de novas ideias seja alcançar o sucesso na geração de efeitos positivos, estes não devem ser considerados obrigatórios. A adoção de processos inovadores implica experimentação, com o consequente reconhecimento de que nem todas as ideias serão viáveis e nem todas as tentativas de implementação produzirão as consequências esperadas.

Assim, organizações que desejam fomentar a inovação precisam criar condições organizacionais que facilitem a geração de *insights* criativos, mas que também estimulem e viabilizem a realização de experiências-piloto, de forma responsável, para validação de novas ideias. Para tanto, além do incentivo da liderança e da definição de processos diferenciados para tais testes, é necessário desenvolver uma cultura de suporte apropriada, que inclua a tolerância ao fracasso como ingrediente essencial para o sucesso.

Ao mesmo tempo, deve-se tomar o cuidado de preservar equilíbrio adequado entre operações de rotina e iniciativas inovadoras. Conforme observam Govindarajan e Trimble (2010), os conflitos entre ambas podem crescer de forma rápida, com sérios prejuízos ao clima e aos resultados organizacionais, devido às respectivas características, intrinsecamente opostas: estabilidade, segurança e metas claras para o trabalho operacional, em contraste com incertezas e algum grau de improviso para a inovação.

Outro aspecto importante diz respeito à natureza das ideias inovadoras, nem sempre absolutamente inéditas ou radicais. Nesse sentido, é necessário incentivar também as incrementais, em geral mais frequentes e de implementação mais simples, geradas a partir da evolução ou combinação de conceitos e práticas conhecidas. Além dessa diferenciação básica, outras classificações foram propostas por diversos autores, pela necessidade de abordar as peculiaridades de determinadas abordagens. Assim, a literatura reconhece hoje os seguintes tipos de inovação:

a) incremental – pequenas mudanças em produtos, serviços ou processos para melhorar o atendimento às necessidades de seus clientes ou, ainda, para viabilizar o atendimento de necessidades novas;

b) radical – criação de novos produtos, serviços ou processos, a partir da aplicação de ideias ou conceitos inéditos em um determinado contexto – ainda que importados de outro;

c) disruptiva – inovações que são aplicadas inicialmente em escala reduzida, em um nicho de mercado específico, e cuja adoção ou disseminação posterior em larga escala provoca transformações radicais em todo um segmento de mercado (CHRISTENSEN, 2001);

d) reversa – produtos e serviços criados inicialmente para o atendimento de nações em desenvolvimento, mas que terminam provocando transformações disruptivas no mercado de nações desenvolvidas (GOVINDARAJAN, 2012); e

e) aberta – uso sistemático de recursos internos e externos à organização para acelerar a identificação, a experimentação e a implementação de ideias inovadoras (CHESBROUGH, 2003).

Outra classificação adotada na literatura diz respeito às áreas de aplicação, em geral baseadas na identificação do foco ou efeito principal das iniciativas analisadas. Nesse sentido, a principal referência adotada para atividades típicas do setor privado é o Manual de Oslo (OCDE, 2005), do qual constam as seguintes categorias de inovação:

a) de produto – produtos e serviços novos, além de melhorias importantes nos existentes;

b) de processo – melhorias significativas no processo de produção e distribuição ou entrega de produtos e serviços;

c) organizacional – desenvolvimento de novas práticas gerenciais, de organização do trabalho ou de relacionamento externo; e

d) de marketing – mudanças na composição de marketing de produtos e serviços (preço, promoção, posicionamento).

Nota-se que, ao aplicar essa classificação para atividades governamentais, os três primeiros grupos adequam-se, com pequenos ajustes, à prestação de serviços e ao funcionamento interno dos entes públicos, enquanto a última categoria demandaria adaptações mais significativas. Ainda assim, há atividades exclusivas do governo, como a formulação de políticas públicas, que também podem ser objeto de inovação e não se encaixam facilmente em nenhuma das categorias acima.

Faz-se necessário, então, recorrer a estudos específicos sobre o tema no setor público, como o trabalho de Windrum e Koch (2008), que propõe uma taxonomia estendida para classificação de iniciativas nesse contexto. Segundo tal proposta, há três categorias que consistem em adaptações diretas do Manual de Oslo, às quais se somam outras três direcionadas às peculiaridades da ação governamental. São elas:

a) de serviço – introdução de novo serviço ou melhoria da qualidade de um já existente;

b) na prestação de serviços – formas novas ou alteradas para fornecimento de serviços ou interação com clientes;

c) administrativa e organizacional – mudanças em estruturas e rotinas de atendimento ao público, ou de funcionamento interno;

d) conceitual – desenvolvimento de novas visões sobre o papel do Estado, suas estratégias de atuação e seus objetivos, que resultam em modificações nas premissas fundamentais do desenho e provimento de serviços, bem como de suas estruturas subjacentes;

e) políticas públicas – melhorias incrementais na concepção de políticas, ou renovação do modelo teórico e do sistema de crenças usado em sua formulação; e

f) sistêmica – criação de formas novas ou melhoradas para interação do Estado com outras organizações e fontes de conhecimento, em especial na iniciativa privada e no terceiro setor, como resultado de restrições orçamentárias ou de transformações sociais.

Mais do que simples modelos teóricos, as diferentes classificações demonstram que o campo para aplicação de práticas inovadoras no setor público é vasto, com oportunidades significativas para melhorias incrementais, radicais, disruptivas ou abertas não apenas nos serviços oferecidos à sociedade, mas também na concepção de políticas públicas e no próprio modelo de funcionamento do Estado.

Dentre todos os conceitos, entretanto, pode-se dizer que a inovação aberta seja, talvez, a maior evolução teórica ocorrida nos últimos anos: o reconhecimento de que os processos de geração e disseminação de conhecimento na Era Digital tornaram-se tão dinâmicos a ponto de comprometer a sobrevivência de modelos tradicionais, baseados apenas em recursos internos e no controle rígido da propriedade intelectual. Portanto, diante dessa nova realidade, deve-se incentivar a aquisição ou o aproveitamento de ideias surgidas fora dos limites da organização, assim como o compartilhamento daquelas concebidas internamente, de modo a alcançar os melhores resultados possíveis.

4.3 Inovação social, coprodução e governo aberto

Ainda que se possa considerar que o Estado tem o dever de buscar soluções criativas para melhoria da gestão pública e dos serviços oferecidos à sociedade, deve-se reconhecer que este é um desafio que pode estar além da sua capacidade, seja por limitações tecnológicas, orçamentárias ou culturais.

Ademais, aplica-se também ao poder público a afirmativa de Chesbrough (2003): "Não se pode assumir que todas as pessoas inteligentes trabalham para nós, então devemos encontrar e aproveitar o conhecimento e a experiência de indivíduos brilhantes fora da nossa organização". Portanto, a adoção de práticas de inovação aberta, como a promoção de concursos, desafios e *hackathons*, com foco em problemas específicos de interesse da sociedade, pode resultar em soluções mais eficazes e eficientes, cujas propostas sejam construídas pelos próprios cidadãos de forma colaborativa.

Outro conceito relevante nesse contexto é a inovação social, definida por pesquisadores da Universidade de Stanford como "uma nova solução para um problema social, a qual é mais eficaz, eficiente, sustentável ou justa que as soluções existentes, e na qual o valor é criado e acumulado principalmente para a sociedade como um todo, e não para indivíduos de forma isolada" (PHILLS *et al.*, 2008). Pode-se dizer que essa abordagem representa um passo além na abertura à participação e no compartilhamento de responsabilidades entre governo e cidadãos, no sentido de que a colaboração entre pessoas engajadas em causas sociais, pesquisadores e organizações não governamentais resulta na implementação efetiva de serviços inovadores de interesse público, e não apenas em ideias. Em termos mais simples, trata-se da inovação que é criada pela sociedade em benefício dela própria.

Por outro lado, é preciso considerar as possíveis dificuldades para se fazer com que um serviço criado dessa forma torne-se acessível de maneira universal a todos que dele necessitam, em especial em países de dimensão continental como o Brasil. Pensando nisso, Geoff Mulgan (2007) concebeu a metáfora das abelhas e árvores (*bees and trees*, no original), segundo a qual a inovação social obtém resultados mais significativos quando envolve alianças efetivas entre indivíduos e pequenas organizações (as abelhas), capazes de agir mais rapidamente e promover a polinização de ideias, e instituições de maior porte, públicas ou privadas (as árvores), com bases sólidas e recursos suficientes para implantar e disseminar as novidades em larga escala.

Verifica-se, portanto, tendência progressiva de erosão das fronteiras tradicionais entre governo, empresas e organizações não governamentais sem fins lucrativos. Com a redução das barreiras à colaboração, intensificam-se o intercâmbio criativo, a alternância de papéis e a integração de recursos humanos e financeiros entre todas as partes envolvidas, mecanismos que têm levado à criação de soluções inovadoras e de grande impacto para a gestão do Estado e a prestação de serviços em áreas como saúde, educação e segurança pública (PHILLS *et al.*, 2008).

Essa percepção é reforçada por estudo da Organização para Cooperação e Desenvolvimento Econômico (OCDE) sobre o tema, segundo o qual as crises financeiras internacionais, aliadas a mudanças no ambiente sociopolítico, vêm tornando cada vez mais difícil a manutenção dos padrões tradicionais de entrega de serviços públicos. Diante desse desafio, os governos têm buscado a sociedade e o mercado como fontes de inovação para construção de modelos mais eficientes, efetivos e sustentáveis de operação (OCDE, 2011).

As práticas de inovação aberta e inovação social, juntamente com outros mecanismos de parceria entre os diversos atores envolvidos, deram origem ao conceito de coprodução de serviços públicos, definido por Bovaird e Löffler (2012) como "o aproveitamento, pelo setor público, de ativos e recursos de usuários e comunidades, com o propósito de alcançar melhores resultados ou custos menores".

A premissa fundamental, nesse caso, é de que os cidadãos não são entes passivos. Ao contrário, seu engajamento é essencial para o bom funcionamento dos serviços públicos, seja pelo tempo e energia que podem empregar para esse fim, seja por sua capacidade de identificar, sob a ótica do usuário, diferentes caminhos para melhorar a qualidade e a eficiência das atividades do Estado.

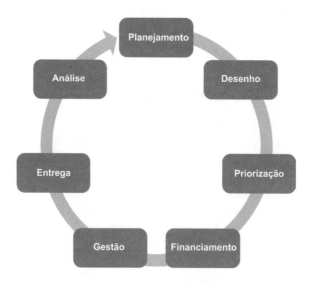

Figura 1 – Ciclo de coprodução de serviços (BOVAIRD, LÖFFLER, 2012)

Além da definição conceitual, o trabalho de Bovaird e Löffler traz contribuição importante para sua aplicação prática, sob a forma de uma taxonomia para identificação dos diferentes estágios, ao longo do ciclo de vida dos serviços, nos quais pode se dar a coprodução:
  a) coplanejamento, sob a forma de deliberação participativa sobre leis e regulamentos;
  b) codesenho, por meio de consultas públicas ou laboratórios de inovação;
  c) copriorização, a partir de orçamentos comunitários ou participativos;
  d) cofinanciamento, mediante instrumentos de arrecadação comunitária ou cobrança de taxas específicas;
  e) cogestão, por meio de conselhos comunitários ou da atribuição de poderes a representantes da sociedade;
  f) coentrega, com participação direta dos cidadãos na prestação dos serviços; e
  g) coanálise, sob a forma de monitoramento de indicadores, avaliação de qualidade ou auditorias participativas.

Trata-se de novo paradigma, baseado no compartilhamento de responsabilidades, em que serviços públicos são criados ou aprimorados também por empresas privadas, por cidadãos comuns e por entidades do terceiro setor, que podem assumir até mesmo o financiamento, a gestão e a operação dos resultados dessa criação, de forma independente das restrições burocráticas ou culturais que possam existir no ambiente governamental.

Em analogia cunhada por Tim O'Reilly (2011), ao defender a necessidade de um Governo 2.0, a relação entre a sociedade e o setor público deve se distanciar do modelo das máquinas automáticas de vendas (*vending machines*), no qual o cidadão deposita seu dinheiro e limita-se a reclamar da qualidade dos produtos disponíveis ou de problemas na sua entrega. Ao contrário, defende o autor, é preciso que esse cidadão seja chamado a utilizar os recursos tecnológicos, conhecimentos e habilidades de que dispõe para ajudar a resolver problemas sociais, seja em nível local ou nacional, por meio da coprodução. Cabe ao Estado, nesse contexto, prover a infraestrutura básica e o acesso às informações necessárias para a construção e operação de novos serviços.

Esse novo paradigma, denominado Governo como Plataforma, baseia-se nos modelos de negócio de empresas que têm obtido grande sucesso na Era Digital, como *Facebook*, *Google*, *Uber* ou *AirBnB*: a oferta da infraestrutura básica de tecnologia e de informações, sobre a qual a própria comunidade desenvolve, comercializa e consome conteúdos, aplicativos e outros serviços. Em síntese, o que se propõe é que o Estado se comprometa a prover de plataformas abertas "para que qualquer pessoa com uma boa ideia possa construir serviços inovadores que conectem o governo com os cidadãos, propiciem visibilidade sobre as ações do governo ou permitam que os cidadãos participem diretamente da formulação de políticas públicas" (O'REILLY, 2011).

Vale ressaltar que o modelo proposto não apenas incentiva a inovação social, como também promove maior visibilidade de ações e investimentos do setor público, visto que implica, necessariamente, a publicação abrangente e o uso intensivo de dados abertos como parte da plataforma. Nesse sentido, estudo do Tribunal de Contas da União relaciona a abertura de dados à transparência na gestão pública, à contribuição da sociedade na criação de serviços inovadores ao cidadão, à viabilidade de novos negócios na iniciativa privada e à melhoria da qualidade dos próprios dados governamentais (TCU, 2015a).

Pela sua relevância e potencial transformador, tais conceitos foram adotados como fundamentos para a *Open Government Partnership* (OGP), iniciativa criada em 2011 por Brasil, Estados Unidos, África do Sul, Filipinas, Indonésia, México, Noruega e Reino Unido, e que conta atualmente com a participação de mais de sessenta países. Conforme consta da Declaração de Governo Aberto, endossada por essas nações, a abertura no relacionamento entre governo e cidadãos visa "aperfeiçoar os serviços, gerir os recursos públicos, promover inovação e criar comunidades mais seguras", de modo a "atingir maior prosperidade, bem-estar e dignidade humana em nossos próprios países e em um mundo cada vez mais interconectado" (OGP, 2011).

4.4 Aspectos culturais e comportamentais

Ainda que a inovação possa trazer benefícios inegáveis para a administração pública, pelos ganhos de eficiência, eficácia e qualidade no atendimento às demandas dos cidadãos, há diversas características da cultura organizacional e do comportamento individual predominantes nesse contexto que representam desafios importantes.

Por exemplo, sabe-se que a experimentação é característica inerente aos processos inovadores, uma vez que é muito difícil determinar de antemão quais serão exatamente os efeitos de iniciativas de criação ou alteração de formas de trabalho, produtos ou serviços. Porém, devido a características típicas do setor público, essa incerteza pode representar uma das principais barreiras para a transformação da cultura institucional, em especial nas áreas que envolvam maiores riscos de prejuízos financeiros ou de falhas na prestação de serviços e na execução de políticas públicas.

Por definição, situações que se caracterizam pela indefinição sobre a probabilidade de ocorrência ou sobre os possíveis impactos negativos de um evento devem ser tratadas pelas organizações por meio do gerenciamento de riscos, de modo a obter garantia razoável do alcance de seus objetivos (COSO, 2007). Pode-se dizer, portanto, que a adoção de práticas nesse sentido deve ser parte essencial de qualquer processo de inovação, devido à incerteza inerente à experimentação de novas ideias.

Porém, estudos internacionais apontam tendência predominante de aversão ao risco no setor público, motivada em grande parte pela possibilidade de responsabilização dos administradores – pela mídia, pela sociedade e pelos órgãos de controle – em função de eventuais fracassos que resultem de suas decisões (NAO, 2006, 2009; MULGAN, 2007; ANAO, 2009; CHRISTIANSEN; BUNT, 2012; EUROPEAN COMMISSION, 2013). Se tal comportamento já se faz sentir diante de situações de projetos tradicionais, para os quais se considera haver elevadas chances de sucesso, o que dizer dos investimentos em inovação, com níveis significativamente maiores de dúvida quanto aos possíveis resultados?

O desafio aumenta quando se sabe que a maioria das organizações públicas no Brasil sequer adota práticas de gerenciamento de riscos. Conforme levantamento de âmbito nacional realizado pelo Tribunal de Contas da União, mais de 50% das 380 instituições federais e 40% de todas as 7.770 entidades pesquisadas se encontram nessa situação, enquanto outros 30% realizam apenas atividades básicas desse processo (TCU, 2015b). Se considerarmos que tais dados foram coletados a partir de questionários respondidos pelos próprios gestores, de forma declarativa, não é difícil supor que a situação real seja ainda pior.

Pode-se dizer que essa aversão ao risco é reforçada pela burocracia predominante no setor público, que estabelece rotinas rígidas de operação como forma de buscar eficiência e coibir desvios de conduta. Segundo Mulgan (2007), esse ambiente não apenas reduz o espaço para experimentação, como ainda pode fazer com que as pessoas atraídas para trabalhar no governo sejam menos propensas à exposição ao risco, em um processo de realimentação negativa que pode levar ao sufocamento de iniciativas isoladas de inovação.

Para que seja possível compensar, pelo menos em parte, os efeitos desse contexto sobre o comportamento individual, é fundamental promover alinhamento adequado dos mecanismos institucionais de incentivo. Nesse sentido, o reconhecimento pessoal tende a ser mais efetivo do que as recompensas financeiras, uma vez que a pessoa ou equipe cuja ideia é adotada sente orgulho por sua contribuição para o serviço público e para a criação de valor social (MULGAN; ALBURY, 2003).

Essa opinião é corroborada pelo *Australian National Audit Office* (ANAO, 2009), que enfatiza não somente a importância da realização de prêmios de excelência em inovação no governo, mas também a necessidade de que seja dada publicidade adequada às iniciativas premiadas, como forma de promover a disseminação, a adaptação e o reconhecimento de casos de sucesso e incentivar outros servidores a pensar em maneiras de inovar em suas áreas de atuação. Essa divulgação ainda pode trazer, como efeito colateral, a atração de pessoas com níveis mais elevados de criatividade e tolerância a riscos, resultando em realimentação positiva para a cultura de inovação.

É importante lembrar, contudo, que qualquer alteração na cultura organizacional só se torna efetiva a partir de transformações duradouras no comportamento individual, o que dificilmente pode ser provocado apenas como efeito de premiações e outras ações pontuais. Assim, torna-se essencial que a visão, o direcionamento e os valores adotados pelos líderes organizacionais sirvam de guia e inspiração contínua para esse processo de mudança (ATKINSON, 2012).

Conforme esclarece o guia australiano, cabe à liderança executiva a responsabilidade por "definir a filosofia e colocar em prática políticas e procedimentos que facilitem a inovação", uma vez que ela "só pode florescer e ser sustentada no contexto de uma cultura que incentiva, reconhece e recompensa novas ideias e dá autoridade às pessoas para colocar essas ideias em prática" (ANAO, 2009). Em publicação sobre o tema, a Comissão Europeia amplia tal abordagem, ao recomendar que a responsabilidade por fomentar tais transformações seja compartilhada por todos os escalões da organização, dos altos executivos à gerência média, alcançando inclusive as equipes de linha (EUROPEAN COMMISSION, 2013). Essa visão é endossada por Atkinson (2012), quando afirma que os indivíduos em todos os níveis hierárquicos precisam de modelos a serem seguidos e, portanto, um aspecto crítico do processo é identificar pessoas que possam exercer essa liderança pelo exemplo, de modo a "converter indiferença e apatia em ação para melhoria".

Outro ponto igualmente importante diz respeito ao direcionamento das ações. Ao analisar o panorama geral da matéria no governo central do Reino Unido, o *National Audit Office* constatou que poucas organizações tinham avaliado, em termos estratégicos, em que áreas a inovação era necessária, qual a sua prioridade e como provocar e sustentar sua adoção (NAO, 2009). Assim, torna-se fundamental que iniciativas relacionadas ao tema sejam contempladas no planejamento institucional, mediante definição clara dos resultados esperados e dos responsáveis por encontrar meios para alcançar tais objetivos de forma mais rápida e efetiva, com menor consumo de recursos, por meio da adoção de práticas inovadoras.

Por outro lado, é importante ressaltar novamente a incerteza e o risco de insucesso, inerentes a toda iniciativa dessa natureza. Portanto, ainda que seja essencial definir expectativas quanto às metas que se deseja alcançar, é preciso que se mantenha, ao mesmo tempo, condições propícias para a experimentação responsável e para os eventuais fracassos decorrentes desse processo.

Nesse sentido, é interessante ressaltar as conclusões de estudo que analisou iniciativas vencedoras e participantes do Prêmio de Inovação no Governo Americano em 2010. Dentre vários fatores, comparou-se o uso de abordagens planejadas, nas quais "o responsável tem uma visão completa da inovação e conduz a implementação de forma rápida e sem grandes modificações", com abordagens incrementais e adaptativas, em que "se tem uma ideia aproximada da forma que a inovação deverá ter ao final do processo, sendo essa ideia refinada por um tempo considerável por meio de experimentação e aprendizado" (BORINS, 2014).

Como resultado, verificou-se que, dos 127 projetos analisados, 70% adotaram estratégias planejadas, ainda que 41% tenham citado o uso de projetos-piloto e outros 11% tenham mencionado uma combinação de planejamento e adequações sucessivas. As abordagens puramente incrementais, nesse levantamento, ocorreram em somente 17% dos casos. Portanto, apesar da natureza experimental da inovação, fica nítida a preferência do setor público por planos estruturados e objetivos claramente definidos, mesmo que os detalhes de implementação venham a sofrer ajustes ao longo da implementação de tais planos.

É importante notar que essa definição prévia de metas facilita a alocação de recursos às iniciativas e a obtenção de melhores resultados (ANAO, 2009). Ainda assim, é necessário haver mecanismos que permitam manter reservas para investimentos exploratórios, que impliquem níveis mais elevados de incerteza e, com isso, maior dificuldade para definição de alvos precisos a serem alcançados. De acordo com estudos conduzidos no Reino Unido, o ideal seria a alocação de 2 a 4% do orçamento para esse fim (MULGAN, 2014).

Segundo pesquisas da OCDE (2015), entretanto, é raro haver tal reserva de recursos para inovação em seus países membros. Nos poucos casos identificados, essa alocação é feita de forma isolada em ministérios ou agências específicas, o que dificulta o compartilhamento de ações e de resultados. Ademais, em um ambiente de restrição orçamentária severa, aumenta a tendência de que sejam escolhidos investimentos mais conservadores, com resultados previsíveis, reduzindo o espaço para experimentação de soluções novas.

Portanto, o desafio para governos em todo o mundo é reduzir custos e, ao mesmo tempo, manter ou aumentar sua capacidade de investir em inovações que aumentem a eficiência do Estado. Por esse motivo, os estudos da Comissão Europeia (2013) sugerem a constituição de fundos nacionais ou transnacionais de recursos públicos para esse fim, que possam simplificar o financiamento de ideias realmente inovadoras, as quais teriam dificuldades significativas para obter recursos nos ciclos orçamentos tradicionais.

Todavia, qualquer que seja a fonte dos recursos, deve-se considerar que a experimentação de soluções não deve ser associada a investimentos de grande vulto ou à ausência de retorno do montante aplicado. Com o uso de métodos apropriados de desenho e prototipação, é possível realizar experimentos de baixo custo, cujos resultados – mesmo que negativos – sejam fonte de lições importantes para identificação de abordagens que viabilizem maior eficiência e eficácia de políticas e serviços públicos (CHRISTENSEN; BUNT, 2012).

Nesse sentido, o guia australiano (ANAO, 2009) alerta que a realização de pilotos, em casos de maior incerteza, constitui elemento essencial para reduzir riscos e indicar soluções adequadas; por esse motivo, os valores necessários para esses experimentos devem ser tratados como investimento no aprendizado, e não como prejuízo ou desperdício.

Na visão da OCDE (2015), essa abordagem experimental não deve ser limitada apenas a cenários de elevada dúvida quanto à viabilidade ou efetividade de ideias inovadoras. Dada a relevância dos resultados propiciados por avaliações práticas, aquela organização sugere a adoção de uma estratégia de desenvolvimento evolutivo, na qual as etapas tradicionais de desenho, implementação e avaliação são substituídas por um processo contínuo de experimentação, aprendizado e adaptação.

Nesse contexto, por conseguinte, a realização de testes e a tolerância a falhas não representam uma licença para se abrir mão do compromisso com o alcance efetivo de resultados, mas apenas passos intermediários rumo ao objetivo desejado. Conforme alerta Mulgan (2014), a leniência excessiva com os casos de fracasso pode desestimular o trabalho duro e a persistência necessários para transformá-los em sucesso – o que requer, como nos mostra a OCDE, ciclos sucessivos de tentativa e conversão de eventuais erros na correção de rumos em direção ao acerto.

4.5 Inovação no controle da Administração Pública

Como se vê, a busca pela inovação constitui elemento essencial ao funcionamento das instituições, públicas e privadas, que precisam corresponder às expectativas de uma sociedade digital que não apenas demanda serviços diferenciados, como também está disposta a participar ativamente da sua construção e operação. As instituições responsáveis pela fiscalização e pelo controle da Administração Pública não podem ficar alheias a essa nova realidade, sob pena de tornarem-se obsoletas, ou mesmo de impedirem a necessária modernização do Estado.

Assim, nota-se que as entidades de fiscalização superiores (EFS) e organizações similares enfrentam desafios em duas dimensões igualmente relevantes. De um lado, o imperativo de aproveitar novos conhecimentos, ferramentas e tecnologias para inovar na gestão interna e, sobretudo, na forma como são realizadas auditorias e outras ações de controle. De outro, a necessidade de compreender conceitos e práticas inerentes a esse movimento, a fim de subsidiar a avaliação de ações governamentais inovadoras e, ao mesmo tempo, fundamentar recomendações formais e outras ações de estímulo à sua adoção pelo setor público.

Pela sua relevância, o assunto tem recebido atenção crescente por parte das EFS em todo o mundo. Destaca-se, nesse contexto, recente edição do Congresso da Organização Europeia de Instituições Superiores de Controle (Eurosai), que elegeu a inovação como tema central das discussões. Como consequência, as conclusões e recomendações do evento foram agrupadas em três eixos, dentre os quais merecem destaque especial os seguintes pontos referentes a cultura e liderança (EUROSAI, 2014):

a) a inovação é necessária para as EFS se ajustarem aos novos desafios;

b) a inovação é um processo que exige espaço para aprender fazendo;

c) há uma tensão perceptível entre a inovação e uma cultura baseada em regras;

d) as EFS devem se esforçar para alcançar uma cultura inovadora, de aprendizado e melhoria, com oportunidades para experimentação; e

e) as EFS devem garantir sua relevância por meio da abertura para fazer as coisas de forma diferente, fazer coisas diferentes e enfrentar novos tópicos.

No entanto, ainda que diversas instituições de controle e respectivas associações internacionais comecem a dedicar atenção crescente à adoção e disseminação de práticas inovadoras em suas atividades de auditoria e gestão, ainda são escassas as abordagens da segunda dimensão citada no início desta seção: a avaliação e o fomento da inovação nas entidades auditadas e no setor público em geral.

Nesse sentido, cabe registrar o pioneirismo do *National Audit Office*, que realizou em 2006 a primeira avaliação sobre a matéria nas organizações do governo central do Reino Unido, com o apoio da *London School of Economics*, e três anos depois realizou novo trabalho com o mesmo objetivo, conduzido inteiramente pela própria equipe daquela EFS (NAO, 2006; 2009).

Na segunda ocasião, além de avaliar casos individuais e analisar de forma sistêmica a correlação entre diversas políticas e estruturas relacionadas ao tema no governo britânico, trouxe interessante síntese sobre o ciclo de vida e os fatores críticos de sucesso da inovação no setor público. Como consequência, foram formuladas recomendações sobre a necessidade de melhoria na definição de objetivos, nas estratégias de fomento e suporte, e na aplicação de métricas para avaliação de impacto de iniciativas nos órgãos avaliados.

Outras instituições ao redor do mundo têm começado a desenvolver trabalhos específicos nessa área, porém ainda de forma pontual. Por exemplo, o *Government Accountability Office* (GAO, 2014), ao realizar avaliação sobre o laboratório de inovação do Departamento de Gestão de Pessoas do Governo Americano, trouxe como referência, além de estudos teóricos sobre o tema, considerações sobre o funcionamento de laboratórios similares mantidos pelo Estado e por instituições não governamentais naquele país.

Nesse contexto, merece destaque o Programa InovaTCU, instituído pelo Tribunal de Contas da União em janeiro de 2015 para fomentar o desenvolvimento de cultura de inovação no âmbito da instituição, por meio do estímulo, do apoio e do acompanhamento de iniciativas e práticas inovadoras nas atividades de controle externo e, também, na governança e gestão do próprio Tribunal (TCU, 2016).

Como parte do programa, foram criados o Centro de Pesquisa e Inovação e o coLAB-i, Laboratório de Inovação e Coparticipação, primeira unidade dessa natureza em um órgão de controle no mundo. Desde sua criação, o coLAB-i vem apoiando as unidades do Tribunal no desenvolvimento de projetos inovadores, garantindo a gestão do conhecimento de soluções desenvolvidas, coordenando ações de cooperação e promovendo ações de capacitação e eventos sobre assuntos na fronteira do conhecimento. Dentre os serviços prestados por aquela unidade, destacam-se os seguintes:

a) pesquisa: suporte ao desenvolvimento de estudos focados em tecnologias emergentes, tais como análise de dados, *big data* e geoprocessamento;
b) comunicação: produção de eventos e publicações para fomentar a incorporação de novas tecnologias, métodos e processos de trabalho nas atividades da casa;
c) *networking*: identificação de potenciais parceiros e promoção de conexões entre atores com expertise e interesse em assuntos relacionados à inovação no controle;
d) capacitação: desenvolvimento de aptidões e competências para ampliar o aprendizado corporativo e melhorar a qualificação de órgãos públicos, cidadãos e organizações não governamentais;
e) desafio: promoção de competições e concursos para fomento de ideias e desenvolvimento de projetos inovadores;
f) design: aplicação de técnicas de *design thinking* para definição de problemas e desenvolvimento de propostas de soluções e serviços; e
g) prototipação: apoio ao desenvolvimento de testes de novas abordagens em auditoria, antes de sua disseminação em larga escala nas unidades do Tribunal.

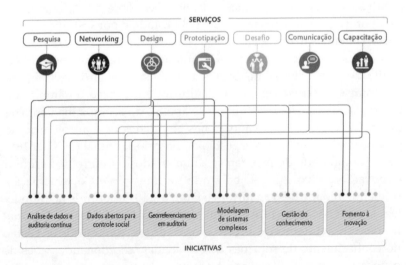

Figura 2 – Escopo de atuação e iniciativas do Laboratório de Inovação e Coparticipação

Vale ressaltar que o programa InovaTCU não se limita à atuação do referido laboratório, visto que conta com a atuação de diversas outras unidades existentes há mais tempo no Tribunal, que também atuam como núcleos de inovação, por exemplo, no desenvolvimento de métodos de auditoria e na construção de soluções de tecnologia da informação. Assim, pode-se dizer que o diferencial do programa é o estabelecimento de uma diretriz estratégica voltada para o tema, com o propósito de manter o Tribunal de Contas da União alinhado com as práticas mais modernas de gestão e controle da Administração Pública.

Para viabilizar o pleno alcance de tal objetivo, de forma aderente às necessidades do Tribunal, foi elaborado referencial básico do programa, com a participação de representantes de todas as áreas da organização. Para tanto, foi realizado diagnóstico de atividades ligadas à inovação e respectivos problemas encontrados e ganhos desejáveis, tendo como base o *Canvas* de Proposição de Valor (OSTERWALDER; BERNALDA, 2014), na visão de quatro segmentos de clientes: servidores e colaboradores; gestores das unidades técnicas; unidades e núcleos de inovação; e autoridades e alta gestão.

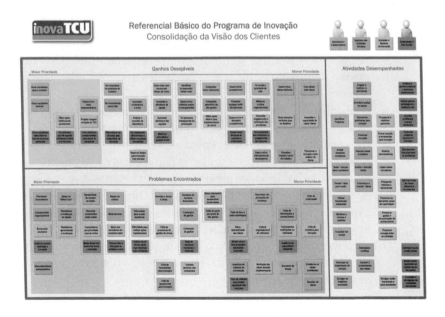

Figura 3 – Diagnóstico de atividades, problemas e ganhos relacionados à inovação (TCU, 2016)

Em seguida, a partir dos problemas e ganhos priorizados pela Comissão de Coordenação Geral, instância colegiada da alta gestão do TCU, foi formulado o modelo geral de negócio do programa, tendo como base uma versão modificada do *Canvas* de Modelo de Negócio (OSTERWALDER; PIGNEUR, 2013), do qual foram retiradas as dimensões de estrutura de custos e fluxo de receitas, por não serem aplicáveis ao caso. Como resultado, foram identificados oito eixos estruturantes da proposta de valor do programa, descritos a seguir de forma resumida:

a) institucionalização, por meio da formulação de política corporativa que estabeleça princípios e incentive formalmente a busca de soluções inovadoras para os desafios da gestão e do controle externo;

b) inserção no planejamento, de modo que ações e projetos inovadores possam constar das metas institucionais e tenham, assim, seu desempenho monitorado como parte da sistemática institucional de acompanhamento de resultados;

c) direcionamento de ações, a ser provido por meio de concursos e iniciativas similares, voltadas tanto para o público interno como externo, que apresentem desafios cuja solução seja prioritária, de acordo com a estratégia da casa;

d) instrumentalização, envolvendo a oferta de referencial teórico, ferramental prático, definição de processos e métodos de gestão de projetos e de avaliação de desempenho adequados ao contexto;

e) comunicação interna e externa, pela divulgação contínua de casos relevantes através dos canais de comunicação institucional ou por meio de eventos específicos;

f) gestão de competências, mediante o mapeamento e desenvolvimento de habilidades específicas, relacionadas à inovação;

g) estímulo à criatividade, de modo a fomentar a formulação e a experimentação de ideias que possam trazer melhorias significativas para o funcionamento da instituição; e

h) reconhecimento, sistemático e contínuo, como instrumento essencial para a geração de reforço positivo a uma cultura institucional de inovação.

Referencial Básico do Programa de Inovação
Modelo Geral de Negócio do Programa

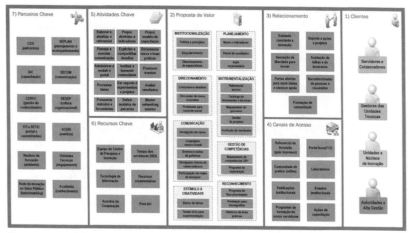

Figura 4 – Modelo geral do programa de inovação (TCU, 2016)

Em complemento às definições apresentadas, o referido modelo conta ainda com a descrição de formas de relacionamento do programa com seus clientes e respectivos canais de acesso, bem como a identificação das atividades, dos recursos e dos parceiros essenciais para a concretização da proposta de valor. Espera-se, com isso, além dos benefícios para a própria instituição, que o Tribunal possa servir de exemplo para que o setor público como um todo encontre, na inovação, caminhos para alcançar patamares mais elevados de eficiência e qualidade na prestação de serviços ao povo brasileiro

No que se refere à indução de práticas no restante da Administração Pública, o TCU promoveu em 2015, em conjunto com o Ministério do Planejamento, Orçamento e Gestão, a primeira Semana da Inovação em Gestão Pública, evento que ofereceu conferência com alguns dos maiores especialistas do assunto no mundo, espaço destinado ao envolvimento do ecossistema de *startups* com desafios próprios do governo e atividades de capacitação para gestores e servidores públicos.

Na continuidade, o Tribunal e o referido ministério coordenaram esforços para criação da Rede de Inovação no Setor Público (InovaGov), iniciativa que já conta com mais de vinte órgãos e entidades dos três Poderes e visa estimular arranjos para inovação no setor público, por meio da conexão de múltiplos atores com interesse no tema.

Nessa rede, flexível e não hierárquica por sua própria natureza, as relações são horizontais e interdependentes e os atores podem interagir, colaborar e aprender a partir de suas experiências, bem como buscar soluções conjuntas para desafios e problemas compartilhados.

Figura 5 – Abrangência da Rede de Inovação no Setor Público

A criação da Rede InovaGov foi inspirada em iniciativas internacionais similares, tais como a *Public Sector Innovation Network* do Governo Australiano, a *Government Innovators Network*, mantida pela Universidade de Harvard, e a *Network of Innovators* da Universidade de Nova Iorque. Com sua natureza aberta e flexível, visa integrar não somente instituições públicas, mas também a academia, o setor privado e a sociedade civil, de modo a estimular, com ações práticas, a adoção dos conceitos de inovação aberta e de coprodução de serviços pelo governo brasileiro.

Com a formalização da Rede de Inovação no nível federal, por meio da assinatura de acordo específico, buscou-se o fortalecimento, a ampliação e o aprimoramento da cooperação técnica entre os órgãos e entidades dos três poderes da Administração Pública Federal, bem como a interação com iniciativas similares nos âmbitos estadual e municipal.

Espera-se, com isso, promover a adoção de práticas inovadoras no âmbito governamental e conferir maior eficiência, eficácia e efetividade à gestão pública e à prestação de serviços à sociedade.

Vale ressaltar que, apesar do curto intervalo desde o início dessa ação, já é possível notar os primeiros resultados da intensa colaboração entre os envolvidos em desafios que vão do desenvolvimento de estudos e pesquisas sobre inovação no setor público à formulação de modelos para fomento a parcerias público-privadas na área, passando pela construção conjunta de plataformas virtuais para facilitar a interação entre os membros.

Assim, por meio do Programa InovaTCU e do fomento à criação e ampliação da Rede InovaGov, o Tribunal de Contas da União assume papel de vanguarda no movimento global das entidades de controle em direção à inovação, não apenas para melhoria de seus processos internos, mas também como ferramenta para o aprimoramento das atividades de formulação, implementação e gestão de políticas e serviços públicos pelo governo, de modo a melhor atender às necessidades e expectativas da sociedade. Afinal, dado que a inovação transformou-se em um dever do Estado e um direito do cidadão, ela torna-se parte indissociável do controle da Administração Pública na Era Digital.

Referências

ATKINSON, P. Creating Culture Change. *Operations Management*, v. 38, n. 5, 2012. Disponível em: <http://www.creatingculturechange.com/uploads/7/1/5/0/7150143/creatingculturechange-philipatkinson.pdf>. Acesso em: 10 jun. 2016.

AUSTRALIAN NATIONAL AUDIT OFFICE (ANAO). *Innovation in the Public Sector*: Enabling Better Performance, Driving New Directions. Better Practice Guide. Canberra, 2009. Disponível em: <https://www.anao.gov.au/sites/g/files/net616/f/2009_Innovation_in%20the_public_sector.pdf>. Acesso em: 10 jun. 2016.

BORINS, S. The persistence of innovation in government: A guide for innovative public servants. *Innovation Series*, 2014. Disponível em: <http://www.innovations.harvard.edu/sites/default/files/3252703.pdf>. Acesso em: 10 jun. 2016.

BOVAIRD, T.; LÖFFLER, E. From engagement to co-production: How users and communities contribute to public services. *In*: *New Public governance, the third sector and co-production*. London: Routledge, 2012. Disponível em: <https://books.google.com.br/books?id=ZqxWVX8U7SAC&hl=pt-BR&pg=PA1913>. Acesso em: 10 jun. 2016.

BRASIL. Emenda Constitucional nº 85, de 26 de fevereiro de 2015. Altera e adiciona dispositivos na Constituição Federal para atualizar o tratamento das atividades de ciência, tecnologia e inovação. Diário Oficial da República Federativa do Brasil, Brasília, 27 fev. 2015. Disponível em: <http://www.planalto.gov.br/ccivil_03/constituicao/Emendas/Emc/emc85.htm>. Acesso em: 10 jun. 2016.

BRASIL. Lei nº 13.243, de 11 de janeiro de 2016. Dispõe sobre estímulos ao desenvolvimento científico, à pesquisa, à capacitação científica e tecnológica e à inovação e altera a Lei. *Diário Oficial da República Federativa do Brasil*, Brasília, 12 jan. 2015. Disponível em: <http://www.planalto.gov.br/ccivil_03/_ato2015-2018/2016/lei/l13243.htm>. Acesso em: 10 jun. 2016.

CHESBROUGH, H. The era of open innovation. *MIT Sloan Management Review*. 2003. Disponível em: <https://www.researchgate.net/profile/Stuart_Hart4/publication/237379284_Innovation_From_the_Inside_Out/links/0a85e5320a7feba016000000.pdf#page=37>. Acesso em: 10 jun. 2016. Acesso em: 10 jun. 2016.

CHRISTENSEN, C. M. *O dilema da inovação*: quando novas tecnologias levam empresas ao fracasso. São Paulo: Makron, 2001.

CHRISTIANSEN, J.; BUNT, L. *Innovation in Policy*: Allowing for Creativity, Social Complexity and Uncertainty in Public Governance. London: Nesta, 2012. Disponível em: <http://mind-lab.dk/wp-content/uploads/2014/08/Innovation_in_policy-2.pdf>. Acesso em: 10 jun. 2016.

COMMITTEE OF SPONSORING ORGANIZATIONS OF THE TREADWAY COMISSION (COSO). *Gerenciamento de Riscos Corporativos – Estrutura Integrada*: Sumário Executivo e Estrutura. Audibra, 2007. Disponível em: <http://www.coso.org/documents/COSO_ERM_Executive Summary_Portuguese.pdf>. Acesso em: 10 jun. 2016.

EMIRADOS ÁRABES. Ministry of Cabinet Affairs. *UAE National Innovation Strategy*. 2015. Disponível em: <http://www.uaeinnovates.gov.ae/docs/default-source/pdfs/national-innovation-strategy-en.pdf?sfvrsn=2>. Acesso em: 10 jun. 2016.

EUROPEAN COMMISSION. *Powering European Public Sector Innovation*: Towards a New Architecture. Report of the Expert Group on Public Sector Innovation. Luxembourg, 2013. Disponível em: <https://ec.europa.eu/research/innovation-union/pdf/psi_eg.pdf>. Acesso em: 10 jun. 2016.

EUROPEAN ORGANISATION OF SUPREME AUDIT INSTITUTIONS – EUROSAI. *IX Eurosai Congress Conclusions and Recommendations*. The Hague, 2014. Disponível em: <http://www.intosai.org/fileadmin/downloads/downloads/0_news/2014/IXth_EUROSAI_Congr_Conclusions_and_Recommendations.pdf>. Acesso em: 10 jun. 2016.

ESTADOS UNIDOS DA AMÉRICA – WHITE HOUSE. *A Strategy for American Innovation*: Securing Our Economic Growth and Prosperity. Washington, 2011. Disponível em: <https://www.whitehouse.gov/sites/default/files/uploads/InnovationStrategy.pdf>. Acesso em: 10 jun. 2016.

GOVERNMENT ACCOUNTABILITY OFFICE – GAO. *Office of Personnel Management*: Agency Needs to Improve Outcome Measures to Demonstrate the Value of Its Innovation Lab. *Report to Congressional Requesters*. Washington, 2014. Disponível em: <http://www.gao.gov/assets/670/662137.pdf>. Acesso em: 10 jun. 2016.

GOVINDARAJAN, V. Innovation is Not Creativity. *HBR Blog Network*, 2010. Disponível em: <https://hbr.org/2010/08/innovation-is-not-creativity.html>. Acesso em: 10 jun. 2016.

GOVINDARAJAN, V. A reverse-innovation playbook. *Harvard Business Review*, v. 90, n. 4, 2012. Disponível em: <https://hbr.org/2012/04/a-reverse-innovation-playbook>. Acesso em: 10 jun. 2016.

GOVINDARAJAN, V.; TRIMBLE, C. Stop the innovation wars. *Harvard Business Review*, v. 88, n. 7/8, 2010. Disponível em: <https://hbr.org/2010/07/stop-the-innovation-wars>. Acesso em: 10 jun. 2016.

JAVID, S. Innovation Plan will underpin a new industrial revolution in UK. *The Telegraph*, London, 23 jan. 2016. Disponível em: <http://www.telegraph.co.uk/finance/financetopics/davos/12116652/Innovation-Plan-will-underpin-a-new-industrial-revolution-in-UK.html>. Acesso em: 10 jun. 2016.

LEVITT, T. Creativity is not enough. *Harvard Business Review*. v. 41, n. 3, 1963. Disponível em: <https://hbr.org/2002/08/creativity-is-not-enough>. Acesso em: 10 jun. 2016.

MULGAN, G. *Ready or not?* – Taking innovation in the public sector seriously. London: Nesta, 2007. Disponível em: <http://www.nesta.org.uk/sites/default/files/ready_or_not.pdf>. Acesso em: 10 jun. 2016.

MULGAN, G. *Innovation in the Public Sector*: How Can Public Organisations Better Create, Improve And Adapt. London: Nesta, 2014. Disponível em: <http://www.nesta.org.uk/sites/default/files/innovation_in_the_public_sector-_how_can_public_organisations_better_create_improve_and_adapt_0.pdf>. Acesso em: 10 jun. 2016.

MULGAN, G.; ALBURY, D. *Innovation in the Public Sector*. London: The Stationery Office, 2003. Disponível em <http://www.sba.oakland.edu/faculty/mathieson/mis524/resources/readings/innovation/innovation_in_the_public_sector.pdf>. Acesso em: 10 jun. 2016.

MULGAN, G. *et al. Social innovation*: What it is, why it matters and how it can be accelerated. Working Paper. Skoll Centre for Social Entrepreneurship, Said Business School, Oxford University. The Young Foundation, 2007. Disponível em: <http://eureka.sbs.ox.ac.uk/761/1/ Social_Innovation.pdf>. Acesso em: 10 jun. 2016.

NATIONAL AUDIT OFFICE – NAO. *Achieving Innovation in Central Government Organisations*. London: the Stationery Office, 2006. Disponível em: <http://www.nao.org.uk/ wp-content/uploads/2006/07/05061447i.pdf>. Acesso em: 10 jun. 2016.

NATIONAL AUDIT OFFICE – NAO. *Innovation across Central Government*. London: the Stationery Office, 2009. Disponível em: <http://www.nao.org.uk/wp-content/uploads/2009/ 03/080912.pdf>. Acesso em: 10 jun. 2016.

OPEN GOVERNMENT PARTNERSHIP (OGP). *Declaração de Governo Aberto*. 2011. Disponível em: <http://www.governoaberto.cgu.gov.br/central-de-conteudo/documentos/arquivos/declaracao-governo-aberto.pdf>. Acesso em: 10 jun. 2016.

O'REILLY, T. Government as a Platform. *Innovations*. v. 6, n. 1, 2011. Disponível em: <http://www.mitpressjournals.org/doi/pdf/10.1162/INOV_a_00056>. Acesso em: 10 jun. 2016.

ORGANIZAÇÃO PARA COOPERAÇÃO E DESENVOLVIMENTO ECONÔMICO – OCDE. *Manual de Oslo*: diretrizes para coleta e interpretação de dados sobre inovação. Brasília: Finep, 2005. Disponível em: <http://download.finep.gov.br/imprensa/oslo2.pdf>. Acesso em: 10 jun. 2016.

ORGANIZAÇÃO PARA COOPERAÇÃO E DESENVOLVIMENTO ECONÔMICO – OCDE. *Together for Better Public Services*: Partnering with Citizens and Civil Society. OECD publishing, 2011. Disponível em: <http://www.keepeek.com/Digital-Asset-Management/oecd/governance/together-for-better-public-services-partnering-with-citizens-and-civil-society_97892641188 43-en>. Acesso em: 10 jun. 2016.

ORGANIZAÇÃO PARA COOPERAÇÃO E DESENVOLVIMENTO ECONÔMICO – OCDE. *The Innovation Imperative in the Public Sector*: Setting an Agenda for Action. OECD publishing, 2015. Disponível em: <http://www.keepeek.com/Digital-Asset-Management/oecd/governance/the-innovation-imperative-in-the-public-sector_9789264236561-en>. Acesso em: 10 jun. 2016.

OSTERWALDER, A.; BERNARDA, G. *Value Proposition Design*: como construir propostas de valor inovadoras. HSM, 2014.

OSTERWALDER, A.; PIGNEUR, Y. *Business Model Generation*: inovação em modelos de negócios. Alta Books, 2013.

PHILLS, J. A. *et al*. Rediscovering social innovation. *Stanford Social Innovation Review*. v. 6, n. 4, 2008. Disponível em: <http://ssir.org/articles/entry/rediscovering_social_innovation/>. Acesso em: 10 jun. 2016.

REINO UNIDO. Department for Innovation, Universities and Skills (DIUS). *Innovation Nation*. London, 2008. Disponível em: <https://www.gov.uk/government/uploads/system/uploads/attachment_data/file/238751/7345.pdf>. Acesso em: 10 jun. 2016.

TRIBUNAL DE CONTAS DA UNIÃO – TCU. *5 Motivos para a abertura de dados na Administração Pública*. Brasília, 2015a. Disponível em: <http://portal.tcu.gov.br/lumis/portal/file/fileDownload.jsp?fileId=8A8182A24F0A728E014F0B36E7016F34>. Acesso em: 10 jun. 2016.

TRIBUNAL DE CONTAS DA UNIÃO – TCU. *Levantamento de Governança Pública*: Informativo de Gestão de Riscos. Brasília, 2015b. Disponível em: <http://portal.tcu.gov.br/lumis/portal/ file/fileDownload.jsp?fileId=8A8182A14F613FB5014F6B4F77801D22>. Acesso em: 10 jun. 2016.

TRIBUNAL DE CONTAS DA UNIÃO – TCU. *Referencial básico do Programa de Inovação*. Brasília, 2016. Disponível em: <http://www.tcu.gov.br/inovaTCU>. Acesso em: 10 jun. 2016.

WINDRUM, P.; KOCH, P. M. (Ed.). *Innovation in Public Sector Services:* Entrepreneurship, Creativity and Management. Edward Elgar, 2008. Disponível em: <https://books.google.com.br/books?id=LhpHU90oztcC&printsec=frontcover>. Acesso em: 10 jun. 2016.

Informação bibliográfica deste texto, conforme a NBR 6023:2002 da Associação Brasileira de Normas Técnicas (ABNT):

COSTA, Gledson Pompeu Correa da. Inovação: dever do Estado, direito do cidadão. In: OLIVEIRA, Aroldo Cedraz de (Coord.). *O controle da administração na era digital*. Belo Horizonte: Fórum, 2016. p. 123-150. ISBN 978-85-450-0176-8.

CAPÍTULO 5

GOVERNO DIGITAL, CONTROLE DIGITAL E PARTICIPAÇÃO SOCIAL

GLEDSON POMPEU CORREA DA COSTA

As profundas alterações nas relações sociais e comerciais causadas, em grande medida, pela aceleração da evolução tecnológica da última década tornam cada vez maior a pressão por novas formas de atuação do Estado, tanto na formulação e gestão de políticas públicas, como na concepção e prestação de serviços à sociedade. Com isso, espera-se não somente que os recursos e serviços da Administração Pública sejam acessíveis em meios digitais, mas também que sejam gerenciados com ampla transparência e abertura à participação social.

De forma similar, espera-se que as instituições de controle acompanhem essa transformação. Por um lado, pela necessidade de se adequarem a novos processos, produtos e serviços do setor público, cuja compreensão e análise demandam a atualização de conceitos, métodos e ferramentas de auditoria; por outro, pela obrigação – enquanto instituições igualmente públicas – de adequarem sua forma de relacionamento com a sociedade às características da Era Digital.

Pode-se dizer que o movimento nessa direção ganhou corpo na virada do século, a partir do reconhecimento de que se passava, então, a viver em uma sociedade da informação, caracterizada pela flexibilidade de processos e relações em uma lógica de redes, habilitada pela evolução e pela convergência tecnológica (CASTELLS, 1999). Esse contexto deu origem, ao redor do mundo, a programas de governo eletrônico destinados a facilitar o intercâmbio de informações entre Estado, setor privado e cidadãos por meio da Internet.

5.1 Do governo eletrônico ao governo digital

No caso brasileiro, tem-se como marco inicial a criação do Comitê Executivo de Governo Eletrônico, em outubro de 2000, com o objetivo de "formular políticas, estabelecer diretrizes, coordenar e articular as ações de implantação do Governo Eletrônico, voltado para a prestação de serviços e informações ao cidadão" (BRASIL, 2000). Como resultado, a política e as diretrizes formuladas à época foram organizadas em torno de três eixos fundamentais: relacionamento com o cidadão, ou *Government-to-Citizen* (G2C); melhoria da gestão interna, ou *Government-to-Government* (G2G); e integração com parceiros e fornecedores, ou *Government-to-Business* (G2B).

Em nível mundial, o crescimento exponencial de iniciativas dessa natureza levou a Organização das Nações Unidas a estabelecer, em 2001, metodologia de cálculo para um índice de governo eletrônico (*e-government index*), destinado a avaliar quantitativamente os principais fatores críticos de sucesso e servir de ponto de referência para medição do progresso futuro de programas nacionais de governo eletrônico, com base em três pilares: presença oficial do governo na Internet, infraestrutura de telecomunicações e capital humano (ONU, 2002).

Associada à apuração do referido índice, a publicação da ONU trouxe também uma definição de níveis evolutivos de maturidade para a presença governamental na Internet. Assim, de acordo com a escala estabelecida, as iniciativas de governo eletrônico poderiam ser classificadas em cinco estágios: emergentes, quando há poucos sites e estes fornecem apenas informações básicas, sem acesso a serviços; melhorado, nos casos em que essa oferta é ampliada e as informações são atualizadas com frequência adequada; interativo, situação em que o governo inicia a oferta de serviços com foco no cidadão, por meio da Internet; transacional, nos casos em que se torna possível realizar efetivamente transações completas com o governo, tais como o pagamento de impostos ou a emissão de documentos; e, por fim, o nível integrado, no qual as fronteiras burocráticas entre órgãos de governo tornam-se transparentes para o cidadão, no acesso às informações e na realização de suas transações.

Apesar da importância dos estudos realizados pelas Nações Unidas, como incentivo ao desenvolvimento e aprimoramento de programas nacionais de governo eletrônico, nota-se que o paradigma então adotado era essencialmente unidirecional, em que o Estado determinava quais informações ou transações estariam disponíveis para o cidadão, mesmo nos estágios mais avançados.

Vale relembrar, aqui, a analogia de Tim O'Reilly (2011) citada no capítulo anterior: a relação entre a sociedade e o setor público deve se distanciar do paradigma das máquinas automáticas de vendas (*vending machines*), no qual o cidadão é forçado a depositar seu dinheiro (impostos) e, em troca, pode apenas escolher entre uma gama de produtos definidos, muitas vezes de qualidade duvidosa. Com base nessa metáfora, pode-se dizer que a evolução do governo eletrônico, no modelo proposto pela ONU, implicaria apenas construir máquinas mais sofisticadas e eficiente, mas ainda com um cardápio fixo.

Por outro lado, é digno de reconhecimento o esforço de atualização conceitual e metodológica realizado pela Divisão de Administração Pública e Gestão do Desenvolvimento da ONU, responsável pela elaboração de relatórios bienais sobre o cenário de governo eletrônico nos 193 países membros. Conforme constou da publicação sobre levantamento feito em 2014, o uso intensivo de tecnologias digitais e a evolução constante das demandas dos cidadãos levaram à obsolescência do modelo de maturidade anterior, uma vez que atualmente os governos precisam evoluir continuamente a oferta de serviços, de modo a enfrentar desafios emergentes e aumentar a geração de valor público.

Porém, com a disseminação e adoção intensivas de novas tecnologias, como a computação em nuvem, as redes sociais e os dispositivos móveis, e com o surgimento de novos modelos de negócio baseados nessa realidade, nota-se que mesmo a evolução na oferta de serviços pelo Estado deixa de ser suficiente. Conforme afirma a Organização para Cooperação e Desenvolvimento Econômico (OCDE, 2014), as novas possibilidades de participação e de produção de serviços digitais causaram mudanças nas expectativas de indivíduos sobre seu relacionamento com os governos. Nesse sentido, merece destaque a definição formal de governo digital, adotada por aquela entidade em suas recomendações sobre o tema:

> Governo Digital se refere ao uso de tecnologias digitais, como parte integrante das estratégias de modernização dos governos, para criar valor público.
>
> Ele se baseia em um ecossistema composto por atores governamentais, organizações não governamentais, empresas, associações de cidadãos e indivíduos, que apoia a produção e o acesso a dados, serviços e conteúdos através de interações com o governo.

Com isso, torna-se imprescindível buscar novas abordagens em que o governo deixe de tentar antecipar todas as necessidades de cidadãos e empresas, e passe a permitir que estes participem efetivamente da identificação e do atendimento de suas próprias demandas, em parceria com o Estado. Muito além das questões tecnológicas, pode-se dizer que essa mudança de postura é a principal característica que impulsiona a transição do paradigma de governo eletrônico, adotado no início dos anos 2000, para uma nova abordagem de governo digital.

5.2 Foco do cidadão

Em termos sucintos, o que se verifica é que o modelo de governo eletrônico adotava como conceito central o foco *no* cidadão, com o setor público sendo o único responsável por entender e atender a demandas da sociedade, por meio da Internet e da tecnologia. Por sua vez, o paradigma digital adota o foco *do* cidadão, segundo o qual não basta compreender os serviços a serem oferecidos sob a ótica dos seus destinatários finais. É necessário ir além, de modo a compartilhar responsabilidades e permitir que a própria sociedade assuma papel ativo na concepção, construção e operação de tais serviços.

Essa mudança aparentemente sutil na relação entre o Estado e seus clientes traz consigo implicações profundas. Nesse novo contexto, todo o processo de concepção de políticas públicas e modelos de atendimento precisa ser revisto, de modo a posicionar o cidadão como agente efetivo de transformação e capturar de forma fidedigna seus anseios. Ganham espaço, assim, abordagens inovadoras e centradas no usuário, a exemplo dos conceitos e técnicas de *design thinking*.

Para compreender plenamente o impacto de tais abordagens, é preciso esclarecer a relação entre o *design*, disciplina popularmente associada apenas a aspectos artísticos ou visuais, e a concepção de serviços ou políticas pelo poder público.

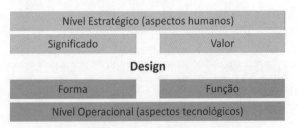

Figura 1 – Níveis de atuação do *design* (GREGÓRIO, 2014)

Ainda que tenha forte relação com as artes visuais, e tal vínculo acabe sendo percebido com maior frequência, justamente por ser a parte visível do resultado final, existem outros elementos igualmente importantes que compõem essa disciplina. Assim, pode-se dizer que o *design* possui dois níveis de atuação: no estratégico, preocupa-se com o entendimento do significado e do valor de um determinado produto ou serviço para o seu público-alvo; no operacional, com a forma e a função necessárias para que tais produtos e serviços possam transmitir o significado correto e produzir o valor esperado (GREGÓRIO, 2014).

Essa visão esquemática facilita a compreensão dos motivos que têm levado número crescente de organizações – públicas e privadas – a adotar os conceitos e métodos de *design thinking*: é importante definir forma e função adequadas para os produtos e serviços, mas somente após análise detalhada do significado e do valor esperados pelos seus clientes. Ou ainda, conforme descrito originalmente por Tim Brown (2008), o processo de *design* requer que sejam percorridos espaços de inspiração, ideação e implementação, sendo o primeiro deles o mais relevante, por se dedicar ao entendimento profundo do problema ou oportunidade, como fonte de *insights* para o desenho de soluções inovadoras e efetivas.

É interessante ressaltar que essa divisão esquemática está presente nos métodos de diversos outros autores que têm se dedicado ao tema nos últimos anos. Quaisquer que sejam a quantidade de etapas descritas e o nível de detalhe ou abstração utilizado, o princípio é sempre o mesmo: compreender primeiro o problema, sob a perspectiva do seu significado e valor para as pessoas envolvidas, para em seguida aplicar um conjunto de passos – geralmente baseados na criatividade e na experimentação – para se chegar a uma solução cuja forma e função atendam às expectativas anteriormente definidas.

Por outro lado, é importante deixar claro que a migração para o governo digital, desenhado a partir da perspectiva do cidadão, não implica a obrigatoriedade de trocar as cadeiras do escritório por pufes coloridos ou passar a fazer apenas reuniões baseadas em *post-its* colados nas paredes – estereótipos comumente associados ao *design thinking* e a laboratórios de inovação. Como o próprio nome sugere, o que se considera essencial é que haja mudanças na forma de se pensar sobre a concepção de produtos e serviços, inclusive os públicos, e não tanto no ambiente ou nas ferramentas utilizadas para suportar esse pensamento.

Nesse sentido, pode-se dizer que o grande diferencial do pensamento de *design* consiste no seu foco sobre as pessoas – seus comportamentos, relacionamentos e emoções ao interagirem entre si e com os produtos, serviços e ambientes ao seu redor (MOOTEE, 2013). Assim, para se obter o real entendimento de necessidades e expectativas do cidadão, como base para se definir as características de um novo serviço digital, é preciso buscar uma visão mais ampla, que pode incluir:

a) Como o produto ou serviço se insere em um ecossistema mais amplo, do ponto de vista do cliente ou usuário?

b) Qual a frequência, a natureza e demais atributos da interação das pessoas com o serviço e com esse ecossistema?

c) Como os diferentes elementos desse ecossistema se relacionam?

d) Que outros ecossistemas existem, adjacentes a esse, e que podem afetá-lo?

e) Que novos insights podem ser obtidos a partir da comunicação entre esses ecossistemas, em uma perspectiva mais ampla?

f) Quais as características e padrões de comportamento desses relacionamentos, em uma visão sistêmica?

Por fim, vale ressaltar que a abordagem centrada na perspectiva do cidadão – em contraponto à visão deste sob a perspectiva do Estado – não se aplica exclusivamente à concepção de serviços digitais, e tem sido igualmente empregada com sucesso em áreas tão diversas como a emissão de documentos pessoais ou o atendimento em hospitais. Ainda assim, é inegável que a sociedade atual espera encontrar uma parcela cada vez maior das informações e dos serviços do setor público não apenas disponíveis na Internet, como no já ultrapassado paradigma de governo eletrônico, mas também em seus dispositivos móveis ou em outros meios que se mostrem mais integrados e compatíveis com as características da Era Digital.

5.3 Desafios da transformação digital

Conforme consta do relatório de governo eletrônico elaborado pela ONU em 2014, os fatores determinantes para o avanço nessa área são a oferta de serviços transacionais via Internet e a disponibilidade de infraestrutura de telecomunicações adequada para acesso a tais serviços. Embora o índice de governo eletrônico também leve em conta o desenvolvimento do capital humano, trata-se de aspecto mais complexo, pela dependência de investimentos no modelo educacional do país, cujos efeitos costumam ser medidos em décadas, e não em anos.

Assim, as análises mostram que, além de prover à sociedade a opção de realizar transações com o governo no ambiente digital, é necessário também oferecer os meios para que cidadãos e empresas consigam efetivamente acessar essas transações. Não por acaso, os países que obtiveram ganhos mais expressivos em sua colocação no *ranking* global, em relação ao relatório de 2012, foram aqueles que investiram de forma mais consistente nesses dois pontos (ONU, 2014).

No que se refere aos serviços, pode-se dizer que o principal desafio está na construção de plataformas e modelos de interação que sejam adequados à nova era, em termos dos canais utilizados e dos processos associados. O uso de tecnologias móveis, por meio de sites responsivos, aplicativos dedicados e de trocas de mensagens (SMS, WhatsApp e outros), bem como a interação via redes sociais como Facebook e Twitter, impactam de forma significativa as estratégias tecnológicas do setor público; além disso, requerem mudanças importantes em processos de trabalho internos – tanto na definição de rotinas mais ágeis como na adoção de comportamentos alinhados à expectativa dos usuários.

Como consequência, nota-se que número crescente de países tem se dedicado à formação de agências governamentais especializadas no tema, com atuação transversal aos diversos setores e entes estatais, como forma de incentivar e suportar a construção de produtos e serviços mais integrados ao mundo digital. Mais uma vez, os principais exemplos dessa tendência podem ser encontrados em alguns dos países mais avançados nesse segmento, de acordo com a ONU: Austrália, com o *Digital Transformation Office*; Estados Unidos, com o *United States Digital Services*; Reino Unido, com o *Government Digital Services*; e Singapura, com o *Infocomm Development Authority*.

Entre os exemplos citados, merece destaque o Reino Unido, que aliou a criação do *Government Digital Service* à posterior definição do padrão *Digital as Default* e à iniciativa para a transformação de 21 serviços exemplares, com o objetivo de criar serviços digitais tão simples e convenientes que todos os cidadãos que possam usá-los escolham fazê-lo, enquanto os demais não sejam excluídos (REINO UNIDO, 2012). Como consequência, na edição mais recente do levantamento da ONU, aquele país alcançou a nota máxima no índice de serviços *on-line* e a primeira colocação no *ranking* geral, dando fim a uma hegemonia de seis anos da Coreia do Sul – que acabou superada também pela Austrália (ONU, 2016).

No caso britânico, um ponto importante foi a definição clara de que o foco na oferta de meios digitais para interação com o governo não pode, por outro lado, excluir ou limitar direitos dos cidadãos que não tenham condições de interagir plenamente com esses novos canais. Por conseguinte, a abordagem de transformação dos serviços foi acompanhada de estratégias específicas para assegurar a inclusão de grupos de usuários que poderiam ter problemas com essa nova realidade, por diversos motivos: preferem canais não digitais e estão relutantes em mudar para o serviço digital; não podem acessar ou pagar a tecnologia necessária para se conectar; faltam as competências digitais necessárias; faltam conhecimentos da língua ou de alfabetização; têm problemas de saúde ou dificuldades de aprendizagem que os impede de usar um serviço (GDS, 2016).

Preocupação semelhante é relatada também nos estudos da ONU (2014), que dedicou um capítulo inteiro de seu relatório a discutir as providências necessárias para "cruzar o fosso digital" ou, para usar o termo mais comum no Brasil, superar o desafio da exclusão digital. Embora essa questão tenha sido abordada inicialmente em termos dos custos proibitivos de acesso à Internet nos países em desenvolvimento, a disseminação da tecnologia e sua consequente redução de tarifas permitiram a percepção de problemas de outra natureza, relacionados à disparidade de níveis educacionais e de habilidades de indivíduos e população para utilizar os novos meios de forma eficiente e eficaz.

Devido à sua importância social e ao potencial de impacto econômico, o assunto também foi objeto de estudos pela OCDE, ainda no início dos anos 2000. Já naquela época, tornava-se claro que as maiores dificuldades deixavam de ser relacionadas ao acesso, dada a popularização de tecnologias e serviços, e passava a se concentrar nos aspectos relacionados à capacidade de uso (OCDE, 2001). Dentre os diversos fatores analisados, pode-se destacar fortes correlações com níveis de renda e de escolaridade, bem como diferenças entre faixas etárias, gêneros e grupos étnicos.

Ainda sobre o tema, como parte de estudos realizados no âmbito de auditoria do Tribunal de Contas da União sobre a política pública e os programas de inclusão digital no Brasil (TCU, 2015), foram identificados quatro desafios enfrentados pelos cidadãos que são excluídos digitalmente: capacidade efetiva de acesso, impactada pelos custos e pela disponibilidade de serviços; habilidades e competências, relacionadas ao nível de instrução da população; motivação, que depende do conhecimento prévio das vantagens potenciais do uso da tecnologia; e confiança, tanto na própria capacidade de interagir com as novas plataformas como na garantia de que suas informações sejam tratadas com níveis adequados de segurança e sigilo.

Nota-se, portanto, que há íntima relação entre os desafios da inclusão digital e social. Para que seja possível dar condições de acesso aos serviços à maioria da população, além da disponibilidade de infraestrutura física de telecomunicações – por si só, uma questão complexa em um país de dimensões continentais como o Brasil – e do custo do acesso, são necessários investimentos para inserção efetiva de indivíduos na sociedade, o que passa por problemas relacionados a cultura e educação.

Por outro lado, constata-se a ocorrência de transformação significativa do cenário, nos últimos anos, em decorrência da popularização de *smartphones* e dispositivos móveis em geral. De acordo com a pesquisa TIC Domicílios 2014 (CGI.BR, 2015), o celular já é o principal dispositivo para acesso à Internet no Brasil, sendo usado por 76% das pessoas, número superior ao de computadores de mesa (54%), *notebooks* (46%) e *tablets* (22%). Além disso, o uso exclusivo pelo celular apresenta maior predominância entre indivíduos das classes C, D e E, o que indica que ser este um recurso importante para promover a inclusão digital nas parcelas menos favorecidas da população. Esses dados são coerentes com o que se observa em escala global, na qual já se considera o celular como principal meio de conexão à Internet nos países em desenvolvimento (ONU, 2016).

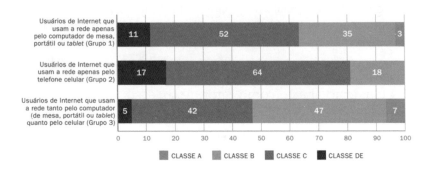

Figura 2 – Perfil dos usuários de Internet por equipamento e classe social (Cgi.Br, 2015)

Nesse contexto, ganha especial relevância outro ponto igualmente abordado pela ONU (2014), sob o tema "Canais móveis e outros para prestação inclusiva de serviços multicanal": a continuidade da evolução nos anos vindouros irá requerer que a forma de operação das instituições públicas seja repensada, de modo a colocar as necessidades e expectativas dos cidadãos no cerne da definição de processos e serviços. Como consequência, a adoção de uma abordagem inclusiva e integrada de prestação de serviços por múltiplos meios torna-se essencial para o sucesso dessa empreitada, visto que há demanda crescente pelo acesso facilitado a informações e serviços governamentais a partir de qualquer lugar, a qualquer hora e através de diferentes canais.

Para tanto, faz-se necessário complementar os recursos tradicionais de atendimento presencial ou telefônico com diversos outros, conforme o caso, tais como: *e-mail*, SMS e outros serviços de mensagem; portais igualmente acessíveis a partir de computadores e dispositivos móveis; aplicativos móveis; mídias sociais; e quiosques públicos. Sugere-se, ainda, o uso de intermediários que possam atuar como facilitadores nesse processo, considerando que "através de parcerias público-privadas e de *crowdsourcing*,[1] o governo também pode alcançar grupos mais amplos de cidadãos, incluindo grupos em situação de vulnerabilidade ou em situação de desvantagem, como os localizados em áreas rurais" (ONU, 2014).

Trata-se, portanto, de aplicar na prática os conceitos de inovação aberta, inovação social e coprodução, descritos no capítulo anterior, de modo que limitações tecnológicas, orçamentárias ou burocráticas do Estado possam ser superadas a partir do compartilhamento da responsabilidade pela construção e operação de serviços digitais com empresas, organizações da sociedade civil ou mesmo cidadãos independentes.

5.4 Governo aberto como fator de sucesso

Assume especial relevância, portanto, a Parceria para Governo Aberto (*Open Government Partnership*), iniciativa que reúne atualmente mais de sessenta países que assumiram, dentre outras, obrigações de aumentar a disponibilidade de informações governamentais para o público em geral e apoiar a participação cívica (OGP, 2011). Embora esse movimento tenha como objetivo principal a melhoria da governança

---

[1] *Crowdsourcing* é o nome dado a modelos pelos quais tarefas tipicamente internas de uma organização, como a criação de produtos e serviços ou a resolução de problemas, são compartilhadas com grupos específicos ou de forma aberta na Internet, de modo a promover a colaboração entre pessoas interessadas em aplicar seu tempo e conhecimento nessas tarefas.

dos países signatários, por meio do fortalecimento da transparência e da prestação de contas, também é esperado que a abertura contribua para a melhoria da qualidade dos serviços públicos (OGP, 2014).

No que diz respeito à relação entre governo aberto e governo digital, merece destaque o compromisso, igualmente presente na Declaração de Governo Aberto (OGP, 2011), de ampliar o acesso a novas tecnologias para fins de abertura e prestação de contas, transcrito a seguir na íntegra em função de sua relevância para o tema em foco neste capítulo.

> As novas tecnologias oferecem oportunidades para a troca de informações, participação pública e colaboração. Pretendemos dominar tais tecnologias para tornar públicas as informações, a fim de possibilitar sua compreensão pelo povo sobre as atividades de seu governo e para influenciar decisões.
>
> Comprometemo-nos a *criar espaços online acessíveis e seguros como plataformas para prestar serviços*, cativar o público e compartilhar informações e ideias.
>
> Reconhecemos que *o acesso igualitário e fácil* à *tecnologia representa um desafio e comprometemo-nos a buscar conectividade crescente online e móvel*, enquanto também identificamos e promovemos o uso de mecanismos alternativos para participação cívica.
>
> Comprometemo-nos a *atrair a sociedade civil e a comunidade empresarial para que identifiquem práticas eficazes e abordagens inovadoras para alavancar novas tecnologias* que capacitem as pessoas e fomentem transparência no governo.
>
> Reconhecemos também que o crescente acesso à tecnologia implica o apoio à capacidade do governo e dos cidadãos de utilizá-la. Comprometemo-nos a *apoiar e a desenvolver o uso de inovações tecnológicas tanto por funcionários públicos como por cidadãos*. Entendemos também que a tecnologia representa um complemento para informações claras, acessíveis e úteis, não um substituto. (Grifos nossos)

Nota-se, a partir dos trechos destacados, total compatibilidade entre os princípios de governo aberto e diversos pontos vistos ao longo deste capítulo, tais como o governo como plataforma, a prestação de serviços multicanais, a inovação aberta e a coprodução de serviços. Portanto, ainda que não se possa considerar requisito obrigatório, é inegável que a efetiva implementação dos compromissos descritos representa passo importante para alcançar o sucesso em iniciativas de governo digital.

A título de exemplo, vale citar a forma como a maioria dos países mais desenvolvidos nessa área tem incentivado a publicação de dados abertos e a utilização extensiva desses dados por empresas privadas e entidades do terceiro setor. O uso, nesse caso, não se limita à análise do desempenho e da legalidade das ações do Estado, sendo também direcionado para a construção de serviços de interesse dos cidadãos. Conforme se lê no portal de dados abertos dos Estados Unidos,[2] "dados governamentais abertos suportam aplicativos de software que ajudam as pessoas a tomar decisões informadas – desde a escolha de opções de ajuda financeira para a faculdade até encontrar produtos de consumo e veículos mais seguros".

Abordagens similares são adotadas por Reino Unido, França e Austrália, cujos portais[3] oferecem, além de grande variedade de conjuntos de dados públicos, catálogos de aplicativos desenvolvidos a partir dessa base e disponíveis para livre utilização pela sociedade. Destes, parcela significativa corresponde ao que se convencionou chamar de aplicativos cívicos: *softwares* para dispositivos móveis, distribuídos gratuitamente, que permitem que qualquer cidadão utilize dados providos pelo governo para apoiar decisões e ações rotineiras do dia a dia, como a escolha da linha de ônibus correta ou a localização da estação de metrô mais próxima.

O desenvolvimento desse tipo de aplicação tem sido incentivado, tanto por instituições públicas como por organizações da sociedade civil, por meio de concursos e eventos voltados para a comunidade técnica. Porém, um problema fundamental, para o qual ainda não se tem solução satisfatória, diz respeito à definição de modelos sustentáveis para manutenção e evolução desses produtos: se o aplicativo cívico se destina a prover um serviço de interesse público, é de se esperar que seja oferecido à sociedade de forma gratuita ou a custos muito reduzidos; porém, sem uma contrapartida financeira para indivíduos e empresas responsáveis por esse trabalho, o que pode ser feito para garantir sua continuidade no tempo?

Nesse sentido, o "Desafio de Aplicativos Cívicos – Controle Social Digital 2016", realizado pelo Tribunal de Contas da União, propõe uma solução inovadora: a criação de uma nuvem cívica, ambiente tecnológico que visa facilitar e potencializar a ação dos diversos atores desse

---

[2] <http://www.data.gov>.

[3] <http://www.data.gov.uk>, <http://www.data.gouv.fr> e <http://www.data.gov.au>, respectivamente.

ecossistema nascente. Para tanto, provê acesso facilitado de aplicativos móveis aos dados abertos governamentais e, ao mesmo tempo, recursos para hospedagem de outras informações que sejam geradas durante o uso ou se mostrem necessárias ao funcionamento de tais *softwares*, sem custo para usuários ou desenvolvedores.

Com isso, o TCU alinha-se aos princípios e compromissos que norteiam a Declaração de Governo Aberto e oferece ao Estado e à sociedade brasileira uma primeira versão, em caráter experimental, do que pode vir a se tornar um novo modelo para implementação do conceito de governo como plataforma. Conforme consta da página *web*[4] referente ao desafio de aplicativos cívicos,

> A Nuvem Cívica nasce com uma visão comunitária, aberta a contribuições e parcerias. Seu sucesso dependerá da convergência de esforços e ideais na construção de elementos tecnológicos, soluções inovadoras e serviços úteis ao cidadão. Se bem-sucedida, trará resultados que extrapolam em muito o interesse direto do TCU na questão do crowdsourcing cívico, podendo contribuir para a melhoria dos serviços e políticas públicas e provendo novos serviços e recursos para a sociedade como um todo.

Como se vê, portanto, a transformação do setor público rumo ao novo paradigma digital impõe desafios que vão muito além dos aspectos tecnológicos da construção de portais ou da oferta de serviços diferenciados à sociedade, por meio da Internet. São necessários investimentos em educação e redução de desigualdades para minimizar os efeitos da exclusão digital, além de mudanças culturais e administrativas para tornar o Estado cada vez mais aberto e próximo do cidadão, colocando este no centro das definições relativas aos assuntos de seu interesse. Ademais, é preciso tomar decisões conscientes sobre quais responsabilidades relativas à concepção, construção e operação de serviços podem ser compartilhadas com a sociedade.

Trata-se de cenário complexo. De acordo com o Conselho da OCDE, o desafio não é introduzir novas tecnologias, e sim integrar o seu uso aos esforços de modernização do setor público. Conforme se lê no preâmbulo das recomendações daquela instituição sobre estratégias de governo digital (OCDE, 2014):

---

[4] <http://portal.tcu.gov.br/desafio-aplicativos-civicos/nuvem-civica/>

O novo contexto de governança digital e a multiplicação de opções tecnológicas suscitam desafios e riscos para os quais os governos devem se preparar. As novas possibilidades, e as mudanças nas expectativas sociais que surgem a partir delas, exigem que os governos reexaminem suas abordagens e estratégias de governança. Falhar em fazê-lo pode significar uma perda acelerada de confiança no governo e uma percepção de que ele está fora de contato com as tendências sociais e tecnológicas. Mas estão os governos realmente equipados para utilizar a tecnologia digital para trabalhar de forma mais próxima de cidadãos e empresas, em particular num contexto de restrições orçamentárias contínuos?

Essa mudança para usar a tecnologia para moldar os resultados da governança pública, e não apenas para apoiar os processos de governo, exige um planejamento estratégico e coerente de políticas para o uso de tecnologias digitais em todas as áreas e em todos os níveis da administração.

Fracassos dos governos em fazer a transição para o novo ambiente digital podem ter consequências importantes, incluindo entrega de serviços de má qualidade, mau desempenho de gastos, violações de privacidade e segurança, e perda de confiança dos cidadãos. Por essa razão, estratégias eficazes de governo digital precisam refletir as expectativas do público em termos de valor econômico e social, abertura, inovação, entrega de serviços personalizados e diálogo com os cidadãos e as empresas.

5.5 Estratégias de governo digital

As recomendações da OCDE constituem o primeiro instrumento legal sobre governo digital em âmbito transnacional, sendo aplicáveis a todos os níveis de governo dos países membros daquela entidade, além de servirem de referência global de boas práticas relacionadas ao tema para as demais nações. De acordo com tais recomendações, devem ser desenvolvidas e implementadas estratégias que:

a) assegurem maior transparência, abertura e inclusão de processos e operações governamentais;

b) incentivem envolvimento e participação de partes interessadas públicas, privadas e da sociedade civil na elaboração de políticas públicas e no desenho e implementação de serviços públicos;

c) criem uma cultura orientada a dados no setor público; e

d) reflitam uma abordagem de gerenciamento de risco para lidar com as questões de segurança e privacidade digital, incluindo a adoção de medidas eficazes e adequadas de segurança para aumentar a confiança nos serviços governamentais.

Contudo, é importante reconhecer que muito antes da aprovação dessas diretrizes, em julho de 2014, as nações mais desenvolvidas na matéria já dispunham de planos voltados para a adequação do setor público às exigências da sociedade na Era Digital, como foi o caso de Estados Unidos e Reino Unido, cujas estratégias foram elaboradas em 2012. Em outros, como Singapura, Coreia e Austrália, vários pontos característicos da transformação digital já eram endereçados como parte de planos de governo eletrônico ou, de forma mais abrangente, de uso de tecnologia da informação no setor público.

A título de exemplo, cabe ressaltar que o documento norte-americano, denominado "Governo Digital: construindo uma plataforma do Século XXI para melhor servir ao povo americano" (EUA, 2012), além de definir princípios e diretrizes para toda a Administração Pública Federal daquele País, toma o cuidado de transmitir, logo em seu título, duas mensagens fundamentais: (i) o governo deve funcionar como uma plataforma aberta, que viabilize o relacionamento digital entre cidadãos, governo e setor privado; e (ii) a finalidade maior deve ser o melhor atendimento às necessidades e expectativas da sociedade. Nessa linha, estabelece três objetivos:

a) habilitar o povo americano e uma força de trabalho cada vez mais móvel para acessar informações e serviços digitais do governo, de alta qualidade, em qualquer lugar, a qualquer hora, em qualquer dispositivo;

b) assegurar que, à medida que o governo se ajusta a esse novo mundo digital, nós aproveitemos a oportunidade para adquirir e gerenciar dispositivos, aplicações e dados de maneiras inteligentes, seguras e acessíveis;

c) desbloquear o poder dos dados governamentais para estimular a inovação através de nossa nação e melhorar a qualidade dos serviços para o povo americano.

Também merecem destaque os quatro princípios definidos no referido documento, em torno dos quais são descritas ações e atribuídas responsabilidades pela sua execução: abordagem centrada na informação, que direciona esforços para a estruturação de dados, em substituição ao uso de documentos textuais, e para a consequente abertura desses dados; plataforma compartilhada, que determina a criação de um Centro de Inovação de Serviços Digitais para fomentar e apoiar a integração de diferentes entes governamentais; foco no cliente, que prioriza a melhoria de serviços voltados para o uso do público geral, em dispositivos móveis e com o uso de tecnologias modernas; e segurança e privacidade, que se preocupa em assegurar que o volume crescente de dados digitais seja produzido, processado, armazenado e utilizado de forma segura e com a necessária preservação da privacidade de informações pessoais.

Por sua vez, a estratégia do Reino Unido (2012) estabelece quatorze linhas de ação em torno de um único pilar, representado pelo conceito do padrão *Digital as Default* descrito anteriormente: serviços digitais tão bons que se tornem a escolha preferencial de todos que possam utilizá-los. Nesse sentido, o plano britânico contempla tanto a construção e transformação de serviços como questões relacionadas à facilidade de acesso pelos cidadãos.

Por outro lado, é interessante notar que, na comparação entre as edições de 2012 e 2014 dos *rankings* globais de governo eletrônico (ONU, 2014), tanto os Estados Unidos como o Reino Unido sofreram quedas em sua classificação: de duas posições no caso americano (5º para 7º) e cinco para os britânicos (3º para 8º). A explicação para esse aparente paradoxo reside na forma de cálculo do índice de governo eletrônico adotada pelas Nações Unidas, que leva em consideração três componentes igualmente importantes: a oferta de serviços *on-line*, a disponibilidade de infraestrutura tecnológica para acesso a tais serviços e o nível de capacidade da população para o seu uso efetivo.

Constata-se, da análise das referidas estratégias, que tanto Estados Unidos como Reino Unido direcionaram seus esforços principalmente para o provimento de serviços de melhor qualidade e ao provimento de dados abertos como meio para incentivar a coprodução pela sociedade, mas pouco fizeram em termos dos outros dois componentes do índice. Por outro lado, os países que apresentaram ganhos mais representativos no *ranking* no mesmo período – Austrália (12º para 2º), Singapura (10º para 3º) e Japão (18º para 6º) – aliaram a implementação de serviços digitais integrados a investimentos significativos na melhoria da estrutura de comunicações e no acesso efetivo da população a tais serviços (ONU, 2014).

Nesse ponto, conforme ressalta o próprio relatório, esses novos líderes foram beneficiados pela extensão territorial reduzida e pelo alto nível educacional da população, aspectos que facilitam ganhos mais rápidos e consistentes tanto na infraestrutura tecnológica como na capacidade de uso dessa tecnologia pela população. Tais condições se assemelham às observadas na Coreia, primeiro lugar absoluto nas três edições anteriores do levantamento global. Por outro lado, representam desafios significativos para as nações com dimensões continentais e maiores desigualdades em níveis de instrução, como o Brasil.

No relatório mais recente da ONU (2016), conforme já mencionado no início deste capítulo, o Reino Unido logrou êxito em alcançar o primeiro lugar do *ranking*, graças aos resultados consistentes obtidos a partir da transformação de seus serviços com base no padrão *digital as default*. Ao mesmo tempo, os Estados Unidos sofreram nova queda de cinco posições na classificação geral, apesar de ambos contarem com estratégias similares dedicadas ao tema. Há pelo menos duas diferenças relevantes entre ambos, que podem explicar resultados tão díspares: além da evidente distinção em termos da extensão territorial, o Reino Unido opera sob uma monarquia parlamentarista, com elevada concentração de responsabilidades no governo central, enquanto o sistema federativo americano confere grande independência aos estados membros. Com isso, torna-se muito mais difícil promover mudanças estruturais de forma coordenada em dezenas de serviços providos por áreas diferentes do governo, como fizeram os britânicos.

De volta ao caso brasileiro, constata-se que nosso país ocupava uma desconfortável 57ª posição no *ranking* de governo eletrônico da ONU em 2014, sem que tivesse havido evoluções significativas nesse posicionamento em relação aos resultados de 2012 (59º) e 2010 (61º), que por sua vez representaram queda significativa em relação ao levantamento de 2008, quando havia sido alcançado o 45º lugar na lista.

Pode-se dizer que tal histórico reflete a falta de investimentos sistemáticos do Governo Federal no tema ao longo dos últimos anos. Conforme retrospectiva das iniciativas e realizações de governo eletrônico no país (BRASIL, 2016), elaborada pelo próprio Ministério do Planejamento, Orçamento e Gestão, na condição de órgão central do Sistema de Administração dos Recursos de Tecnologia da Informação – SISP, as ações dessa natureza começaram a ser estruturadas no início da década de 2000, sob a forma de um programa de governo eletrônico, época em que diversos avanços importantes foram alcançados. Entretanto, a partir de 2008 nota-se que o foco principal de atenção se voltou para aspectos relacionados às contratações de bens e serviços de tecnologia da informação e pouco se avançou em pontos centrais para o governo digital, como a ampliação da oferta de serviços integrados ou a melhoria da infraestrutura de conectividade.

Nesse sentido, vale ressaltar que iniciativas como o Plano Nacional de Banda Larga e a Infraestrutura Nacional de Dados Abertos, citadas no referido documento, mereceram severas críticas do Tribunal de Contas da União quando da realização de auditorias específicas, que revelaram problemas como a falta de coordenação e efetividade das ações empreendidas tanto para a ampliação do acesso a conexões de banda larga e consequente aumento da inclusão digital (TCU, 2015, 2016) como na promoção da abertura de dados públicos em nível federal (TCU, 2014).

Tal cenário levou o Tribunal de Contas da União a promover, em abril de 2015, o Seminário Internacional Brasil 100% Digital, como forma de incentivar o pleno uso de tecnologias da informação e comunicação como instrumento para melhorar os serviços prestados ao cidadão, propiciar maior eficiência e competitividade às empresas, e aprimorar o funcionamento e os instrumentos de controle da máquina pública. Essa motivação foi assim expressa pelo Ministro Aroldo Cedraz, Presidente do Tribunal, em sua palestra inaugural do evento:

> Desde a criação das primeiras ferramentas pelo homem pré-histórico, a tecnologia tem sido um dos principais instrumentos de transformação do modo como vivemos, trabalhamos e nos relacionamos. Este processo, que se acelerou a partir da Revolução Industrial, avança hoje em ritmo vertiginoso graças ao surgimento e à evolução contínua das tecnologias de informação e comunicação, que caracterizam a revolução digital.
>
> A título de exemplo, vale lembrar que a pouco mais de uma década não existiam as redes sociais, nossos telefones serviam apenas para fazer ligações e os serviços de computação em nuvem eram acessíveis somente a grandes corporações. Ou seja, grande parte dos recursos onipresentes em nossas atividades pessoais e profissionais foram criados e tornaram-se quase indispensáveis nesse período, mudando radicalmente as relações entre indivíduos, e destes com empresas e instâncias governamentais.
>
> Tamanha transformação em tão pouco tempo impõe desafios e gera oportunidades para todos os envolvidos. Na esfera privada, vimos novos negócios serem criados a partir de uma simples ideia e alcançarem valores de mercado na casa dos bilhões de dólares em poucos anos. Enquanto isso, outros desapareceram ou se viram seriamente ameaçados por não serem capazes de se adaptar, com a velocidade necessária, a demandas de mercado novas e em constante mutação.
>
> Para o setor público a situação não é diferente. Em movimento que se iniciou nos países mais desenvolvidos, mas chegou rapidamente ao restante do mundo, cidadãos passam a maior parte do dia conectados à Internet e às redes sociais por meio de dispositivos móveis, e utilizam essa plataforma para se relacionar com pessoas e empresas de forma simples e ágil; como consequência natural, passam a exigir o mesmo em suas interações com as instâncias governamentais. Afinal, se vivemos em uma Era Digital, não se admite mais que o Estado continue sendo analógico, amarrado a papéis, carimbos e processos burocráticos.

Figura 3 – Cerimônia de abertura do Seminário Internacional Brasil 100% Digital

Ciente das dificuldades inerentes a desafios dessa magnitude, o TCU viabilizou a participação, no referido seminário, de quinze especialistas dos países mais avançados no tema, como Coreia, Austrália, Singapura, França, Holanda, Estados Unidos e Reino Unido, com o objetivo de fomentar a troca de experiências relacionadas à construção de serviços digitais e ao uso de dados abertos como instrumento de transparência e controle social. Na audiência, ao longo de três dias de palestras e debates, foram mais de 700 participantes de todas as esferas e poderes da Administração Pública, bem como do meio acadêmico e do terceiro setor.

Como consequência, em parte, das provocações feitas pelo Tribunal junto ao Governo Federal desde janeiro de 2015, que culminaram nesse encontro internacional e tiveram continuidade nos meses seguintes, a então Secretaria de Logística e Tecnologia da Informação do Ministério do Planejamento, Orçamento e Gestão deu início à formulação de uma nova estratégia que viria a substituir a Estratégia Geral de Tecnologia da Informação e Comunicação, elaborada em 2014, de modo a redirecionar o foco da Administração Pública Federal para ações voltadas para o governo digital, em linha com os conhecimentos adquiridos durante o evento. Esse esforço contou com a realização de seminários, oficinas técnicas e subsídio da sociedade por meio do Portal Participa.BR, resultando no total em cerca de 1.200 contribuições de gestores e servidores públicos, especialistas acadêmicos e representantes de entidades empresariais (BRASIL, 2016).

O resultado final do trabalho foi materializado no Decreto nº 8.638, de 15 de janeiro de 2016, que instituiu a Política de Governança Digital dos órgãos e das entidades da administração pública federal direta, autárquica e fundacional, seguido da Portaria MPOG nº 68, de 7 de março de 2016, que aprovou a Estratégia de Governança Digital da Administração Pública Federal para o período 2016-2019 (EGD) e atribuiu à Secretaria de Tecnologia da Informação daquele Ministério competências para coordenar a formulação, o monitoramento, a avaliação e a revisão da EGD.

Conforme o art. 1º do Decreto nº 8.638, a Política de Governança Digital possui as seguintes finalidades:

I – gerar benefícios para a sociedade mediante o uso da informação e dos recursos de tecnologia da informação e comunicação na prestação de serviços públicos;

II – estimular a participação da sociedade na formulação, na implementação, no monitoramento e na avaliação das políticas públicas e dos serviços públicos disponibilizados em meio digital; e

III – assegurar a obtenção de informações pela sociedade, observadas as restrições legalmente previstas.

Ainda de acordo com o referido decreto, em seu art. 3º, e conforme detalhamento constante da EGD, foram definidos nove princípios a serem observados na realização das ações de governança digital na Administração Pública Federal, em complemento a princípios constitucionais como os da legalidade, publicidade e eficiência (BRASIL, 2016):

a) foco nas necessidades da sociedade, como principais insumos para o desenho e a entrega de serviços públicos digitais;

b) abertura e transparência, mediante o tratamento de dados e informações como ativos públicos que devem estar disponíveis para a sociedade, ressalvado o disposto em legislação específica;

c) compartilhamento da capacidade de serviço, composta por infraestrutura, sistemas, serviços e dados, de forma a evitar duplicação de esforços, eliminar desperdícios e custos e reduzir a fragmentação da informação;

d) simplicidade, como instrumento para redução da fragmentação e da duplicação de serviços públicos digitais, com foco na eficiência da prestação de serviços à sociedade;

e) priorização de serviços públicos disponibilizados em meio digital, para o maior número possível de dispositivos e plataformas;
f) segurança dos dados e informações, além de proteção do sigilo e da privacidade pessoais dos cidadãos na forma da legislação;
g) participação e controle social, com o intuito de possibilitar a colaboração dos cidadãos em todas as fases do ciclo das políticas públicas e na criação e melhoria dos serviços públicos, bem como na supervisão da atuação do governo;
h) governo como plataforma, aberta, sobre a qual os diversos atores sociais possam construir suas aplicações tecnológicas para a prestação de serviços e o desenvolvimento social e econômico; e
i) inovação, como instrumento para concepção de soluções que resultem em melhoria dos serviços públicos.

Por fim, esses princípios foram materializados na EGD em um conjunto de dez objetivos estratégicos, organizados em três eixos alinhados às finalidades da Política de Governança Digital – acesso à informação, prestação de serviços e participação social – e detalhados por meio de indicadores, metas e respectivas iniciativas estratégicas. Tais elementos, além de serem utilizados para o monitoramento da implementação e a avaliação de resultados, servirão também como insumo essencial para a elaboração ou atualização dos Planos Diretores de Tecnologia da Informação dos órgãos integrantes do Poder Executivo Federal.

Figura 4 – diagrama estratégico da EGD (BRASIL, 2016)

Com esse movimento, é inegável que o Brasil começa a trilhar caminhos semelhantes aos de nações mais desenvolvidas, com a definição clara de princípios, estratégias e objetivos alinhados, inclusive, às mais recentes recomendações do Conselho da OCDE sobre o assunto. Porém, como nos mostra o conhecimento acumulado em décadas de estudos na área da administração, mais difícil que planejar é colocar em prática as ações e os projetos desenhados e, ao fim, conquistar os resultados esperados. Na Administração Pública, o desafio é ainda maior: aos obstáculos naturais dos processos de mudança organizacional, juntam-se o excesso de burocracia, a inércia da máquina estatal, as dificuldades de articulação política entre os diversos órgãos envolvidos e as restrições orçamentárias inerentes a momentos de crise.

Além disso, é necessário ressaltar que a estratégia elaborada pelo Governo Federal, mesmo que alinhada ao guia da OCDE, ataca somente uma parte dos desafios já relatados para implementação de práticas efetivas de governo digital, uma vez que praticamente não aborda aspectos referentes à ampliação da infraestrutura de tecnologia e à capacitação da população, igualmente necessários para que os novos serviços digitais sejam efetivamente utilizados. Entre as dezenas de iniciativas estratégicas relacionadas na EGD, encontra-se apenas uma relativa ao tema, com responsabilidade atribuída ao Ministério das Comunicações, a qual registra apenas a necessidade de "expandir as políticas de inclusão digital para alcance de toda a sociedade".

A esse respeito, cabe retornar ao Acórdão TCU nº 2.151/2015-Plenário, resultado de auditoria sobre a política de inclusão digital e respectivos programas governamentais. No relatório que embasou a decisão do Tribunal, a equipe registrou cinco causas primárias relacionadas à exclusão digital: infraestrutura; conteúdo; acesso; alfabetização digital; e gestão da política pública (TCU, 2015). Nota-se, portanto, que quase a totalidade do conteúdo da EGD concentra-se primordialmente sobre o conteúdo dos serviços e informações digitais, em uma assimetria que pode resultar em prejuízos à evolução pretendida com tal estratégia.

Por outro lado, é igualmente importante reconhecer que a elaboração de uma política e de uma estratégia de governança digital para a Administração Pública Federal representam passos significativos para viabilizar, no mínimo, o início do processo de transformação rumo a um Brasil 100% Digital, o que já proporcionou ligeira melhoria no posicionamento do país – de 57º para 51º – na última edição do *ranking* de governo eletrônico da ONU (2016) e, o mais importante, deverá se refletir na prestação de serviços de melhor qualidade e mais adequados às necessidades e expectativas da sociedade brasileira.

5.6 Estratégias de controle digital

Conforme dito inicialmente, as instituições de controle precisam adaptar-se à Era Digital, tanto quanto os governos. Em primeiro lugar, para se adequarem às novas demandas a elas impostas pela sociedade – em termos de novos canais e meios de relacionamento, maior transparência e abertura à participação social. Em segundo, mas não menos importante, para manterem sua capacidade de compreender, analisar e apontar eventuais falhas de funcionamento em políticas, processos de trabalho, produtos e serviços públicos diferenciados e em constante mutação.

Com relação ao primeiro ponto, basta lembrar que são igualmente aplicáveis a essas entidades os mesmos impactos resultantes do processo de transformação digital do Estado, com um agravante: devido à própria natureza de suas atividades, a cultura dos órgãos de controle tende a ser mais conservadora, em termos do apego a normas e processos burocráticos; isso pode dificultar, por exemplo, o uso efetivo de canais de relacionamento mais informais, típicos da Era Digital.

Porém, é no segundo aspecto, do exercício da função de controle da Administração Pública, que reside o maior desafio e, ao mesmo tempo, a grande oportunidade decorrente dessa nova era: governos digitais requerem auditorias digitais. A questão que se apresenta, segundo Lewis (2014), é simples e direta: considerando um governo intensamente conectado, com informações de todos os tipos disponíveis 24 horas por dia, 7 dias por semana, e com investimentos substanciais em tecnologia da informação para modernizar suas atividades, as técnicas de auditoria estão sendo atualizadas de forma similar?

Há uma tendência irreversível – porque assim demandam cidadãos e empresas – de que os relacionamentos destes com o governo se deem, cada vez mais, por meio de canais digitais e do uso de serviços integrados; construídos, em muitos casos, pela iniciativa privada ou por entidades da sociedade civil, com níveis mínimos de intervenção ou participação do Estado. Como consequência, serão produzidos registros das transações efetuadas, muitas delas associadas à execução de políticas públicas ou à aplicação de recursos orçamentários, aspectos sujeitos à fiscalização por tribunais de contas e órgãos similares.

A complexidade desse cenário demonstra que não se trata de mera questão tecnológica, mas sim de uma transformação cultural do próprio ambiente de auditoria, que envolve tanto a atualização de conhecimentos e habilidades dos auditores, como ajustes nas expectativas de ambas as partes – auditor e auditado – sobre quais elementos compõem o escopo do trabalho e como o processo pode ser conduzido. Em casos extremos, pode-se mostrar necessário avaliar não somente as transações realizadas, mas também o desenho dos serviços que deram origem às transações e o próprio arranjo institucional envolvido na criação e operação de tais serviços.

Ao mesmo tempo, a geração abundante de dados estruturados e não estruturados sobre as políticas e os serviços do Estado – espécie de *Big Data* governamental – oferece oportunidade única para o controle mais preciso e tempestivo da Administração Pública pelos próprios gestores e pelas instâncias de controle, na medida em que tais dados podem servir de base para a realização de testes de auditoria sofisticados, de forma contínua e automatizada. Nesse contexto,

> Ganha destaque, portanto, uma nova disciplina: o *Big Data Analytics*, que pode ser definido como a aplicação de métodos estatísticos e outras técnicas analíticas sobre dados de transações, informações financeiras e diferentes fontes de dados internas ou externas à organização, com o propósito de extrair conhecimentos a partir do histórico de eventos passados, acompanhar e reagir aos acontecimentos presentes de forma tempestiva ou mesmo prever possíveis desdobramentos futuros a partir dos dados disponíveis.

> O principal objetivo do *Big Data Analytics* é contribuir para que as empresas tomem melhores decisões de negócio. Ao transpor esse conceito para o contexto do controle, pode-se dizer que a aplicação dos mesmos métodos estatísticos e técnicas analíticas às atividades de auditoria – o que alguns autores denominam *Audit Analytics* – tem como objetivo contribuir para que os auditores tomem melhores decisões sobre as entidades auditadas. Em termos mais específicos, torna-se possível compreender e quantificar riscos, testar controles e avaliar processos de negócio de forma rápida e eficiente. (COSTA; DUTRA, 2014)

Portanto, o avanço da implementação do governo digital, aliado ao desenvolvimento simultâneo de estratégias de controle digital por parte das instituições de auditoria governamental, permitirá que em breve seja possível aplicar procedimentos analíticos e testes estatísticos sobre a totalidade das transações de qualquer entidade, política ou serviço público, em intervalos de tempo muito curtos.

Com isso, torna-se possível materializar, no âmbito do setor público, o conceito de auditoria contínua originalmente proposto para aplicação a registros contábeis e transações de empresas privadas (VASARHELYI; HALPER, 1991). Mais importante, entretanto, é o potencial para adoção de abordagens mais modernas como as auditorias preditivas e preventivas, que permitem aos auditores não apenas examinar eventos passados e determinar a correção de erros que já ocorreram, mas também detectar rapidamente ou mesmo prevenir novos casos de irregularidades e anomalias (KUENKAIKAEW, 2013).

Vale ressaltar que a aplicação desses conceitos e métodos à auditoria pública não se trata de mera construção teórica. De fato, o Tribunal de Contas da União vem realizando trabalhos dessa natureza desde o ano de 2015, em decorrência de diretriz estratégica estabelecida pelo Ministro-Presidente Aroldo Cedraz e registrada no Plano de Controle Externo da casa, com vigência de abril de 2015 a março de 2017, nos seguintes termos:

> Seção I – Linhas de Ação Transversais e Setoriais
>
> Objetivo Estratégico 4 – Intensificar a atuação com base em análise de risco
>
> Linha de ação 4.1 – Fiscalizar de forma contínua, a partir do tratamento de dados de bases informacionais, a utilização de recursos públicos, com vistas a detectar e corrigir tempestivamente possíveis desvios.

Em consequência desse direcionamento, foram capacitadas equipes e desenvolvidos métodos de análise e modelos estatísticos específicos, posteriormente aplicados em auditorias sobre diferentes áreas e funções de governo. Como exemplo dos expressivos resultados alcançados, merecem destaque os seguintes trabalhos:

a) auditoria preditiva sobre a descentralização de recursos federais por meio de transferências voluntárias (Acórdão TCU nº 539/2016-Plenário);

b) auditoria contínua sobre pagamentos de benefícios da previdência social (Acórdão TCU nº 718/2016-Plenário); e

c) auditoria sobre a seleção de beneficiários do programa nacional de reforma agrária (Acórdão TCU nº 775/2016-Plenário).

O detalhamento dos trabalhos citados foge ao escopo da presente discussão, mas é importante ressaltar que os mesmos procedimentos e testes utilizados em cada uma dessas auditorias poderiam ser aplicados pelos gestores dos respectivos programas para monitorar continuamente, de forma proativa, o funcionamento das políticas públicas sob sua responsabilidade. A partir da implementação simultânea de tais mecanismos, por parte de gestores e instâncias de controle, tornar-se-á possível alcançar a asseguração contínua de que as transações e respectivos controles estejam operando em conformidade com as normas aplicáveis e com níveis de desempenho adequados.

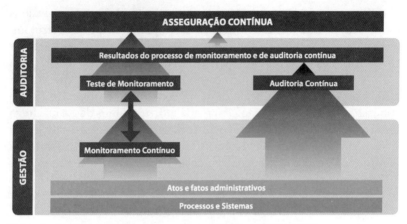

Figura 5 – Modelo de asseguração contínua (COSTA; DUTRA, 2014)

Por fim, ainda que sejam evidentes os benefícios potenciais a serem obtidos pela aplicação efetiva desse modelo de asseguração contínua às diversas atividades do Estado, isso ainda não seria suficiente para caracterizar uma estratégia de controle plenamente alinhada às características da Era Digital. Afinal, como já foi dito, um aspecto marcante dessa era é a construção de relacionamentos mais abertos entre governo e sociedade, nos quais cidadãos, empresas e entidades do terceiro setor participam efetivamente das decisões e ações do Estado e, em alguns casos, assumem para si a responsabilidade por parte dessas ações.

Nesse contexto, e tendo como inspiração a definição de governo digital estabelecida pela OCDE (2014), propõe-se a adoção do seguinte conceito, como base para a construção de estratégias de controle digital:

> Controle Digital se refere ao uso de ferramentas de análise de dados e outras tecnologias digitais, como parte integrante das estratégias de modernização das instituições de auditoria governamental, para assegurar a conformidade das operações e a criação de valor público pelo Estado. Ele se baseia em um ecossistema composto por órgãos de controle, atores governamentais, organizações não governamentais, empresas, associações de cidadãos e indivíduos, que apoia a produção, o acesso e a análise de dados sobre o funcionamento do governo, com a finalidade de identificar possíveis riscos ou ocorrências de falhas, desvios ou fraudes em políticas, atividades ou serviços do setor público.

A partir do conceito ora proposto, torna-se clara a necessidade de que estratégias para sua implementação contemplem mecanismos efetivos de fomento e apoio ao controle social, igualmente ancorados na aplicação de métodos analíticos e testes estatísticos, por cidadãos e entidades do terceiro setor, sobre a massa crescente de informações governamentais. Para tanto, entende-se que a publicação extensiva de dados abertos de todos os órgãos e entidades do setor público é condição necessária, mas não suficiente.

O debate sobre o controle social baseado em análises de dados públicos ganhou corpo a partir de iniciativa do Secretário de Comunidades e Governos Locais do Reino Unido, em 2010, que sugeriu a formação de um "exército de auditores de poltrona" (*armchair auditors*) para auxiliar no monitoramento de um conjunto de indicadores de desempenho do governo britânico.

Assim, apesar do foco recente e da consequente escassez de estudos sistemáticos sobre conceitos e resultados de ações desse tipo, já foi possível identificar alguns dos principais desafios enfrentados por esses grupos. Dentre eles, merecem destaque: problemas para coletar, integrar e interpretar dados de diversas fontes, em função de limitações tecnológicas e de conhecimento sobre a semântica dos dados envolvidos; e complexidade excessiva das aplicações analíticas tradicionais, voltadas para usuários com conhecimentos estatísticos avançados. Em função disso, os auditores de poltrona podem enfrentar dificuldades para descobrir padrões úteis em dados complexos, identificar comportamentos fraudulentos e produzir evidências válidas a partir do alto volume de dados disponíveis (O'LEARY, 2015).

Como o termo cunhado pelo dirigente britânico parece informal em excesso, podendo até ser entendido como pejorativo, sugere-se aqui um pequeno ajuste, para fins da formulação de estratégias de controle digital, substituindo-se o "auditor de poltrona" por "auditor social". Com isso, e considerando a definição proposta por O'Leary (2015), tem-se que:

> Auditoria social é um tipo de trabalho colaborativo em que a análise dos dados é informal, voluntária e não tem requisitos específicos. As partes interessadas que compõem o grupo de auditores sociais incluem, mas não se limitam a cidadãos, imprensa, empresas e adversários políticos.

Por fim, com base nas dificuldades relatadas, é possível identificar uma oportunidade inexplorada: a construção de plataformas de controle social, baseadas na integração de repositórios de dados abertos, bases de conhecimento que esclareçam a semântica desses dados, ferramentas analíticas amigáveis a usuários de nível básico ou intermediário e, ainda, recursos de comunicação e colaboração que viabilizem a formação de comunidades de auditores sociais em torno de temas de interesse comum.

Trata-se de mais um conceito que pode ser formulado por analogia, a partir da aplicação dos princípios de governo como plataforma, definidos por O'Reilly (2011), ao contexto específico da auditoria e do controle governamental. Propõe-se, assim, que:

> Controle como plataforma consiste na oferta, pelas instituições de auditoria pública, de infraestrutura básica de dados abertos, conhecimentos, ferramentas analíticas e recursos de comunicação para que auditores sociais possam construir análises inovadoras que propiciem visibilidade sobre as ações do governo ou permitam que os cidadãos participem diretamente do controle de políticas públicas.

Em síntese, portanto, pode-se dizer que a transformação requerida do controle da Administração Pública na Era Digital implica a formulação e a implementação de estratégias que contemplem tanto o uso intensivo de técnicas de *audit analytics*, pelas instituições de controle, como a adoção do conceito de controle como plataforma como instrumento para estimular e apoiar a participação da sociedade nesse processo, por meio da auditoria social.

Referências

BRASIL. Presidência da República. Decreto s/nº de 18 de outubro de 2000. Cria, no âmbito do Conselho de Governo, o Comitê Executivo do Governo Eletrônico. *Diário Oficial da República Federativa do Brasil*. Brasília, 19 out. 2000. Disponível em: <http://www.planalto.gov.br/ccivil_03/dnn/DNN9067.htmimpressao.htm>. Acesso em: 10 jun. 2016.

BRASIL. *Estratégia de governança digital da Administração Pública Federal 2016-2019*. Brasília, 2016. Disponível em: <http://www.planejamento.gov.br/EGD/arquivos/Estrategia_de_Governanca_Digital.pdf>. Acesso em: 10 jun. 2016.

BROWN, T. *et al*. Design thinking. *Harvard Business Review*, v. 86, n. 6, 2008. Disponível em: <https://www.ideo.com/images/uploads/thoughts/IDEO_HBR_Design_Thinking.pdf>. Acesso em: 10 jun. 2016.

CASTELLS, Manuel. *A era da informação*: economia, sociedade e cultura. São Paulo: Paz e Terra, 1999. v. 1.

COMITÊ GESTOR DA INTERNET NO BRASIL – CGI.BR. *Pesquisa sobre o uso das tecnologias da informação e comunicação nos domicílios brasileiros*: TIC Domicílios 2014. São Paulo, 2015. Disponível em: <http://cgi.br/media/docs/publicacoes/2/TIC_Domicilios_2014_livro_eletronico.pdf>. Acesso em: 10 jun. 2016.

COSTA, G.P.C.; DUTRA, T.A.G.L. Auditoria financeira na era do *Big Data*: novas possibilidades para avaliação e resposta a riscos em demonstrações financeiras do Governo Federal. *Revista do TCU*, n. 131. Brasília, 2014. Disponível em: <http://revista.tcu.gov.br/ojsp/index.php/RTCU/ article/download/62/70>. Acesso em: 10 jun. 2016.

ESTADOS UNIDOS DA AMÉRICA. *Digital Government*: Building a 21st Century Platform to Better Serve the American People. Washington, 2012. Disponível em: <https://www.whitehouse.gov/sites/default/files/omb/egov/digital-government/digital-government-strategy.pdf>. Acesso em: 10 jun. 2016.

GOVERNMENT DIGITAL SERVICE – GDS. *Government Digital Service Manual*: Understanding users who do not use digital services. London, 2016. Disponível em: <https://www.gov.uk/service-manual/user-research/understanding-users-who-dont-use-digital-services>. Acesso em: 10 jun. 2016.

GREGÓRIO, A. Um caminho para o design de serviços públicos. *In*: AGUNE, R. *et al. Gestão do conhecimento e inovação no setor público*. São Paulo: Secretaria de Planejamento e Desenvolvimento Regional, 2014. Disponível em: <http://igovsp.net/sp/da-pra-fazer.pdf>. Acesso em: 10 jun. 2016.

KUENKAIKAEW, S. *Predictive audit analytics*: evolving to a new era. Tese de Doutorado. Rutgers University, Graduate School. Newark, 2013. Disponível em: <https://rucore.libraries. rutgers.edu/rutgers-lib/41494/PDF/1/>. Acesso em: 10 jun. 2016.

LEWIS, A.C. *et al.* Digital Auditing: Modernizing the Government Financial Statement Audit Approach. *Journal of Government Financial Management*, v. 63, n. 1, 2014. Disponível em: <http://www.kpmg-institutes.com/content/dam/kpmg/governmentinstitute/pdf/2014/digital-auditing-government.pdf>. Acesso em: 10 jun. 2016.

MOOTEE, I. *Design thinking for strategic innovation*: What they can't teach you at business or design school. John Wiley & Sons, 2013.

O'LEARY, D.E. Armchair Auditors: Crowdsourcing Analysis of Government Expenditures. *Journal of Emerging Technologies in Accounting*, v. 12, n. 1. 2015.

OPEN GOVERNMENT PARTNERSHIP – OGP. *Declaração de Governo Aberto*. 2011. Disponível em: <http://www.governoaberto.cgu.gov.br/central-de-conteudo/documentos/arquivos/declaracao-governo-aberto.pdf>. Acesso em: 10 jun. 2016.

OPEN GOVERNMENT PARTNERSHIP – OGP. *Four Year Strategy 2015-2018*. 2014. Disponível em: <http://www.opengovpartnership.org/sites/default/files/attachments/OGP4-yearStrategy FINALONLINE.pdf>. Acesso em: 10 jun. 2016.

O'REILLY, T. Government as a Platform. *Innovations*, v. 6, n. 1, 2011. Disponível em: <http://www.mitpressjournals.org/doi/pdf/10.1162/INOV_a_00056>. Acesso em: 10 jun. 2016.

ORGANIZAÇÃO DAS NAÇÕES UNIDAS – ONU. *Benchmarking E-government*: a Global Perspective. New York, 2002. Disponível em: <https://publicadministration.un.org/egovkb/Portals/egovkb/Documents/un/English.pdf>. Acesso em: 10 jun. 2016.

ORGANIZAÇÃO DAS NAÇÕES UNIDAS – ONU. *United Nations e-Government Survey 2014*: e-Government for the future we want. New York, 2014. Disponível em: <https://publicadministration.un.org/egovkb/portals/egovkb/documents/un/2014-survey/e-gov_complete _survey-2014.pdf>. Acesso em: 10 jun. 2016.

ORGANIZAÇÃO DAS NAÇÕES UNIDAS – ONU. *United Nations e-Government Survey 2016*: e-Government in support of sustainable development. New York, 2016. Disponível em: <http://workspace.unpan.org/sites/Internet/Documents/UNPAN96407.pdf>.

ORGANIZAÇÃO PARA COOPERAÇÃO E DESENVOLVIMENTO ECONÔMICO – OCDE. *Understanding the Digital Divide*. Paris, 2001. Disponível em: <https://www.oecd.org/sti/ 1888451.pdf>. Acesso em: 10 jun. 2016.

ORGANIZAÇÃO PARA COOPERAÇÃO E DESENVOLVIMENTO ECONÔMICO – OCDE. *Recommendation of the Council on Digital Government Strategies*. 2014. Disponível em: <http://www.oecd.org/gov/digital-government/Recommendation-digital-government-strategies.pdf>. Acesso em: 10 jun. 2016.

REINO UNIDO. *Government Digital Strategy*. London: Cabinet Office, 2012. Disponível em: <https://www.gov.uk/government/publications/government-digital-strategy>. Acesso em: 10 jun. 2016.

TRIBUNAL DE CONTAS DA UNIÃO (TCU). *Acórdão nº 2.569/2014-Plenário*. Brasília, 2014.

TRIBUNAL DE CONTAS DA UNIÃO (TCU). *Acórdão nº 2.151/2015-Plenário*. Brasília, 2015.

TRIBUNAL DE CONTAS DA UNIÃO (TCU). *Acórdão nº 28/2016-Plenário*. Brasília, 2016.

VASARHELYI, M.A.; HALPER, F.B. The continuous audit of online systems. *Auditing*: *A Journal of Practice & Theory*, v. 10, n. 1, 1991. Disponível em: <http://raw.rutgers.edu/docs/previousprojects/THE CONTINUOUS AUDIT OF ONLINE SYSTEMS 3.pdf>. Acesso em: 10 jun. 2016.

Informação bibliográfica deste texto, conforme a NBR 6023:2002 da Associação Brasileira de Normas Técnicas (ABNT):

COSTA, Gledson Pompeu Correa da. Governo digital, controle digital e participação social. In: OLIVEIRA, Aroldo Cedraz de (Coord.). *O controle da administração na era digital*. Belo Horizonte: Fórum, 2016. p. 151-180. ISBN 978-85-450-0176-8.

PARTE II

CAPÍTULO 1

VISÃO ESTRATÉGICA: GOVERNANÇA E PLANEJAMENTO

ANTONIO QUINTINO ROSA

1.1 O que é governança

1.1.1 Caracterização

Governança compreende essencialmente os mecanismos de liderança, estratégia e controle postos em prática para avaliar, direcionar e monitorar a atuação da gestão, com vistas ao alcance de determinados objetivos.

A institucionalização de um modelo de governança envolve a definição, a construção e a implementação de funções, estruturas, processos, bem assim a indução de comportamentos que contribuam para o alcance de resultados desejáveis de forma participativa, transparente, econômica e efetiva.

Embora exista íntima relação entre gestão e governança, também há diferenças. Enquanto aquela preocupa-se com planejamento, execução, controle e tomada de decisão em programas, projetos e processos predefinidos, esta está atenta ao processo de avaliação ambiental, articulação e coordenação política, tomada de decisão, estruturação institucional, monitoramento e controle do desempenho global. Em termos práticos, governança possui abordagem macro, gestão, micro.

A estrutura de governança direciona, define objetivos, a de gestão executa ações visando alcançar objetivos e metas preestabelecidos. A governança define o direcionamento estratégico, gerencia riscos, monitora resultados e avalia a atuação da gestão; esta planeja, executa e controla os programas e os recursos da instituição, de modo a garantir o alcance de resultados. A gestão preocupa-se com a eficiência e a eficácia das ações, à governança interessa maiores efetividade e economia.

1.1.2 Teorias basilares

A origem da governança está associada ao momento histórico em que as organizações deixaram de ser administradas diretamente pelo proprietário dos recursos produtivos e passaram à administração de terceiros. Esse desenho é estudado pela Teoria de Agência, ou Teoria da Firma, cujos personagens, principal e agente, são respectivamente proprietário e administrador.

De acordo com Adam Smith (1776), não se pode esperar que executivos de companhias cujo capital não lhes pertençam cuidem delas com a mesma vigilância criteriosa dos donos.

Pela Teoria de Agência, a relação entre principal e agentes impõe ao primeiro, restrições às quais não estaria sujeito caso ele mesmo administrasse seu negócio. Entre as disfunções resultantes dessa configuração está a diminuição da capacidade de governança da organização, isto é, a redução da facilidade com que o proprietário é capaz de avaliar, direcionar e monitorar o uso dos meios de produção com vistas ao alcance dos objetivos, visto que o detentor das informações agora é o agente.

Considerando que, sob o ponto de vista ideal, o anseio do dono é garantir que os delegados ajam em seu interesse e tomem decisões como ele tomaria, não fica difícil perceber que, para alcançar os objetivos da organização, é essencial ampliar a capacidade de governança.

Para corrigir essa e outras disfunções, o principal comumente vale-se de mecanismos de liderança, estratégia e controle que colaboram para o aumento de sua capacidade de avaliação, direcionamento e monitoramento da gestão e do uso dos recursos.

1.1.3 Governança corporativa e governança pública

Governança pode ser analisada sob múltiplas perspectivas, sendo a corporativa a mais abrangente e relevante. Ela visa proporcionar maior transparência na relação de agência, minimizar assimetrias de informação entre principal e agente por meio de mecanismos de controle que direcionam, monitoram e avaliam as decisões tomadas pelo administrador e o responsabilizam por elas.

Dada a necessidade do proprietário em ter o controle de sua organização quando já não mais o possui, surgem práticas de governança no meio corporativo concomitantemente à delegação da administração das empresas a terceiros não proprietários.

Analogamente, no setor público, a sociedade é o principal que delega ao gestor, o agente, poderes e responsabilidades para administrar a coisa pública. Da mesma forma, essa relação sofre idênticos riscos relacionados à incompatibilidade ou conflito de interesses entre as partes, administrador público e sociedade. Por essa razão adaptaram-se algumas estruturas da governança corporativa para o Estado Contemporâneo, como a pessoa jurídica que passa a representar o povo e as normas que regem a relação entre ambos, incluindo a obrigação dos agentes de prestar contas de seus atos ao cidadão.

Para se ter uma ideia da importância atribuída ao tema nos anos recentes, em outubro de 2015, o *European Corporate Governance Institute* (ECGI) consolidou em catálogo mais de quatrocentos códigos de governança corporativa, publicados por cerca de cem países e instituições internacionais.

O *Cadbury to Combined Code*, do Reino Unido; o *Sarbanes-Oxley Act*, dos Estados Unidos da América; o *Principles of Corporate Governance*, da *Organization for Economic Co-operation and Development* (OECD); e o Código das Melhores Práticas de Governança, do Instituto Brasileiro de Governança Corporativa (IBGC), são exemplos de documentos que versam sobre esse assunto.

De forma geral, o volume de códigos publicados evidencia a crescente preocupação mundial com questões relevantes para a boa governança corporativa.

1.1.4 Origem da governança pública contemporânea

Assim como o surgimento das corporações ensejou a criação de estruturas de governança corporativa, o surgimento e o desenvolvimento do Estado marcam o início da governança pública.

No estado patrimonialista, com uma sociedade senhorial, os líderes assumiam o patrimônio público como se deles fosse. Movimentos como a revolução industrial iniciada na Inglaterra e a guerra de independência dos Estados Unidos, o movimento filosófico iluminista e a revolução francesa questionaram o *status quo*, reclamaram direitos civis e políticos, mudaram profundamente a ordem estabelecida e prepararam as bases para a construção do Estado Moderno.

Foi então que nasceu o Estado de Direito, não mais como extensão do rei, mas livre do arbítrio, regido por normas, cuja formalização estendeu-se às entidades públicas e privadas, institucionalizou a burocracia em substituição ao patrimonialismo e predominou nas organizações do século XX.

A hegemonia do Estado onipresente deu sinais de fadiga a partir da década de 1980 – anos da queda do muro de Berlim, da extinção da União Soviética, que abalou o comunismo e modificou o mapa da Europa – quando se resgatou a concepção do Estado mínimo e deu-se a transição do Estado Moderno para o Contemporâneo.

Embora convivendo com características remanescentes e arraigadas de padrões anteriores, patrimonialismo e burocracia, no Estado Contemporâneo tende-se à hegemonia do Modelo Gerencial, descentralizado, que valoriza a governança pública.

1.1.5 Princípios de governança pública

A crise fiscal, política e econômica que se alastrou mundialmente nos anos 1980 e que permaneceu nas duas décadas seguintes, associada ao avanço da tecnologia e da globalização, mudou paradigmas, estimulou reflexões sobre modelos organizacionais vigentes e propiciou a discussão sobre governança pública. O debate concluiu pela necessidade de estados mais eficientes, transparentes e responsáveis para atender à sociedade ansiosa por maior participação nas decisões públicas e institucionalização de valores éticos e democráticos.

A partir de então, instituições como *The Independent Commission on Good Governance in Public Services* (ICGGPS), *World Bank* e *Institute of Internal Auditors* (IIA) pronunciaram-se acerca da governança, orientando sobre aspectos como: comportamento ético, responsável e transparente da liderança; controle da corrupção e respeito ao Estado de Direito; garantia da transparência e do envolvimento efetivo das partes interessadas na administração e nas decisões públicas, definição e divulgação de resultados pretendidos e das ações necessárias a sua obtenção; monitoramento e gerenciamento de riscos e desempenho; implementação de controles internos efetivos e boas práticas de governança.

Nesse sentido, o TCU contribuiu com duas publicações – o *Referencial Básico de Governança (RBG/TCU)* e a cartilha *Dez Passos para a Boa Governança* – que visam orientar a atuação de gestores e auditores públicos.

Transparência, integridade, *accountability*, eficiência e eficácia são apenas alguns dos princípios de governança aplicáveis ao setor público e demandados pela sociedade contemporânea.

1.1.6 Governança – um tema complexo

A boa governança pública pressupõe uma gama variada de práticas que, em conjunto, potencializam a capacidade dos governantes de conduzir o Estado rumo à direção desejada.

Segundo Bresser Pereira (1999),

> O bom governo é aquele que, nos quadros de um regime democrático, faz as alianças necessárias para ter poder, manter e aumentar a governabilidade. É o governo que, por ser ético e democrático, age de forma transparente, respeita a oposição e as minorias, fortalece os quatro direitos básicos de cidadania (civis, políticos, sociais e republicanos), e presta permanentemente contas de seus atos. É o governo que, por ser competente, toma as decisões estratégicas corretas, define as políticas públicas mais adequadas e, ao realizar serviços, logra melhorar sua eficiência – aproveitando os recursos humanos e financeiros escassos de que dispõe – e sua qualidade, atendendo melhor o cidadão. Naturalmente as decisões 'corretas' e as políticas 'adequadas' dependerão de cada momento histórico, de cada situação dada. Mas serão sempre decisões e escolhas em situação de incerteza, que podem ser cruciais.

Embora a governança pública tenha se valido de muitos preceitos da corporativa, as matérias tratadas por ambas não coincidem. Esta tem preocupações específicas de mercado como composição, independência e responsabilidade dos conselhos de administração. Já aquela cuida de questões de natureza coletiva – política, econômica e social.

Em termos sistêmicos, governança resulta da interatividade e da influência de agentes mútuos. Como regra, as relações entre eles são iterativas e não lineares; baseiam-se em modelos de referência orgânicos e não mecânicos; é essencialmente interdisciplinar e transdisciplinar. Em termos quânticos, lida com incertezas e diferentes pontos de vista, os observadores são também protagonistas do processo e influenciam suas próprias observações. Em termos dialéticos, trata de aspectos relacionados a conexão, mediação recíproca, síntese de contraditórios e ciclos de transformação (continuidade e descontinuidade).

Compreender o que é governança exige mais do que simplesmente conhecer seus princípios e mecanismos. Requer um olhar dinâmico, capaz de identificar em que contexto se quer analisar e, diante disso, identificar quais conceitos, princípios e práticas melhor se adequam a essa circunstância.

1.2 Capacidade de governança pública

Com o desenvolvimento tecnológico, a integração dos mercados globais e o aumento da complexidade dos estados contemporâneos, surgiu a necessidade de se institucionalizar novos mecanismos de governança, contudo, não há indicadores universais para aferir o grau de maturidade das instituições nesse quesito. O que comumente se utiliza para essa apreciação é a capacidade de governança, medida que auxilia na avaliação do nível de governança de áreas específicas de uma organização, política ou governo.

Os mecanismos, por sua vez, estão cada vez mais institucionalizados e não só podem, como devem atuar nas dimensões macro, intermediária e micro. Na primeira delas, a governança ocorre no âmbito de nação perante a sociedade e vislumbra temas como a eficiência estatal na prestação de serviços públicos e a participação da sociedade na definição de políticas públicas, assim como o *accountability*, a prestação de contas do governo à sociedade que o elegeu.

No nível intermediário, as atenções voltam-se para a seleção das políticas públicas e seus estágios subsequentes como o estabelecimento de metas e a implementação da política, o monitoramento e a adequação, a avaliação e a responsabilização.

Por fim, na terceira dimensão, foca-se a governança corporativa, as instituições e sua capacidade de governança.

De modo complementar, no âmbito interno à organização, setores como tecnologia da informação e gestão de pessoas adotam modelos de governança específicos, com vistas a melhor endereçar questões relacionadas ao planejamento e à priorização de ações, à seleção e à qualificação de lideranças, à gestão de riscos, à prestação de contas e à responsabilização.

1.2.1 Capacidade de governança corporativa no setor público

O RBG/TCU identificou e listou um conjunto de componentes relacionados aos três principais mecanismos de governança corporativa aplicáveis ao setor público – liderança, estratégia e controle. Vinculado aos componentes, um conjunto de práticas e respectivos itens de controle visando à boa governança foram utilizados em 2014 como base para o primeiro levantamento nacional de capacidade de governança na Administração Pública.

Essa pesquisa, realizada em parceria com o Instituto Rui Barbosa, a Associação dos Membros dos Tribunais de Contas do Brasil e mais 28 tribunais de contas de estados e municípios, envolveu mais de sete mil órgãos e entidades dos três poderes, nos três níveis de governo.

Conforme Acórdão nº 1.273/2015-TCU, o estudo, de natureza autodeclarativa, mostrou que a adoção de boas práticas de governança na Administração Pública tem deficiências significativas.

Os resultados do levantamento mostraram que mais de 50% das organizações avaliadas estão no estágio inicial nos três mecanismos analisados: 51%, 53% e 54% relativos respectivamente a liderança, estratégia e controle. Especificamente em relação ao componente gestão de riscos, pertencente ao mecanismo controle, destaca-se o alto percentual de organizações (70% do geral e 80% das federais) no estágio inicial de capacidade.

1.2.2 Capacidade de governança em centros de governo

Entre os participantes do levantamento de governança, alguns atuam como Centros de Governo, instituições que prestam suporte ao chefe do Poder Executivo, com a visão da totalidade da ação governamental.

Em função de situações encontradas no levantamento, o TCU tem recomendado às unidades sob sua jurisdição que institucionalizem o planejamento estratégico e elaborem plano de longo prazo com objetivo de fortalecer a governança.

Em outra frente de atuação, em parceria com doze Instituições Superiores de Auditoria (SAI) – África do Sul, Brasil, Canadá, Chile, Coreia do Sul, Estados Unidos, França, Holanda, Índia, México, Polônia, Portugal e União Europeia –, o Tribunal firmou acordo com a Organização para a Cooperação e Desenvolvimento Econômico (OCDE) para realização de estudo transnacional.

O acordo propiciou realização de pesquisa comparativa com o fim de discutir o papel das SAIs em relação à governança, identificar boas práticas aplicáveis às políticas públicas, aos centros de governo e ao Estado.

1.2.3 Capacidade de governança em políticas públicas

Políticas públicas compreendem um conjunto de decisões, ações e incentivos governamentais que visam alterar uma realidade ou solucionar problemas de interesse da população, em resposta a demandas da sociedade, por meio da alocação imperativa de recursos.

A implementação dessas políticas envolve atores públicos e privados com interesses comuns em relação à questão, além de um conjunto de relações de natureza não necessariamente hierárquica, mas geralmente interdependente.

Governança em políticas públicas refere-se aos arranjos institucionais e à relação entre os personagens nelas envolvidos, que condicionam a forma pela qual essas políticas são formuladas, implementadas e avaliadas, assegurando transparência, *accountability*, responsabilização e controle social.

1.2.4 Capacidade de governança intraorganizacional

Os levantamentos e auditorias conduzidos pelo TCU envolvendo o tema governança tiveram como objetivos tanto aferir o grau de adoção de boas práticas quanto induzir ações de melhoria na Administração Pública, com o pressuposto de aperfeiçoar qualidade e equidade na distribuição de serviços, adequar resultados às necessidades das partes interessadas e promover o bom desempenho das ações governamentais.

As sondagens tomaram por base o RBG/TCU e a cartilha *10 Passos para a Boa Governança*, assim como orientações do *Manual de Auditoria Operacional*. Foram dirigidas a políticas e órgãos públicos, além de focar aspectos específicos da governança intraorganizacional.

Foram realizados levantamentos de governança em agências reguladoras federais, nas áreas de TI, pessoal e aquisições dos órgãos e entidades, bem como avaliação da maturidade em gestão de riscos na Administração Pública indireta.

De forma geral, as pesquisas mostraram que o quadro não é bom, o que denota exposição excessiva a riscos. Há significativas deficiências nos sistemas de governança e de gestão de pessoas da maioria das organizações avaliadas. Identificaram lacunas nos processos de gestão de riscos, tanto em nível institucional como setorial, na Administração Pública indireta. De forma geral, há um longo caminho a ser percorrido pelas organizações brasileiras para alcançar um bom nível de capacidade de governança.

1.3 Planejamento e direcionamento estratégico

1.3.1 Universalização do planejamento estratégico

1.3.1.1 O que é estratégia

Estratégia consiste em um conjunto de hipóteses a ser implementado para alcançar determinado objetivo. É o caminho a ser seguido para atingir uma posição futura desejada. Trata-se de um conceito antigo, que faz parte do cotidiano das pessoas, ainda que intuitivamente, desenvolvido e aperfeiçoado ao longo do tempo em função das mudanças ocorridas no mundo.

Para Porter (1986), um dos maiores especialistas no assunto, estratégia é a combinação dos objetivos de uma organização com os meios necessários para alcançá-los.

Na visão de Kaplan e Norton (2009), constitui-se no conjunto de objetivos encadeados e organizados em temas, acompanhados de indicadores e metas que permitam avaliar o desempenho organizacional e das iniciativas estratégicas que promoverão a melhoria necessária ao alcance daqueles objetivos.

A estratégia, como entendida atualmente, surgiu no âmbito militar, mais especificamente nos campos de batalha. O alto custo das guerras, as danosas consequências para os derrotados e o próprio instinto de sobrevivência exigiam que os exércitos pensassem suas ações antes de agir. As reflexões sobre o melhor emprego dos recursos, as fragilidades e as possíveis ações do inimigo orientavam a atuação no teatro de operações.

O mais antigo tratado militar, de aproximadamente 2.000 anos, o livro *A Arte da Guerra* do estrategista chinês Sun Tzu, é hoje muito consultado no mundo empresarial.

Pode-se dizer que a estratégia é decorrência natural da competição. Em um ambiente com recursos finitos é essencial a definição de uma estratégia para garantir a sobrevivência. Além da competição militar, ela está muito presente em competições esportiva e política.

As mudanças promovidas pela Revolução Industrial no século XIX podem ser consideradas o ponto de partida para a competição nos negócios. Em um primeiro momento, a disputa concentrou-se no mercado de matérias-primas que, diante do aumento da produção de bens, passou a ser um recurso escasso para a indústria.

Contudo, foi após a Segunda Guerra Mundial que os Estados e suas indústrias conferiram maior importância a esse tema ao buscarem otimizar a utilização de recursos com o desenvolvimento de ações de médio e de longo prazos. Tem-se a migração dos conceitos de estratégia do ambiente militar para o mundo civil.

Passados dois séculos desde a Revolução Industrial, exige-se cada vez mais que as organizações se orientem estrategicamente para alcançar seus objetivos e sobretudo para garantir a sobrevivência no dinâmico e competitivo mundo contemporâneo.

No âmbito governamental, em que pese não ficar propriamente caracterizado o ambiente de competição, permanece a necessidade de as ações estatais serem orientadas por tal fundamento. Não somente objetivando atender as necessidades da sociedade, por meio do uso otimizado dos recursos disponíveis, mas também antecipando-se às demandas sociais, que ocorrem com velocidade cada vez maior, impulsionadas sobretudo pelo avanço tecnológico. Enfim, a promoção do bem-estar social, função primordial do Estado, exige reflexão sobre o amanhã, com o estabelecimento de objetivos e metas a alcançar, elementos que constituem a essência da estratégia.

1.3.1.2 Do planejamento à gestão da estratégia

As atividades de pensar e de reposicionar as organizações passaram por vários estágios até alcançar sua versão atual, a gestão da estratégia.

Inicialmente, por volta década de 1950, nos Estados Unidos, e de 1960, no Brasil, o planejamento das organizações tinha ênfase na perspectiva financeira. O esforço de definição mirava o ambiente interno, onde o que se projetava para o período seguinte baseava-se nas receitas e nos gastos executados no ano anterior.

A abordagem de longo prazo aparece como próximo estágio no processo de evolução do planejamento institucional. Diferentemente do enfoque financeiro, o de longo prazo alcançava também o ambiente externo à organização. A situação desejada era estimada a partir de indicadores passados e atuais. Essa condição, contudo, mostrou-se limitada diante da velocidade das mudanças ambientais, haja vista que o cenário planejado era uma projeção do passado, segundo Calixta (2010).

Diante das limitações apresentadas pela concepção de longo prazo no propósito de delinear os próximos estágios da organização, o planejamento estratégico ganhou força na década de 1970. Nesse novo estágio de evolução, a proposta estava centrada na compreensão das mudanças do ambiente no qual a organização estava inserida, com definição dos elementos necessários para projetá-la. A diferença entre o planejamento de longo prazo e o estratégico fica bem clara nas palavras de Calixta (2010): "em seu enfoque tradicional, o planejamento de longo prazo projeta, a partir de dados do passado e do presente, como será o futuro; o planejamento estratégico procura saber como e quais necessidades poderão ser satisfeitas, no futuro, em seu âmbito de negócios".

O planejamento estratégico, em síntese, compreende o conjunto de atividades desenvolvidas com o objetivo de estabelecer a estratégia da organização. Kaplan e Norton (2009) o dividem em duas etapas: a primeira consiste na formulação da estratégia, quando são definidos missão, valores e visão e também são analisados os ambientes interno e externo; a segunda etapa traduz o que foi formulado, com a definição de mapa e temas estratégicos, indicadores, metas, iniciativas e orçamento. Ao final do processo, tem-se a estratégia estabelecida e em condições de ser disseminada e executada.

Não obstante a evolução promovida pelo planejamento estratégico, verificou-se que as iniciativas formuladas não eram satisfatoriamente implementadas. A gestão da estratégia surge, portanto, com o propósito de garantir a execução daquilo que foi planejado, assegurando o alinhamento entre os níveis estratégico e operacional da organização. Para isso, ela propõe que formulação e execução da estratégia constituam um único processo, ou seja, o planejamento estratégico passa a ser considerado uma etapa da gestão.

Gerir a estratégia consiste em executar vários ciclos de definição e teste de hipóteses para os cenários esperados visando alcançar a visão definida pela organização. A gestão da estratégia portanto constitui um processo da aprendizagem organizacional.

Várias são as soluções disponíveis e utilizadas, desde a enunciação, passando pela apresentação gráfica, até a gestão propriamente. Para a formulação, têm-se ferramentas de definição do referencial estratégico – missão, valores e visão – e de análise dos ambientes interno e externo, como a análise SWOT (sigla em inglês para forças, fraquezas, oportunidades e ameaças). Mapas estratégicos e *Balanced Scorecard* (BSC) permitem a tradução, a comunicação e a medição da estratégia. *Softwares* de *Business Intelligence* apoiam o planejamento estratégico e a criação de painéis de gestão visando à melhoria operacional. Acrescente-se ao universo os vários sistemas de gestão operacional das organizações, conforme Kaplan e Norton (2009).

O TCU lançou em 2016 o seu Painel de Gestão da Estratégia, exemplificado na Figura 1, que disponibiliza informações sobre atividades e resultados da Casa, tais como metas institucionais, ações, orçamento, fiscalizações em andamento, processos em andamento, monitoramento de deliberações e gestão de pessoas. Com auxílio desse instrumento, pode-se avaliar o desempenho institucional, acompanhar a evolução das metas estabelecidas, corrigir eventuais desvios e melhorar o resultado institucional.

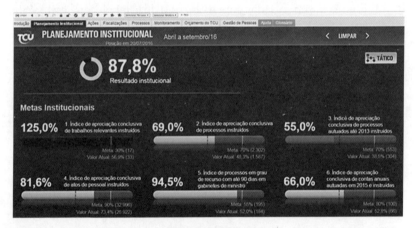

Figura 1 – Painel de gestão da estratégia do TCU

Essa gama de ferramentas revela a dificuldade que envolve integrar e coordenar planejamento e execução da estratégia. Evidencia, portanto, não somente a importância, mas também a necessidade de adoção de sistema que viabilize a vinculação do conjunto de ações idealizado e sua implantação.

É importante ressaltar que a existência de um bom sistema de gestão da estratégia não é suficiente para garantir o sucesso da organização. É necessário o engajamento de todos os servidores e colaboradores, por meio do correto entendimento da estratégia formulada, o que requer processo de comunicação efetivo e, sobretudo, liderança comprometida em promover as mudanças necessárias.

1.3.2 A estratégia no Brasil

1.3.2.1 Planejamento estratégico

Até o início da década de 1970, o planejamento governamental brasileiro era voltado para o desenvolvimento econômico do país, sendo caracterizado pela forte intervenção do Estado na economia. Os planos elaborados tinham caráter mais orçamentário do que propriamente estratégico. A exceção foi o Plano Decenal de Desenvolvimento, que tentou desenvolver visão estratégica dos interesses e das prioridades nacionais, bem como as medidas necessárias para respeitá-las.

Em 1972, criou-se o Sistema de Planejamento Federal, abrangendo todos os órgãos da Administração Pública direta e indireta, tendo como órgão central o Ministério do Planejamento.

Suportados por sistema recém-criado, foram elaborados e conduzidos na década de 1970 os Planos Nacionais de Desenvolvimento, que promoveram considerável progresso econômico para o país, ao focar principalmente políticas de crescimento industrial e de infraestrutura.

Apesar da experiência bem-sucedida, as crises econômicas, em especial a do petróleo, e a instabilidade política vividas pelo país nas décadas 1980 e 1990 fizeram com que o planejamento estratégico governamental ficasse em segundo plano, a despeito da previsão do Plano Plurianual (PPA) inserta na Constituição Federal (CF) de 1988.

A necessidade de estabilizar a economia envolta em processo inflacionário sem precedentes fazia com que os planos econômicos focassem no curto prazo e na tentativa de conter a hiperinflação. Nesse contexto, o sistema de planejamento perdeu força, sendo praticamente extinto no início dos anos 1990. Foi um período de crescimento do Ministério da Economia, enquanto o do Planejamento definhava.

A estabilização da economia só veio a ocorrer em 1994, com o Plano Real, que conteve a inflação e influenciou o PPA 1996/1999. Como inovação, entre outras providências, esse Plano instituiu responsáveis por gerenciar projetos, o que permitiria atribuir responsabilidades. Mas ainda não foi dessa vez que se regularizou o planejamento orçamentário, que continuou no curto prazo em virtude de várias outras crises enfrentadas pelo Estado, entre elas a que culminou na reforma administrativa. Somente em fins dos anos 1990, formalizou-se um modelo de gerenciamento com ênfase na gestão e na avaliação dos programas.

Na sequência, o PPA 2000/2003 esboçou o que ainda hoje é seguido na formulação dos planejamentos plurianuais e, o mais importante, criou uma unidade de gestão, o programa, em torno da qual integram-se os três pilares da ação governamental: planejamento, orçamento e gestão.

Os demais planos desde então têm seguido esse modelo, com pouca variação. Entretanto, apesar dos esforços para se reconstruir um modelo de planejamento estratégico e dos poucos avanços conquistados, até hoje o país carece de estratégia que oriente verdadeiramente suas ações. Segundo Rezende (2010), a incapacidade de o plano plurianual contemplar planejamento estratégico decorre do curto período de tempo que abarca, apenas quatro anos, e de uma interpretação rígida da Constituição Federal. Ele refere-se à regra constitucional que obriga os projetos com duração superior a um ano a constarem no PPA para serem incluídos no orçamento anual, situação que inverte a lógica do planejamento: o orçamento é que deve ajustar-se ao Plano.

Destacam-se todavia iniciativas positivas no sentido de pensar estrategicamente o país, como a criação em 2004 de empresa pública voltada ao planejamento do setor elétrico, a Empresa de Pesquisa Energética, vinculada ao Ministério de Minas e Energia. No mesmo sentido, foi criada em 2012 a Empresa de Planejamento e Logística, com a missão de estruturar e qualificar o processo de planejamento integrado da logística no país, sob coordenação do então Ministério dos Transportes.

A Secretaria de Assuntos Estratégicos da Presidência da República, criada em 2008 com *status* de ministério e extinta em 2015, também faz parte das iniciativas de estabelecer uma agenda estratégica para o Brasil. O órgão nasceu com a missão de assessorar, direta e imediatamente, o Presidente da República no planejamento nacional e na formulação de políticas públicas de longo prazo voltadas ao desenvolvimento nacional.

Com essa visão estratégica, a referida secretaria elaborou, em parceria com outras instituições, um estudo denominado Brasil 2040, que teve por objetivo estimar como as mudanças climáticas afetariam os setores econômicos em diferentes horizontes e sugerir estratégias de prevenção e aumento de resiliência de diferentes sistemas que poderiam ser afetados.

1.3.2.2 Planejamento estratégico institucional

A despeito de o Brasil não realizar planejamento estratégico nacional em sua essência, verificou-se, ao longo dos últimos anos, um crescimento considerável do planejamento estratégico institucional, aquele executado no âmbito das organizações públicas.

Nesse ponto, cabe destacar o papel indutor do TCU, com avaliações sistêmicas de governança e de gestão na Administração Pública Federal (APF), abordando, entre outras, práticas de planejamento e de gestão da estratégia. As avaliações de governança e gestão começaram em 2007, com foco na área de TI, mas a partir de 2013, passaram a avaliar outros segmentos da Administração, como pessoas, segurança pública e aquisições.

O cenário identificado nas primeiras avaliações motivou recomendações do TCU aos órgãos responsáveis por normatizar e fiscalizar a gestão nos segmentos da APF para adoção de práticas de planejamento estratégico. Na sequência, esses órgãos definiram a obrigatoriedade das referidas práticas no âmbito das organizações sob sua esfera de influência, o que contribuiu significativamente para a evolução apurada pelo TCU em avaliações subsequentes.

O Conselho Nacional de Justiça (CNJ), por exemplo, estabeleceu o sistema de Planejamento e Gestão Estratégica com objetivos de formular um Plano Estratégico Nacional para o Judiciário brasileiro e garantir sua execução e acompanhamento. Os tribunais da esfera federal, incluídos os superiores – exceto o Supremo Tribunal Federal (STF), que não se submete ao CNJ – e também os da esfera estadual foram impelidos a elaborar seus planos estratégicos, alinhados com o Plano Estratégico Nacional, com abrangência mínima de cinco anos.

Observando-se a evolução na adoção das práticas de planejamento, é possível avaliar a contribuição do TCU, além de outros órgãos, para a melhoria dessa realidade no Brasil. Na avaliação de governança de TI realizada pelo Tribunal em 2007, apurou-se que apenas 53% das organizações declararam realizar planejamento estratégico. Em 2010, esse número saltou para 79% e em 2014 chegou a 83%.

Foi no esforço de induzir melhorias que o TCU publicou em 2014 o *Referencial Básico de Governança*, com o objetivo de disseminar boas práticas para o setor público. O levantamento nacional realizado com base no RBG/TCU visou avaliar não apenas a situação de governança pública nas três esferas de governo, mas também aspectos relacionados a práticas de planejamento e gestão.

Os resultados apurados demonstraram que, no universo geral – 7.770 organizações públicas em todo o país, incluídas 380 organizações federais –, apenas 48% dos avaliados declararam adotar de forma satisfatória a prática de estabelecer a estratégia organizacional e 44%, a de monitorar e avaliar a execução da estratégia, os principais indicadores e o desempenho da organização. Considerando apenas a esfera federal, o cenário é consideravelmente mais favorável. São 79% as organizações que declararam estabelecer a estratégia e 68%, monitorar e avaliar sua execução.

Percebe-se, portanto, a existência de movimento no âmbito da Administração Pública federal no sentido de universalizar o uso da estratégia como instrumento de gestão. A expectativa é que essa mudança na base tenha potencial para induzir os governantes no sentido de estabelecer novo modelo de planejamento estratégico para enfrentar os desafios nacionais e orientar ações do Estado com vistas a atender melhor os anseios da sociedade e ampliar oportunidades ao cidadão.

1.3.3 Foco nos macroprocessos

1.3.3.1 Identificando os macroprocessos

Do ponto de vista conceitual, macroprocesso pode ser entendido como um agrupamento de processos necessários para se produzir uma ação ou se desempenhar uma atribuição. Compreende o conjunto de atividades pelo qual a organização cumpre sua missão, gerando valor para as partes interessadas. Da junção dos conceitos expostos resulta abordagem mais completa, em que constituem um conjunto de processos executados por meio de várias atividades encadeadas e/ou concomitantes, em uma ou mais unidades da organização, visando ao alcance dos objetivos e das metas constantes no plano estratégico.

Independentemente da definição que melhor se aplica, macroprocessos são elementos-chave na seleção das iniciativas estratégicas, sejam de longo, médio ou curto prazo, sejam de caráter finalístico ou de suporte ao negócio.

São componentes fundamentais que alinham as unidades às estratégias organizacionais. Aos objetivos estratégicos, devem-se alinhar os macroprocessos – inclusive processos e atividades respectivos –, pois são eles que conduzirão ao alcance dos objetivos. Para cada objetivo a ser alcançado podem corresponder vários macroprocessos, executados por uma ou mais unidades. Dessa forma, conciliam-se unidades organizacionais, macroprocessos e objetivos estratégicos e promove-se o alinhamento de toda a organização às estratégias definidas.

Macroprocessos definem, agrupam e deixam ver as principais atribuições desempenhadas ou atribuídas a uma instituição, permitem visão mais sistêmica e abrangente das ações e das atividades. Consolidam de maneira lógica a cadeia de valor da organização ou, enunciado de outra forma, a cadeia de valor da instituição é formada por macroprocessos.

Eles relacionam-se diretamente aos produtos e serviços que a organização oferece a seus clientes – no caso da Administração Pública, à sociedade, essencialmente – ou a eles ligam-se indiretamente quando dizem respeito às atividades-meio. Nesse caso, dão suporte de forma a garantir que os objetivos ou finalidades institucionais, uma vez alcançados, produzam os resultados esperados. Em um ou noutro caso, os macroprocessos são responsáveis pelas principais entregas da cadeia produtiva.

Para que os macroprocessos estejam alinhados à estratégia organizacional, é fundamental a integração entre eles. A interação harmoniosa dos macroprocessos e seu constante monitoramento favorecem que as unidades e as operações também estejam integradas e comprometidas com os objetivos estratégicos, e consequentemente com a missão institucional. Aí se assenta a razão para a correta e racional definição dos macroprocessos, além da designação de um responsável, um gestor para cada um deles.

A identificação dos macroprocessos permite verificar se a cadeia de valor é a mais adequada para o alcance dos objetivos propostos. A partir dessa identificação, podem ser criadas iniciativas estratégicas que os ajustem para melhor obtenção dos resultados. Além disso, as equipes de trabalho conseguem visualizar mais facilmente o produto de seus esforços quando elas têm consciência dos macroprocessos em que estão inseridas. Tão importante quanto a identificação é o monitoramento dos macroprocessos.

Os macroprocessos definidos para uma organização poderão mudar, ao longo do tempo e na medida em que mudam-se os contextos, os cenários – devidamente monitorados pela administração, ao mesmo tempo em que se gerenciam os processos e atividades integrantes de cada macroprocesso.

No TCU, os macroprocessos foram estabelecidos sob a ótica das competências constitucionais, considerada a percepção das necessidades dos jurisdicionados, do Poder Legislativo e da sociedade.

O Tribunal adotou macroprocessos em seu planejamento pela primeira vez para o biênio 2005/2006, eram cinco, todos finalísticos. Era a iniciação do Tribunal na modelagem de macroprocessos, favorecendo a visão sistêmica da instituição.

De lá para cá, outros quatro macroprocessos foram acrescentados quando das revisões do planejamento estratégico, a última em 2014 visou o período 2015/2021, dando ensejo à configuração descrita na figura 2.

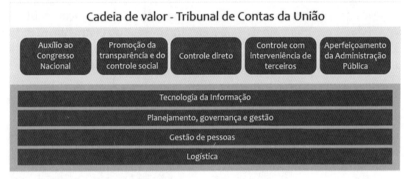

Figura 2 – Macroprocessos do TCU

Hoje, no plano estratégico do TCU, constam nove macroprocessos, sendo cinco voltados a sua atividade-fim: auxílio ao Congresso Nacional; promoção da transparência e do controle social; controle direto; controle com interveniência de terceiros; e aperfeiçoamento da Administração Pública. Referem-se à essência do Tribunal, caracterizam sua atuação e estão diretamente relacionados a seus objetivos estratégicos e à geração de produtos e serviços para as partes interessadas.

Apoiando e dando condições aos finalísticos e às entregas, há quatro macroprocessos intermediários: planejamento, governança e gestão; gestão de pessoas; logística; e tecnologia da informação.

Auxílio ao Congresso Nacional

Produzir informações e pareceres para o Congresso Nacional visando subsidiar o processo de responsabilização política do governo, a atuação do Legislativo na alocação de recursos públicos, o exercício do controle externo, a elaboração de planos e orçamentos, a avaliação de gestão fiscal e o aperfeiçoamento do arcabouço legal.

Promoção da transparência e do controle social
Disponibilizar informações acerca da gestão pública e da atuação do TCU para a sociedade, imprensa, câmaras municipais, assembleias legislativas, conselhos incumbidos do controle social e, de forma específica, para signatários de denúncias, representações e solicitações.

Controle direto
Emitir determinações, recomendações, sanções, medidas cautelares, alertas, informações e orientações para gestores da União, estados, Distrito Federal e municípios, bem como para consulentes e responsáveis por recursos públicos federais, visando prevenir, corrigir, coibir e punir a prática de ilegalidade e mau uso de recursos públicos, assegurar a legalidade das desestatizações e dos atos sujeitos a registro, regular distribuição dos recursos dos fundos constitucionais e o cumprimento dos dispositivos da Lei de Responsabilidade Fiscal e, ainda, esclarecer dúvidas quanto à aplicação de dispositivos legais e regulamentares.

Controle com interveniência de terceiros
Prover informações à Advocacia-Geral da União, às procuradorias da Administração Pública Indireta, ao Ministério Público da União, ao Ministério Público Eleitoral, aos ministérios públicos estaduais, à Polícia Federal e aos tribunais de contas estaduais e municipais, para que possam defender, determinar, sancionar e julgar atos da Administração Pública no âmbito das respectivas esferas de atuação.

Aperfeiçoamento da Administração Pública
Emitir determinações, recomendações, avaliações e orientações para programas de governo, órgãos e entidades da Administração Pública, visando contribuir para a excelência da gestão pública e dos serviços prestados ao cidadão, com vistas à melhoria da formulação e gestão dos programas, à qualidade de bens e serviços públicos e ao aperfeiçoamento das políticas públicas.

Tecnologia da Informação
Identificar necessidades e oportunidades de uso da tecnologia da informação em suporte ao negócio, implementar soluções que atendam às necessidades e oportunidades identificadas e assegurar o uso e o funcionamento apropriado das soluções de TI.

Planejamento, governança e gestão

Estabelecer, comunicar e internalizar o referencial estratégico do Tribunal de Contas da União, bem como definir prioridades, responsabilidades e compromissos com os rumos e resultados institucionais. Contempla também aspectos relativos à definição e alocação de recursos, ao acompanhamento de resultados, ao monitoramento de indicadores e ao controle dos atos administrativos no âmbito do TCU.

Gestão de pessoas

Estimular o desenvolvimento de profissionais competentes, motivados e comprometidos com a efetividade do controle externo e com a melhoria da gestão pública, bem como criar e manter ambiente de trabalho que conduza à excelência no desempenho, à plena participação, ao crescimento profissional e à qualidade de vida. Busca, também, o aperfeiçoamento das práticas referentes ao sistema de trabalho, assim como a garantia da legalidade dos atos relativos a pessoas.

Logística

Operacionalizar, aperfeiçoar e racionalizar a gestão e o atendimento às necessidades de bens e serviços para o bom funcionamento do Tribunal de Contas da União.

Todos os macroprocessos são relevantes, sejam relacionados à atividade-fim ou não, pois não o sendo, ainda assim seus produtos impactam e suportam os finalísticos.

A cada macroprocesso, convém mapear os processos e atividades correspondentes, definir um ou mais responsáveis e atribuir-lhe um ou mais indicadores. Essas providências permitem o monitoramento do macroprocesso e o alcance do objetivo ou objetivos a ele relacionados.

1.3.4 Direcionadores de recursos

As instituições públicas já trazem em seu bojo, desde a gênese, o direcionamento para aplicação de seus recursos. Sejam legais ou constitucionais as atribuições desses organismos impõe-lhes seguir rumo ao cumprimento de sua missão. No entanto, as organizações não sobrevivem se executarem apenas atividades-fim, várias são as ações assessórias necessárias para suportar as finalísticas, e os recursos, via de regra limitados, impõem-lhes fazer escolhas.

O planejamento estratégico e os macroprocessos são importantes ferramentas que ajudam a definir quais objetivos devem ser priorizados, em face da escassez de meios. Assim, a partir do planejamento estratégico e do orçamento disponível, inicia-se o processo para decidir quanto de cada recurso será destinado a cada objetivo estratégico, e quais deles serão diligenciados em dado momento. Como são várias as atividades contidas nos macroprocessos, disputando os mesmos insumos, sejam financeiros, humanos ou tecnológicos, necessário se faz estabelecer critérios para que a alocação seja eficiente.

Kendall e Rollins (2003) pregam que projetos relacionados aos objetivos estratégicos devem ter preferência sobre os demais na alocação de recursos. Nessa priorização, destaca-se a importância de uma governança bem estabelecida, em especial quanto ao mecanismo Liderança.

Importante é que haja critérios, definidos em função da missão e da visão institucional e estejam dentro do orçamento institucional. Alguns fatores podem e devem ser considerados na destinação de recursos. É o caso de pessoas, que devem ser alocadas preferencialmente segundo a relação entre suas habilidades e aquelas requeridas nas atividades a serem desempenhadas nos macroprocessos, para que desempenhem melhor suas atividades.

Algumas perguntas podem auxiliar na definição dos critérios para condicionar alocação de recursos ao alcance de objetivos: qual a relevância do propósito, seja para a instituição, seja para a sociedade? Há orçamento disponível? Quais os riscos inerentes ou qual o grau de certeza de alcançá-los? Qual a viabilidade técnico-ambiental? Questionamentos dessa natureza, aliados às ambições da instituição, possibilitam diferentes escolhas para emprego dos recursos disponíveis.

Como exemplo prático, o Plano estratégico do TCU para o período 2011/2015 enfatizava atuação do Controle Externo e consequentemente de parte considerável dos recursos disponíveis em duas frentes: temas de maior significância ou aqueles capazes de produzir maiores benefícios à sociedade; e atuar de forma seletiva e sistêmica em áreas de risco e relevância. A justificativa das escolhas está assim registrada no mencionado instrumento:

> A complexidade, a abrangência, a diversidade e a amplitude de jurisdição e dos objetos do controle impõem ao Tribunal atuar de forma seletiva e estabelecer foco de atuação. O TCU deve, dessa maneira, buscar realizar seus trabalhos em áreas e temas de maior significância ou que possam produzir maiores benefícios à sociedade. A aplicação dessa premissa visa a direcionar a atuação do Tribunal para ações que tenham maior possibilidade de contribuir para a efetividade do controle e para a maximização do cumprimento da missão institucional.

O plano logrou "Priorizar a alocação dos recursos do TCU em ações proativas, orientadas à melhoria de resultados da Administração Pública Federal" e, mais especificamente, "Priorizar ações de controle com foco preventivo, sistêmico e que possam avaliar temas relevantes para a sociedade". Em se tratando da alocação de pessoas, prevê "Vincular a lotação e a movimentação de pessoas aos resultados esperados das unidades".

Em outro momento, o Tribunal ampara-se no princípio da eficiência, segundo o qual os recursos produtivos devem ser alocados de forma a extrair maior qualidade na prestação dos serviços, ao menor custo possível.

Além do foco na estratégia, a alocação deve considerar meios disponíveis, e orçamentos analíticos dos custos das várias atividades abrangidas pelos macroprocessos. Esse detalhamento é que dirá se determinado macroprocesso cabe nas contas da organização ou se, com os expedientes disponíveis, não será possível viabilizá-lo no horizonte previsto. Outro ponto a se considerar é que os critérios direcionadores dos recursos não devem ser tão detalhados que enrijeçam a gestão, nem tão genéricos a ponto de não apontar direcionamento algum.

Discorreu-se sobre a alocação de recursos nos macroprocessos visando a objetivos definidos no plano estratégico, entendida como regra preferencial. Mas ressalta-se a possibilidade de inversão da ordem. Nesse caso, os recursos disponíveis é que determinam a escolha de objetivos e respectivos macroprocessos a serem priorizados. A inversão justifica-se principalmente quando há deficiência de meios e é necessário avaliar o que e o quanto se tem para depois decidir como usar essa disponibilidade. Sendo escassa, é caso de muita prudência, evitar riscos e priorizar objetivos com retorno garantido.

1.3.5 Transparência como dimensão da governança

1.3.5.1 Transparência organizacional

Para as organizações brasileiras, especialmente as da esfera pública, é relevante conhecer a definição cunhada pelo Instituto Brasileiro de Governança Corporativa (IBGC), que considera transparência como sendo o "desejo de disponibilizar para as partes interessadas as informações que sejam de seu interesse e não apenas aquelas impostas por disposições de leis ou regulamentos".

O RBG/TCU a caracteriza a partir da possibilidade de acesso a todas as informações relativas à organização pública, sendo um dos requisitos de controle do Estado pela sociedade civil.

Ela constitui, ao mesmo tempo, princípio e função. Princípio por ser condição essencial para o estabelecimento da governança, ou seja, sem transparência não há efetividade. E função, porque fornecer informações sobre a estratégia, as ações e os resultados da organização, é um dos principais objetivos dessas práticas.

É importante instrumento do Estado, na medida em que viabiliza o exercício do controle social, ao permitir que a população fiscalize as ações dos governantes e reclame atendimento às suas necessidades. A transparência, portanto, permite que o cidadão adentre as organizações públicas, via informações disponibilizadas, estreitando a relação entre Estado e sociedade.

Nas democracias, dar visibilidade dos atos e das informações públicas não é questão de discricionariedade do administrador, haja vista que os governantes são eleitos para atender os anseios do cidadão, dar a adequada direção aos recursos públicos. É inconcebível, portanto, não dar ciência dos atos sobre recursos administrados pelo Estado, condição para se avaliar o atendimento do interesse público.

Em suma, esse princípio é importante direcionador estratégico do Estado, na medida em que permite que a sociedade contribua para o processo decisório. Enfim, a transparência é um catalisador da democracia.

1.3.5.2 Transparência no Brasil

A Constituição Federal de 1988 consigna, ainda que não explicitamente, o princípio da transparência pública, ao estabelecer o direito de o cidadão ter acesso à informação de interesse individual ou coletivo, exceto quando ameaçada a segurança da sociedade e do Estado ou violada a intimidade da pessoa.

Orientadas pela Carta Magna, várias normas passaram a abordar a necessidade de se dar publicidade aos atos administradores públicos, como a Lei nº 9.784/99, que regula o processo administrativo, e a Lei nº 10.520/02, que criou a modalidade de licitação Pregão. Essas normas tratam esse assunto de forma pontual, com escopo limitado.

Cabe destacar, porém, o impulso dado à transparência pública pela Lei Complementar nº 101/2000, a Lei de Responsabilidade Fiscal (LRF). A LRF estabeleceu a necessidade de ampla divulgação dos planos orçamentários, dos resultados da execução orçamentária e financeira, além de outros elementos que permitam a avaliação da gestão fiscal dos entes da federação. A norma ainda destaca a necessidade de assegurar-se a transparência por meio de incentivo à participação popular, divulgação tempestiva e pormenorizada das execuções financeira e orçamentária e a adoção de sistema integrado para a gestão orçamentária e a financeira.

Com o advento da Lei nº 12.527/2011, Lei de Acesso à Informação (LAI), regulamenta-se o direito, disposto na CF de 1998, de acesso do cidadão à informação. A norma define vários conceitos e princípios que devem orientar as ações dos órgãos e dos agentes públicos. Entre eles, destaca-se o princípio da transparência ativa, que estabelece o dever de o Estado publicar informações de interesse público de forma proativa, independentemente de pedidos de informação. Outro princípio embutido na norma é o da abertura dos dados, que consiste na publicação de dados de uso livre pelo cidadão, cujo objetivo é aumentar sua capacidade de avaliar as ações do Estado, bem como de participar socialmente.

1.3.6 Governo aberto

O termo governo aberto refere-se a projetos e ações que visam à promoção da transparência, à luta contra a corrupção, ao incremento da participação social e ao desenvolvimento de novas tecnologias, de modo a tornar os governos mais responsivos e aptos a atender às necessidades dos cidadãos.

Em conjunto com esse conceito, surgiu o de dados abertos, que são aquelas informações que qualquer pessoa pode livremente usar, reutilizar e redistribuir, respeitando-se os direitos autorais e os requisitos de compartilhamento de licenças de uso.

As práticas de governo aberto podem gerar benefícios tanto para a sociedade quanto para o Estado. De um lado, permite ao cidadão prospectar negócios e desenvolver soluções inovadoras, a exemplo dos aplicativos cívicos. De outro, a Administração pública ganha em aprimoramento dos processos de gestão e melhoria na qualidade dos serviços, com impacto no nível de satisfação dos usuários.

Destaca-se, como exemplo de aplicação cívica construída nessas condições, o *England's best places to live*. O serviço, desenvolvido na Inglaterra, auxilia a pessoa na escolha de sua moradia no país, apresentando indicadores da região selecionada. A partir da seleção do local a ser pesquisado em um mapa interativo, são apresentados indicadores relativos à região, tais como: padrão de vida, índice de criminalidade, preços médios de aluguéis, transportes públicos, características da população, taxa de desemprego e distribuição da infraestrutura pública (escolas, parques, prédios, residências, estradas entre outros).

O potencial de benefícios proporcionados pelos dados abertos ficou evidente em situação ocorrida no Canadá, quando foi revelado esquema de fraudes relativas à isenção de impostos sobre doações a instituições de caridade que permitiu a contestação de U$32 bilhões em impostos devidos (EAVES, 2010).

No cenário brasileiro, houve intensificação de ações para promover a transparência, a prestação de contas, a participação popular na Administração Pública e principalmente a disponibilização de informações governamentais.

A criação do Portal da Transparência, o advento da LAI, a integração do Brasil em 2011 à OGP (Parceria para Governo Aberto – *Open Government Partnership*), a criação da Infraestrutura Nacional de Dados Abertos (INDA) e do Portal Brasileiro de Dados Abertos são evidências do esforço nacional na busca do governo transparente.

Entre as iniciativas, destacam-se: implantação do laboratório *Hacker* pela Câmara dos Deputados, publicação do Plano de Dados Abertos e Espaciais pelo Ministério da Justiça e a implantação do Portal Brasileiro de Dados Abertos.

1.3.7 Atuação do TCU na promoção da transparência

Ciente do poder da transparência para o aperfeiçoamento do Estado brasileiro, o TCU contemplou esse tema em objetivo constante em seu Mapa Estratégico referente ao período 2015-2021: "Fomentar a Administração Pública transparente". O Plano Estratégico do TCU desenvolvido para o referido período apresenta transparência como sendo:

> A divulgação oportuna de todas as questões relevantes relacionadas à organização, inclusive situação financeira, desempenho, composição e governança. É dever dos órgãos públicos apresentar à sociedade dados e informações sobre sua gestão. Quanto mais bem informada for a sociedade, melhor condição terá para exercer o controle social sobre a atuação de seus representantes.

O Tribunal passou a avaliar a transparência na Administração Pública Federal a partir de 2010, com a realização de avaliações de governança de TI. Os trabalhos realizados em 2010 e 2012, todavia, abordavam o tema de forma tímida, ao verificar apenas práticas pontuais, em contexto mais operacional, como a disponibilização de planos de TI para acesso público na internet.

A avaliação realizada em 2014 (Acórdão nº 3.117/2014), por sua vez, explorou o assunto de forma mais abrangente, ao avaliar a adoção de nove práticas sobre transparência da gestão e do uso de TI nas organizações públicas federais. Os gráficos apresentados nas Figuras 3 e 4 resumem a situação encontrada em relação às nove práticas:

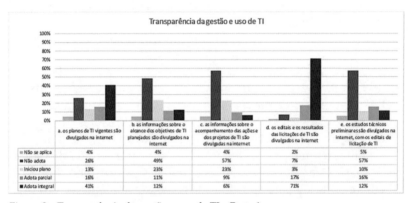

Figura 3 – Transparência da gestão e uso de TI – Parte 1

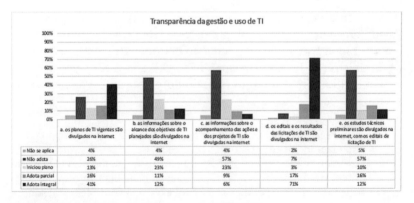

Figura 4 – Transparência da gestão e uso de TI – Parte 2

Outro levantamento realizado em 2014 (Acórdão nº 1.273/2015) abordou a matéria de forma mais ampla e consistente, focada em aspectos de governança. Nesse trabalho, baseado no RBG/TCU – em que transparência integra o Componente "C3 – *Accountability*", do Mecanismo Controle –, foram avaliados seis itens de controle da prática "C3.1 – Dar transparência da organização às partes interessadas", admitindo-se o sigilo como exceção, nos termos da lei.

A situação identificada na avaliação, descrita na Figura 5, revela o quanto o Brasil precisa evoluir para ser considerado um país transparente.

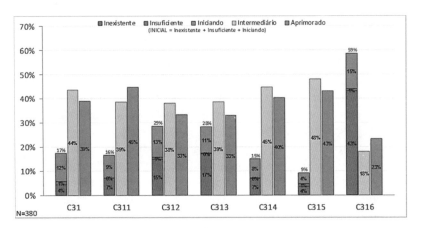

Figura 5 – Capacidade na prática transparência (C3.1)

Com o intuito de compreender melhor a situação da transparência no Brasil, em especial a abertura dos dados públicos, o TCU realizou levantamento de auditoria em 2014. A pesquisa visava conhecer iniciativas de publicação de dados abertos na (APF), considerando ainda o uso de soluções de coleta, armazenamento e processamento de grandes volumes de dados (*Big Data*), pelo governo e pela sociedade, como estratégias de transparência e modernização da gestão pública (Acórdão nº 2.659/2014).

Na oportunidade, verificou-se que ainda há muito por fazer em termos de abertura de dados, haja vista serem poucas as organizações que publicam informações em formato aberto. Não obstante, observaram-se iniciativas positivas que tendem a impulsionar esse movimento.

Após o levantamento, o TCU realizou em 2015 auditoria de natureza operacional para avaliar a efetividade das iniciativas nessa temática conduzidas no âmbito do Ministério da Educação e Cultura, do Fundo Nacional de Desenvolvimento da Educação e do Instituto Nacional de Estudos e Pesquisas Educacionais Anísio Teixeira. Entre as principais conclusões do trabalho, verificou-se que as instituições avaliadas não promoviam a abertura de dados, não contemplavam o assunto em seus instrumentos de planejamento, nem se utilizavam de boas práticas capazes de potencializar o uso dessas informações pela sociedade.

1.4 Inteligência Organizacional (IO)

Se há certeza no mundo moderno é que as coisas mudam e com velocidade cada vez maior. Como mostram Johnson, Scholes e Whittington (2011), as transformações que ocorrem no macroambiente externo das organizações estão em geral associadas a fatores políticos, econômicos, sociais, ambientais, tecnológicos e legais.

Além disso, certas forças naturalmente atuam no microambiente ou em setor específico onde a organização opera. Segundo Porter (1980), essas forças têm origem na rivalidade entre os concorrentes, no poder de negociação tanto dos clientes como dos fornecedores, na ameaça da entrada de novos concorrentes ou na oferta de novos produtos.

Assim, a velocidade e a constância dessas mudanças pressionam as organizações a evoluir, a se adaptar, a corrigir rumos, a gerar produtos e serviços diferenciados, a inovar e, se necessário, a influenciar o ambiente, com vistas a assegurar a própria sobrevivência e a continuidade de seus propósitos.

Dos muitos conceitos de Inteligência Organizacional, é razoável extrair que o termo refere-se à capacidade de a organização aprender, acumular conhecimento e mobilizá-lo para tomar decisões de forma rápida e efetiva, em ambientes competitivos e instáveis, com vistas ao cumprimento de sua missão.

Em suma, as características de IO são mais propriamente atributos das pessoas que formam a organização, de suas interações e da própria cultura organizacional, da vontade de aprender, da aptidão para reter e correlacionar os diversos aprendizados, da ausência de preconceito a novidades e da flexibilidade para se desvencilhar do habitual e implementar o mais adequado, a fim de enfrentar os desafios.

Para Albrecht (2004), um modelo de Inteligência Organizacional deveria considerar competências como: ter visão estratégica e alinhar as estruturas e o *modus operandi* da organização com essa visão e com as prioridades institucionais; desenvolver espírito de união entre os membros da organização, de entusiasmo e de comprometimento e senso de responsabilidade capazes de aperfeiçoar o desempenho e garantir o sucesso institucional; investir na identificação, no desenvolvimento e no compartilhamento de conhecimentos; e incentivar o apetite por mudanças.

1.4.1 Conceitos relacionados

Cruz e Dominguez (2008) identificam como fator crítico de sucesso da Inteligência Organizacional a relação de dependência que se estabelece entre três elementos: os indivíduos – incluídos os grupos dos quais participam – a informação e o conhecimento.

Davenport e Prusak (1998) também enxergam três componentes, relacionados hierarquicamente de forma crescente: dados, informação e conhecimento.

Dados seria um conjunto de fatos objetivos e discretos sobre eventos, constituindo-se essencialmente em matéria bruta para a produção da informação. Já a informação seria o conjunto de dados que modifica a forma como a pessoa percebe alguma coisa. Assim, eles se transformam em informação quando lhes é agregado algum tipo de significado, de valor, por meio de contextualização.

O conhecimento, por sua vez, seria uma mistura fluida de experiência estruturada, de valores, de referência contextual e de compreensão intuitiva do especialista, que fornece uma estrutura para avaliar e para incorporar novas experiências. Dessa forma, conhecimento seria uma capacidade derivada de mentes em ação, parcela inerente da complexidade humana.

Esse pensamento lembra a teoria de Dretske (1981), citada anteriormente, segundo a qual, informação é que seria a matéria bruta a ganhar significado e transformar-se em conhecimento a partir do processo interpretativo. As duas teorias não se diferem na essência. Em uma, tem-se a sequência "dados, informação e conhecimento"; noutra, "informação, processo interpretativo/significado e conhecimento". Ambas levam ao mesmo ponto.

Portanto, para compreender, implantar e gerir a IO, as instituições precisam aplicar técnicas oriundas de diversas áreas de estudo, relacionadas com a informação, conhecimento e pessoas. A seguir, uma visão das quatro disciplinas consideradas essenciais para a Inteligência Organizacional.

1.4.2 Disciplinas essenciais para a Inteligência Organizacional

1.4.2.1 Ciência da Informação (CI)

Ciência da Informação é um saber pós-moderno, surgido no século XX, que diz respeito a várias disciplinas das áreas humanas, sociais, exatas e até biológicas. A CI dedica-se a estudar as propriedades gerais e o comportamento da informação em todas as suas fases, do nascimento ao compartilhamento, passando pela manipulação e pela análise.

Importante parte da ciência em apreço é a gestão da informação, processo composto de vários procedimentos – coleta, classificação, armazenamento, divulgação, etc. – que visa manter informações para suportar decisões rotineiras das organizações.

Ressalta-se que, para a CI, o conceito "informação" é entendido como conhecimento comunicado, ou seja, conhecimento e informação são vistos como termos praticamente indistintos, superpostos e complementares.

1.4.2.2 Gestão do conhecimento (GC)

Assim como gestão da informação, gestão do conhecimento é um processo, que envolve procedimentos diversos visando permitir à organização atingir seus objetivos e, de forma mais particular, corrigir rumos, enfim, enfrentar desafios, cumprir sua missão.

Para captar a sutil diferença entre as duas expressões, é importante saber que gestão da informação trata do formalizado, das informações explícitas, dos registros em bancos de dados, é necessária para o dia a dia das organizações. Gestão do conhecimento cuida da informação não explicitada, é indispensável para enfrentar desafios, suportar mudanças inesperadas, aumentar a capacidade de resposta das organizações. Aquela é mais presente no cotidiano das organizações, essa é decisiva para as questões estratégicas, ambas são relevantes e se complementam.

Para gerir o conhecimento organizacional é necessário um processo de planejamento, contínuo ou periódico, com vistas a identificar capital intelectual e formas para reduzir lacunas porventura existentes e finalmente executar ações que gerem o maior retorno possível para a entidade. Ressalta-se a importância de o processo de gestão do conhecimento estar alinhado às estratégias da organização.

Nonaka e Takeuchi (1995) reconhecem dois tipos de conhecimento, o explícito e o tácito. Explícito é o que pode ser racionalizado, codificado ou escrito e é relativamente fácil de ser transferido de uma pessoa para a outra. Tácito, por outro lado, é mais difícil de articular, codificar e transferir, porque muitas vezes surge da experiência das pessoas ou mesmo de forma inconsciente. O conhecimento teria sempre origem nos indivíduos, contudo, pode ser amplificado para grupos ou para a organização, por meio de quatro modos de conversão: socialização (tácito para tácito), externalização (tácito para explícito), combinação (explícito para explícito) e internalização (explícito para tácito).

Observe-se que o conhecimento explicitado transforma-se em informação e passa a ser alvo da gestão da informação, disciplina já comentada, que tem foco tão somente no conhecimento explícito, transmutado em informação, enquanto a GC dá ênfase no conhecimento tácito e sua conversão para conhecimento explícito. Além disso, essa disciplina promove a criação de conhecimentos, o que se materializa em novos produtos e serviços e é chave do processo de inovação.

1.4.2.3 Aprendizagem organizacional (AO)

Atribui-se ao filósofo grego Platão a noção de aprendizagem associada à efetiva mudança no comportamento do sujeito que aprende. A aprendizagem organizacional ocorre por meio de percepções, conhecimentos e modelos mentais compartilhados por indivíduos e grupos e é construída com base em experiências passadas, ou seja, depende de mecanismos de memória institucionais, tais como políticas, normas e modelos.

Para Senge (1994), o que distingue uma organização que aprende de uma tradicional, autoritária e controladora, é o domínio de cinco disciplinas vitais: pensamento sistêmico, domínio pessoal, modelos mentais, construção de visão compartilhada e aprendizagem em equipe.

O pensamento sistêmico é um modelo conceitual que tem por objetivo auxiliar na solução de problemas por meio do desenvolvimento da compreensão clara e completa de como as partes de um todo, de um sistema, comportam-se e interagem entre si.

Domínio pessoal é a contínua clarificação e aprofundamento da visão de cada um acerca do mundo, da focalização das energias individuais, do desenvolvimento da paciência e da visualização objetiva da realidade.

Em modelos mentais, a intenção é ampliar a visão autocrítica das pessoas, desencavar as imagens internas que cada um tem do mundo, trazê-las à superfície e submetê-las a rigoroso escrutínio.

Visão compartilhada envolve desenvolver de forma partilhada imagens de futuro para a organização, com vistas a promover o comprometimento genuíno das pessoas com esses ideais em lugar da simples e pouco efetiva obediência ou conformidade ao estabelecido pelos líderes.

Por fim, aprendizado em equipe é vital porque grupos, não indivíduos, seriam a unidade fundamental de aprendizado das organizações. Compreende o diálogo em equipe, que é a capacidade de os membros suspenderem as suposições individuais e entrarem em estado de pensamento conjunto, bem como de reconhecerem os padrões de interação negativos que podem minar a aprendizagem.

As cinco áreas envolvem noções de psicologia comportamental, utilizadas pelo estudo da aprendizagem organizacional com vistas a aprimorar a forma de pensar e as atitudes dos líderes, dos gestores e dos trabalhadores em geral em relação ao mundo, à organização e a si mesmos.

1.4.2.4 Inteligência competitiva (IC)

É um processo de monitoramento contínuo para coletar informações relevantes que permitam avaliar forças e vulnerabilidades da concorrência; monitorar ambientes e tendências, assim como expectativas dos clientes; mapear riscos; antecipar-se; auto avaliar-se diante do mercado. É a utilização da gestão do conhecimento para descobrir oportunidades e informações estratégicas que suportem com segurança as tomadas de decisão da organização.

Modernamente, entende-se que os seres humanos possuem competências pessoais e profissionais que perpassam três dimensões: conhecimento, habilidades e atitudes. Conhecimento refere-se ao saber, habilidades, à capacidade de fazer e atitudes, a querer fazer. Analogamente, a Inteligência Organizacional também atua nessas três dimensões, por meio das quatro disciplinas descritas.

A Figura 6 esboça de forma simplificada a relação entre a IO, as três dimensões da competência e as quatro disciplinas essenciais. Os quadros explicativos externos ao círculo mostram os principais resultados que podem ser obtidos em cada dimensão.

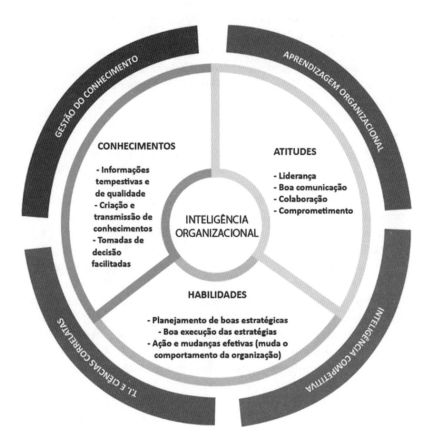

Figura 6 – Relação entre a IO, as 3 dimensões e as 4 disciplinas essenciais

1.4.3 Inteligência Organizacional na Administração Pública e no Controle Externo

Ainda que não sujeitas a forças competitivas, importa que organizações públicas nas diversas esferas de governos preocupem-se em aprimorar sua IO da mesma forma que instituições privadas.

A motivação primordial é o princípio constitucional da eficiência na Administração Pública, pelo qual deve-se fazer o melhor emprego dos recursos e dos meios para satisfazer às necessidades coletivas.

As instituições públicas que não forem capazes de se reinventar continuamente para atender às expectativas crescentes dos cidadãos correm maior risco de não obter da sociedade os recursos necessários a sua sobrevivência.

Assim como outros órgãos e entidades da Administração Pública, os tribunais de contas são prestadores de serviços públicos e precisarão demonstrar, cada vez mais, que cumprem efetivamente sua missão constitucional.

1.4.4 Como promover melhorias na Inteligência Organizacional

É possível promover melhorias na IO de uma instituição por meio da adoção de boas práticas relacionadas às disciplinas de gestão da informação, gestão do conhecimento, aprendizagem organizacional e inteligência competitiva.

No que concerne à gestão da informação, destaca-se o papel relevante da tecnologia da informação. O uso inteligente desse recurso, de forma integrada a estratégia de negócio, permite maior competitividade frente aos concorrentes e maior retorno para o negócio. Atualmente, destacam-se algumas soluções em fase de amadurecimento e outras, já consolidadas no mercado:

- *Business intelligence* (BI): conjunto de técnicas e ferramentas suportadas por TI, que visam à coleta, à análise e ao processamento de dados, bem como à apresentação de informações úteis para auxiliar tomadas de decisões de negócios;
- *Big data*: conjunto de técnicas e ferramentas suportadas por TI que exigem formas não tradicionais de integração para descobrir elementos informacionais de valor para o negócio, os quais encontram-se ocultos em grandes e complexos conjuntos de dados;
- *Business analytics* (BA): disciplina multidimensional que faz amplo uso de matemática e estatística, envolvendo técnicas descritivas e modelos preditivos, de modo a produzir conhecimento valioso a partir da análise de dados, com vistas a apoiar a tomada de decisão;

- Mineração de dados: conjunto de técnicas e ferramentas suportadas por TI que têm por objetivo permitir análise automática ou semiautomática de grandes quantidades de dados com o objetivo de extrair padrões, dependências e outras informações previamente desconhecidas;
- Computação em nuvem: refere-se a um modelo computacional baseado na internet, que tem por objetivo prover acesso onipresente, conveniente e sob demanda a um conjunto compartilhado de recursos computacionais – servidores, armazenamento, redes, aplicações, serviços, etc.; e
- Computação móvel: refere-se à utilização de dispositivo computacional portável – *notebook*, *smartphone* e *tablet*, ou seja, pode ser facilmente transportado durante seu uso normal – que tem conexão à *internet*.

O TCU reconhece o valor estratégico da tecnologia da informação e alerta sobre a igual importância de uma efetiva governança de TI para a atividade estatal. Nesse aspecto, prolatou reiterados acórdãos sobre o tema, nos quais ressalta a responsabilidade dos dirigentes maiores da instituição para o sucesso dessas iniciativas.

No que se refere à gestão do conhecimento da organização, além do uso de TI, muitas são as estratégias para seu aprimoramento, como a criação de comunidades de prática, repositórios de dados, mapeamento de conhecimento, gestão documental, treinamento e educação formal.

Considerando-se que parte do conhecimento existente em uma organização é tácito, uma boa prática visando explicitá-lo é a promoção da socialização por meio de eventos e outros momentos de descontração não gerenciados, que estimulem o encontro entre pessoas de equipes diferentes.

No âmbito da aprendizagem organizacional, a promoção de ações educativas direcionadas a todos os níveis da organização, com foco na mudança de modelos mentais e de comportamentos individuais – com vistas sobretudo a implantar cultura de equipe, de pensamento sistêmico e de compartilhamento do conhecimento –, são boas práticas a serem consideradas.

De outra parte, a construção de uma visão compartilhada depende sobretudo da liderança dos gestores, cuja efetividade será medida pela aceitação dessa visão pelos servidores.

Echeverria (1994) postula que toda organização é um sistema linguístico e tudo que nela acontece pode ser examinado a partir da perspectiva das conversações entabuladas, as quais seriam a única forma de potencializarem-se os resultados positivos dos eventos de ruptura e de ação que caracterizam a aprendizagem organizacional.

Por fim, entre as ações possíveis para aprimorar a inteligência competitiva, está a adoção de processo formal, estruturado e permanente de monitoramento ambiental, preferencialmente executado em conjunto por profissionais de três diferentes áreas: aqueles com domínio do negócio, os técnicos em TI e os especialistas em informação.

O TCU tem adotado, nos últimos anos, algumas práticas e iniciativas visando ao aprimoramento de sua Inteligência Organizacional, abrangendo aspectos das quatro disciplinas já abordadas:

- implantação do processo eletrônico nas atividades administrativas e nas de controle externo;
- uso crescente de TI para apoiar ações de auditoria;
- ampliação do papel do Instituto Serzedello Corrêa (ISC) como universidade corporativa, por meio de ações de capacitação presencial e a distância de servidores próprios e de outros órgãos;
- implantação do laboratório de inovação e coparticipação (coLAB-i);
- implementação de processo acreditado internacionalmente para certificação profissional em auditoria e controle externo;
- implantação, no âmbito das ações relacionadas com a gestão de pessoas, do programa Reconhe-Ser, o qual visa a valorização, pelo Tribunal, de conquistas e méritos pessoais e de equipes;
- acordo de cooperação com a Organização para a Cooperação e Desenvolvimento Econômico (OCDE) visando, entre outros, o estudo para o aperfeiçoamento de programas e políticas públicas descentralizadas e o estudo internacional para identificar e disseminar boas práticas de governança pública;
- concurso público para o cargo de Auditor de Controle Externo, com o perfil de especialista em Tecnologia da Informação;
- redefinição da estrutura do Tribunal com vistas à especialização do Controle Externo em temas como educação, saúde, transportes, previdência, defesa nacional e segurança pública;
- promoção de eventos denominados *Diálogos públicos*, cujo objetivo é compartilhar com representantes da Administração Pública, membros de poderes da República e com a sociedade em geral, questões relevantes para o Brasil, bem como discutir soluções possíveis. Os eventos mais recentes já discutiram a sustentabilidade dos regimes previdenciários, o novo marco

regulatório da mineração, a judicialização da saúde no Brasil, a acessibilidade e a inclusão de pessoas com deficiência, bem assim a governança pública para o desenvolvimento nacional;
- acordos de cooperação com outros órgãos da Administração Pública brasileira e com órgãos de controle em âmbitos nacional e internacional;
- adesão à Agenda Ambiental da Administração Pública (A3P), que tem, entre outros, os objetivos de estimular a incorporação de critérios para gestão social e ambiental nas atividades públicas e contribuir para a revisão dos padrões de produção e consumo, bem como para adoção de novos referenciais de sustentabilidade no âmbito da Administração Pública;
- crescente participação em instituições que congregam entidades de fiscalização superiores de diversos países, incluindo o exercício, de 2013 a 2015, da presidência da Organização Latino-Americana e do Caribe de Entidades Fiscalizadoras Superiores (Olacefs) e a eleição para presidir o Comitê de Criação de Capacidades (CCC) da entidade a partir de 2016. No âmbito da Organização Internacional de Entidades Fiscalizadoras Superiores (Intosai), o TCU foi eleito para presidir o Comitê de Normas Profissionais (PSC) a partir de 2017;
- estabelecimento e melhoria contínua de um processo de planejamento institucional, que inclui a realização periódica de análise do ambiente.

1.4.5 Relação da Inteligência Organizacional com o planejamento estratégico

As organizações encontram-se em permanente esforço para adaptar-se ao ambiente, satisfazer expectativas de clientes e assegurar a própria sustentabilidade futura. A forma mais difundida atualmente para gerenciar essa situação é desenvolver e executar estratégias, bem como mensurar a efetividade dos planos resultantes, por meio de um processo recorrente de planejamento estratégico.

Dado que a Inteligência Organizacional é a capacidade de uma instituição mobilizar todo seu potencial intelectual disponível e concentrar tal capacidade na realização de sua missão, pode-se afirmar que a IO constitui requisito obrigatório para o referido processo.

Na verdade, essa visão dela como instrumento para o processo de planejamento estratégico é apenas uma das faces da moeda. A outra face é a visão que a considera como objetivo ou produto desse processo, cuja dimensão é facilmente percebida numa das mais difundidas ferramentas de gestão estratégica, o *Balanced Scorecard* (BCS). O BSC é balanceado porque busca conciliar estratégias de curto e de longo prazos e também por considerar quatro perspectivas inter-relacionadas: financeira, clientes, processos internos, aprendizado e crescimento.

O método prevê, para suas quatro perspectivas, a definição de objetivos, metas e indicadores de desempenho, de forma que as ações referentes a cada uma delas tenham impacto positivo em outra, produzindo-se assim um ciclo virtuoso de melhoria organizacional.

Então, quando se fala da IO como instrumento para o planejamento estratégico, está se referindo à capacidade que a organização possui de obter e interpretar informações, de utilizar e gerar conhecimento e inteligência com vistas à produção de um plano estratégico.

Ou seja, a perspectiva aprendizagem e crescimento organizacional do BSC significa que a IO deve necessariamente ser vista também como um produto a ser previsto no âmbito dos planos resultantes do processo de planejamento. Para assegurar que isso ocorra, objetivos, metas e indicadores devem ser incluídos no plano estratégico.

Referências

ALBRECHT, K. Um modelo de Inteligência Organizacional. *HSM Management*, São Paulo, v. 44, maio/jun. 2004.

CÂMARA DOS DEPUTADOS. Transparência. Laboratório Hacker. Disponível em: <http://www2.camara.leg.br/transparencia/laboratorio-hacker>. Acesso em: 22 abr. 2016.

CONSELHO NACIONAL DE JUSTIÇA. *Resolução CNJ nº 70, de 18 de março de 2009*. Dispõe sobre o Planejamento e a Gestão Estratégica no âmbito do Poder Judiciário e dá outras providências. Disponível em: <http://www.cnj.jus.br///images/atos_normativos/resolucao/resolucao_70_18032009_22072014152617.pdf>. Acesso em: 25 abr. 2016.

BRASIL. Constituição (1988). *Constituição da República Federativa do Brasil: promulgada em 5 de outubro de 1988*. Disponível em: <http://www.planalto.gov.br/ccivil_03/Constituicao/Constituicao.htm>. Acesso em: 25 abr. de 2016.

BRASIL. *Lei nº 9.784, de 29 de janeiro de 1999*. Regula o processo administrativo no âmbito da Administração Pública Federal. Disponível em: <http://www.planalto.gov.br/ccivil_03/Leis/L9784.htm>. Acesso em: 22 abr. 2016.

BRASIL. *Lei n. 10.520, de 17 de julho de 2002*. Institui, no âmbito da União, Estados, Distrito Federal e Municípios, nos termos do art. 37, inciso XXI, da Constituição Federal, modalidade de licitação denominada pregão, para aquisição de bens e serviços comuns, e dá outras providências. Disponível em: <http://www.planalto.gov.br/ccivil_03/Leis/2002/L10520.htm>. Acesso em: 22 abr. 2016.

BRASIL. *Lei Complementar n. 101*, de 4 de maio de 2000. Estabelece normas de finanças públicas voltadas para a responsabilidade na gestão fiscal e dá outras providências. Disponível em: <http://www.planalto.gov.br/ccivil_03/Leis/LCP/Lcp101.htm>. Acesso em: 22 abr. 2016.

BRASIL. *Lei n. 12.527 de 18 de novembro de 2011*. Regula o acesso a informações previsto no inciso XXXIII do art. 5º, no inciso II do §3º do art. 37 e no §2º do art. 216 da Constituição Federal; altera a Lei no 8.112, de 11 de dezembro de 1990; revoga a Lei no 11.111, de 5 de maio de 2005, e dispositivos da Lei nº 8.159, de 8 de janeiro de 1991; e dá outras providências. Disponível em: <http://www.planalto.gov.br/ccivil_03/_Ato2011-2014/2011/Lei/L12527.htm>. Acesso em: 22 abr. 2016.

BRASIL. Tribunal de Contas da União. Levantamento. Governança pública em âmbito nacional. Análise sistêmica das oportunidades de melhoria constatadas. Atuação conjunta dos tribunais de contas do Brasil. Recomendações aos órgãos governantes superiores. Acórdão nº 1.273/2015-TCU – Plenário, Relatório e Voto. Relator Ministro Augusto Nardes. Disponível em: <https://contas.tcu.gov.br/juris/Web/Juris/ConsultarTextual2/Jurisprudencia.faces?colegiado=PLENARIO&numeroAcordao=1273&anoAcordao=2015>. Acesso em: 18 nov. 2015.

BRASIL. Tribunal de Contas da União. Prestação de contas da Superintendência de Trens Urbanos de Maceió/AL (CBTU/AL), apartada da prestação de contas do exercício de 2007 da Companhia Brasileira de Trens Urbanos (CBTU). Irregularidades em licitações e contratos, constatadas pela Controladoria-Geral da União – CGU. Citações e audiências. Contas irregulares de parte dos responsáveis. Débitos solidários. Multas. Acórdão 2.659/2014-TCU-Plenário. Relator Ministro José Múcio Monteiro. Disponível em: <https://contas.tcu.gov.br/juris/Web/Juris/ConsultarTextual2/Jurisprudencia.faces?colegiado=PLENARIO&numeroAcordao=2659&anoAcordao=2014>. Acesso em: 6 maio 2016.

BRASIL. Tribunal de Contas da União. Relatório de levantamento. Avaliação da governança de tecnologia da informação na Administração Pública federal. Subsídio às atividades de fiscalização do TCU. Informação às organizações participantes, da avaliação individualizada de governança de ti e da comparação com os resultados consolidados de seu segmento de atuação, para indução do aperfeiçoamento de sua governança e dos processos de gestão de ti. Publicidade dos dados, informações e conclusões do relatório, com preservação das informações protegidas por sigilo. Ciência a órgãos interessados. Acórdão 3.117/2014-TCU-Plenário. Relator Ministro Augusto Sherman. Disponível em: <https://contas.tcu.gov.br/juris/Web/Juris/ConsultarTextual2/Jurisprudencia.faces?colegiado=PLENARIO&numeroAcordao=3117&anoAcordao=2014>. Acesso em: 22 abr. 2016.

BRESSER-PEREIRA, L. C. *Bom estado e bom governo*. Disponível em <http://www.bresserpereira.org.br/works/prefacesreviews/99-PrefacioDror-BomEstado_BomGoverno.pdf>. Acesso em: 8 abr. 2016.

CALIXTA, M. *Gestão Estratégica*. São Paulo: Atlas, 2010.

CRUZ, Y. R.; DOMÍNGUEZ, E. G. La inteligencia organizacional: necesario enfoque de gestión de información y del conocimiento. Ciência da Informação, Brasília: IBICT, v. 36, n. 3, set. 2008. Disponível em: <http://revista.ibict.br/index.php/ciinf/article/view/942>. Acesso em: Acesso em: 29 out. 2015.

DAVENPORT, T. H.; PRUSAK, L. *Working knowledge*: how organizations manage what they know. Boston: Harvard Business School, 1998.

DRETSKE, Fred. *The flow of information and knowledge*. Oxford: Blackwell Publisher, 1981. p. 63-64

EAVES, David. Eaves.ca. Case Study: How Open data saved Canada $3.2 Billion, April 2010. Disponível em: <http://www.eaves.ca/2010/04/14/case-study-open-data-and-the-public-purse>. Acesso em: 22 abr. 2016.

ECGI – European Corporate Governance Institute. Code of Best Practice of Corporate Governance (4th edition). Publicado em setembro 2009. Disponível em: <http://www.ecgi.org/codes/code.php?code_id=292>. Acesso em: 10 mai. 2016.

ECGI. European Corporate Governance Institute. Cadbury Report: the Financial Aspects of Corporate Governance. Publicado em 1 de dezembro de 1992. Disponível em: <http://www.ecgi.org/codes/code.php?code_id=132>. Acesso em: 10 maio 2016.

ECGI. European Corporate Governance Institute. Corporate Governance Codes, Principles & Recommendations. Disponível em: <http://www.ecgi.org/codes/index.php>. Acesso em: 10 mai. 2016.

ECHEVERRÍA, R. *Ontología del lenguaje*. Santiago, Chile: J. C. Sáez Editor, 1994

GOVERNO ELETRÔNICO. INDA – Infraestrutura Nacional de Dados Abertos. Disponível em: <http://www.governoeletronico.gov.br/eixos-de-atuacao/cidadao/dados-abertos/inda-infraestrutura-nacional-de-dados-abertos>. Acesso em: 22 abr. 2016.

ICGGPS. The Independent Commission on Good Governance in Public Services. Disponível em: <http://www.opm.co.uk/wp-content/uploads/2014/01/Good-Governance-Standard-for-Public-Services.pdf>. Acesso em: 21 out. 2015.

IIA. Institute of Internal Auditors. Normas internacionais para a prática profissional de auditoria interna, 2011. Disponível em: <http://www.auditoriaoperacional.com.br/pdf/normas-ippf.pdf>. Acesso em: 21 out. 2015.

IBGC. Instituto Brasileiro de Governança Corporativa. *Código das Melhores Práticas de Governança Corporativa*. 5. ed. 2015. Disponível em: <http://www.ibgc.org.br/inter.php?id=18180>. Acesso em: 22 abr. 2016.

JOHNSON G.; SCHOLES, K.; WHITTINGTON, R. *Fundamentos de Estratégia*. Revisão técnica de José Edson Lara. Porto Alegre: Bookman, 2011.

KAPLAN, R.; NORTON, D. *A Execução Premium*. São Paulo: Elsevier, 2009.

KAPLAN, R. S.; NORTON, D. P. *The Balanced Scorecard: Translating Strategy into Action*. Boston: Harvard Business School, 1996.

NONAKA, I.; TAKEUCHI, H. The knowledge creating company: how japanese companies create the dynamics of innovation. New York: Oxford University Press, 1995.

JMKENDALL, G. I., ROLLINS, S. C. Advanced Project Portfolio Management and the PMO: Multiplying ROI at warp speed. Boca Raton: J.Ross Publishing, 2003, apud Kerley Silva Pires Universidade FUMEC Faculdade de Ciências Empresariais – mestrado profissional em sistemas de informação e gestão do conhecimento – Alocação Criteriosa de Recursos: A gestão de portfólio em uma empresa pública de TIC – Belo Horizonte – MG 2013.

OGP (2011) – Open Government Partnership. About. What is the Open Government Partnership? Disponível em: <http://www.opengovpartnership.org/about>. Acesso em: 22 abr. 2016.

OECD. Principles of Corporate Governance. Publicado em 5 de setembro de 2015. Disponível em: <http://www.ecgi.org/codes/code.php?code_id=449>. Acesso em: 10 mai. 2016.

PARCERIA PARA GOVERNO ABERTO. Disponível em: <http://www.governoaberto. cgu.gov.br/>. Acesso em: 22 abr 2016.

PORTAL BRASILEIRO DE DADOS ABERTOS. Disponível em: <http://dados.gov.br/>. Acesso em: 22 abr. 2016.

PARTICIPA.BR. Plano de dados abertos e espaciais do Ministério da Justiça. Disponível em: <http://www.participa.br/dadosabertos/dados-abertos-no-ministerio-da-justica/consulta-publica-sobre-o-plano-institucional-de-dados-abertos-e-espaciais-do-ministerio-da-justica/plano-de-dados-abertos-e-espaciais-do-ministerio-da-justica>. Acesso em: 22 abr. 2016.

PORTER, M. Estratégia Competitiva. Rio de Janeiro: Elsevier, 1986.

PORTER, M. Competitive strategy: techniques for analyzing industries and competitors, New York: The Free Press, 1980.

REZENDE, F. Planejamento no Brasil: auge, declínio e caminhos para a reconstrução. Brasília: CEPAL. Escritório no Brasil/IPEA, 2010. Disponível em: <http://www.ipea.gov.br/portal/images/stories/PDFs/TDs/td_1522.pdf>. Acesso em: 25 abr. 2016.

SECRETARIA DE ASSUNTOS ESTRATÉGICOS. O que é o Brasil 2040. Disponível em: <http://www.sae.gov.br/imprensa/noticia/o-que-e-o-brasil-2040/> Acesso em: 25 abr. 2016.

SENGE, P. M. The fifth discipline: the art and practice of the learning organization. New York: Currency-Doubleday, 1994.

SMITH, A. [1776] 1937. *An Inquiry into the Nature and Causes of the Wealth of Nations*. New York: Random House.

TRANSPARÊNCIA. Disponível em <http://transparencia.gov.br/>. Acesso em: 22 abr. 2016.

TRIBUNAL DE CONTAS DA UNIÃO. *Dez passos para a boa governança*. Disponível em: <http://portal.tcu.gov.br/comunidades/governanca/home/home.htm>. Acesso em: 01 out. 2015.

TRIBUNAL DE CONTAS DA UNIÃO. Informativo sobre levantamento de governança pública. Disponível em: <http://portal.tcu.gov.br/lumis/portal/file/fileDownload. jsp?fileId=8A8182A14F613FB5014F6B5206735279>. Acesso em: 18 nov. 2015.

TRIBUNAL DE CONTAS DA UNIÃO. *Manual de Auditoria Operacional*. Disponível em: <http://portal.tcu.gov.br/controle-externo/normas-e-orientacoes/planejamento-e-exe cucao-de-fiscalizacao/auditoria-operacional.htm>. Acesso em: 01 dez. 2015.

TRIBUNAL DE CONTAS DA UNIÃO. *Referencial Básico de Governança*. 2. ed. 2014. Disponível em: <http://portal.tcu.gov.br/comunidades/governanca/entendendo-a-governanca/referencial-de-governanca/>. Acesso em: 10 abr. 2016.

TRIBUNAL DE CONTAS DA UNIÃO. Mapa Estratégico 2015-2021. Disponível em: <http://portal.tcu.gov.br/planejamento-e-gestao/tcu2021/mapa-estrategico-2015-2021. htm>. Acesso em: 22 abr. 2016.

TRIBUNAL DE CONTAS DA UNIÃO. Plano Estratégico do TCU 2015-2021. Disponível em: <http://portal.tcu.gov.br/planejamento-e-gestao/planos-institucionais/plano-estrategico.htm>. Acesso em: 22 abr. 2016.

TRIBUNAL DE CONTAS DA UNIÃO. Aperfeiçoamento do Controle Externo da regulação. Disponível em: <http://portal2.tcu.gov.br/portal/pls/portal/docs/2056304. PDF>. Acesso em: 29 abr. 2016.

TRIBUNAL DE CONTAS DA UNIÃO. Projeto de apoio à modernização e o fortalecimento institucional do Tribunal de Contas da União – aperfeiçoamento do Controle Externo da regulação. Disponível em: <http://portal2.tcu.gov.br/portal/pls/portal/docs/2056304. PDF> Acesso em: 29 abr. 2016.

TRIBUNAL DE CONTAS DA UNIÃO. Projeto de apoio à modernização e o fortalecimento institucional do Tribunal de Contas da União – aperfeiçoamento do Controle Externo da regulação. Disponível em: <http://portal2.tcu.gov.br/portal/pls/portal/docs/2056304. PDF>. Acesso em: 29 abr. 2016.

U.S. SECURITIES AND EXCHANGE COMMISSION. Sarbanes-Oxley Act, 2002. Disponível em: <https://www.sec.gov/about/laws/soa2002.pdf>. Acesso em: 10 maio 2016.

WORLD BANK. The International Bank for Reconstruction and Development. A decade of measuring the quality of governance, 2006. Disponível em: <http://siteresources.worldbank. org/INTWBIGOVANTCOR/Resour-ces/1740479-1150402582357/2661829-1158008871017/ booklet_decade_of_measuring_governance.pdf>. Acesso em: 01 out. 2015.

Informação bibliográfica deste texto, conforme a NBR 6023:2002 da Associação Brasileira de Normas Técnicas (ABNT):

ROSA, Antonio Quintino. Visão estratégica: governança e planejamento. In: OLIVEIRA, Aroldo Cedraz de (Coord.). *O controle da administração na era digital.* Belo Horizonte: Fórum, 2016. p. 183-224. ISBN 978-85-450-0176-8.

CAPÍTULO 2

CONTAS PÚBLICAS:
TRANSPARÊNCIA E CREDIBILIDADE

CLAUDIO SILVA DA CRUZ

2.1 O que é transparência?

Transparência é um termo que ganhou grande importância no mundo, especialmente em decorrência das graves crises mundiais provocadas pelos escândalos financeiros nos EUA no início dos anos 2000 (Enron e WorldCom) e em 2009 (estouro da bolha especulativa com *subprimes* – ativos hipotecários não confiáveis – que levou à concordata do banco Lehman Brothers). Isso porque a quebra de confiança causada pela descoberta de problemas financeiros graves deliberadamente ocultados faz com que os investidores recuem para posições mais conservadoras, muitas vezes em movimentos do tipo "manada", com efeitos desastrosos sobre a economia. A base do funcionamento da economia mundial é a confiança.

Por essa razão, e depois da ocorrência dos escândalos financeiros, os EUA aprovaram a Lei Sarbanes-Oxley (2002), com mecanismos de auditoria e segurança com vistas à asseguração da transparência e confiabilidade das informações das empresas.

2.1.1 A evolução do conceito e das normas de transparência no caso brasileiro

No Brasil, o Instituto Brasileiro de Governança Corporativa (IBGC, <www.ibgc.org.br>) define transparência como um dos princípios da governança corporativa, nos seguintes termos:

Transparência – Consiste no desejo de disponibilizar para as partes interessadas as informações que sejam de seu interesse e não apenas aquelas impostas por disposições de leis ou regulamentos. Não deve restringir-se ao desempenho econômico-financeiro, contemplando também os demais fatores (inclusive intangíveis) que norteiam a ação gerencial e que conduzem à preservação e à otimização do valor da organização.[1]

Como se vê, a transparência de uma organização não é o mero atendimento às obrigações de publicação de informações, previstas em leis ou regulamentos, mas sim o comportamento ativo de desejar dar conhecimento às partes interessadas de qualquer informação de que elas necessitem para confiar suficientemente na organização.

O setor público brasileiro evoluiu significativamente nesse sentido nos últimos anos. Originalmente, toda a transparência do setor público estava fundamentalmente regida apenas pelo princípio constitucional da publicidade:

Art. 37. A administração pública direta e indireta de qualquer dos Poderes da União, dos Estados, do Distrito Federal e dos Municípios obedecerá aos princípios de legalidade, impessoalidade, moralidade, publicidade e eficiência [...].[2]

Tal princípio tão somente vinculava a validade do ato jurídico à sua publicação para amplo conhecimento, geralmente por meio de Diário Oficial. O controle social instrumentalizado apenas pelo instituto da publicidade certamente seria muito tímido e desempoderado.

Ecos distantes de transparência também estavam presentes em outros dispositivos constitucionais de 1988, mas sem estrutura que lhes desse maior consequência e praticidade, vez que não estavam regulamentados em lei:

Art. 5º [...] XXXIII – todos têm direito a receber dos órgãos públicos informações de seu interesse particular, ou de interesse coletivo ou geral, que serão prestadas no prazo da lei, sob pena de responsabilidade, ressalvadas aquelas cujo sigilo seja imprescindível à segurança da sociedade e do Estado;

---

[1] IBGC. *Código das Melhores Práticas de Governança Corporativa*. 5. ed. São Paulo: IBGC, 2015.

[2] BRASIL. Constituição da República Federativa do Brasil de 1988. *Diário Oficial da União* de 5/10/1988.

> Art. 37 [...] §3º A lei disciplinará as formas de participação do usuário na administração pública direta e indireta, regulando especialmente: [...] II – o acesso dos usuários a registros administrativos e a informações sobre atos de governo, observado o disposto no art. 5º, X e XXXIII.
>
> Art. 216 [...] §2º Cabem à administração pública, na forma da lei, a gestão da documentação governamental e as providências para franquear sua consulta a quantos dela necessitem;

A primeira norma brasileira a debruçar-se efetivamente sobre o tema foi a Lei nº 9.755, de 16 de dezembro de 1998, dez anos após a promulgação da Constituição Federal de 1988. Embora não adotasse o termo transparência, o normativo abrangeu um volume considerável de informações públicas relativas às operações do Estado que deveriam ser sistematizados e mantidos acessíveis na Internet pelo Tribunal de Contas da União:

> Art. 1º O Tribunal de Contas da União criará *homepage* na rede de computadores Internet, com o título "contas públicas", para divulgação dos seguintes dados e informações.[3]

Assim o conceito de contas públicas começou a ganhar contornos mais bem definidos, obrigando todos os poderes e todas as esferas a publicar informações sobre contas públicas, tendo o Tribunal de Contas da União (TCU) como consolidador dessas informações.

Já em 2000, a Lei de Responsabilidade Fiscal (Lei Complementar nº 101, de 4 de maio de 2000) finalmente trouxe ao plano legislativo diversos elementos relacionados ao reforço da confiança no Estado mediante gestão fiscal mais transparente:

> Art. 1º Esta Lei Complementar estabelece normas de finanças públicas voltadas para a responsabilidade na gestão fiscal, com amparo no Capítulo II do Título VI da Constituição. §1º A responsabilidade na gestão fiscal pressupõe a ação planejada e transparente, em que se previnem riscos e corrigem desvios capazes de afetar o equilíbrio das contas públicas, mediante o cumprimento de metas de resultados entre receitas e despesas e a obediência a limites e condições no que tange a renúncia de receita, geração de despesas com pessoal, da seguridade social e outras, dívidas consolidada e mobiliária, operações de crédito, inclusive por antecipação de receita, concessão de garantia e inscrição em Restos a Pagar.

---

[3] BRASIL. Lei nº 9.755, de 16 de dezembro de 1998. *Diário Oficial da União* de 17/12/1998.

CAPÍTULO IX.
DA TRANSPARÊNCIA, CONTROLE E FISCALIZAÇÃO.
Seção I.
Da Transparência da Gestão Fiscal.

Art. 48. São instrumentos de transparência da gestão fiscal, aos quais será dada ampla divulgação, inclusive em meios eletrônicos de acesso público: os planos, orçamentos e leis de diretrizes orçamentárias; as prestações de contas e o respectivo parecer prévio; o Relatório Resumido da Execução Orçamentária e o Relatório de Gestão Fiscal; e as versões simplificadas desses documentos. Parágrafo único. A transparência será assegurada também mediante incentivo à participação popular e realização de audiências públicas, durante os processos de elaboração e de discussão dos planos, lei de diretrizes orçamentárias e orçamentos.

Art. 67. O acompanhamento e a avaliação, de forma permanente, da política e da operacionalidade da gestão fiscal serão realizados por conselho de gestão fiscal, constituído por representantes de todos os Poderes e esferas de Governo, do Ministério Público e de entidades técnicas representativas da sociedade, visando a: [...] II – disseminação de práticas que resultem em maior eficiência na alocação e execução do gasto público, na arrecadação de receitas, no controle do endividamento e na transparência da gestão fiscal;[4]

O art. 48 da LRF foi ainda ampliado em 2009 pela Lei Complementar nº 131, de 27 de maio:

Art. 48. [...]
Parágrafo único. A transparência será assegurada também mediante: I – incentivo à participação popular e realização de audiências públicas, durante os processos de elaboração e discussão dos planos, lei de diretrizes orçamentárias e orçamentos; II – liberação ao pleno conhecimento e acompanhamento da sociedade, em tempo real, de informações pormenorizadas sobre a execução orçamentária e financeira, em meios eletrônicos de acesso público; III – adoção de sistema integrado de administração financeira e controle, que atenda a padrão mínimo de qualidade estabelecido pelo Poder Executivo da União e ao disposto no art. 48-A.[5]

---

[4] BRASIL. Lei Complementar nº 101, de 4 de maio de 2000. *Diário Oficial da União* de 5/5/2000.
[5] BRASIL. Lei Complementar nº 131, de 27 de maio de 2009. *Diário Oficial da União* de 28/5/2009.

Assim, a LRF estabelece que a verdadeira responsabilidade pressupõe ação planejada e transparente, determina a publicação detalhada da execução orçamentária e financeira na Internet, estimula a adoção de práticas de transparência e estabelece a diretriz de que o sistema informatizado de administração financeira e controle será um instrumento de transparência.

Outra contribuição legislativa relevante com relação ao assunto deu-se em 2003, por meio da Lei nº 10.683, de 28 de maio de 2003, que reorganizou a Presidência da República e Ministérios, e onde, tratando da Controladoria-Geral da União,[6] atribui:

> Art. 17. À Controladoria-Geral da União compete assistir direta e imediatamente ao Presidente da República no desempenho de suas atribuições quanto aos assuntos e providências que, no âmbito do Poder Executivo, sejam atinentes à defesa do patrimônio público, ao controle interno, à auditoria pública, à correição, à prevenção e ao combate à corrupção, às atividades de ouvidoria e ao incremento da transparência da gestão no âmbito da administração pública federal.[7]

Em 2005, por iniciativa do Governo Federal, foi criado o Portal da Transparência, por meio do Decreto nº 5.482, de 30 de Junho de 2005:

> Art. 1º O Portal da Transparência do Poder Executivo Federal, sítio eletrônico à disposição na Rede Mundial de Computadores – Internet, tem por finalidade veicular dados e informações detalhados sobre a execução orçamentária e financeira da União, compreendendo, entre outros, os seguintes procedimentos: I – gastos efetuados por órgãos e entidades da administração pública federal; II – repasses de recursos federais aos Estados, Distrito Federal e Municípios; III – operações de descentralização de recursos orçamentários em favor de pessoas naturais ou de organizações não-governamentais de qualquer natureza; e IV – operações de crédito realizadas por instituições financeiras oficiais de fomento.[8]

Também se ocupando da transparência e da governança das empresas estatais, foi editado Decreto nº 7.063, de 13 de janeiro de 2010, e, embora revogado, a atribuição foi mantida na íntegra no atual Decreto nº 8.578, de 26 de novembro de 2015:

---

6 Atualmente é o Ministério da Transparência, Fiscalização e Controle.
7 BRASIL. Lei nº 10.683, de 28 de maio de 2003. *Diário Oficial da União* de 29/5/2003.
8 BRASIL. Decreto nº 5.482, de 30 de Junho de 2005. *Diário Oficial da União* de.

Art. 6º Ao Departamento de Coordenação e Governança das Empresas Estatais compete: [...] XII – contribuir para o aumento da eficiência e transparência das empresas estatais e para o aperfeiçoamento e integração dos sistemas de monitoramento econômico-financeiro, bem como para o aperfeiçoamento da gestão dessas empresas.[9]

Finalmente, em decorrência de compromisso firmado pelo governo brasileiro por ocasião do *Open Government Partnership* (<http://www.opengovpartnership.org>), em setembro de 2011, foi promulgada a chamada Lei de Acesso à Informação[10] (LAI, Lei nº 12.527, de 18 de novembro de 2011), com as seguintes diretrizes fundamentais:

- publicidade e transparência como regra, sendo que o sigilo é sempre exceção;
- obrigação de divulgação de informações úteis independentemente de solicitação;
- uso de vários meios disponíveis de comunicação, especialmente meios eletrônicos;
- fomento à cultura de transparência e ao desenvolvimento do controle social.

2.1.2 Transparência ativa e passiva

Nesse contexto, pode-se dizer que transparência passiva é aquela decorrente de obrigação objetiva e específica de publicidade, por força de lei, norma ou regulamento.

Há duas formas pelas quais a transparência passiva se manifesta. A primeira é quando o gestor atende a uma requisição expressa de informação pública por parte do cidadão brasileiro. O Sistema Eletrônico do Serviço de Informação ao Cidadão (e-SIC) representa bem essa primeira forma (Figura 1).

Implantado nas *homepages* das organizações públicas federais do poder executivo brasileiro, o e-SIC permite registrar demanda de qualquer cidadão brasileiro, dentro ou fora do território nacional, para qualquer informação de que necessite, desde que não sigilosa, sem ser obrigado a justificar sua necessidade. O prazo de resposta é de vinte dias úteis, sendo a ausência desta ou sua insuficiência objeto de reiteração da

---

[9] BRASIL. Decreto nº 7.063, de 13 de janeiro de 2010. *Diário Oficial da União* de 15/1/2010.
[10] BRASIL. Lei nº 12.527, de 18 de novembro de 2011. *Diário Oficial da União* de 18/11/2011.

demanda e a permanência da insatisfação do cidadão pode ser levada automaticamente ao conhecimento da Controladoria-Geral da União, para tomada das providências cabíveis.

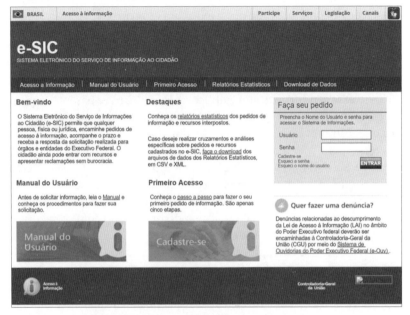

Figura 1 – O serviço de informação ao cidadão[11]

A segunda forma diz respeito ao cumprimento de dispositivos legais que definem obrigatória e objetivamente quais informações devem ser publicadas. Nesse sentido, incumbe ao gestor público realizar esforço de inventariar as leis, as normas ou os regulamentos que possam conter indicação das informações que devem ser tornadas públicas e serem divulgadas, e verificar periodicamente se de fato estão acessíveis e divulgadas em sua jurisdição. Sem esse esforço, o gestor incorrerá em não conformidade com lei, norma ou regulamento, ficando sujeito às sanções cabíveis.

Observe-se que, em ambas as formas de manifestar transparência passiva, o comportamento do gestor em dar acesso à informação pode decorrer de mera preocupação com a conformidade legal, e não com

---

[11] <http://esic.cgu.gov.br/>.

a preocupação em prestar contas ao verdadeiro dono dos recursos administrados, que é a sociedade brasileira.

Por outro lado, pode-se dizer que transparência ativa é aquela decorrente da consciência, do desejo e do compromisso ético com a prestação de contas de tudo que é feito com os recursos públicos, jamais criando obstáculos, mas, ao contrário, criando todas as facilidades possíveis e razoáveis para que os cidadãos efetivamente acessem, conheçam e se apropriem da informação pública, de modo a exercer melhor a sua cidadania.

Nesse sentido, o gestor público ativamente transparente, espontaneamente, realizará esforço para inventariar as informações de sua organização, obviamente a começar das mais relevantes e de maior interesse para o cidadão, para então classificá-las quanto ao sigilo, catalogá-las e dar acesso e divulgação a todas as informações, exceto aquelas que, excepcionalmente, necessitem ser preservadas sob sigilo. Esse é o sentido geral da LAI: dar-se acesso e divulgação à maior quantidade possível de informações acerca do que é feito com os recursos públicos, sendo o sigilo uma exceção.

Veja-se, por exemplo, este excerto da LAI, que indica a necessidade de catalogação e classificação de informações:

> Art. 30. A autoridade máxima de cada órgão ou entidade publicará, anualmente, em sítio à disposição na internet e destinado à veiculação de dados e informações administrativas, nos termos de regulamento: I – rol das informações que tenham sido desclassificadas nos últimos 12 (doze) meses; II – rol de documentos classificados em cada grau de sigilo, com identificação para referência futura; III – relatório estatístico contendo a quantidade de pedidos de informação recebidos, atendidos e indeferidos, bem como informações genéricas sobre os solicitantes.[12]

2.2 Prestação de contas na era da Internet

O melhor exemplo de transparência ativa no Estado brasileiro talvez seja o Portal da Transparência (Figura 2). Lançado em 2005, era inicialmente uma forma de dar amplo acesso pela Internet aos dados de execução orçamentária e financeira da União, cuja publicidade já era obrigatória (transparência passiva). Porém, de lá para cá vem evoluindo bastante com o propósito de implementar o acesso a maior número de

---

[12] BRASIL. Lei nº 12.527, de 18 de novembro de 2011. *Diário Oficial da União* de 18/11/2011.

informações públicas, como o detalhamento das transferências a estados e municípios, as sanções aplicadas pelo governo a pessoas físicas ou jurídicas com quem se relaciona, detalhes do salário e do vínculo de servidores públicos, situação dos imóveis da União e outras, e continua expandindo o número de informações disponíveis (transparência ativa).

Figura 2 – Portal da Transparência[13]

Seguindo as diretrizes do *Open Government Partnership*, o Portal também implementa o conceito de dados abertos, permitindo a exportação em formato digital de grande quantidade de informações

---

[13] <http://www.portaltransparencia.gov.br>.

para processamento em qualquer computador. O resultado desse esforço de transparência pode ser avaliado pelo crescimento contínuo do número médio mensal de visitas ao Portal (Figura 3), tendo atingido, no ano de 2015, mais de dezesseis milhões de acessos.

O crescimento significativo no número de acessos é evidência de que de fato existe apetite pela informação pública.

Figura 3 – Quantidade de acessos ao Portal da Transparência[14]

Na mesma linha de dar maior transparência à administração pública federal, o TCU tem trabalhado para que as prestações de contas anuais dos gestores públicos também sejam de fácil acesso e úteis para o exercício da cidadania. Isso é feito por meio do Sistema de Prestação de Contas Anuais (e-Contas) (Figura 4), ainda em processo de aperfeiçoamento, mas que já permite a remessa eletrônica de todo o conteúdo normativamente exigido.

---

[14] <http://www.portaltransparencia.gov.br/sobre/Estatisticas_visitacao/junho-2016.xls>.

Figura 4 – Sistema e-Contas (TCU)[15]

O sistema é assim descrito:

O e-Contas é um sistema integralmente desenvolvido por equipes do TCU e disponibilizado para os órgãos e entidades da Administração Pública Federal para efetuar a prestação de contas anuais ao Tribunal. Atualmente (exercício de 2015), o universo de órgãos e entidades abrangido pelo e-Contas é de 1.368 unidades prestadoras de contas (UPC), 75 órgãos de controle interno e 130 órgãos supervisores. O Sistema é ainda utilizado, de forma permanente, por mais de quarenta subunidades do TCU para o gerenciamento das contas prestadas pelos órgãos e entidades. A quantidade de pessoas atualmente habilitadas para acessar o e-Contas supera os 4.000 usuários. Entre os usuários externos estão os gestores das unidades prestadoras de contas, os auditores dos órgãos de controle interno e os ministros ou autoridades equivalentes que têm o papel de supervisão ministerial. O número de usuários internos do TCU que operam quase diariamente o Sistema é de mais de 400 auditores.[16]

---

[15] <http://portal.tcu.gov.br/contas/e-contas/e-contas.htm>.
[16] <http://portal.tcu.gov.br/contas/e-contas/e-contas.htm>.

A íntegra das prestações anuais de contas entregues pode ser acessada por qualquer pessoa, em formato PDF (Figura 5). Em breve, dados estruturados também estarão disponíveis.

Figura 5 – Consultas às prestações de contas da Administração Pública Federal[17]

2.3 Certificação da qualidade da informação

A produção da credibilidade decorrente da transparência depende da confiabilidade da informação pública oferecida. Por essa razão,

---

[17] <http://portal.tcu.gov.br/contas/contas-e-relatorios-de-gestao/contas-do-exercicio-de-2016.htm>.

parte substancial do trabalho de auditoria é aferir o risco de que a informação pública não se preste adequadamente para a tomada de decisões por quem dela necessite. Duas vertentes principais tratam dessa questão: a auditoria financeira e a auditoria de dados.

O *Manual de Auditoria Financeira do TCU*, concebido com largo apoio em normas internacionais, assim conceitua:

> O principal objetivo da auditoria financeira é melhorar e promover a prestação de contas de órgãos e entidades públicos. A ISSAI 200 esclarece que o propósito de uma auditoria de demonstrações financeiras é aumentar o grau de confiança dessas demonstrações por parte dos usuários previstos. Para isso, o auditor deve expressar uma opinião que forneça segurança razoável aos tomadores de decisão sobre a existência ou não de distorções relevantes nas informações financeiras divulgadas, independente se causadas por erro ou fraude.

A auditoria financeira é um importante instrumento de fiscalização para a verificação independente da confiabilidade das demonstrações financeiras divulgadas por órgãos e entidades públicos, na defesa dos princípios de transparência e prestação de contas.[18]

Segundo a Secretaria de Macroavaliação Governamental do TCU, as auditorias financeiras beneficiam a sociedade com:

- maior confiança de que os números do governo representam a verdade dos fatos;
- menor o risco de fuga de investidores, resultando menor o risco de crise financeira;
- menor assimetria de informações entre produtores e usuários da informação financeira;
- aumento da transparência da situação financeira do governo, favorecendo o controle social da sustentabilidade financeira do governo.

Já a auditoria de dados tem sua ênfase nas grandes bases de dados tratadas por sistemas eletrônicos de processamento, com vistas a avaliar o risco de que os dados não sejam suficientemente confiáveis para o fim a que se destinam e se os dados são aderentes às regras que regem o negócio a que se referem.[19]

---

[18] <http://portal.tcu.gov.br/lumis/portal/file/fileDownload.jsp?fileId=8A8182A151356 F960151B14F57575D45>.

[19] <http://portal.tcu.gov.br/lumis/portal/file/fileDownload.jsp?fileId=8A8182A14E01F8FC01 4E02CA13FA2AA0>.

As auditorias financeiras são regularmente realizadas pelo TCU em avaliações de contas anuais, e são especialmente importantes nas avaliações das contas de governo, a exemplo das que conduziram ao parecer pela rejeição das Contas de Governo de 2014[20] e na mesma direção nas Contas de Governo de 2015.[21]

As auditorias de dados são realizadas com menor frequência, porém, as que se realizaram abordaram grandes sistemas nacionais, a exemplo das citadas a seguir:

- Auditoria nos Sistemas do Cadastro Único para Programas Sociais do Governo Federal;[22]
- Auditoria no Sistema de Gestão de Convênios e Contratos de Repasse (Siconv) do Governo Federal;[23]
- Auditoria no Sistema Informatizado de Controle de Óbitos (Sisobi);[24]
- Auditoria de Tecnologia da Informação no Módulo de Consignações do Siape.[25]

2.4 Perspectivas de avaliação de governança, riscos e transparência

Especialmente a partir dos anos 2000, o TCU vem intensificando novas abordagens de controle externo, tais como auditoria de programas governamentais, auditoria baseada em riscos e auditoria de governança, que procuram compor melhor com as avaliações de conformidade legal e de modo a identificar causas/raízes de não conformidades. No que tange às auditorias de governança, o TCU adotou múltiplas perspectivas, como indicado na Figura 6, em vista da complexidade do tema.

---

[20] <http://portal.tcu.gov.br/tcu/paginas/contas_governo/contas_2014/index.html>.

[21] <http://portal.tcu.gov.br/lumis/portal/file/fileDownload.jsp?fileId=8A8182A155187A F6015555656B351447>.

[22] <http://portal.tcu.gov.br/lumis/portal/file/fileDownload.jsp?fileId=8A8182A24F0A728 E014F0AD85DE33028>.

[23] <http://portal.tcu.gov.br/lumis/portal/file/fileDownload.jsp?fileId=8A8182A25232C6 DE0152A282534C7B53>.

[24] <http://portal.tcu.gov.br/lumis/portal/file/fileDownload.jsp?fileId=8A8182A24F0A728E 014F0AD851CE2673>.

[25] <http://portal.tcu.gov.br/lumis/portal/file/fileDownload.jsp?fileId=8A8182A24F0A728E 014F0B27BC2905A6>.

Figura 6 – Perspectivas de avaliação de governança adotadas pelo TCU[26]

Em decorrência das boas experiências com as auditorias de programas de governo e de políticas públicas, desenvolveu-se a perspectiva de "Entes federativos, esferas de poder e políticas públicas", cujo foco está na formulação e avaliação de políticas públicas levadas a efeito pela associação de diversas organizações públicas, enfatizando a necessidade de coordenação entre elas. O "Referencial para Avaliação de Governança em Políticas Públicas" editado pelo TCU contém o marco teórico dessa perspectiva.[27]

Já sob a perspectiva de "Sociedade e Estado", mais recente, o TCU vem estudando o funcionamento das estruturas que compõem as chamadas funções essenciais de Estado e o chamado Centro de Governo, cujo foco está na formulação das diretrizes maiores de Estado e nos mecanismos de monitoramento de sua observância junto às organizações públicas nas pontas. O marco teórico sob essa perspectiva foi condensado pelo TCU no "Referencial para Avaliação de Governança em Centro de Governo".[28]

As perspectivas "Atividades intraorganizacionais" e "Órgãos e entidades" estão hoje em processo de fusão conceitual, podendo ser chamadas de *governança organizacional,* visto que ambas têm seu foco na

---

[26] <http://portal.tcu.gov.br/lumis/portal/file/fileDownload.jsp?fileId=8A8182A14DDA8C E1014DDFC35CA83C74>.

[27] <http://portal.tcu.gov.br/lumis/portal/file/fileDownload.jsp?fileId=8A8182A14DDA8C E1014DDFC404023E00>.

[28] <http://portal.tcu.gov.br/lumis/portal/file/fileDownload.jsp?fileId=8A8182A25454C5A 801545DC1433145ED>.

boa prestação de serviços de cada organização pública individualmente, ou seja, no cumprimento de sua missão institucional por meio de mecanismos de estabelecimento e desenvolvimento de liderança, de formulação e avaliação da estratégia institucional e de manutenção de controles necessários ao monitoramento da implantação dessa estratégia e à correção de rumos, à gestão dos riscos que podem prejudicar o cumprimento da estratégia e à prestação de contas de cada dirigente máximo e colegiado superior das organizações públicas diante da sociedade, com transparência e *accountability*. A boa capacidade sob esta perspectiva é uma das condições para a boa consecução de políticas públicas, especialmente quando são envolvidas múltiplas organizações. Como marco teórico da governança organizacional, o TCU adotou o "Referencial Básico de Governança aplicável a Órgãos e Entidades da Administração Pública".[29] A Figura 7 apresenta o modelo geral de governança organizacional adotado pelo TCU, com três mecanismos (liderança, estratégia e controle) subdivididos em dez componentes.

Figura 7 – Modelo de governança organizacional adotado pelo TCU[30]

---

[29] <http://portal.tcu.gov.br/lumis/portal/file/fileDownload.jsp?fileId=8A8182A14DDA8CE1014DDFC35CA83C74>.

[30] <http://portal.tcu.gov.br/lumis/portal/file/fileDownload.jsp?fileId=8A8182A14DDA8CE1014DDFC35CA83C74>.

2.4.1 Gestão de riscos institucionais

Em quaisquer das perspectivas adotadas pelo TCU, a avaliação da capacidade em gestão de riscos está fortemente presente. Isso se dá em linha com as melhores práticas internacionais que identificam a gestão de riscos como uma prática-chave.

Em avaliação de governança organizacional,[31] realizada no final de 2014 por meio de cooperação técnica com a quase totalidade dos tribunais de contas brasileiros, foi possível examinar a capacidade em governança organizacional em 7.770 entes públicos federais, estaduais ou municipais, dos quais 380 eram entes federais.

Analisando as respostas de todos respondentes acerca de gestão de riscos (Figura 8), observa-se que, na totalidade dos itens de controle da prática de gestão de riscos, a capacidade média encontrada é muito baixa, totalizando 70% dos respondentes dentro da faixa inicial.[32] Examinando apenas os 380 entes públicos federais (Figura 9), a capacidade em gestão de riscos é ainda pior (80% na faixa inicial), indicando possivelmente que estados e municípios têm menos familiaridade com o conceito de gestão de riscos, enquanto a esfera federal o conhece melhor e reconhece mais intensamente que ainda não o pratica, visto que, em média, a capacidade da esfera federal é maior que das esferas estadual e municipal nos outros itens de avaliação.

---

[31] Adota-se aqui a consolidação dos dados por análise de componentes principais, procedimento ligeiramente diferente do adotado no estudo original, em 2014 e 2015.

[32] A faixa inicial compreende as faixas INE-inexistente, quando o item de controle não está presente, INS-insuficiente, quando o item de controle é reconhecido, mas não praticado, e INI-iniciando, quando o item de controle é adotado em menor parte.

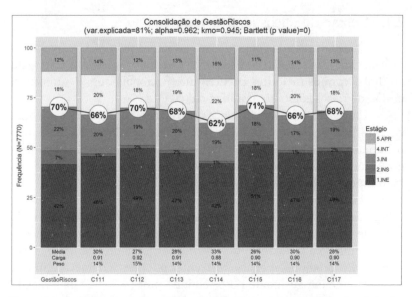

Figura 8 – Perfil de governança 2014 – Gestão de riscos (esferas federal, estadual e municipal)

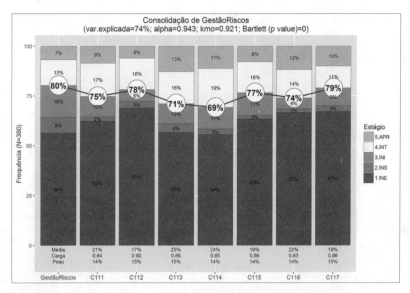

Figura 9 – Perfil de governança 2014 – Gestão de riscos (esfera federal)

2.4.2 Transparência institucional

Quando a avaliação recai sobre os requisitos de transparência institucional, como visto antes, um conceito que vem se desenvolvendo no Brasil há mais tempo, os dados indicam situação substancialmente melhor, mas ainda preocupante. Considerando todos os 7.770 respondentes (Figura 10), 31% ainda estavam na faixa inicial e somente 28% declaravam cumprir os requisitos de transparência totalmente ou em maior parte. Mas ao considerar apenas os 380 respondentes da esfera federal (Figura 11), os dados indicam situação bem melhor que a encontrada nos estados e municípios, com 18% declarando descumprir os requisitos de transparência, e 38% declarando cumpri-los totalmente ou em maior parte.

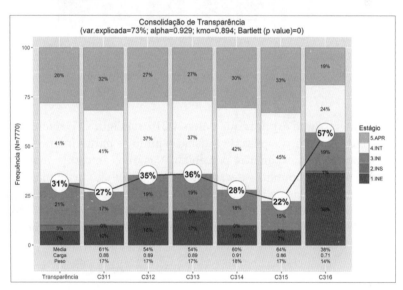

Figura 10 – Perfil de governança 2014 – Transparência (esferas federal, estadual e municipal)

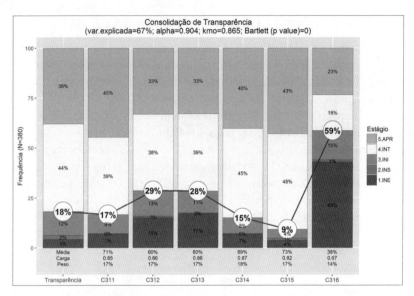

Figura 11 – Perfil de governança 2014 – Transparência (esfera federal)

Interessante explicar que o item C316, na Figura 11, refere-se à prática de realizar pesquisa de satisfação junto às partes interessadas com respeito à transparência percebida. Nas duas amostras, mais da metade dos entes públicos declara não buscar conhecer a opinião das partes interessadas sobre a satisfação com o nível de transparência oferecido. Portanto, é razoável imaginar, como indicam outros estudos realizados no Brasil recentemente,[33] que a transparência real seja menor do que a declarada pelos respondentes nesse levantamento.

2.4.3 Responsabilização institucional e da liderança

Finalmente, quando a avaliação considera todas as componentes do modelo de governança, na esfera federal (Figura 12), percebem-se muitas fragilidades, especialmente no que diz respeito à escolha de pessoas e definição de suas competências pessoais para dirigirem as organizações públicas (L1 com 55% na faixa inicial), ao desenvolvimento de habilidades institucionais para coordenar-se com outras organizações

---

[33] <http://www.cgu.gov.br/assuntos/transparencia-publica/escala-brasil-transparente>.

públicas (E3 com 57% na faixa inicial), à implementação de gestão de riscos e controle interno (C1 com 80% na faixa inicial), ao relacionamento com as partes interessadas (E1 com 46% na faixa inicial) e ao estabelecimento do sistema de governança (L4 com 42% na faixa inicial).

Chama também a atenção que 51% dos respondentes declaravam praticar auditoria interna totalmente ou em maior parte, mas essa declaração parece conflitar com o baixo grau de adoção da gestão de riscos que, espera-se, é consequência da prática de auditorias baseadas em risco. Portanto, é provável que as auditorias praticadas ainda se concentrassem na mera conformidade da gestão.

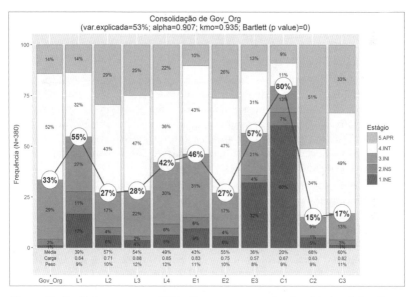

Figura 12 – Perfil de governança 2014 – Governança organizacional (esfera federal)

Em resumo, 33% das organizações respondentes tinham capacidade em governança organizacional muito baixa. Isso, aliado às deficiências em gestão de riscos, em auditoria interna e nas práticas de transparência, constitui ambiente desfavorável para confiança das partes interessadas nas prestações de contas públicas, com grave comprometimento da credibilidade.

Assim, ao mesmo tempo que aumentam as demandas da sociedade por uma gestão pública eficiente e efetiva e por transparência, ainda há baixa adoção de práticas que poderiam responder melhor aos anseios da sociedade.

Felizmente, o acórdão resultante desse levantamento[34] logrou estimular a publicação da Instrução Normativa Conjunta MP/CGU nº 001,[35] de 10 de maio de 2016, que veio a estabelecer para todo o Poder Executivo Federal medidas para sistematização de práticas relacionadas à gestão de riscos, aos controles internos e à governança. Os excertos a seguir dizem respeito à transparência:

> Art. 9º Os controles internos da gestão devem ser estruturados para oferecer segurança razoável de que os objetivos da organização serão alcançados. A existência de objetivos claros é pré-requisito para a eficácia do funcionamento dos controles internos da gestão.
>
> Art. 10. Os objetivos dos controles internos da gestão são: [...] III – assegurar que as informações produzidas sejam íntegras e confiáveis à tomada de decisões, ao cumprimento de obrigações de transparência e à prestação de contas;
>
> Art. 21. São princípios da boa governança, devendo ser seguidos pelos órgãos e entidades do Poder Executivo federal: [...] V – transparência: caracterizada pela possibilidade de acesso a todas as informações relativas à organização pública, sendo um dos requisitos de controle do Estado pela sociedade civil. As informações devem ser completas, precisas e claras para a adequada tomada de decisão das partes interessas na gestão das atividades;
>
> Art. 23. Os órgãos e entidades do Poder Executivo federal deverão instituir, pelos seus dirigentes máximos, Comitê de Governança, Riscos e Controles. §1º No âmbito de cada órgão ou entidade, o Comitê deverá ser composto pelo dirigente máximo e pelos dirigentes das unidades a ele diretamente subordinadas e será apoiado pelo respectivo Assessor Especial de Controle Interno. §2º São competências do Comitê de Governança, Riscos e Controles: [...] VI – promover a adoção de práticas que institucionalizem a responsabilidade dos agentes públicos na prestação de contas, na transparência e na efetividade das informações;

Como se vê, a norma atribuiu responsabilidades específicas aos dirigentes máximos que garanta governança, transparência e prestação de contas.

---

[34] BRASIL. Acórdão nº 1273/2015-TCU-Plenário.

[35] <http://www.cgu.gov.br/sobre/legislacao/arquivos/instrucoes-normativas/in_cgu_mpog_01_2016.pdf>.

2.5 Tendências das contas públicas na esfera federal

Ressaltam-se aqui quatro grandes tendências relacionadas ao tratamento das contas públicas.

A primeira tendência é a de que prestação de contas deixe de ser tratada apenas como o ato de remessa anual das contas ao TCU, para ser cada vez mais tratada como um repositório confiável de informações acerca da gestão, centralizado ou distribuído, frequentemente atualizado e constantemente disponível para qualquer interessado acessar, tratar e comparar com padrões, com vistas ao estabelecimento de juízos e à tomada de decisões, tornando cada vez mais concreto o controle social. Em certa medida, o Portal da Transparência do Governo Federal já cumpre parte desse papel ao manter disponíveis informações da execução orçamentária e financeira. O sistema e-Contas do TCU já aproveita informações disponíveis em bases de dados existentes.

Em decorrência da primeira, a segunda tendência é a de que o controle externo seja cada vez mais realizado concomitantemente à execução do exercício, não dependendo mais do fornecimento de informações pelos gestores, mas simplesmente capturando-as onde quer que estejam disponíveis e processando-as conforme a conveniência dos auditores. Do mesmo modo, os diversos procedimentos de controle poderão ser cada vez mais integrados para produzir visões mais abrangentes dos objetos de controle, baseado no compartilhamento de dados, estruturados ou não. O sistema e-Contas do TCU prevê em sua última etapa de construção a disponibilização de ferramentas de apoio à auditoria financeira contínua.

A terceira tendência é que os controles internos implantados e executados pelos gestores sejam cada vez mais baseados em processamento automático de dados, estruturados ou não, disponíveis de forma centralizada ou distribuída. Isso aumentará a eficácia dos controles internos, devido à menor intervenção humana. Esses controles eletrônicos poderão gerar alertas automáticos e, nos casos devidos, providências automáticas.

Finalmente, a quarta tendência aqui ressaltada é que o perfil dos auditores mudará rapidamente, em função da necessidade de analisar massas de dados cada vez maiores por meios computacionais. Além disso, será cada vez mais requerido do auditor a avaliação de riscos e controles em procedimentos automatizados e em processos de tomada de decisão, especialmente na alta administração das organizações públicas.

Em consequência dessas tendências, muitos gestores poderão sentir-se desconfortáveis com o "excesso" de transparência e com o aparente aumento de risco pessoal decorrente. Certamente essas mudanças requerem a formação de um novo tipo de gestor público, mais afeito à transparência e à plena prestação de contas como regra, com vistas a um cenário promissor de credibilidade e de legitimação do Estado perante a sociedade.

Informação bibliográfica deste texto, conforme a NBR 6023:2002 da Associação Brasileira de Normas Técnicas (ABNT):

CRUZ, Claudio Silva da. Contas públicas: transparência e credibilidade. In: OLIVEIRA, Aroldo Cedraz de (Coord.). *O controle da administração na era digital.* Belo Horizonte: Fórum, 2016. p. 225-248. ISBN 978-85-450-0176-8.

CAPÍTULO 3

DESEMPENHO: EFICIÊNCIA, EFICÁCIA E EFETIVIDADE

DAYSON PEREIRA DE ALMEIDA

A ideia de um controle voltado para os resultados da ação governamental não é algo que, nos dias de hoje, pode ser rotulado como novidade. Contudo, é de se ressaltar, por outro lado, que tal abordagem não remonta às origens da atividade de fiscalização do Estado; antes, acompanhou e foi mesmo impulsionada pelas mudanças que ganharam corpo no seio da sociedade ao longo do tempo. Portanto, antes de adentrar propriamente no objeto que constitui o cerne do capítulo, vale breve digressão para situar o contexto recente em que se insere o tópico em questão.

3.1 Evolução da gestão pública: legalidade, transparência e resultados

Ao longo do século XX, a conquista dos direitos sociais como parte integrante do conceito de cidadania concorreu para um intenso processo de expansão do papel do Estado. Elevou-se a complexidade da gestão governamental, tanto devido à emergência de novas funções quanto pela incapacidade do paradigma administrativo vigente, usualmente designado como burocracia weberiana, de corresponder às expectativas crescentes da cidadania.

Em larga medida, as fragilidades na atuação governamental resultavam de características intrínsecas ao modelo burocrático. Concebido e adotado de forma concomitante ao surgimento do Estado Liberal e das Liberais Democracias, o modelo propugnava o império da lei e a busca pela racionalidade instrumental, além de princípios como a nítida separação entre propriedade pública e privada, a impessoalidade, a meritocracia, a profissionalização do serviço público, a valorização da hierarquia organizacional e a padronização de métodos. Não obstante tais princípios tenham constituído os alicerces para a modernização da Administração Pública a partir de meados do século XIX, a desconfiança prévia nos agentes públicos, entendida como necessária à preservação do patrimônio público, constituía uma armadilha para o futuro.

Os rígidos controles de processos de trabalho e o formalismo excessivo acarretaram a prevalência de padrões disfuncionais, caracterizados por uma Administração Pública autorreferida, desconectada das necessidades sociais e incapaz de oferecer eficiência e qualidade aos cidadãos. Moldava-se um ambiente organizacional inóspito à inovação, tendente à repetição de práticas rotineiras e à manutenção de normas minudentes e não raramente desnecessárias. Tradicionalmente, a atividade de auditoria governamental reforçou tais falhas inerentes ao modelo burocrático, concentrando-se, em visão míope, na mera observância de regras, e não no alcance dos objetivos finalísticos de cada instituição pública. A crítica do controlador a condutas inovadoras encorajou a postura conservadora do gestor, em detrimento de ganhos em benefício da sociedade.[1]

Assim, embora o paradigma weberiano houvesse representado uma evolução relevante e coerente com o surgimento das cidadanias civil e política, sua capacidade de resposta às demandas sociais se esgotaria ao final do século XX, notadamente em momento de graves crises econômicas e fiscais de abrangência global. A escassez relativa de recursos, decorrência das crises fiscais, não poderia ser compensada pela elevação da carga tributária ou pela eliminação de direitos sociais; caberia ao Estado buscar respostas para superar seus limites operacionais, importando valores, conceitos e instrumentos administrativos típicos do setor privado.

Em síntese, tornava-se nítida a necessidade de maior eficiência na ação governamental, valorizando os recursos compulsoriamente entregues pelos cidadãos mediante o pagamento de tributos. Na sequência, também se demandaria efetividade e qualidade da gestão pública: as organizações do Estado deveriam trabalhar para atender

---

[1] BOURNE, J. *Public Sector Auditing*: Is it value for Money? England: John Wiley & Sons Ltd, 2007, p. 34.

às demandas dos cidadãos, buscando a satisfação dos seus usuários, então redefinidos como clientes do serviço público, de acordo com o novo paradigma pós-burocrático, usualmente conhecido como Nova Gestão Pública (NGP).

Os ideais e as práticas administrativas que constituíram a NGP representavam, portanto, a tentativa de superar padrões disfuncionais a partir de uma nova crença no papel do Estado e na forma de atuação dos agentes públicos. Contudo, à medida que se disseminaram, restou nítida a insuficiência das concepções originais do modelo, baseadas em práticas gerenciais restritas e excessivamente simplificadoras da realidade governamental, na limitação do conceito de cidadania e na desconexão com a política. As reformas administrativas passaram então a incorporar valores próprios da cidadania e do ideal republicano, assumindo as particularidades inerentes à natureza pública das organizações estatais. Nesse novo contexto, ao final do século os modelos de gestão pública incorporavam de forma crescente princípios como equidade e *accountability*, além, sobretudo, de participação e controle social em todas as fases de constituição e gestão das políticas públicas.[2]

Chega-se, assim, às primeiras décadas do século XXI: uma quadra ainda mais desafiadora para a Administração Pública, em que um complexo equilíbrio de valores demanda novas habilidades do gestor governamental. Se o estrito cumprimento da lei, de um lado, é meio para fim maior – como bem ensinou a história da burocracia weberiana —, de outro, não pode ser abandonado. Deve, contudo, ser interpretado sob o prisma dos resultados esperados a partir da observância da norma. Garantir formas amplas e efetivas de transparência, participação e controle social é absolutamente indispensável para a boa governança democrática, tornando órgãos e entidades públicas mais responsivas às legítimas demandas sociais.

---

[2] ABRUCIO, F. L. O impacto do modelo gerencial na Administração Pública: um breve estudo sobre a experiência internacional recente. *Cadernos ENAP*, n. 10, 1997.

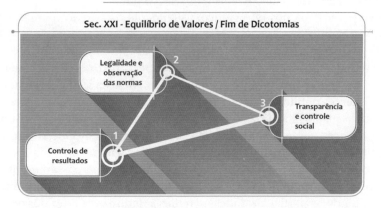

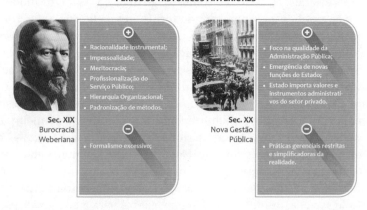

Nessa toada, aparentes dicotomias perdem sentido e reposicionam o debate sobre a gestão pública contemporânea. Tal como ao dizer o direito, também no âmbito da gestão governamental não se pode optar por um princípio em total detrimento de outros. Espera-se, no núcleo de qualquer ato estatal, a busca pela consecução de objetivos democraticamente definidos pela própria sociedade, mantendo-se nos limites da legalidade e revelando-se de forma transparente.

A essa necessária concertação de valores se somam as expectativas crescentes da cidadania, em larga medida impulsionadas pelos avanços econômicos e sociais difundidos quase instantaneamente em sociedades interligadas globalmente. Ainda mais, a essa conta adicionam-se progressos tecnológicos que não se limitam aos processos e ferramentas de comunicação, mas que alteram a forma como as pessoas encaram suas possibilidades pessoais em relação aos serviços que requerem, inclusive do Estado. Expectativas que se elevam em relação aos tratamentos de saúde, aos sistemas educacionais, ao transporte público, às condições de segurança nas cidades, às oportunidades de trabalho, entre outros – todos, igualmente, significando a necessidade de que a Administração Pública realmente seja capaz de entregar resultados com os recursos limitados de que dispõe.

A síntese, portanto, parece oportuna: a gestão pública contemporânea, e o que dela se espera no avançar desse século, deve ser fiel ao Estado de Direito, cumprindo as leis como pilar fundamental a reger as ações dos agentes públicos; deve ser transparente, responsável e aberta aos cidadãos; e deve tomar decisões e exercer seu poder tendo em vista a entrega de resultados à sociedade – um Estado e uma Administração Pública que existam não como fins em si mesmos, mas, ao contrário, para servir ao bem comum, almejando o desenvolvimento inclusivo e sustentável do seu povo.

Noutro giro, há também deveres que surgem aos cidadãos. Ao poder de direcionar as escolhas públicas deve corresponder a responsabilidade pela definição de prioridades e atribuição de recursos; às exigências de transparência e acesso à informação deve corresponder a disposição para exercer uma cidadania ativa, tomando parte em processos decisórios nos distintos âmbitos democráticos; à cobrança por mais e melhores resultados – mantido o nível de tributação – deve corresponder a atuação cooperativa com o Estado, por meio de mecanismos de coordenação extragovernamental, como parcerias públicoprivadas e redes de políticas públicas. Nesse novo contexto, não cabe à cidadania a mera cobrança passiva por comportamentos e desempenhos almejados, dado que a transformação do aparato estatal não responde senão aos claros incentivos proporcionados pela transformação da própria sociedade e sua relação com o patrimônio público, na busca pelo bem comum.

É esse o cenário em que se desenrola a ainda jovem história do controle de resultados. Especialmente, as Entidades de Fiscalização Superior (EFS), como o Tribunal de Contas da União, no caso brasileiro, são instadas por esse meio em evolução a contribuir com o fortalecimento da democracia, ao voltar sua atuação aos anseios da sociedade e, portanto, às efetivas entregas proporcionadas pela máquina pública.

3.2 Otimalidade e controle

No conceito de Pareto, otimalidade está intimamente ligada à eficiência. Determinado sistema não pode ser ótimo se há ali alguma ineficiência.[3] Pois bem. A sociedade espera um estado ágil, capaz, transparente, efetivo. A eficiência no uso dos recursos públicos – premissa indisputável – é fundamental para atender tais expectativas. O critério de Pareto, então, deve permear as escolhas públicas, na busca por uma conformação em que se alcance o máximo de atendimento aos interesses públicos – próprio cerne do mandato dos governantes e paradigma mediante o qual estes serão escrutinados pelas diferentes formas e instâncias de controle.

A inclusão dos resultados da intervenção governamental no *framework* do controle responde aos legítimos anseios dos cidadãos e é essencial para a resolução do problema em que se busca o maior nível de bem-estar social, dadas as diversas restrições a que se sujeita a Administração Pública. A solução para os vultosos desafios que se colocam diante do Estado, com o alcance do ponto ótimo na atuação governamental, passa, portanto, pelo controle de resultados, sem o qual não há que se falar em estado eficiente.

Eficiência, a propósito, que é valor mandatório e constitucionalmente protegido, no caso brasileiro. O princípio da eficiência é declarado de forma explícita na Constituição da República de 1988, como fundamento da Administração Pública, associado à ideia de que a finalidade última do aparelho do estado é produzir bens e serviços que satisfaçam às necessidades dos cidadãos.

Segundo a professora Maria Sylvia Zanella Di Pietro,[4] o referido princípio manifesta-se em dois aspectos principais: a) no modo de atuação do agente público, que deve buscar o melhor desempenho possível, a fim de atingir os objetivos traçados; e b) no modo de organizar a Administração Pública, com o mesmo fim. Para José dos Santos Carvalho Filho[5] o "núcleo do princípio é a procura de produtividade e economicidade e, o que é mais importante, a exigência de reduzir os desperdícios de dinheiro público, o que impõe a execução dos serviços públicos com presteza, perfeição e rendimento funcional".

---

[3] JUST, R. E.; HUETH, D. L.; SCHMITZ, A. *The Welfare Economics Public Policy*: A Pratical Approach to Project and Policy Evaluation. England: Elgar Publishing Limited, 2004, p. 15.

[4] DI PIETRO, M. S. Z. *Direito Administrativo*. São Paulo: Atlas, 2002.

[5] CARVALHO FILHO, J. S. C. *Manual de Direito Administrativo*. São Paulo: Atlas: 2006.

Assim, a preocupação constitucional com a eficiência da atuação dos governos reafirma a necessidade e a urgência em evoluir de uma sistemática autocentrada em processos, preocupada apenas com desperdício ativo de recursos, para abrir espaços à atuação voltada à prevenção de desperdícios passivos que resultam de estruturas, processos e políticas ineficientes. Mesmo atividades tradicionalmente associadas ao *compliance* – como auditorias para apuração de atos fraudulentos, por exemplo –, devem ser justificadas sob a perspectiva da economia gerada a partir da contenção do dano, com claros ganhos de eficiência para a Administração Pública.

> É mesmo desnecessário alongar-se no argumento: a Administração Pública, para bem desincumbir-se de suas responsabilidades, deve manter-se em permanente busca de uma atuação eficiente.

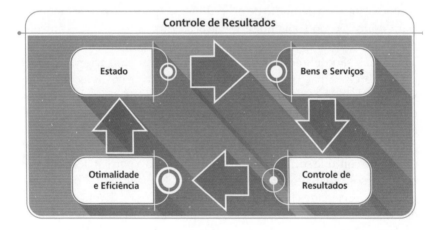

Por outro lado, e naturalmente, não se pode conceber nenhum sistema de controle descolado da realidade administrativa sob sua atuação, razão pela qual a evolução da Administração Pública requer, necessariamente, uma resposta correspondente por parte dos órgãos de fiscalização delineados pelo ordenamento jurídico. Noutras palavras: o valor da eficiência não pode ser exclusividade do gestor público; ao contrário, deve fazer parte do modelo estratégico, dos processos de tomada de decisão, da alocação de recursos e da atuação de cada profissional no âmbito de cada órgão de controle.

Assim, é preciso considerar a eficiência como um princípio orientador da estratégia organizacional, partindo do reconhecimento da escassez relativa de recursos e da dimensão dos resultados que a sociedade espera dos seus órgãos de controle. A mesma expectativa crescente que os cidadãos atribuem aos governos é depositada nas entidades fiscalizadoras, compreendidas cada vez mais também como responsáveis pelo que a sociedade obtém ou deixa de receber do Estado em retorno pelos seus tributos.

A orientação estratégica deve ser alinhada à necessidade de eficiência, o que, contudo, não será suficiente. A produtividade da organização não é determinada prévia e exclusivamente pelas diretrizes estratégicas. De fato, conquanto sejam cruciais as orientações superiores, a prática organizacional depende de métodos, técnicas e ferramentas apropriadas, assim como a devida qualificação para o seu manejo. Tal seara é, portanto, um dos principais espaços de ampliação da eficiência no âmbito da atividade de controle.

A condução de estudos em busca de melhores práticas nacionais e internacionais, a definição de procedimentos padronizados e modelos para aplicação no trabalho, a integração dos processos de controle e a disseminação de técnicas mais avançadas para a realização das atividades são definidoras da produtividade organizacional. Nesse ponto, abre-se espaço para a escolha e a utilização de novas tecnologias, vez que os avanços informacionais do nosso tempo proporcionam novas e inauditas possibilidades para elevação da eficiência, com o melhor aproveitamento dos recursos na busca pela maximização dos resultados. As atuais tecnologias podem, inclusive, permitir a concretização mais efetiva do controle social, criando condições para a participação cidadã em diversos momentos do ciclo de gestão. A aliança entre órgãos de controle e sociedade civil pode ampliar resultados de diversas formas, desde a eleição de prioridades até o compartilhamento mútuo de dados e informações para o escrutínio técnico e democrático da gestão pública, suas escolhas e seus atos.

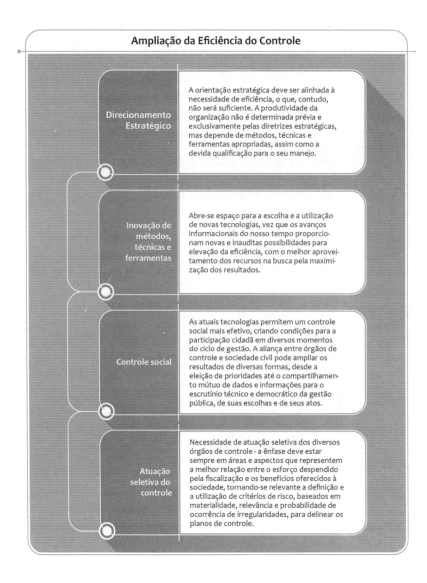

Evidencia-se, ainda, a necessidade de atuação seletiva dos diversos órgãos de controle – a ênfase deve estar sempre em áreas e aspectos que representem a melhor relação entre o esforço despendido pela fiscalização e os benefícios oferecidos à sociedade. Ainda mais, torna-se relevante a definição e a utilização de critérios de risco, baseados em materialidade, relevância e probabilidade de ocorrência de irregularidades, para delinear os planos de controle. De forma complementar, é preciso focalizar, cada vez mais, nos fatores estruturantes da Administração Pública; aos órgãos de controle cabe identificar e atuar sobre esses pontos fulcrais da gestão, não se limitando à mera verificação do desempenho alcançado, mas adotando uma postura propositiva com vistas à promoção de aprimoramentos nos sistemas institucionais que condicionam a entrega de resultados.

A esse propósito, destaca-se a abordagem do controle sobre a governança de políticas públicas e organizações governamentais. No caso das políticas, dada a fragmentação da atuação estatal, torna-se necessário ao controle atuar sobre aspectos como estratégia e planos, coerência e coordenação intragovernamental, capacidade de implementação, gestão de riscos e sistemas de monitoramento e avaliação. Se considerarmos a questão federativa e a ampliação das parcerias entre Estado e sociedade, é preciso atentar ainda para aspectos de coordenação federativa e extragovernamental. Identificar lacunas, sobreposições e duplicações de esforços na atuação estatal passa a ser um requisito mais premente, identificado com a complexidade da atuação governamental.[6]

Incorporar a busca pela eficiência nas políticas organizacionais e na cultura real das entidades de fiscalização é, portanto, condição primária para o alinhamento entre a missão dos órgãos de controle e as expectativas sociais do nosso tempo. Não o fazer, ao contrário, significa descolar-se da realidade e perder relevância institucional ao passar dos anos. Tal escolha, e é disso que se trata, contribuirá para definir o significado e a legitimidade dos órgãos de controle perante a cidadania, seja pela coerência entre discurso e ação, seja pela forma responsiva de exercer seu papel, em consonância com os desígnios de uma sociedade democrática.

Resta, assim, bem delineada a premência de que a Administração Pública e o controle estejam comprometidos com atuações Paretoótimas, das quais resulta um Estado ótimo em benefício da sociedade. Do mesmo modo, advogou-se a imprescindibilidade do controle de resultados para o alcance do ótimo social. Uma abordagem específica acerca das possibilidades na seara do controle de resultados é apresentada a seguir.

---

[6] TRIBUNAL DE CONTAS DA UNIÃO. Referencial para Avaliação de Governança em Políticas Públicas/Tribunal de Contas da União. Brasília: TCU, 2014.

3.3 Controle de resultados e políticas públicas baseadas em evidências

Considerando a necessidade de que a gestão governamental atue gerando resultados para a sociedade, como justa retribuição pelos tributos pagos, percebe-se que a fiscalização de tal aspecto demanda o exercício de auditorias de desempenho, modalidade adotada internacionalmente pelas entidades de fiscalização superiores.

A auditoria de desempenho consiste em um exame independente da eficiência e efetividade de organizações, atividades e programas governamentais, com o objetivo de promover melhorias na gestão pública.[7] No âmbito do Tribunal de Contas da União, a atividade recebe a denominação de auditoria operacional e pode alcançar outras dimensões de análise, tais como economicidade, eficácia e equidade.[8]

Vê-se logo que é objetivo primordial das auditorias operacionais incrementar o desempenho do setor público. Mais que isso: sob a visão apresentada na seção anterior, tais auditorias – como, de resto, espera-se de qualquer atividade estatal – somente devem ser empreendidas caso sejam capazes, efetivamente, de gerar valor líquido à administração e à sociedade como um todo.

É nessa perspectiva que se coloca o controle baseado em evidências. Mais especificamente, com respeito à determinação da efetividade, eficiência e eficácia de políticas e programas implementados pelo Estado, desponta o controle de resultados (de políticas e programas) baseado em evidências, na esteira da própria atividade de formulação de políticas públicas baseadas em evidências.

De maneira simplificada, entende-se por evidência tudo aquilo que pode ser usado para corroborar, ou não, a veracidade de determinada assertiva; cientificamente, uma evidência é o conjunto de elementos utilizados para suportar a confirmação ou a negação de uma determinada *teoria* ou *hipótese*. No contexto das políticas públicas, trata-se de informações que podem ser coletadas, avaliadas e transmitidas aos interessados (*stakeholders*) sobre a efetividade da intervenção projetada pelos formuladores da política para lidar com um problema social/econômico em determinada localidade e contexto. Desse modo, aspecto importante da política baseada em evidências é a utilização de estudos

---

[7] INTERNATIONAL ORGANIZATION OF SUPREME AUDIT INSTITUTIONS (Intosai). Implementation Guidelines for Performance Auditing (ISSAI 3000). Viena, 2004.

[8] TRIBUNAL DE CONTAS DA UNIÃO. *Manual de auditoria operacional*. Brasília: TCU, 2010.

cientificamente rigorosos, tais como testes de controle randomizados, para identificar os programas e as práticas capazes de melhorar os resultados gerados pela atuação governamental.

As evidências, portanto, são estratégicas para o sucesso das políticas públicas e para o uso responsável dos recursos do cidadão: prestam-se a mitigar os riscos de inefetividade e de desperdício passivo decorrentes de ideologias, voluntarismos, maniqueísmos e/ou equívocos eventualmente impregnados no desenho das intervenções públicas. O impacto de uma decisão importante não informada com *insights* baseados em evidências é geralmente fatal para a maioria das empresas privadas, requerendo, por vezes, um investimento significativo e, provavelmente, até mesmo uma mudança na liderança, a fim de salvar a organização.[9] Adaptando-se essa conclusão para o setor público, revela-se a triste realidade de que o peso de eventuais fatalidades derivadas de políticas públicas ineficientes e disfuncionais é suportado pelos cidadãos, público-alvo da ação governamental.

Por que adotar um controle de políticas públicas baseado em evidências?

A adoção de evidências no ciclo de políticas públicas tem angariado interesse crescente na comunidade internacional. É bem verdade que a ideia de utilizar evidências para informar políticas públicas não é nova: já na Grécia antiga, Aristóteles advogava que diferentes tipos de conhecimento devem informar a regulação. Esse conhecimento idealmente envolveria uma combinação de conhecimento científico, pragmático e orientado a resultados.[10]

Contudo, a partir da década de 1990 observou-se um aumento na ênfase do uso do conceito, em um movimento capitaneado pelo Reino Unido. A formulação de políticas baseadas em evidências ganhou força política naquele país, com a adoção de um ousado compromisso visando à utilização de evidências no processo de tomada de decisões políticas. Em síntese, reconheceu-se que o governo deve "produzir políticas que realmente lidam com problemas; que são prospectivas e moldadas pela evidência ao invés de uma resposta a pressões de curto prazo; que combatem as causas, não sintomas".[11]

---

[9] DRENIK, Gary. Big Data's New Power Quadrant for Executive Evidence-Based Decision Making. *Forbes*, set. 2014.

[10] FLYVBJERG, B. *Making Social Science Matter*: Why Social Inquiry Fails and How It Can Succed Again. Cambridge: University Press, 2001. EHRENBERG, J. *Civil Society*: the Critical History of an Idea. Nova York: New York University Press, 1999.

[11] MODERNISING GOVERNMENT SECRETARIAT. Modernising Government. White Paper. England: The Stationery Office, 1999, p. 15.

Na Austrália, identificou-se forte ligação entre políticas públicas baseadas em evidências (PPBE) e boa governança:

> Um terceiro elemento da agenda do Governo para o serviço público é garantir um robusto processo de elaboração de políticas baseadas em evidências. A concepção e a avaliação de políticas devem ser orientadas pela análise de todas as opções disponíveis, e não pela ideologia. (...) quando se trata de cuidado com os idosos, de ensino ou serviços aos portadores de necessidades especiais, as políticas públicas australianas devem ser informadas pelas melhores análises e experiências no exterior. Na promoção de uma cultura de inovação política, devemos julgar as novas abordagens e opções políticas através de estudos-piloto realizados em pequena escala. Inovação política e formulação de políticas baseadas em evidências é o cerne de um governo reformista.[12] (grifamos)

O fortalecimento da interface entre ciência e política foi destacado, também, pelo documento final que resultou da Conferência das Nações Unidas sobre o Desenvolvimento Sustentável – Rio+20, intitulado "O futuro que nós queremos (The future we want)": uma das tarefas do fórum político de alto nível estabelecido pela assembleia consistirá em

> incrementar a tomada de decisão baseada em evidência em todos os níveis, e contribuir para fortalecer as iniciativas em andamento referentes à construção de capacidades para coleta e análise de dados em países em desenvolvimento.[13]

Mais recentemente, a Assembleia Geral das Nações Unidas reafirmou a relevância do tema e o compromisso com seu desenvolvimento. O processo de monitoramento e revisão da Agenda 2030 para o Desenvolvimento Sustentável deve ser orientado, entre outros pelo seguinte princípio:

> Ser rigoroso e baseado em evidência, informado por avaliações conduzidas com o uso de dados de alta qualidade, acessíveis, tempestivos, confiáveis e desagregados por renda, sexo, idade, raça, etnia, estado migratório, localização geográfica e outras características relevantes no contexto de cada nação.[14]

---

[12] AUSTRALIA. *Strengthening Evidence Based Policy in the Australian Federation*. Volume 1: Proceedings, Roundtable Proceedings. Productivity Commission, Canberra, 2010.

[13] UNITED NATIONS. General Assembly. The future we want. A/RES/66/288. Rio de Janeiro, 2012.

[14] UNITED NATIONS. General Assembly. Transforming our world: the 2030 Agenda for Sustainable Development. A/RES/70/1. New York, 2015.

Esse crescente interesse em PPBE é justificado e legítimo. São inúmeros os casos de prejuízos vultosos causados por decisões derivadas de visões míopes e teorias apaixonadas, fundamentadas mais em boas intenções que em uma sólida base de evidências. Com o condão de acarretar impactos em larga escala, tais decisões acabam por se mostrarem tão custosas quanto inefetivas. Não são raros os casos de políticas públicas que acabam por se enquadrar nessa descrição, em prejuízo aos cofres públicos e em detrimento do bem-estar dos cidadãos-contribuintes.

Políticas públicas baseadas em evidências, de seu lado, caracterizam-se por privilegiar a tomada de decisão embasada por informações objetivas, rigorosa e sistematicamente coletadas e avaliadas, minimizando os riscos de desperdício de recursos públicos derivados de uma leitura equivocada da realidade por políticos e gestores públicos. As evidências devem desempenhar um papel crítico ao longo da vida do programa – desde a legislação e planejamento até sua concepção e implementação.

Desse modo, governos estão se voltando para a formulação de políticas baseadas em evidências como uma forma de garantir que os recursos do contribuinte sejam gastos de forma inteligente e efetiva. A formulação de políticas baseadas em evidências usa as melhores pesquisas e informações disponíveis sobre os resultados do programa para orientar as decisões em todas as fases do processo político e em cada ramo do governo:

> Uma nova era de suporte à governança responsável está crescendo (...), reforçando a utilização de evidências para informar políticas públicas e decisões orçamentárias e orientar a implementação dos programas, seja em momentos econômicos favoráveis ou desfavoráveis. Embora a necessidade de melhorar o desempenho da administração pública tem sido amplamente reconhecida, pesquisadores identificam diversos fatores que estão renovando e impulsionando a atenção a essa questão, incluindo: a) restrições fiscais, b) a crescente disponibilidade de dados sobre a eficácia da política pública e c) legislação que apoia e, em alguns casos, exigem o uso de uma sólida base de evidências para embasar as decisões nas políticas públicas.
>
> As tentativas anteriores para enfrentar esses desafios, buscando-se correlacionar o desempenho do programa às alocações orçamentárias como, por exemplo, no orçamento com base no desempenho, teve sucesso limitado devido à capacidade de análise insuficiente ou dados limitados, entre outros razões. Contudo, dispomos atualmente de melhor tecnologia, acesso mais fácil dados, e capacidade de medir com

mais precisão o desempenho e a relação custo-benefício dos serviços públicos, de modo que os responsáveis pelas políticas públicas têm a oportunidade de colocar suas jurisdições em um caminho sustentado da tomada de decisão baseada em evidências.[15]

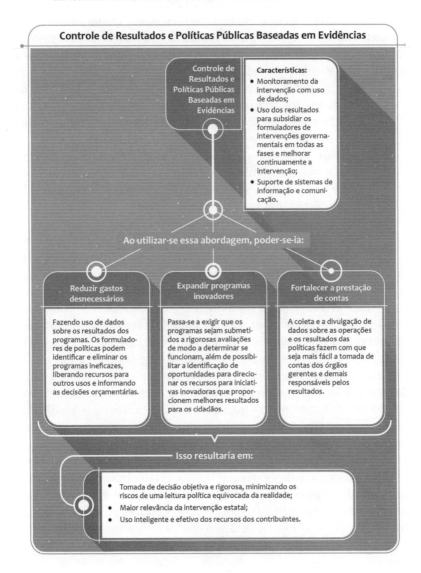

---

[15] PEW-MACARTHUR RESULTS FIRST INITIATIVE. Evidence-Based Policymaking A guide for effective government. 2014.

Assim, identifica-se o que funciona, destacam-se eventuais carências de dados sobre a eficácia da política e estimula-se que os formuladores das intervenções governamentais utilizem informações relevantes nas decisões orçamentárias e políticas. Nesse contexto, torna-se imprescindível dispor de sistemas para monitorar a implementação da intervenção planejada e medir os resultados, no intuito de melhorar continuamente o desempenho do programa. Assim, ao utilizar essa abordagem, os governos poderiam:

- reduzir gastos desnecessários: fazendo uso de dados sobre os resultados dos programas, os formuladores de políticas podem identificar e eliminar os programas ineficazes, liberando recursos para outros usos e informando as decisões orçamentárias;
- expandir programas inovadores: passa-se a exigir que os programas sejam submetidos a rigorosas avaliações de modo a determinar se funcionam, além de possibilitar a identificação de oportunidades para direcionar os recursos para iniciativas inovadoras que proporcionem melhores resultados para os cidadãos;
- fortalecer a prestação de contas: a coleta e a divulgação de dados sobre as operações e os resultados das políticas fazem com que seja mais fácil a tomada de contas dos órgãos, gerentes e demais responsáveis pelos resultados.

Emerge suficientemente clara, portanto, a similitude – ou mesmo identidade – entre objetivos e potenciais resultados pretendidos pelo controle de resultados (sob a perspectiva interna ou externa) e pela sistemática de políticas públicas baseadas em evidências. Assim, a partir da constatação de que as escolhas políticas e orçamentárias de cada ano têm efeitos de longo prazo – quer pelo impacto nos futuros resultados fiscais, quer pela mudança no padrão de qualidade dos serviços públicos prestados – e motivada pelo reconhecimento de que os responsáveis pelas políticas públicas podem aprimorar substancialmente seus resultados por meio de evidências rigorosas para informar decisões, a atividade de controle de resultados deve instar e apoiar os governos na construção e elaboração de um sistema de políticas públicas baseadas em evidências, e apropriar-se dos métodos e técnicas próprios de tal sistemática, de modo a assegurar a geração de valor nos processos inerentes a esta seara.

A Organização para Cooperação e Desenvolvimento Econômico (OCDE) reconhece, na mesma linha, a importância do fortalecimento de sistemas em que a tomada de decisão ocorre com suporte em evidências.

A organização propõe que a construção de políticas baseadas em evidências seja composta de quatro elementos:[16]

a) Geração e coleta de dados básicos confiáveis. Dados básicos são essenciais na geração de evidências sólidas para a elaboração de políticas públicas. Existem várias formas de geração de dados. As estatísticas e as publicações da OCDE obtêm informações de registros administrativos, pesquisas amplas ou a partir da codificação de opiniões de observadores informados. Setores como saúde e justiça são especialmente profícuos para a geração de dados, mas muitas vezes a informação não é coletada de modo sistemático e/ou regular. Por sua vez, os orçamentos são fonte muito comum de dados no setor público, mas as regras de contabilidade e classificações definem e restringem a natureza de tais informações. Opiniões dos indivíduos, das famílias ou das empresas geralmente são obtidas por institutos de estatística ou agências especializadas e são meios apropriados de se captar percepções, atitudes e expectativas;

b) Transformação de dados em evidências úteis. Apesar de os dados básicos serem úteis, podem nem sempre oferecer as respostas desejadas. A política foi eficaz para alcançar o seu objetivo? Quais foram os efeitos reais? Qual é a relação entre custos e benefícios? Quando podemos esperar resultados? Quem, de fato, suporta os custos da intervenção? Qual é o impacto em termos de satisfação e percepção dos cidadãos? Essas são perguntas práticas que os líderes ou instituições podem ter de enfrentar. Para serem capazes de responder a essas perguntas, dados básicos precisam ser padronizados e integrados em algoritmos com conteúdo mais analítico, como indicadores e índices. Contudo, mesmo os indicadores mais sofisticados podem ser insuficientes para responder a perguntas fundamentais sobre eficácia, eficiência e efetividade. Para esse fim, uma forma de avaliação da política pública pode ser necessária. Muitas metodologias têm sido desenvolvidas para apoiar a avaliação sob diferentes perspectivas e circunstâncias – como avaliações de impacto, exercícios de

---

[16] ORGANIZATION FOR ECONOMIC CO-OPERATION AND DEVELOPMENT (OECD). Strengthening the Evidence Base on Public Governance and Supporting Policy makers with Comparative Evidence: The Way Forward. Issues for Discussion. Paris: 2012.

benchmarking, estudos comparativos. O trabalho da OCDE nessa área sugere que uma boa avaliação de um programa ou política tem de apresentar bom custo-benefício, de modo que não apenas a informação deva estar prontamente disponível e a custo acessível, mas também o propósito do programa ou política pública em análise deve ser claramente identificável;

c) Utilização da evidência para apoiar as decisões políticas. Devem ser amplificadas as oportunidades para a utilização dos dados no processo de tomada de decisão das políticas públicas. Por um lado, isso significa que os formuladores de políticas e processos devem ser abertos para incorporar as evidências em sua rotina decisória. Isso pode demandar mudanças culturais e, ainda, uma reformulação substancial para que as evidências sejam geradas e analisadas de forma sistemática. Utilizar evidências para as decisões políticas, no entanto, não é uma questão de pura discricionariedade; uma vez que se disponha de evidências confiáveis, oportunas e de fácil compreensão pelos atores envolvidos, seu uso é mandatório a fim de contribuir eficazmente para melhores decisões e melhores resultados diante da sociedade.

d) Disseminação de evidências e o envolvimento de partes interessadas para sustentar a implementação da reforma. As evidências devem ser necessárias não só aos técnicos, mas a todas as partes interessadas na abordagem de desafios-chave no campo político-social-econômico. Quando a evidência está disponível, pode ajudar na mobilização das partes interessadas e no confronto de interesses e posturas autocentradas.

A OCDE enfatiza, ainda,

> [a necessidade de] que os governos adotem uma abordagem mais proativa para abordar as necessidades da sociedade a longo prazo. (...). Este complexo desafio requer informações críveis sobre a confiabilidade do desempenho das instituições e processos públicos e sobre a qualidade da tomada de decisão participativa, transparente e com base em evidências para garantir escolhas políticas justas.[17]

---

[17] ORGANIZATION FOR ECONOMIC CO-OPERATION AND DEVELOPMENT (OECD). *Partner for Good Governance*: Mapping the Role of the Supreme Audit Institutions. Paris: OECD Publishing, 2014.

Nesse contexto, a OCDE sublinha o papel reservado às EFS no fornecimento de evidências. A organização sugere que referidas instituições poderiam a) prover segurança razoável às políticas por meio de avaliações sobre o modo que são projetadas e implementadas e (b) prover evidências sobre a performance do maquinário do governo, dos programas e do alcance das políticas públicas. Desse modo, as informações objetivas e fidedignas geradas pelas EFS alimentariam o ciclo de política pública e auxiliariam os governos a tomar decisões, baseadas em evidências, sopesando eventuais *trade-offs*, e mantendo em mente o zelo com os recursos do cidadão e os princípios da boa governança. Ademais, com base nessas informações, o Congresso Nacional poderia fazer melhor uso das constatações de auditoria no controle dos resultados da atividade governamental.

Entre os inúmeros exemplos, observa-se o incentivo e a prática de tomada de decisões na arena de políticas públicas com base em evidências, cita-se o caso do Laboratório de Combate à Pobreza Abdul Latif Jameel (The Abdul Latif Jameel Poverty Action Lab – J-PAL) – centro de pesquisas sem fins lucrativos vinculado ao Departamento de Economia do Massachusetts Institute of Technology (MIT).

O J-PAL possui trabalhos em mais de 60 países, atuando na redução da pobreza e na melhoria da qualidade de vida por meio do uso intensivo de evidências nas políticas públicas e nos programas sociais, identificando as intervenções que efetivamente funcionam.

Trabalhos como os realizados pelo Poverty Action Lab desenvolvem-se a partir de uma robusta metodologia para coletar evidências sobre a efetividade das ações governamentais. Tal cuidado consiste em uma extensão de prática contumaz oriunda da medicina, inteligentemente transportada para a área de políticas públicas, com as devidas adaptações. A entidade propõe um ciclo de políticas públicas que preveja a avaliação da efetividade das intervenções idealizadas por meio de Testes de Controle Randomizados (TCR) antes da adoção do programa em larga escala.

Fonte: Poverty Action Lab (http://www.povertyactionlab.org/about-j-pal/offices/latin-america-caribbean/edulab).

O ciclo ilustra claramente a incorporação da evidência gerada no processo decisório inerente às políticas públicas e homenageia a busca da otimalidade nas práticas e nos resultados da atividade governamental. Aproxima-se, novamente, de um controle de resultados ideal, em que se perquire a efetividade da atuação do Estado, tendo em conta o zelo e a autocrítica do gestor público no trato com a coisa pública.

3.4 Inovação e controle de resultados

Conforme mencionado, a melhoria do desempenho do setor público é o objetivo-chave do controle de resultados. Por outro lado, está se disseminando a visão de que, dada a realidade atual – em que os governos estão diante de intensas pressões fiscais, problemas complexos e demandas sociais crescentes e em constate mutação —, a única via segura para alcançar o desejado salto de qualidade no Estado é orientada pela inovação,[18] entendida como um processo que deve permear toda a esfera pública.

---

[18] PUTTICK, R.; BAECK, P.; COLLIGAN, P. *The teams and funds making innovation happen in governments around the world*. London: Nesta, 2014.

De fato, nações ao redor do globo se deparam com o desafio de fazer mais com menos – missão de dificuldade aprofundada em épocas de crises econômicas – e são chamadas a lidar com maiores expectativas relacionadas à transparência, abertura e participação cidadã na gestão, entre outras, tudo em um contexto de incessantes transformações ocasionadas pelas novas tecnologias de comunicação e informação,[19] cujos impactos sobre o cotidiano e as relações sociais ainda não foram bem entendidos. Mudanças climáticas sinalizam para a urgência do uso de novas e mais sustentáveis fontes de energia; o novo perfil demográfico, com o envelhecimento da população, requer olhar e serviços diferenciados, aderentes às necessidades e particularidades dos usuários dos serviços públicos. Todos são componentes de um intrincado quebra-cabeças que está a exigir, do Poder Público, novas e radicais abordagens capazes de equacionar referidas questões.[20]

A alternativa da inovação surge, assim, como estratégia em resposta a tal problemática e, em resumo, significa a aplicação de novas ideias voltadas ao alcance de melhores resultados.

No âmbito do setor público, o próprio conceito de inovação esclarece a centralidade do resultado como fim: para o Australian National Audit Office (ANAO), por exemplo, inovação é definida como "a criação e implementação de novos processos, produtos, serviços e métodos de

---

[19] AUSTRALIAN GOVERNMENT. Department of Innovation, Industry, Science and Research. Australian Innovation System Report 2011. Canberra, 2011, p. 103.
[20] NATIONAL AUDIT OFFICE (NAO). *Innovation Across Central Government*. England: The Stationery Office, 2009, p. 11.

entrega que resultam em significativa melhoria na eficiência, efetividade ou qualidade dos resultados".[21]

A capacidade de um governo em inovar afeta substancial e positivamente sua capacidade de entrega, pois a inovação maximiza o valor dos recursos entregues pelos contribuintes ao gerar melhorias de eficiência – identifica-se, então, novo aspecto necessário para a consecução do ótimo social.

São várias as abordagens relacionadas a práticas inovadoras. Comumente, a inovação tem contribuído na área de implementação de políticas públicas, nos processos e práticas administrativas e até mesmo no fornecimento de subsídios para o direcionamento político de nações.[22] Exemplo do primeiro caso é a própria incorporação, na esfera governamental, da sistemática de políticas públicas baseadas em evidências, já comentada neste capítulo. Como exemplo da segunda abordagem, alude-se às inúmeras medidas de combate e redução de excessos normativos e regulatórios.

> Práticas burocráticas – para usar a acepção negativa da palavra —, a propósito, são apontadas como uma das principais barreiras à inovação no setor público. Ao lado da falta de recursos e de uma cultura de aversão ao risco,[23] inviabilizam, por vezes, a atuação eficiente do Estado.

Nesse particular, a atividade de controle tem papel ímpar a cumprir. Naturalmente, a Administração Pública está adstrita aos limites normativos que lhe são impostos pelos legisladores, representantes do povo, que é soberano e detentor de todo o poder. Contudo, o mesmo povo está a demandar, também via diplomas legais, maior qualidade e mais eficiência e efetividade da atuação governamental, pelo que o controle não pode, como já dito, privilegiar processos e negligenciar resultados. O controle de resultados materializa em si uma nova postura do controlador, apeado de práticas que incentivam a aversão ao risco e, portanto, obstruem a solução ótima para a sociedade.

---

[21] AUSTRALIAN NATIONAL AUDIT OFFICE (ANAO). Innovation in the Public Sector: Enabling Better Performance, Driving New Directions. Canberra, 2009. p. 1.

[22] *Idem*, p. 2.

[23] AUSTRALIAN GOVERNMENT. Department of Innovation, Industry, Science and Research. Australian Innovation System Report 2011. Canberra, 2011, p. 105.

> Deve-se pontuar que a inovação é possível em um ambiente em que estão presentes práticas apropriadas de gestão de risco. Uma vez presente um *framework* de administração de riscos, práticas inovadoras cuja adoção naturalmente representa maior apetite a riscos podem e devem ser implementadas. A atividade de controle, em tal situação, deve examinar a aderência dos processos inovadores ao *framework* em vigência, tendo em conta os resultados pretendidos e, especialmente, que o próprio processo de gestão de riscos é mais um meio para atingir o desejado fim: promover a melhoria das condições de vida da sociedade.

De tudo isso decorre, por via de consequência, que o controle de resultados tem um compromisso com práticas inovadoras. Deve apoiá-las e incentivar sua ampla incorporação no seio do Estado, pois seus objetivos são harmônicos. Como exemplos de práticas que têm se provado bem-sucedidas, faz-se referência ao uso de soluções licitatórias centradas no resultado gerado pela aquisição e à implementação de programas por etapas, de modo a possibilitar o aprendizado em cada fase e a promoção de melhorias tempestivas na nova iniciativa, previamente à sua operação em larga escala.[24]

Contudo, o relacionamento entre controle e inovação não deve ser encarado somente como um ponto de tangência entre processos distintos, que apenas coincidentemente convergiram pelos vasos comunicantes da orientação a resultados. De modo algum. Para além do incentivo à inovação, o próprio controle de resultados deve ser inovador. Nesse sentido, são apresentados, a seguir, alguns exemplos de práticas inovadoras afetas ao controle de resultados.

---

[24] NATIONAL AUDIT OFFICE (NAO). *Innovation Across Central Government*. England: The Stationery Office, 2009.

> É natural que os cidadãos, usuários dos serviços entregues pelo Poder Público, constituam valioso ativo no sentido da transformação e melhoria da intervenção do governo. Sugestões inovadoras e ideias de como determinadas políticas podem evoluir brotam naturalmente, se consultado o público-alvo da ação estatal. Cientes dessa oportunidade, e instados pela pressão social, governos têm admitido um maior envolvimento dos cidadãos-usuários dos serviços no próprio desenho de tais atividades, ampliando a probabilidade de que as necessidades do público sejam atendidas adequadamente.[25] A essa prática dá-se o nome de governança engajada.

A governança engajada caracteriza-se, assim, por um arranjo institucional em que os cidadãos estão mais diretamente envolvidos no processo de tomada de decisão estatal e, desse modo, mais aptos a influenciar os programas e políticas públicas no sentido de amplificar os impactos positivos sobre sua realidade socioeconômica. Basicamente, busca-se vincular o capital social ao processo político de planejamento, aprofundando o diálogo entre cidadãos e governos.[26]

Referido arranjo, tipicamente associado a redes que envolvem organizações da sociedade civil e órgãos executores de políticas públicas, pode, certamente, ser estendido à realidade dos órgãos de controle, incorporando o cidadão na atividade fiscalizatória.

De fato, "cidadãos não são apenas atores interessados, mas fonte de conhecimento e informação sobre o desempenho e funcionamento do governo".[27] Ademais, as "EFS têm o dever de formar juízos de valor independentes e baseados em evidências, e os cidadãos podem ajudar nesse processo".[28] É imperioso reconhecer essa realidade e a partir dela traçar os melhores caminhos para a consecução dos objetivos do controle de resultados, especialmente no contexto em que as EFS ganham papel proeminente no monitoramento da implementação dos Objetivos de Desenvolvimento Sustentável (*Sustainable Development Goals* – SDGs), recém-adotados pela Assembleia das Nações Unidas.

---

[25] *Idem*, p. 23.

[26] UNITED NATIONS. Civic Engagement in Public Policies: A toolkit. ST/ESA/PAD/SER.E/106. New York, 2007, p. 33.

[27] UNITED NATIONS. Department of Economic and Social Affairs. Citizen Engagement Pratices by Supreme Audit Institutions. New York, 2013, p. 18.

[28] *Idem*, p. 52.

A verificação do alcance das metas de longo prazo, para o qual é essencial a intervenção efetiva dos governos, será facilitada ao se internalizarem *inputs* de cidadãos acerca da eficácia e precisão na entrega de serviços sob responsabilidade do Estado.

A participação cidadã no processo de controle de resultados pode ocorrer em vários níveis.[29] De maneira mais superficial e em via de mão única, a sociedade é informada acerca das práticas e resultados da atuação do controle. Esse seria o primeiro nível de engajamento social. Em um segundo nível, é dada ao cidadão a oportunidade de avaliar a atuação do controle; entretanto, não há, da parte deste, obrigação em internalizar referido feedback em seus processos de trabalho. A participação ativa da sociedade é, por fim, experimentada em um terceiro nível, de mais aprofundado relacionamento entre o cidadão e o controle, no qual se admite um papel propositivo dos cidadãos em relação às estratégias e atividades do controlador. Em um cenário de participação ativa, a sociedade civil auxilia no desenho e planejamento dos processos do controle de resultados, opinando decisivamente acerca da priorização de iniciativas.

O Órgão Nacional de Auditoria da República Popular da China (National Audit Office of the People's Republic of China – NAO) tem buscado incorporar a sistemática em comento aos seus processos de trabalho, desenvolvendo metodologias de envolvimento de cidadãos no planejamento, execução e divulgação do resultado de auditorias. O NAO identificou diversas oportunidades para inclusão do cidadão nos diferentes estágios de suas auditorias:[30]

- durante a seleção do objeto de auditoria, os cidadãos podem encaminhar sugestões sobre questões que considerem relevantes e mereçam escrutínio do controlador, além de opinar sobre o plano anual de auditorias elaborado pelo órgão; tais manifestações são examinadas e incorporadas pelo NAO, quando se provam oportunas;

- na fase de execução, o NAO realiza entrevistas e pesquisas junto à população acerca do objeto auditado, de modo a detectar eventuais pontos de ineficiência e oportunidades de melhoria de desempenho; o órgão avalia, ainda, que a manutenção de um

---

[29] Adaptado de UNITED NATIONS. Civic Engagement in Public Policies: A toolkit. ST/ESA/PAD/SER.E/106. New York, 2007, p. 42 ss.

[30] UNITED NATIONS. Department of Economic and Social Affairs. Citizen Engagement Pratices by Supreme Audit Institutions. New York, 2013, p. 24.

canal direto de comunicação para receber manifestações, como um *e-mail*, pode ajudar na condução do processo de auditoria; - por fim, os resultados da auditoria são tornados públicos de modo a assegurar o papel supervisor da sociedade: a pressão social é determinante para que o auditado implemente as recomendações que lhe foram direcionadas pelo controlador. Nesse particular, a comunicação dos resultados da fiscalização de maneira clara e acessível é essencial para a consecução de tal mister.

Como resultado de tais iniciativas, o NAO identificou que o envolvimento dos cidadãos no processo de auditoria proporcionou ganhos de eficiência nas atividades do governo, elevou o nível de governança e ampliou a efetividade do controle.

O desenvolvimento de práticas efetivas de cooperação entre EFS e cidadãos compõe, assim, o conjunto de inovações que, por princípio, favorecem a construção de um ambiente voltado à consecução de resultados que impulsionam o bem-estar social e, por tal razão, deve ser incorporado, de maneira institucionalizada, ao processo de controle de resultados a cargo do controlador.

Big data e controle de resultados

A revolução digital está produzindo vastas quantidades de dados de toda ordem – comumente referidos como *big data* –, oriundos de registros educacionais ou de saúde, de postagens em mídias sociais, do GPS de dispositivos móveis, de buscas na Internet e de portais de dados abertos, entre muitas outras e variadas fontes. A gestão e análise, em tempo real, de referida massa de dados – tornada possível com o advento das inovações tecnológicas recentes – pode iluminar problemas observados no seio das sociedades e descortinar soluções efetivas para tais questões.[31]

Embora venha se tornando de uso comum, o termo *big data* ainda não possui, propriamente, conceituação clara. Uma tentativa consiste no conceito "três Vs", que aponta as características principais encapsuladas pela expressão: imensos volume, variedade e velocidade de geração, processamento, acesso e análise de dados.[32] De todo modo,

---

[31] COULTON, C. J.; GOERGE, R.; PUTNAM-HORNSTEIN, E.; HAAN, B. Harnessing Big Data for Social Good: A Grand Challenge for Social Work. American Academy of Social Work and Social Welfare, *Working Paper* n. 11. July 2015.

[32] ORGANIZATION FOR ECONOMIC CO-OPERATION AND DEVELOPMENT (OECD). *Data-driven Innovation for Growth and Well-being*. Paris: OECD Publishing, 2015, p. 11.

essa é uma questão de menor importância. Destaque há de ser dado para o potencial transformador do fenômeno sobre o modo de vida das sociedades, com reflexos sobre o relacionamento entre governos e cidadãos.

> Sob essa perspectiva, o *big data* representa uma oportunidade para integrar, maciçamente, informação e tecnologia no desenho e administração de organizações, políticas e recursos públicos.[33] Notadamente, ao orientar o processo de tomada de decisão, ferramentas de análise de grandes quantidades de dados podem impulsionar o crescimento econômico e o bem-estar social, melhorando a qualidade de vida da população.

Conforme aludido, o gestor público tem compromisso com a eficiência e deve estar ciente das tecnologias emergentes que aumentem sua habilidade de entregar melhores e mais qualificados produtos e serviços. É seu dever usar o instrumental à sua disposição para incrementar o desempenho dos programas e processos sob sua responsabilidade. A quantidade massiva de dados – sejam eles administrativos, sejam oriundos de mídias sociais ou dispositivos móveis, entre outras fontes – e as possibilidades que dela decorrem despontam como ferramentas que o ajudam a melhor decidir e alavancam a eficiência e a efetividade de políticas públicas.

---

[33] MANZOOR, A. Emerging Role of Big Data in Public Sector. In: AGGARWAL, Anil (Org.). *Managing Big Data Integration in the Public Sector*. 2015.

A atividade de controle deve estar atenta a essa realidade. E, se dados são o novo petróleo, há que refiná-los para produzir o combustível necessário à evolução da Administração Pública. Especialmente no contexto do foco em resultados, constata-se que modelos de análise preditiva (*predictive analytics*) podem contribuir de maneira relevante para a melhoria de qualidade das entregas do governo – objetivo mesmo do controle de resultados.

A análise preditiva compreende amplo conjunto de métodos utilizados para antecipar um resultado.[34]

O uso de ferramentas de análise preditiva pode proporcionar, por exemplo, a identificação e antecipação de necessidades e comportamentos de potenciais beneficiários de programas governamentais e, nesse sentido, predizer problemas, mitigar riscos, direcionar recursos e alavancar resultados; prováveis beneficiários de uma intervenção – e os impactos sobre referido público – também podem ser preditos, auxiliando no desenho da política: formuladores de um programa de reciclagem ou capacitação para o trabalho podem, nesse sentido, utilizar o ferramental analítico para prever quais indivíduos estão diante dos maiores riscos de desemprego e, assim, melhor direcionar os esforços governamentais. O potencial auxílio na focalização da ação do governo, ao proporcionar um avanço em larga escala da eficiência nas operações estatais, é de grande valor na busca da solução ótima, máxime diante das atuais pressões fiscais ao redor do mundo. A ampliação na capacidade de entendimento – e mesmo de descoberta – de problemas sociais é essencial para uma ação mais efetiva do Poder Público.

Ainda recorrendo à ilustração do problema do desemprego e das políticas voltadas à sua redução, ferramentas analíticas podem servir à previsão de qual a opção mais indicada para determinado indivíduo com o objetivo de recolocá-lo no mercado de trabalho, considerando suas características pessoais. Ocorre que os governos, via de regra, possuem diversas iniciativas que abordam o tema e buscam o mesmo objetivo, tais como a manutenção de agências de emprego ou o oferecimento de capacitação e treinamentos específicos, por

---

[34] CODY, S.; ASHER, A. Smarter, Better, Faster: The Potential for Predictive Analytics and Rapid-Cycle Evaluation to Improve Program Development and Outcomes. *In*: KEARNEY, Melissa S.; Benjamin H. HARRIS (Org.). *Policies to Address Poverty in America Brookings*, 2014.

exemplo. Técnicas preditivas cotejariam qualificações e peculiaridades observadas em resultados anteriores àquelas apresentadas por cada novo potencial beneficiário, indicando qual a via que deságua na maior probabilidade de sucesso, em cada caso.[35] Tal possibilidade representa sensível avanço ainda que comparada à metodologia de Testes de Controle Randomizados – atualmente referida como o "padrão ouro" na determinação de inferência causal válida – pois além de buscar entender o que funciona, abre espaços para a subjetivação dos resultados, isto é, o que funciona e para quem,[36] permitindo o oferecimento de serviços mais personalizados aos cidadãos.

Ademais, particularmente com relação às possibilidades oferecidas pela grande velocidade na geração de dados – conforme antecipado pelo conceito oferecido anteriormente —, a coleta e o uso de informações, em tempo real, aumenta a responsividade dos programas: informações sobre o resultado da intervenção passam a ser disponibilizadas e conhecidas antes mesmo da conclusão de pesquisas e censos tradicionais, de modo que o gestor passa administrar a política *pari passu*, efetivamente.

São inúmeros os exemplos de aplicação prática da análise preditiva no setor público, já em operação em diferentes esferas de governo ao redor do mundo. Cita-se, aqui, o caso da Companhia de Saúde e Hospitais da Cidade de Nova Iorque (New York City Health and Hospitals Corporation).[37]

Diante da frequente readmissão de pacientes, beneficiários do sistema de saúde local que receberam tratamento na rede hospitalar em passado recente, pesquisadores da Universidade de Nova Iorque desenvolveram um modelo preditivo para identificar uma combinação de características que indicariam o nível de risco de retorno de tais indivíduos dentro do período de um ano a partir de sua alta. O algoritmo desenhado para identificar pacientes de alto risco considerava fatores clínicos e sociais, tais como o tempo transcorrido até o recebimento dos primeiros cuidados médicos e o eventual suporte familiar ao paciente que lhe proporcionaria uma satisfatória recuperação em sua residência.

---

[35] *Idem.*

[36] FINUCANE, M. M.; MARTINEZ, I.; CODDY, S. What Works for Whom? A Bayesian Approach to Channeling Big Data Streams for Policy Analysis. *Mathematica Policy Research*, Working Paper 40. June 2015.

[37] RAVEN, M. C.; BILLINGS, J. C.; GOLDFRANK, L. R.; MANHEIMER, E. D.; GOUREVITCH, M. N. Medicaid Patients at High Risk for Frequent Hospital Admission: Real-Time Identification and Remediable Risks. *J Urban Health*, v. 86(2), p. 230-41. Mar. 2009.

A ideia subjacente ao modelo consiste na detecção e no tratamento de eventuais riscos, previamente à materialização de incidentes a eles correlatos, de modo a evitar o retorno do paciente à rede de saúde – fato que proporcionaria melhor qualidade de vida ao indivíduo e evitaria o dispêndio de vultosos recursos público com internação hospitalar.

Os resultados preliminares obtidos no âmbito de um piloto colocado em operação indicaram queda de 45% na readmissão de pacientes. Trata-se de significante redução, a indicar o claro benefício que a aplicação da análise preditiva pode trazer para a esfera governamental, conjugando maior eficiência e mais efetividade.

Vislumbra-se, hipoteticamente, a extensão da metodologia para o caso brasileiro e, para além do sistema de saúde público: poder-se-ia recorrer à análise preditiva para antecipar o eventual desligamento de beneficiários de políticas assistenciais ou previdenciárias sujeitos a recadastramento periódico. No Programa Bolsa Família, por exemplo, há a obrigação do beneficiário em manter atualizado seu cadastro junto aos órgãos competentes, sob pena de suspensão do benefício. Não é incomum, dada essa sistemática, que indivíduos falhem no dever que lhes é imposto e, por tal razão, suportem a penalidade de suspensão, embora no mais das vezes continuem materialmente intitulados ao recebimento da quantia mensal. A identificação antecipada de indivíduos mais sujeitos à ocorrência de tal situação poderia direcionar uma estratégia de comunicação mais efetiva junto a tais beneficiários, de modo a evitar seu desligamento do programa, evitando os custos daí decorrentes.

É digno de nota, na mesma linha, o trabalho do Ministério das Finanças da Colômbia, que desenvolveu um sistema de indicadores que permitem capturar, em tempo real, as tendências de curto prazo observadas na atividade econômica, a partir do uso das informações disponibilizadas pela ferramenta estatística do buscador Google – Google Trends.[38]

O problema que motivou o projeto, no caso, é de amplo conhecimento dos formuladores de política econômica: o desenho e implementação de medidas – que se pretendem bem-sucedidas – de intervenção na economia têm como pré-requisito a disponibilidade de estatísticas confiáveis e tempestivas atinentes à atividade econômica. Contudo, naquele país, o Departamento Administrativo Nacional de Estatística

---

[38] The World Bank & Second Muse. Big Data in action for development. 2014.

publica os indicadores de tendência com uma defasagem média de dez semanas.

Nesse cenário, as informações sobre o volume de consultas no Google a um conjunto de determinadas palavras-chave foram usadas como *proxy* do comportamento dos agentes econômicos: a queda ou aumento nas pesquisas por um produto específico, por exemplo, poderia indicar movimentos similares na demanda por referido bem. A metodologia possibilitou a produção de indicadores de tendência (*leading indicators*) para a atividade econômica em nível setorial que, agregados, produzem um indicador nacional para a atividade econômica consolidada.

A pesquisa conduzida pelo governo colombiano mostrou que as informações oriundas da Internet têm potencial para explicar variações na atividade econômica em vários setores, tais como agricultura, indústria, comércio, construção e transportes. Os indicadores conseguiram identificar, em tempo real, movimentos de curto prazo e eventuais pontos de inflexão, exibindo alta correlação com as variáveis de referência divulgadas pelo órgão nacional de estatística. A redução na defasagem tradicionalmente observada para a disponibilização de informações relevantes aos atores na esfera política contribui decisivamente para a decisão qualificada e tempestiva voltada à política econômica, com efeitos positivos sobre a eficácia das medidas implementadas.

Outra possibilidade de uso inovador de dados administrativos e estatísticos para monitoramento e predição de resultados e impactos de políticas públicas consiste no modelo denominado Análise Ágil e Preditiva de Políticas (Agile Predictive Policy Analysis – APPA).[39] Basicamente, são reunidos e mesclados dados de diferentes fontes que subsidiam a criação de indicadores de desempenho exibidos em *dashboards* concebidos para auxiliar a tomada de decisão, em tempo real, ao longo do ciclo da política pública.

A metodologia de APPA, como dito, vai além do mero reporte de informações sobre o estado atual das coisas: são concebidos sofisticados modelos que preveem cenários futuros, com suas respectivas probabilidades dependentes das várias alternativas de ação do governo. Combinados com técnicas de aprendizagem de máquinas e análise preditiva, referidos modelos contribuem para o alcance da excelência no processo de tomada de decisões no setor público.

---

[39] MAAROOF, A. Big Data and the 2030 Agenda for Sustainable Development (Draft). 2015.

Esses são apenas alguns casos pinçados para demonstrar a gama de possibilidades que surgem, em nível micro e macro, para a melhoria da gestão pública a partir das novas técnicas analíticas. Como dito, são infindáveis as oportunidades oferecidas pelos grandes e diversificados conjuntos de dados que nos são apresentados, diariamente. O controle de resultados deve incorporar às suas rotinas referidas possibilidades, de modo a oferecer avaliações cada vez mais informativas e de maior valor agregado acerca da efetividade da ação do governo. Referida conclusão é reforçada pelo arsenal de evidências – matéria-prima indispensável à atividade de controle – que emerge a partir do uso do *big data*.[40]

A INTOSAI (International Organizaton of Supreme Audit Institutions) reconhece que as EFS devem tomar proveito das oportunidades que brotam das novas possibilidades tecnológicas. Órgãos de controle de alto nível, a exemplo do Tribunal de Contas da União, estão em posição privilegiada para incorporar inteiramente as vantagens que o *big data* pode trazer, aproximando-os do cumprimento da missão institucional voltada ao aperfeiçoamento da Administração Pública em benefício da sociedade. É que, dada a variedade de entidades e matérias sob sua jurisdição, as EFS têm acesso a uma diversidade de dados sem paralelo: aqueles criados por si próprios, aqueles oriundos dos auditados e, ainda, dados externos, de domínio público, como os produzidos por entidades não governamentais ou os presentes nas mídias sociais. Referida organização internacional aponta as seguintes oportunidades e benefícios para atuação das EFS:[41]

- explosão tecnológica: recorrentes limitações que existiam no uso de ferramentas analíticas convencionais – a exemplo da incapacidade de lidar com dados não estruturados e com grandes e complexos conjuntos de informações – estão sendo superadas e transformadas em oportunidades que proporcionam a combinação e análise de dados e a construção de ferramentas para examinar custos e efetividade de processos e produtos;
- *big data analytics*: o uso de tais ferramentas destaca a centralidade da evidência no processo de controle e alavanca abordagens

---

[40] GLORIA, M. J. K.; HENDLER, J. A. If the Evidence Fits: Big Data, Experimentation and Public Policy. International Public Policy Association, *Working Paper*. 2015.

[41] INTERNATIONAL ORGANIZATION OF SUPREME AUDIT INSTITUTIONS (Intosai). Big Data Management and Data Analytics. 24th Meeting of the INTOSAI Working Group on IT Audit (WGITA). 2015.

nesse sentido; seu emprego possibilita, ainda, uma mudança de paradigma, ao deslocar a análise tradicional de pequenas amostras para a quase completude da população de interesse, proporciona melhores avaliações de risco e maior capacidade de detecção de anormalidades, pois torna possível a descoberta de relacionamentos não evidentes entre variáveis, indicando tendências e aprofundando o alcance do trabalho do auditor. Evidentemente, daí exsurge um controle mais eficiente, cuja natureza, extensão e oportunidade dos procedimentos de auditoria garante maior nível de asseguração;

- auxílio à governança: a integração do *big data* às atividades das EFS permite a assunção de um papel mais proativo no auxílio à governança pública, ao compartilhar insights com órgãos estatais com vistas a ampliar a transparência e o controle.

Assim, para conseguir acompanhar o ritmo crescente de mudanças no ambiente em que operam, e continuar a exercer papel de relevo no seio do Estado, as EFS devem utilizar as novas tecnologias para revolucionar a maneira com que conduzem suas fiscalizações.[42] Questões como uso de recursos, obtenção de informações, cibersegurança e mesmo as estratégias de longo prazo, passam a ser impactadas pela nova realidade.

A esse respeito:

[a atividade de auditoria] precisa dar um salto quântico. Isso envolverá desconstrução e reengenharia de processos; pesquisas sobre como a ciência de dados e tecnologias correlatas podem ser aproveitadas e customizadas em aplicações para os auditores; ampliação dos modelos teóricos de auditoria, de modo a permitir e compreender novas abordagens; modificação de padrões de auditoria onde necessário, juntamente com a edição de novas orientações; uso da conectividade onipresente de hoje para transformar o local e o modo como os trabalhos são desenvolvidos, habilitando a auditoria contínua.[43]

O controle deve, ainda, incentivar a adoção de tais práticas por parte do gestor público, uma vez que tal decisão se prove custo-efetiva.

---

[42] Ernst & Young Center for Board Matters. Big data and analytics in the audit process: mitigating risk and unlocking value. 2015.

[43] BYRNES, P.; CRISTE, T.; STEWART, T.; VASARHELYI, M. Reimagining Auditing in a Wired World. AICPA Assurance Services Executive Committee (ASEC), *White Paper.* August 2014.

É essencial, portanto, estimar a magnitude dos esforços e dos custos requeridos para a incorporação do novo instrumental na atividade administrativa[44] e compará-los aos potenciais benefícios que daí decorrerão. De resto, espera-se que tal cotejamento indique ampla e favorável margem ao uso intensivo das novas tecnologias, considerando os impactos positivos sobre a efetividade da ação do Estado, além da redução de desperdícios e consequente promoção da eficiência. Mais a mais, o compartilhamento de informações entre entidades do setor público e a expansão de políticas de dados abertos deve, no curto prazo, reduzir substancialmente os custos atrelados à estratégia em comento.

Além disso, e naturalmente, ferramentas como a referida análise preditiva são mais efetivas à medida que a base de dados primários que lhe dá suporte é mais qualificada. O caso da rede hospitalar de Nova Iorque, por exemplo, requer dados precisos e coletados no nível do indivíduo. É papel do controle, portanto, avaliar a adequação dos protocolos de administração de dados voltados à qualidade e integridade da base, e examinar se os dados em referência são, de fato, válidos e confiáveis, de modo a aderirem aos pré-requisitos da modelagem preditiva.

3.5 Conclusões

Os notáveis avanços experimentados pela sociedade e Administração Pública no passado recente exigiram – e continuam a demandar – profundas evoluções na atividade de controle. A própria abordagem que prestigia os resultados da ação governamental é produto desse movimento transformador, em um contexto de mutantes e crescentes expectativas sociais que, nos dias de hoje, somam-se a progressos tecnológicos que alteram a forma como os indivíduos enxergam suas possibilidades e relações com o Estado.

A inclusão dos resultados da intervenção governamental no *framework* do controle responde, assim, aos legítimos anseios dos cidadãos e é essencial para que se atinjam maiores níveis de bem-estar social, dadas as diversas restrições a que se sujeita a Administração Pública. A solução ótima para os vultosos desafios que se colocam diante

---

[44] CODY, S.; ASHER, A. Smarter, Better, Faster: The Potential for Predictive Analytics and Rapid-Cycle Evaluation to Improve Program Development and Outcomes. *In*: KEARNEY, Melissa S.; Benjamin H. HARRIS (Org.). *Policies to Address Poverty in America Brookings*, 2014.

do Estado contempla, indispensavelmente, o controle de resultados, sem o qual não há que se falar em estado eficiente.

Ao controle de resultados é inerente a inovação, como gênese e condicionante de sucesso. Práticas inovadoras podem resultar em significativa melhoria na eficiência, efetividade ou qualidade dos resultados. Nesse passo, o controle deve apoiar sua adoção nos órgãos auditados e incorporá-las aos seus próprios métodos e técnicas de trabalho.

Para o alcance da excelência, o controle de resultados deve valorizar informações fidedignas que denotem a efetividade da atuação governamental, prestigiando a sistemática de políticas públicas baseadas em evidência. Ademais, a institucionalização de práticas de cooperação entre o controle e os cidadãos favorece grandemente a construção de um ambiente voltado à consecução de resultados que impulsionam o bem-estar social. Por fim, um controle de resultados intensivo em tecnologia da informação, com o uso maciço de ferramentas avançadas de análise ao longo do processo de auditoria – desde a avaliação de risco para seleção do objeto até o monitoramento de eventuais recomendações ao auditado, passando pelas fases de planejamento, trabalho de campo e produção do relatório – exibe claras vantagens sobre métodos tradicionais de fiscalização em diversos casos, e amplia, exponencialmente, o valor agregado de auditorias voltadas à melhoria do desempenho na Administração Pública.

Informação bibliográfica deste texto, conforme a NBR 6023:2002 da Associação Brasileira de Normas Técnicas (ABNT):

ALMEIDA, Dayson Pereira de. Desempenho: eficiência, eficácia e efetividade. In: OLIVEIRA, Aroldo Cedraz de (Coord.). *O controle da administração na era digital*. Belo Horizonte: Fórum, 2016. p. 249-283. ISBN 978-85-450-0176-8.

CAPÍTULO 4

CONTROLES EFICIENTES
NA ADMINISTRAÇÃO PÚBLICA

FABIO HENRIQUE GRANJA E BARROS

4.1 Introdução

Alguns processos sociais e tecnológicos têm sido determinantes nas mudanças comportamentais da sociedade. Pode-se citar alguns de maior impacto, como a globalização da economia, a evolução das áreas de tecnologia e comunicação e, principalmente, a expansão da quantidade de informações e de dados.

Entre algumas dessas mudanças comportamentais, constata-se o fato de as pessoas demandarem informações em uma velocidade assombrosa, exigindo respostas rápidas a problemas e situações que se apresentam cada vez mais complexos.

A consequência disso para a Administração Pública, de forma geral, é que esta tem sido impelida a se reinventar, precisando se tornar ágil, ética, gerencialmente competente, comprometida com resultado, transparente e responsiva. Surge, portanto, uma primeira questão: qual o papel do *controle* na busca de uma administração pública eficiente?

Segundo especialistas, o *controle* deve ser entendido como elemento crucial para o aperfeiçoamento da gestão e da governança. Pode-se dizer que o controle possui a missão de garantir a aderência da Administração Pública às normas e a entrega eficiente de bens e serviços para a sociedade. Em outras palavras, o *controle*, expresso por meio da burocracia, é essencial para otimizar o uso dos recursos públicos, bem como para suprimir potenciais desvios, falhas, desperdícios e fraudes.

Contudo, apesar do papel essencial da burocracia estatal, exercendo o controle, em alguns casos, com vistas a alcançar sua finalidade precípua, constata-se que esta tem deixado de alcançar integralmente seus objetivos, incrementando a ineficiência do próprio Estado. Nesse sentido, observa-se que o nível de burocracia em uma determinada entidade precisaria ser constantemente avaliado para que esta não se torne um fim em si mesma e perca a visão para a qual foi criada.

Essa discussão traz uma questão importante, as instâncias de controle, em determinadas situações, podem estar gerando mais ineficiências ao sistema público do que eficiências. Quando as exigências aos gestores, impostas pelos controles, excedem o seu nível ótimo, isso pode fazer com que o custo do controle suplante seu potencial benefício.

Com vistas a mitigar esse problema, alguns países já realizam avaliações sobre o nível de ineficiência de suas burocracias. A título de exemplo, podemos citar o Canadá com o "Red Tape Reduction Act", a Austrália com os chamados "Repeal Days" e os Estados Unidos com decretos presidenciais que exigem que agências reguladoras façam uma análise dos custos e benefícios de seus regulamentos.

Assim, em situações em que o desenho dos mecanismos burocráticos impostos pelos controles – incluídos os normativos, exigências procedimentais, entre outros – não sejam constantemente avaliados quanto a sua pertinência, consistência, coerência e custo/benefício, pode existir situações de ineficiência sistêmica, como, por exemplo, nos casos em que alguns gestores públicos, no extremo, percam mais tempo para atender às demandas de órgãos de controle do que planejando e executando suas atividades.

As instâncias de controle, em seus processos de trabalho, de forma geral, não sancionam/responsabilizam os gestores públicos que não forem eficientes, mas o fazem quando estes deixam de seguir leis e regulamentos. Com efeito, no conjunto dos incentivos criados pelos normativos, a preocupação dos gestores pode vir a se concentrar mais na aderência aos normativos do que na busca pela eficiência da Administração Pública.

Portanto, o receio do gestor em deixar de atender alguma etapa e/ou exigência da burocracia imposta pelo controle, algumas vezes, pode gerar o incentivo para que o gestor atue de forma contraproducente, isto é, deixando de buscar soluções inovadoras que, em última análise, aumentariam a eficiência e a entrega de bens e serviços para a sociedade.

Em suma, por consequência do excesso de regulações e procedimentos exigidos pelos controles, o gestor pode vir a perder graus de liberdade na discricionariedade, prejudicando a obtenção de resultados. Contudo, cabe destacar que a burocracia estatal se faz necessária exatamente porque a Administração Pública precisa seguir princípios constitucionais que a diferenciam da iniciativa privada. Assim, exatamente porque a Administração Pública está inserida em um contexto diferente da iniciativa privada, que em geral não possibilita o mesmo nível de agilidade e flexibilidade, faz-se necessário que os gestores busquem diuturnamente a eficiência do uso dos recursos envolvidos.

Isso inspira uma segunda questão: se, em alguns casos, existe um excesso de burocracia, por que os *controles*, em geral, após as fiscalizações aumentam ainda mais suas exigências e regulamentações, impondo, em alguns casos, uma ineficiência ainda maior para a Administração Pública?

O presente capítulo buscará discutir, de forma preliminar, essa questão. Em especial será apresentada a tese de que a causa da ineficiência do *controle* é fruto da assimetria de informação entre os gestores e seus controladores. Isto é, os gestores como responsáveis pelas intervenções governamentais e pelo uso dos recursos públicos detêm informações exclusivas, como por exemplo, dados operacionais, intenção de atender determinados públicos-alvos, interesses específicos em licitações, necessidade ou não de aquisição de determinados bens e serviços, resultado real das políticas, etc.

Nesse sentido, as instâncias de controle, ao buscarem prevenir e evitar que o interesse privado prevaleça sobre o interesse público, acabam por produzir uma série de exigências procedimentais e regulamentações que visam mitigar o hiato de informações entre o *controle* e os gestores públicos.

Com isso, outra questão precisa ser endereçada nesse capítulo: como sair desse ciclo vicioso no qual a busca pela eficiência das intervenções públicas e pela prevenção de desperdícios, desvios, fraudes e corrupção gera, em muitos casos, regulamentos e sistemáticas de controle que extrapolam o nível ótimo da burocracia, gerando ineficiências para a Administração Pública?

Nos parágrafos seguintes do capítulo serão apresentados os seguintes pontos: i) a importância dos conceitos de eficiência e de controles como premissas do modelo; ii) os efeitos da assimetria de informação na relação entre as instâncias de controle e os gestores públicos; e iii) a proposta de controles eficientes envolvendo análise de dados, avaliação de riscos e ações de controle integradas e coordenadas.

Buscou-se tratar o tema de forma técnica e com uma abordagem suficientemente abrangente para servir a qualquer tipo de controle (interno, externo e social). Assim, por meio de teorias e conceitos da administração e da economia, serão apresentadas algumas ideias a respeito das possíveis causas da ineficiência dos controles da Administração Pública e algumas medidas que lançam luz para uma possível mitigação do problema, sem, contudo, ter a pretensão de ser exaustivo e muito menos conclusivo sobre o tema.

Como pano de fundo, ou seja, como premissas do modelo argumentativo que seguirá nos próximos parágrafos, faz-se necessário apresentar sucintamente o papel do controle e a definição de eficiência que será utilizada no capítulo. Esses tópicos, como usualmente ocorre nos temas de aparente trivialidade, estão sujeitos a confusões e preconceitos.

Inicialmente, faz-se oportuno explicar sucintamente a importância do controle na democracia. A democracia, desde a Grécia antiga, sofreu inúmeras modificações conceituais até chegar ao que conhecemos hoje. Atualmente, existe o consenso de que esta deva ser entendida como a transferência do poder soberano ao povo e a extensão dos direitos de cidadania a todos os indivíduos.

Contudo, historicamente, a democracia chegou a um impasse quando se observou que em função da extensão dos estados nacionais, da quantidade de cidadãos, da complexidade das atribuições estatais, seria impraticável a democracia direta, ou seja, que todos os cidadãos exercessem pessoalmente seus direitos políticos. Portanto, naquele momento foi decidido que parte da solução seria a criação das democracias representativas.

A representação política, por sua vez, obrigou as sociedades modernas a criarem sistemas de pesos e contrapesos para controlar os agentes políticos e públicos que passaram a receber a delegação dos cidadãos para exercerem o poder e para gerirem os seus recursos.

Nesse momento, surge a necessidade de se implementar sistemáticas e instrumentos de *accountability*, isto é, sistemática de acompanhamento e avaliação das ações dos agentes políticos e públicos, obrigando-os a prestar contas.

Segundo Montesquieu, em sua obra clássica *O Espírito das Leis*, "Todo o homem que tem em suas mãos o poder é sempre levado a abusar dele, e assim irá seguindo, até que encontre algum limite". Nesse sentido, as primeiras regras surgiram no intuito de limitar o poder do soberano, com vistas a evitar o absolutismo e o totalitarismo.

No surgimento do Estado Democrático, os bens e as receitas dos Estados deixaram de ser vistos como pertences do soberano e passaram a ser considerados como propriedade de toda coletividade. Nesse momento, o Estado deixa de ser patrimonialista e se torna burocrático. Nessa esteira, o conceito de controle passa a não apenas envolver as ações do governante, mas também a garantir que a utilização dos recursos disponíveis será adequada.

Para poder contribuir de forma efetiva para o êxito das intervenções governamentais, o *controle* precisa atuar em todas as etapas do processo, detectando desvios e anomalias em tempo compatível com a introdução oportuna dos aperfeiçoamentos e correções que se fizerem necessários. A função do *controle* torna-se indispensável para acompanhar a execução de ações e programas e apontar suas falhas e desvios; zelar pela boa utilização, manutenção e guarda dos bens patrimoniais; verificar a perfeita aplicação das normas e princípios adotados e constatar a veracidade das operações realizadas, entre outras coisas.

Portanto, o controle assume papel fundamental na atividade estatal, chegando a ser considerado como ponto basilar do Estado. Passa a desempenhar papel crucial nas relações entre Estado e sociedade, contribuindo para a garantia do regime democrático e do reconhecimento de direitos e obrigações pelos cidadãos. Quaisquer formas de controle, mesmo não dispondo da capacidade de sanção direta em relação aos entes públicos, passam a ser consideradas mecanismos de *accountability*.

Ao se buscar identificar os tipos de controle, pode-se destacar que o controle pode ser caracterizado, entre outras formas, quanto à ótica do órgão que o exerce e quanto à localização do controle.

Em relação ao primeiro, isto é, à ótica do órgão que o exerce, pode-se caracterizá-lo como: i) administrativo: quando emana da própria Administração sobre sua atividade, relaciona-se ao poder de autotutela que permite à Administração rever seus atos quando ilegais, inoportunos e inconvenientes; ii) legislativo: é aquele exercido pelos representantes do povo, cuja legitimidade resta tanto para os eleitos, quanto para as casas que o compõem; iii) judicial: quando exercido exclusivamente pelo Poder Judiciário, a quem cabe a análise, principalmente, da legalidade dos atos administrativos.

Por sua vez, quanto à localização do controle, este define-se como interno e externo. Por controle interno entende-se o conjunto de políticas e procedimentos adotados por um órgão/entidade para garantir a vigilância, a fiscalização e a verificação, com vistas a prever, observar, dirigir ou governar os eventos que possam impactar na consecução de seus objetivos. Portanto, trata-se de um processo organizacional de responsabilidade da própria gestão, adotado com o intuito de assegurar que os objetivos da organização sejam atingidos.

Segundo a International Organization of Supreme Audit Institutions (Intosai), o controle interno seria: "Todos sistemas de controles financeiros e de qualquer outra natureza da entidade, [...] incluindo a estrutura organizacional, os métodos, os procedimentos e auditoria interna, estabelecidos pelos administradores segundo os objetivos da entidade, que contribuem para que ela seja regularmente administrada de forma econômica, eficiente e eficaz, garantindo, assim, a observância das políticas determinadas pela administração, salvaguardando bens e recursos, assegurando a fidedignidade e a integridade dos registros contábeis e produzindo informações financeiras e gerenciais confiáveis e tempestivas".

Já o controle externo seria aquele realizado por órgão diferente do que emanou o ato ou procedimento administrativo, a exemplo daquele realizado pelas Entidades Fiscalizadoras Superiores (EFS), pelo Poder Judiciário e pelo Poder Legislativo. Certamente o objeto mais relevante e complexo do controle externo é o controle da gestão dos recursos públicos, pois é mediante o uso dos dinheiros públicos que todas as atividades governamentais são exercidas e os objetivos do Estado são concretizados.

Por sua vez, o acompanhamento da gestão e a fiscalização dos gastos no setor público, quando realizados pela própria sociedade, recebe a denominação de controle social.

O acesso à informação pública se constitui em princípio básico do controle social. Assim, para que o cidadão possa exercer o direito de controle se faz necessário que os órgãos integrantes da estrutura do Poder Público disponibilizem dados e informações para que o cidadão, independentemente do seu nível de conhecimento e grau de escolaridade, possa exercer o seu direito de fiscalizar as ações governamentais.

O controle social é forma de controle externo, e foi objeto de destaque na Constituição Federal brasileira, que, em seu artigo 74, parágrafo 2º, ao atribuir ao cidadão, partido político, associação ou sindicato, na forma da lei, competência para denunciar ilegalidades e irregularidades perante os órgãos de controle externo, privilegiou a cidadania e fez os cidadãos tornarem-se responsáveis pela coisa pública.

No presente capítulo, o termo instâncias de controle refere-se, portanto, aos controles interno, externo e social. Cabe destacar a importância do funcionamento integrado das instâncias de controle, haja vista que qualquer um destes quando tomado isoladamente apresenta deficiências e limitações para a realização de um controle eficiente.

Após a apresentação sucinta dos conceitos de controle e de instâncias de controle, urge discutir o conceito de eficiência que será tratado no capítulo. Conforme apresentado no início do presente capítulo, a Administração Pública e, consequentemente, o *controle* precisam acompanhar a sociedade e buscar atender a contento as suas demandas.

Para dirimir dúvidas relacionadas ao que venha a ser eficiência, a sua conceituação na literatura vem, usualmente, acompanhada das definições diferenciadoras e complementares de eficácia e de efetividade.

Para a maior parte dos especialistas, eficiência é a relação entre os insumos e os produtos, sendo utilizados exemplos que se referem à utilização do mínimo de insumos para gerar um determinado produto.

Por sua vez, eficácia refere-se ao alcance de metas e à qualidade dos produtos e serviços. E, por fim, efetividade sinaliza o êxito do programa e é focada nos resultados e no atingimento de suas finalidades (Figura 1).

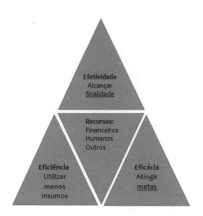

Figura 1 – Relação entre eficiência, eficácia e efetividade

Essa possível diferenciação conceitual entre os três termos depende, em rigor, dos objetivos considerados. Se, por exemplo, a intervenção pública em tela pretende "Construir Postos de Saúde", a eficácia será avaliada pela observação do produto físico da ação, ou seja, os postos. A eficiência será o cálculo da relação entre os recursos gastos e o produto executado. E, por sua vez, a efetividade pode ser avaliada como o atingimento da política em garantir os primeiros socorros de forma mais ágil, evitando sobrecarregar os pronto-atendimentos dos hospitais.

Assim, observa-se que não faz sentido um gestor dizer que uma ação não foi eficaz ou não foi efetiva, embora tenha sido conduzida de forma eficiente. Isso implicaria aceitar que a ação não alcançou os produtos objetivados (eficácia) ou os resultados (efetividade), condição necessária para realizar o balanço com o conjunto de recursos utilizados, com o qual então se calcula a própria eficiência.

Portanto, o conceito de eficiência a ser usado no capítulo, alinha-se com a preocupação de envolver os produtos e os resultados. Isto é, o conceito de eficiência utilizado abrange, necessariamente, os conceitos de eficácia e de efetividade. Em outras palavras, será utilizado um conceito de eficiência ampliado. Embora seja possível ser eficaz ou efetivo e não ser eficiente, não é desejável ser eficiente e não ser eficaz e efetivo.

A busca da eficiência do *controle* tratada no capítulo consiste, portanto, em maximizar os objetivos alcançados pela administração, bem como minimizar o dispêndio de recursos, através de processos racionais que visem reduzir os desvios, desperdícios, da maneira mais custo-efetiva possível.

Conforme apresentado, o conceito de controle deve ser entendido como etapa essencial para qualquer processo de produção de um bem ou de realização de uma atividade, haja vista que por meio dele o processo passa a ser continuamente avaliado na busca de uma maior eficiência. Esta última sendo entendida em seu sentido amplo, isto é, que garanta a entrega do que se está produzindo ou realizando com a melhor relação custo-benefício possível. Esses dois conceitos são as premissas básicas do modelo argumentativo que se propõe no presente capítulo.

Apesar da aparente simplicidade sobre o papel dos controles na gestão, observa-se, de maneira geral, que os países, os governos e as entidades públicas que ainda não alcançaram os níveis de excelência em gestão e governança possuem algumas características comuns em relação a seus controles: baixa capacidade avaliativa das intervenções públicas; baixa tempestividade das ações para detectar desvios e desperdícios; baixa resolutividade após a detecção da solução; baixo nível de responsabilização dos agentes; e deficiência no processo que garanta a seletividade das ações a serem fiscalizadas. De forma geral, observam-se ações de controle sendo executadas sem assertividade frente ao universo de áreas, temas, projetos, programas e ações que precisariam ser fiscalizados e controlados.

Constata-se, na maioria dos casos, predomínio do controle reativo, planejamento estratégico pouco efetivo, reduzida especialização em áreas-chave, reduzida cobertura de recursos fiscalizados, ausência de critérios objetivos de seletividade na execução da atividade de controle, ausência de indicadores de desempenho e de política de recursos humanos que permitam atender às constantes mudanças do ambiente externo.

Os problemas do controle, em especial os relacionados à baixa tempestividade das ações, à reduzida resolutividade e responsabilização, à falta de seletividade e priorização das ações e à reduzida cobertura de recursos fiscalizados geram diversas sinalizações, influenciando a opinião da sociedade e o comportamento dos agentes econômicos, em especial a dos gestores públicos.

Essa percepção impacta diretamente a opinião pública, pois o sentimento de pouca efetividade nos controles pode fazer com que os gestores, entre outras coisas, não acreditem que as instâncias de controle contribuam efetivamente para a melhoria da gestão, isto é, que produzam aperfeiçoamentos capazes de incrementar a eficiência e, por conseguinte, a entrega de serviços à sociedade. Ou ainda, o que é pior, que os mesmos tenham comportamentos oportunistas, haja vista a baixa probabilidade de serem responsabilizados por atos de improbidade administrativa, negligência, ineficiência ou omissão.

Após a apresentação das premissas balizadoras da presente discussão, do problema da baixa eficiência dos controles, passa-se a discutir algumas das causas da ineficiência da Administração Pública.

Alguns fatores são determinantes para explicar a forma de atuação das instâncias de controle, em especial, cita-se a insuficiência da informação disponibilizada às instâncias de controle, quando comparada com a informação do gestor público, em relação aos projetos, ações e programas que estão em execução. Outros fatores que impactam a atuação dos controles são: i) restrição de insumos (financeiros e pessoal) à disposição para fazer frente ao universo de objetos a serem fiscalizados; ii) deficiência do planejamento das ações de fiscalização, que por não se pautar, em geral, em análises criteriosas de risco, não permite planejar adequadamente e não garante a seletividade e assertividade necessárias; iii) desarticulação das instâncias de controle, entre o controle interno e o externo, entre os controles externos das diferentes esferas de governo, e dos controles interno, externo e social.

A principal hipótese do modelo, que ora se apresenta, é que as falhas informacionais, isto é, informação incompleta à disposição do controle, não permitem a seleção adequada do que se fiscalizar, por conseguinte, as ações de controle deixam de ser planejadas adequadamente e de otimizarem seus potenciais resultados. Ademais, a desarticulação das instâncias de controle duplica esforços em alguns casos e, em outros, permite que existam áreas que não são suficientemente fiscalizadas.

Por conseguinte, os controles interno e externo ao identificarem baixo nível de efetividade de suas ações e ao buscarem a prevenção de desvios, desperdícios e fraudes, na maioria dos casos, aumentam os controles, gerando novas regulamentações, novas exigências procedimentais, novas etapas de prestação de contas, etc. Uma possível explicação seria decorrente do fato de o agente controlador ter uma visão apenas incremental do que está sendo imposto como controle, ou seja, ao deixar de fazer uma análise sobre o conjunto total das exigências burocráticas presentes naquela questão, considera que pequenas exigências complementares não onerarão demasiadamente o gestor público.

Portanto, é possível imaginar que o viés burocratizante dos controles seja fruto da incapacidade, inclusive financeira e de recursos humanos, de incrementar sua atuação por outras formas que não seja a de demandar que as entidades públicas estabeleçam novos procedimentos e novas etapas de prestação de contas.

Entre diversas situações, a título de exemplo, pode-se citar o caso de uma agência ambiental hipotética que exige inicialmente do empreendedor informações com diagnósticos amplos sobre o meio físico, o meio biótico, o meio antrópico da área que será impactada diretamente e indiretamente pelo empreendimento. Contudo, durante o processo de licenciamento novas demandas de informações adicionais, e muitas vezes excessivas, passam a ser exigidas por órgãos de controle, arrastando o processo de licenciamento por muitos anos.

Com vistas a avaliar uma das principais causas dos problemas dos controles da Administração Pública citados, referentes a regulamentações excessivas, a estruturas burocratizantes, a controles reativos, a incentivos a comportamentos oportunistas, utilizaremos o ferramental econômico, em especial a Teoria da Agência e a relação principal-agente.

A referida teoria cita que o problema das agências decorre de conflitos de interesse existentes nas atividades entre os atores envolvidos, isto é, do dono da agência e do gestor contratado. Em outras palavras, o dono delega ao gestor a condução da agência e o gestor pode buscar aumentar seus ganhos pessoais, e não o lucro da firma. O dono da agência é considerado o "principal" e o gestor é definido como o "agente", definindo-se o que ficou convencionado na teoria econômica como a relação principal-agente.

O *Manual de Governança do TCU* cita o parágrafo único do art. 1º da Constituição Federal de 1988, para ressaltar que "Todo o poder emana do povo, que o exerce por meio de representantes eleitos ou diretamente, nos termos desta Constituição". Dessa forma, define que, no contexto público, a sociedade é o "principal", pois compartilha as percepções de finalidade e valor e detém o poder social; e os "agentes" são aqueles a quem foi delegada autoridade para administrar os ativos e os recursos públicos, enfim, autoridades, dirigentes, gerentes e colaboradores do setor público.

Segundo especialistas, a economia é uma rede de relações multifacetadas entre pessoas que se relacionam como "principal" ou como "agente": por exemplo, gerente e empregados, investidores e empresários, cidadãos e políticos, políticos e burocratas. O desempenho de governos, de órgãos, de empresas depende do desenho das regulações (normativos) que regem essas relações.

O que importa é se os empregados têm incentivos para maximizar seus esforços, se os gerentes têm incentivos para maximizar os lucros, se os políticos têm incentivos para promover o bem-estar público, se os burocratas têm incentivos para implementar as metas estabelecidas pelos políticos.

Dessa forma, o "principal", objetivando maximizar seus benefícios (lucros, no caso de empresas, e retorno social de programas, no caso do setor público), delega aos gestores "agente" o poder de dirigir as empresas e os órgãos públicos, estabelecendo metas de resultados esperados e limites de riscos admissíveis, responsabilidades e alçadas. Nesse contexto, os controles interno e externo também recebem a atribuição, por parte da sociedade, para garantir a eficiência das intervenções públicas e a *accountability*.

Isso posto, como a aplicação da Teoria da Agência ajuda a lançar luz sobre o diagnóstico do problema, isto é, controles ineficientes, reativos, pouco tempestivos, burocratizantes?

Entre as hipóteses para explicar a ineficiência do *controle*, ressalta-se o fato de que existe forte assimetria de informação entre o gestor público "agente" e a sociedade "principal" e as instâncias de controle, em especial quanto à adequação da ação, da relação custo-efetividade, e da integridade dos procedimentos (quanto a corrupção e fraude). Isto é, como o gestor "agente" está atuando nas atividades organizacionais, em todas as questões operacionais, possui mais informação que a sociedade "principal" e o controle (Figura 2).

Figura 2 – O dilema entre o "principal" (sociedade) e o "agente" (gestores públicos)

Essa assimetria informacional pode gerar alguns problemas amplamente conhecidos na literatura econômica, como seleção adversa (*adverse selection*), risco moral (*moral hazard*) e custos de transação.

O risco moral, no caso da teoria da agência, surge quando o "agente" passa a ter determinado comportamento oportunista por não acreditar que o "principal" consiga detectá-lo. Isto é, o "agente" pode passar a ter comportamentos sociais indesejáveis (maior propensão a desvios e fraudes) por saber que o "principal", com apoio das instâncias de controle, não será capaz de controlar todas as suas ações.

Já a seleção adversa, no caso da Teoria da Agência, surge quando a informação é desigual entre o "principal" e o "agente". Nesse caso, é possível que – devido ao excesso de burocracia, da dificuldade de administrar em um ambiente em que os órgãos de controle interno e externo responsabilizam os gestores pelo desatendimento da complexa malha de normativos – os bons gestores se sintam pouco incentivados a aceitarem cargos de direção na Administração Pública. Por outro lado, é possível imaginar que os gestores que não conseguiriam outra vaga de trabalho ou, até mesmo, aqueles que veem a oportunidade de se locupletar do erário passem a aceitar tais cargos na esfera pública. Dessa forma, a seleção adversa pode estar presente no fato de os gestores com maior propensão a comportamentos oportunistas e/ou com menor capacitação técnica aceitarem os referidos cargos.

A título de exemplo, cita-se o caso dos planos de saúde (seguro saúde). Consumidores compram seguro para se prevenirem contra a incerteza e o risco de vir a ter problemas de saúde e terem de arcar com custos elevados na rede privada de hospitais. Dessa forma, a existência de um terceiro pagador, o seguro, pode mudar a demanda por estes serviços (consultas, exames, outros), por conta do risco moral. Assim, o segurador ao saber da existência de incentivos à sobreutilização de serviços de saúde colocará esse efeito na relação contratual, isto é, a possível utilização excessiva do plano passa a ser incorporada no cálculo dos gastos esperados, determinando elevação no valor do prêmio e, consequentemente, nos gastos totais com saúde.

Ainda em relação ao mesmo exemplo, na tentativa de proteger os grupos de indivíduos com grau de risco mais elevado, por exemplo, os idosos, o Estado pode regulamentar os contratos, impedindo a discriminação desses grupos. Contudo, o segurador, ao ofertar o seguro com prêmio baseado no risco médio da população, atrai apenas os indivíduos de risco superior ao risco médio, o que implica um caso típico de seleção adversa.

E os custos de transação, como entram na discussão sobre a assimetria de informações? Alguns autores, inclusive ganhadores de Nobel, como Ronald Coase e Douglas North, evidenciaram, em seus artigos seminais, que quando os agentes econômicos se deparam com algum tipo de informação incompleta (assimetria de informação) estes geram exigências e procedimentos adicionais, daí surge a ideia dos contratos como forma de garantir segurança às partes e, consequentemente, surgem os custos de transação, haja vista que demandará consultas a advogados, existirão os custos cartoriais, entre outros.

Nesse sentido, quanto maior a assimetria de informação entre as instâncias de controle e os gestores, maior será a tendência da burocracia, consequentemente, ampliando os custos de transação e a ineficiência da Administração Pública. Isto é, as instâncias de controle, com vistas a mitigar tais problemas de informação, são impelidas a criar novas regulações, regulamentações, procedimentos e etapas que, algumas vezes, engessam, atrapalham e, até mesmo, retiram do gestor o incentivo de inovar e criar valor em processos administrativos.

Por fim, segundo a Teoria da Agência, a assimetria de informação entre a sociedade "principal", as instâncias de controle e os gestores "agente" gera custos de transação e comportamentos sociais indesejáveis, como os referentes ao risco moral e à seleção adversa.

Após a reflexão consubstanciada na Teoria da Agência e na relação principal-agente, isto é, de que a assimetria da informação é a causa precípua da atual estrutura burocratizante e ineficiente das instâncias de controle, os próximos parágrafos apresentarão uma proposta de abordagem do controle que permita ajudar a solucionar esses obstáculos.

Dessa forma, como garantir que o controle da Administração Pública seja eficiente e tempestivo, em um contexto onde a assimetria de informação ainda é generalizada?

Haja vista as limitações operacionais, isto é, as limitações de recursos humanos e financeiros das instâncias de controle, estas precisam atuar de forma assertiva e seletiva, isto é, precisam direcionar seus esforços para as áreas de maior risco e relevância. Entendem-se riscos, no presente contexto, como a possibilidade de que um evento ocorra e afete de modo adverso o alcance dos objetivos do órgão ou entidade pública.

Adicionalmente a tudo que foi dito sobre os controles, este deve ser entendido também como um instrumento de gerenciamento de riscos indispensável à governança e à gestão da Administração Pública. Portanto, os sistemas de controle devem funcionar como ferramentas de gestão e monitoramento de riscos em relação ao alcance de objetivos.

A estruturação de um controle eficiente parte do esforço de reduzir a assimetria de informação, sem, contudo, exigir dos gestores a produção de excessivos documentos, relatórios e a realização de exaustivos procedimentos e etapas processuais.

Duas premissas básicas são essenciais para o incremento da eficiência da Administração Pública: a necessidade de se focalizar na prevenção de desperdícios, desvios e fraudes e na avaliação e monitoramento dos resultados. A prevenção é essencial, pois é consenso, entre analistas e auditores, que evitar os desvios/desperdícios é menos oneroso do que buscar a recuperação e a responsabilização de quem deu causa a prejuízo à administração pública.

Por sua vez, o foco no resultado é crucial para garantir que a Administração Pública está entregando os bens e serviços públicos necessários. Obviamente, existem diversas outras variáveis e fatores importantes no incremento da eficiência do controle, contudo o presente modelo ressalta três pilares essenciais, quais sejam:

a) uso intensivo de ferramentas de tecnologia, informação e comunicação (TIC), com vistas a transformar os dados disponíveis em informação e conhecimento para uso das instâncias de controle (interno, externo e social);

b) emprego de metodologias baseadas em risco para garantir maior seletividade, assertividade e resultado das ações de controle;

c) integração e coordenação das instâncias de controle para se alcançar maior abrangência e capacidade de avaliação de políticas públicas que envolvem as diferentes esferas de governo.

4.2 Uso intensivo de tecnologia, informação e comunicação (TIC)

Apesar da quantidade de dados disponíveis na sociedade atual não significa que estes estejam sendo utilizados de forma produtiva. A cada segundo são produzidos milhões de dados administrativos, *e-mails, blogs,* artigos, músicas, vídeos, que, sem a devida análise, são informações de pouca valia, inclusive para o controle.

A tomada de decisão e o aperfeiçoamento das fiscalizações dependem sobremaneira da utilização dos dados disponíveis, transformando-os, em um primeiro momento, em informação e, *a posteriori,* em conhecimento útil ao controle.

Para tanto, faz-se necessário o investimento em plataformas digitais que permitam aos órgãos disponibilizarem suas informações operacionais em formato de dados abertos. Nessa esteira, a utilização de ferramentas que permitam resolver as inconsistências das bases (*data quality*), a extração, o tratamento e carregamento de grandes bases de dados são essenciais para a estruturação dessa nova plataforma de controle.

Ademais, precisa-se que haja ferramentas de TIC que permitam o gerenciamento das bases disponíveis em um grande repositório de dados (*big data*), possibilitando o relacionamento das informações cadastrais de programas sociais de todos os setores de governo (saúde, educação, infraestrutura, previdência, agricultura, trabalho, assistência, outros).

A utilização das TICs, nesse contexto dos dados disponibilizados de forma estruturada e não estruturada, é crucial para reduzir o hiato de informação entre os gestores e as instâncias de controle. Com as ferramentas de TIC, em vez de os órgãos de controle exigirem que os gestores relatem suas ações e que prestem contas, é possível imaginar que em um futuro não tão distante as instâncias de controle tenham como buscar remotamente todas as informações necessárias a suas ações de fiscalização. Isto é, essas informações passarão a ser buscadas diretamente dos sistemas de informação e das bases de dados dos programas públicos.

Com o uso das TICs, entende-se ser possível desonerar os gestores quanto à geração de informações e, simultaneamente, aumentar a expectativa de controle, dado que se obterá informações sobre todo o universo a ser fiscalizado e não apenas de amostras. Com efeito, espera-se com isso poder reduzir os comportamentos oportunistas (risco moral), a seleção de gestores com baixa qualificação e mais propensos a desvios de comportamento (seleção adversa) e, em especial, os custos de transação que, em última análise, são os detratores da ineficiência.

Contudo, a utilização das ferramentas de TIC precisa ser precedida pelo acesso às bases de dados governamentais. Por isso, uma possível estratégia para incremento do uso das TICs nas instâncias de controle necessita que haja um esforço considerável das fiscalizações com vistas a garantir a disponibilização, a qualidade e a confiabilidade das bases de dados públicas.

Por fim, o uso intensivo de TIC no controle oferece benefícios que incluem incremento de produtividade, de qualidade e de agilidade, isto é, torna-se condição essencial para o aumento da autonomia processual das instâncias de controle e da flexibilidade dos processos.

Com base no uso das TICs, entende-se ser possível diminuir custos de informação e de transação, todavia, para transformar os dados em informação útil para o controle se faz necessário não apenas o tratamento dos dados, mas principalmente a análise com base nos impactos e na probabilidade de eventos indesejáveis ocorrerem. Assim, o uso das TICs, apesar de permitir maior acesso a informações, não garante, por si só, tempestividade, seletividade e assertividade para atuar nos casos de desvios/desperdícios de maior impacto, por isso a análise de risco pelos controles passa a ser tão essencial.

4.3 Atuação das instâncias do controle baseada em risco

Segundo a *International Federation of Accounts* (IFAC) (2001), risco é a expressão da probabilidade de ocorrência e do impacto de eventos futuros e incertos que têm potencial para influenciar o alcance dos objetivos de uma organização.

Os riscos devem ser avaliados em uma unidade de medida similar àquela utilizada para mensurar os objetivos de negócio aos quais esses riscos estão relacionados. Os gestores são responsáveis pela avaliação dos riscos no âmbito das unidades de negócio, de processos e atividades que lhes são afetos. A alta administração deve avaliar os riscos no âmbito da organização, desenvolvendo uma visão de riscos de forma consolidada.

A classificação dos riscos, é feita, de acordo com as metas, objetivos ou resultados, dividindo-se em: a) estratégicos (para a atividade-fim da organização, direção e realização de seus planos); b) comerciais (para as relações comerciais, como falhas em contratos); c) operacionais (para a atividade operacional da organização, como danos em ativos ou ameaças à segurança física, recursos humanos inadequados, etc.); d) técnicos (para se administrar ativos, por exemplo, falhas em equipamentos); e) financeiro e de sistemas (para controles financeiros e sistemas, por exemplo, fraudes); f) de conformidade (para cumprir com as obrigações legais).

A atuação pautada em risco, além de garantir que o esforço de fiscalização está sendo direcionado para ações com maior repercussão social e financeira, permite atacar com a tempestividade e a seletividade necessárias. A análise de risco reforça os principais pressupostos de um controle eficiente, permitindo focar na prevenção e no resultado.

O objetivo da avaliação de risco é formar uma base para o desenvolvimento de estratégias de como os riscos serão administrados e acompanhados, de modo a diminuir a probabilidade de ocorrência e/ou a magnitude do impacto. A avaliação de riscos é feita por meio de análises qualitativas e quantitativas, ou da combinação de ambas. Assim, o segundo pilar do modelo de controle eficiente, ora apresentado, deve buscar identificar, analisar, avaliar, tratar e monitorar o risco.

O uso das TICs, apesar de essencial para reduzir a lacuna de informação entre o gestor público "agente" e a sociedade "principal" e as instâncias de controle – reduzindo os custos de transação –, não é suficiente para garantir que as ações de controle sejam direcionadas para as áreas mais críticas, ou seja, de maior risco. Dessa forma, supondo que os dados das ações e dos programas governamentais estejam suficientemente trabalhados por ferramentas de TICs, surge a oportunidade de utilização de metodologia baseada em risco para selecionar e definir ações de controle. Em suma, a utilização da análise de risco é essencial para garantir que o controle atuará de forma tempestiva, assertiva e seletiva nas áreas que poderão causar maior impacto social ou financeiro.

Contudo, esses dois pilares, apesar de necessários, ainda são insuficientes, na medida em que as instâncias de controle isoladamente não conseguem, devido a restrições jurisdicionais, humanas e financeiras, realizar controles abrangentes nas políticas públicas, que muitas vezes são descentralizadas em outras esferas de governo. Com efeito, o terceiro pilar da proposta de controle eficiente não poderia deixar de ser a necessidade de integração e coordenação das instâncias de controle.

4.4 Integração e coordenação das instâncias de controle

A eficiência da atividade de controle depende intrinsecamente da integração e coordenação entre os controles interno, externo e social. A atuação conjunta permite, entre outras coisas, o acesso à informação de outras esferas de governo, de outros órgãos e de outros atores, o que potencializa a efetividade do uso das TICs e da análise de risco, permitindo reduzir a assimetria da informação e, consequentemente, o risco moral, a seleção adversa e os custos de transação.

A necessidade de integração e coordenação não se restringe ao fato de insuficiência de informação, mas também ao fato de que os órgãos têm restrições de jurisdição e capacidade operacional limitada para realizar eficientemente todas intervenções governamentais. A título de exemplo, alguns temas como o controle do crime organizado e das políticas públicas descentralizadas (aquelas que dependem da União, dos estados e dos municípios, i.e., as políticas de saúde, educação e assistência social), sem a coordenação horizontal (na mesma esfera de governo) e a coordenação vertical (esferas diferentes, incluindo a sociedade civil), serão invariavelmente ineficientes.

No mesmo sentido, a coordenação e a integração das instâncias de controle se fazem obrigatórias para que haja controles eficientes, estas podem ocorrer pelo compartilhamento de dados e informações e pelas ações de fiscalização conjuntas. O compartilhamento de dados e informações é desejável, pois se baseia no interesse público, devendo resguardar em todas as hipóteses os direitos individuais como a proteção da privacidade dos envolvidos, o que exige dos agentes públicos reserva, agilidade e comprometimento com a informação.

As instâncias de controle fazem parte da engrenagem do sistema de prestação de contas, nesse sentido, entende-se que a integração das ações de controle de diversos órgãos, de diferentes setores, de diferentes esferas de governo é a única forma de garantir abrangência e completude nas análises de políticas públicas e na identificação de desvios e desperdícios.

A integração entre as instâncias de controle consiste em um fator extremamente importante no contexto do fortalecimento das instituições, sendo de suma importância para a maior eficiência da máquina estatal no desempenho dessa atividade.

No âmbito do controle externo, uma forma de coordenação e integração, nesse caso, intersetorial e interfederativa são as auditorias coordenadas que podem acontecer entre entidades fiscalizadoras superiores (EFS) do próprio país (União, Estados e Municípios) ou do exterior. Essa sistemática prevê que várias EFS realizem auditorias de forma simultânea, com planejamento e prazos comuns. Essa estratégia de auditorias coordenadas aplica-se em temas transnacionais ou interfederativos.

Também de crucial importância é a necessidade de integrar o controle social com as demais instâncias de controle. Várias são as formas de viabilizar essa interação, a mais direta é por meio da publicidade das atuações/intervenções públicas, dado que a prestação de contas deve ser confiável, acessível, oportuna, útil e pública para o cidadão, promovendo o uso de diferentes meios para sua comunicação, com o fim de lograr uma adequada difusão aos atores interessados.

Os controles interno e externo devem fortalecer suas estratégias, vínculos e mecanismos de comunicação e interação com a sociedade civil, buscando aperfeiçoar os sistemas de prestação de contas, bem como que fomentem uma maior cultura de transparência governamental. Dessa forma, entende-se ser possível realizar ações necessárias para melhorar o conhecimento público sobre a lógica que governa o sistema de prestação de contas, para permitir que o cidadão exerça adequadamente seu papel no sistema.

A cooperação efetiva entre os controles interno e externo poderá permitir, entre outras coisas: redução do escopo dos trabalhos de controle externo, como decorrência da verificação da efetividade dos exames levados a termo pelo controle interno; fornecimento, por parte do controle interno, de informações vitais para o melhor conhecimento dos setores a serem auditados.

4.5 Conclusão

O presente capítulo buscou na definição dos conceitos de controle e de eficiência apresentar as premissas do modelo de controles eficientes da Administração Pública. Conforme apresentado, o controle deveria ter um papel crucial no aperfeiçoamento da Administração Pública, mas que, por problemas de assimetria de informação, deixou, em muitos casos, de garantir essa nobre missão.

Assim, em sua maioria, os controles da Administração Pública apresentam características comuns, quais sejam: baixas seletividade, assertividade, tempestividade e falta de coordenação com outras instâncias de controle (controle interno, externo e social).

A tese tratada no capítulo é a de que a ineficiência dos controles é fruto da assimetria de informação entre gestores e as instâncias de controle, o que gera custos de transação, risco moral e seleção adversa e, consequentemente, mais ineficiência.

Nesse sentido, uma hipótese apresentada é que o incremento da burocracia, como fruto da atuação do controle, é devido à necessidade deste de buscar reduzir a lacuna informacional existente entre o controle e o gestor. A utilização da Teoria da Agência permitiu a discussão sobre o conflito de interesse entre o gestor "agente" e o controle "principal" e buscar mecanismos para solucionar a questão.

Assim, segundo a teoria, caso o gestor público não receba os incentivos adequados, terá a propensão de maximizar seus retornos pessoais em prejuízo do interesse público. E, em um cenário de falhas informacionais, existirá comportamentos sociais indesejáveis como risco moral e seleção adversa.

Dessa forma, o controle pode estar deixando de cumprir sua missão de aperfeiçoar a Administração Pública quando o excesso de normas e/ou de exigências procedimentais equivocadas gere custos e ineficiências desnecessários.

Portanto, o presente capítulo propõe que para mitigação do problema, isto é, da assimetria da informação, faz-se necessário: uso intensivo de tecnologias da informação, com vistas a aproveitar a quantidade de dados disponíveis; utilização de técnicas baseadas em risco, para identificar ações que necessitem prioritariamente de fiscalização e; coordenação e integração com os órgãos e partícipes das instâncias de controle.

Ao se reduzir a assimetria de informação, por meio do uso de TIC, ao se melhorar a seletividade e assertividade com as avaliações de risco e ao se integrar as ações das instâncias de controle, com o compartilhamento de informações e realização de ações conjuntas, entende-se ser possível gerar os incentivos que mitiguem o risco moral, a seleção adversa e os custos de transação, ou seja, reduzam a ineficiência dos controles.

Alguns países já identificaram a necessidade da contínua busca pela eficiência das regulações e dos controles: o Canadá aprovou o "Red Tape Reduction Act", lei que obriga o governo federal a eliminar ou reavaliar procedimentos burocráticos sempre que uma nova regra administrativa impuser custos ao ambiente de negócios. Além desse caso, na Austrália, o governo federal propõe periodicamente, por meio dos chamados "Repeal Days", ao Parlamento medidas para a redução da burocracia. Já nos Estados Unidos, um decreto presidencial exige que agências reguladoras façam uma análise retrospectiva dos custos e benefícios de seus regulamentos, com o objetivo de identificar regras que se mostraram ineficientes na prática. Essas diferentes iniciativas institucionais contra a expansão desmensurada da burocracia recebem críticas em seus países, mas, indubitavelmente, seguem na direção correta.

Por fim, entende-se que um controle eficiente deve: possuir e utilizar informações de qualidade e mecanismos robustos de apoio às tomadas de decisão; definir claramente processos, papéis, responsabilidades e limites de atuação; avaliar o desempenho e a conformidade da entidade; garantir a existência de um sistema efetivo de avaliação de riscos; utilizar tecnologias de informação que permitam aperfeiçoar e potencializar suas ações; articular a coordenação e integração entre si; manter os riscos em níveis adequados e aceitáveis; prover aos cidadãos dados e informações de qualidade (confiáveis, tempestivas, relevantes e compreensíveis).

Referências

BRASIL. Constituição Federal. *Diário Oficial da República Federativa do Brasil*, Brasília, DF, n. 191-A, 05 out. 1988.

CASTRO, Rodrigo Pironti Aguirre. *Sistema de controle interno*: uma perspectiva gerencial. Belo Horizonte: Fórum, 2007.

COASE, R. H. The Problem of Social Cost. *The Journal of Law and Economics*, The University of Chigago Press, v. 3, p. 1-44, 1960.

GIL, Antônio de Loureiro. *Gestão*: controle interno, risco e auditoria. São Paulo: Saraiva, 2013.

NORTH, D. C. Institutions and the Performance of Economies over Time. In: *Hanbook of New Institutional Economics*. Dordrechet: Springer, 2005.

ROCHA, Arlindo Carvalho; QUINTIERE, Marcelo de Miranda. *Auditoria governamental*: uma abordagem metodológica da auditoria de gestão: avaliação, controle e *accountability*. Curitiba: Juruá, 2013.

SIRAQUE, Vanderlei. *Controle social da função administrativa do Estado*: possibilidades e limites da Constituição de 1988. São Paulo: Saraiva, 2005.

TRIBUNAL DE CONTAS DA UNIÃO – TCU. *Referencial Básico de Governança do TCU*. p. 39. Disponível em: <http://portal.tcu.gov.br/comunidades/governanca/home/home. htm>. Acesso em: 10 maio 2016.

WEBER, Max. *Economia e sociedade*. Brasília: Editora UnB, 2004. v. 2.

Informação bibliográfica deste texto, conforme a NBR 6023:2002 da Associação Brasileira de Normas Técnicas (ABNT):

BARROS, Fabio Henrique Granja e. Controles eficientes na Administração Pública. In: OLIVEIRA, Aroldo Cedraz de (Coord.). *O controle da administração na era digital*. Belo Horizonte: Fórum, 2016. p. 285-306. ISBN 978-85-450-0176-8.

CAPÍTULO 5

NOVAS TECNOLOGIAS APLICADAS AO CONTROLE

REMIS BALANIUK

A rápida evolução das tecnologias da informação e da comunicação (TIC) requer um olhar sempre atento às oportunidades que se criam continuamente para as organizações e que podem, se bem aproveitadas, engendrar saltos qualitativos nos seus processos de trabalho e nos seus resultados. Entretanto, a apropriação dessas evoluções tecnológicas pode requerer da organização mudanças de rumo, que por sua vez demandarão rearranjos internos, mudança de cultura e engajamento.

Esse é o cenário diante do qual estão as Entidades de Fiscalização Superior (EFS) de todo o mundo face ao advento de uma série de novas tecnologias direta ou indiretamente relacionadas à atividade do controle.

Muitas são as oportunidades que essas novas tecnologias trazem e grandes podem ser os ganhos em termos de resultados no cumprimento de sua missão, mas grandes também são os desafios e o esforço requerido para que essa evolução ocorra plenamente.

Neste capítulo propomos uma reflexão sobre esse tema, destacando as principais oportunidades e desafios que essas novas tecnologias trazem para a prática do controle e para as EFS, mostrando um cenário que indica tendências futuras, mas também possibilidades imediatas de evolução dos processos de trabalho e modelos de atuação das nossas instituições.

5.1 Uso intensivo de TIC – Oportunidades e desafios para as EFS

As TICs se tornaram em poucas décadas essenciais e incontornáveis, seja para as corporações, o governo e o próprio cidadão. De um papel inicialmente baseado na automação de processos e registro de transações, as TICs evoluíram para uma imensa plataforma de serviços, interconexão, armazenamento e distribuição de informações digitais.

Enquanto organizações que lidam essencialmente com informação e conhecimento, a questão talvez mais relevante diante dessa revolução para as EFS seja como se apropriar desse universo de tecnologias e conteúdo informacional posto ao nosso alcance para dele retirar ferramental e conhecimento útil à prática do controle.

Nessa perspectiva nos interessa olhar mais de perto o que tem a oferecer a Ciência de Dados. A Ciência de Dados é um campo interdisciplinar que lida com processos e sistemas destinados a extrair conhecimento ou discernimento de dados em diversos formatos, estruturados ou não, combinando técnicas e teorias provenientes de vários campos das áreas da matemática, estatística, ciência da informação e ciência da computação. Engloba uma série de domínios e paradigmas em grande destaque atualmente, tais como *Big Data*, *Analytics*, *Data Mining*, *Text Mining*, *Business Intelligence* e *Business Discovery*.

Os cientistas de dados exploram enormes e diversas bases de dados, utilizando técnicas de preparação de dados, modelagem preditiva, mineração de dados, aprendizagem de máquina, visualização de dados e análise estatística, para investigar problemas nos mais diversos domínios, tais como detecção de fraudes, gerência de riscos, criação de indicadores, recomendações, análise preditiva e análise de opiniões e tendências. Graças a tecnologias e ferramentas potentes e ágeis o cientista de dados consegue criar modelos, testar hipóteses, responder questões complexas e mostrar resultados usando painéis gráficos interativos, e tudo isso em ciclos rápidos na escala de dias ou poucas semanas.

Ações de controle podem ser fortemente potencializadas e aprimoradas se apoiadas por especialistas com essas habilidades de manipulação e análise dos dados relacionados ao tema investigado. Os ganhos podem ocorrer desde as fases de planejamento, passando pela execução e indo até o acompanhamento de decisões e determinações derivadas dessas ações.

Em termos de oportunidade para o uso da Ciência de Dados no controle externo podemos destacar quatro grandes grupos de tendências:

- uso de análise preditiva para geração de alertas, análise de risco e composição de indicadores no apoio a ações preventivas junto à Administração Pública buscando evitar prejuízos e desperdícios, assim como na seleção de alvos de ações de controle;
- exploração de bases de dados semiestruturados e não estruturados para a descoberta de conhecimento útil à prática do controle, em particular no apoio ao trabalho processual e na melhoria da assertividade de entendimentos e decisões;
- uso de informações geoespaciais, tais como bases de dados georreferenciados ou bancos de imagens de satélite e aéreas, associadas a técnicas estatísticas de análise para estudo de cenários em larga escala e acompanhamento remoto de políticas públicas e ações governamentais;
- mineração de grafos, em particular na análise de redes de relacionamentos.

A esses grupos de tendências inovadoras se somam movimentos de grande potencial para a prática da Ciência de Dados nas EFS, que são os dados abertos e as tecnologias cívicas. A transparência irrestrita que os dados abertos estabelecem abre novas oportunidades de análise e descoberta de conhecimento, novas fontes de dados, assim como induz a melhoria na qualidade dos dados governamentais. As tecnologias cívicas permitem a participação da sociedade na geração de informações relativas à prestação de serviços públicos. Esse movimento, denominado *crowdsourcing* no jargão da Internet, promete ser uma valiosa fonte de informações para as EFS, pois permite o sensoriamento das políticas públicas pela perspectiva do cidadão.

Contudo, o cenário que a Ciência de Dados coloca diante dos órgãos de controle é de oportunidades, mas também de desafios, como já enfatizado anteriormente. Diferentemente de outros recursos puramente tecnológicos, a Ciência de Dados é primordialmente um conjunto de competências a serem incorporadas à instituição, e não um simples produto que pode ser adquirido. Essa incorporação também não é instantânea e requer profundas mudanças de cultura institucional. Processos de trabalho precisam ser repensados, normas internas e papéis precisam ser revistos e investimentos em técnicas, ferramentas e treinamento precisam ser realizados.

Na sequência desse capítulo analisaremos em mais detalhe essas tendências e desafios aqui apontados, buscando uma visão pragmática e atual do cenário que as novas tecnologias trazem para as EFS e a prática do controle.

5.2 Abordagens preditivas

Um aspecto importante do contexto atual da Administração Pública federal brasileira é o uso intensivo e extensivo de sistemas informatizados estruturantes, como o Sistema Integrado de Administração Financeira do Governo Federal (SIAFI), o Sistema de Administração de Serviços Gerais (SIASG) e o Sistema Integrado de Administração de Recursos Humanos (SIAPE) entre outros. Esses sistemas registram e controlam o funcionamento cotidiano da máquina administrativa de forma centralizada. Suas bases de dados, que já contêm dados históricos de mais de uma década em alguns casos, constituem fontes inestimáveis de informação.

Entretanto, a existência e a disponibilidade de grandes volumes de dados de interesse para o controle não garantem que se consiga facilmente extrair desses dados conhecimento útil à prática do controle, tal como indícios e provas relativas a atos ilícitos cometidos contra o erário. Uma vez os dados de interesse estando acessíveis, o problema central que se impõe aos analistas e auditores é como lidar com a complexidade, diversidade e o gigantesco volume das informações ali contidas. Somente alguns poucos especialistas, profundos conhecedores das regras de negócio de um segmento da máquina administrativa e simultaneamente perito na estrutura das bases de dados dos sistemas que registraram os atos analisados, são capazes de propor e realizar consultas analíticas diretamente nessas bases transacionais brutas capazes de evidenciar uma hipótese específica sendo analisada.

Para viabilizar o uso sistemático desse enorme volume de dados hoje disponível é imprescindível que as EFS priorizem o domínio e o uso da tecnologia diretamente na sua atividade finalística, busquem adquirir as competências necessárias e invistam no desenvolvimento de modelos, metodologias e processos de trabalho adequados a essa nova realidade na perspectiva do controle.

É nesse contexto que nos interessa analisar como a Ciência de Dados pode servir de guia para a inovação e a quebra de barreiras.

Como já dito, a Ciência de Dados tem como foco a extração de conhecimento a partir de fontes diversas de dados. Existe carência por conhecimento útil ao controle em todos os níveis: operacional, tático e estratégico. Metodologias de extração de conhecimento permitem a obtenção e disponibilização de informações em diferentes níveis de agregação, indo do grão mais baixo relativo a fatos e achados úteis à execução das auditorias, passando por totalizações e estatísticas úteis ao nível tático, até a análise de risco e relevância importante ao nível estratégico.

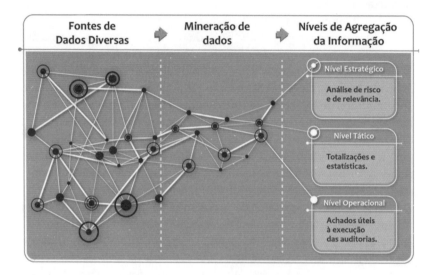

Um segmento importante da Ciência de Dados é a chamada Mineração de Dados (*Data Mining*), que é o processo de explorar grandes quantidades de dados à procura de padrões consistentes, como regras de associação, classes, agrupamentos ou sequências temporais, buscando detectar relacionamentos entre variáveis.

Utilizando técnicas de mineração de dados é possível realizar a chamada "análise preditiva", através da qual se induz a resposta provável a uma dada questão utilizando metodologias baseadas em aprendizagem de máquina e conjuntos de exemplos ou de relações conhecidas entre variáveis dependentes. A análise preditiva automatizada permite o processamento da informação na busca por tendências, riscos e indícios. A análise de tendências e riscos permite que o órgão de controle se antecipe, planejando suas ações de modo oportuno e, em alguns casos, agindo antes mesmo que um problema iminente se materialize. Essa ação antecipada pode ocorrer na forma de acompanhamento individualizado e *pari passu* de ações governamentais de risco, o que, por si mesmo, tende a evitar que o problema ocorra. É a já conhecida e incontestável "expectativa do controle" vista de um modo pragmático, que se bem utilizada evita perdas ao invés de remediá-las. Já os indícios permitem o direcionamento mais efetivo das ações convencionais de controle. A partir dos indícios e da análise de riscos estruturada e quantitativa é possível potencializar ações de fiscalização, visando atuar sobre objetos de controle para os quais há maior probabilidade de prejuízos ou irregularidades graves.

Outros recursos bastante úteis da mineração de dados, também associados à análise preditiva, são a classificação e o agrupamento de instâncias. A partir de uma escolha adequada de dimensões de análise é possível classificar e agrupar grandes conjuntos, identificando subconjuntos de interesse de forma automatizada. Por exemplo, uma base de contratos ou convênios em andamento poderia ser particionada de forma preditiva nos subconjuntos "vai cumprir prazos e objetivos" ou "vai ter problemas de execução". Um conjunto de fornecedores poderia ser particionado nos subconjuntos "bom fornecedor", "fornecedor suspeito" e "fornecedor de alto risco".

Outro aspecto positivo da adoção da Ciência de Dados na prática do controle é sua natureza cíclica e evolutiva, condizente com a forma de atuação das EFS. Os órgãos de controle têm uma missão continuada de fiscalizar a Administração Pública. Uma auditoria ou fiscalização em um segmento da Administração Pública não é um esforço isolado, mas um evento de um ciclo de atos de controle lidando com o mesmo negócio e as mesmas bases de dados. Quanto aos processos de análise de dados, esses funcionam muito melhor quando são repetidos de forma cíclica pois podem evoluir com a experiência adquirida e a retroalimentação de resultados dos ciclos anteriores. Essas séries de atos de controle quando baseadas em metodologias de análise de dados, reutilizando e refinando o conhecimento adquirido em atos anteriores, podem levar a ações e análises muito mais eficazes e precisas.

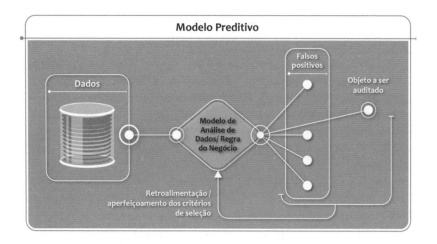

A adoção de metodologias de análise de dados traz consigo outro recurso significativo que é a possibilidade de acompanhamento objetivo das decisões e orientações dos órgãos de controle dirigidas às suas unidades jurisdicionadas. Por meio da simples reanálise das mesmas fontes de dados depois de decorrido um intervalo de tempo e reutilizando os mesmos critérios de extração de dados, as mesmas técnicas analíticas e as mesmas ferramentas utilizadas na iteração que embasou decisões e orientações a serem monitoradas, é possível mensurar as mudanças ocorridas e refletidas nos dados.

O uso continuado da Ciência de Dados em temas de negócio permite também a construção de indicadores cada vez mais robustos, que podem ser continuamente recalculados se for estabelecido um fluxo de entrada dos dados necessários. Esses indicadores podem quantificar cenários em larga escala, como o da evolução do gasto público, mas também serem utilizados como alertas para indicar riscos e indícios diretamente associados a um objeto de controle. Na literatura especializada esse controle dinâmico é chamado de Auditoria Contínua, que pode gerar alertas rapidamente após a ocorrência de um ato ou evento associado a um objeto de controle. Problemas em editais, contratações de empresas inidôneas ou pagamentos indevidos poderiam ser identificados imediatamente após a publicação do ato ou de sua intenção, permitindo a adoção de medidas saneadoras antes mesmo de haver prejuízo ao erário.

Outra vantagem significativa a ser destacada com relação à adoção de metodologias adequadas de extração de conhecimento em nível institucional é que elas induzem um processo de formalização e compartilhamento do conhecimento de negócio se apoiadas pela gestão do conhecimento. Da mesma forma, a análise baseada em dados permite a validação na prática desse conhecimento ao confrontá-lo com fatos refletidos nas bases de dados, levando ao aprimoramento do conhecimento institucional.

5.3 O desafio de integrar a análise preditiva à prática institucional das EFS

A adoção da análise preditiva nos processos de trabalho das EFS, e em particular nas ações de controle, abre um novo mundo de possibilidades e pode potencializar a efetividade e o alcance da ação institucional. Mas para obter sucesso nesse tipo de iniciativa é preciso lidar com diversos desafios inerentes à prática da Ciência de Dados.

Os principais desafios estão relacionados a três aspectos principais: tecnologia, cultura organizacional e competências.

A mineração de dados pressupõe a existência de um ambiente tecnológico adequado, contendo o ferramental e as fontes de dados necessários para a extração do conhecimento requerido. O ferramental necessário depende de diversos fatores, ligados principalmente à prática da análise de dados pelas equipes técnicas, mas pode ser equacionado com um planejamento adequado de aquisições. Já o acesso aos dados necessários à mineração é um desafio contínuo para a instituição, já que se trata de recursos cuja necessidade é dinâmica e cujo provimento depende de fatores predominantemente externos à instituição. No caso do controle, as fontes de dados úteis à mineração provêm tipicamente de outros entes da Administração Pública, o que pode requerer esforços de negociação, acesso e internalização das bases de dados. Uma vez obtidas essas bases, precisam ser compreendidas, tratadas e integradas a um repositório centralizado a partir do qual as análises podem ser feitas. Bases atualizadas, bem documentadas e de boa qualidade facilitam enormemente a construção de um repositório de qualidade. Entretanto, essa não é a realidade na grande maioria dos casos. Dados advindos de sistemas transacionais são tipicamente de qualidade incerta, podendo conter erros e inconsistências das mais diversas naturezas, acompanhados de documentação parcial ou quase inexistente e de atualização errática, principalmente quando disponibilizados em sítios públicos destinados ao cumprimento de exigências legais relacionadas à transparência (dados abertos).

A prática da Ciência de Dados precisa se adequar às limitações de natureza tecnológica. Quando aplicada à detecção de fraudes, por exemplo, não deve buscar encontrar todos os casos e situações suspeitas. A busca pelo completo muitas vezes inviabiliza os projetos. A cada esforço de mineração deve haver um compromisso entre o ideal e o possível. Casos levantados devem ser consistentes e baseados no maior número possível de evidências, mesmo que um número ainda maior de casos não sejam detectados ou tenham de ser deixados de lado devido à incompletude ou inconsistência dos dados disponíveis. Dificuldades ligadas à má qualidade dos dados, baixa integração, dificuldade de acesso, não devem ser consideradas como empecilho para a mineração, mas sim como dificultadores que devem ser tratados e mitigados na medida do possível e de forma progressiva.

O segundo aspecto que desafia a prática da Ciência de Dados nas EFS é a cultura organizacional. O corpo técnico das EFS trabalha tipicamente com bastante independência e adquire com o passar do tempo larga experiência em temas específicos. Embora tácita e pouco estruturada, essa experiência é essencial na escolha e condução das ações de controle. Qualquer iniciativa inovadora que não respeite essa prática baseada na experiência do auditor, e que tente prescrever ou pautar as unidades técnicas no que diz respeito ao que deve ou não ser auditado e como fazê-lo tende a ser mal recebida e a fracassar, mesmo que o conhecimento oferecido seja potencialmente útil. Por isso, iniciativas baseadas em análise preditiva precisam ser conduzidas desde o início de forma coordenada e sinérgica com as unidades técnicas que se deseja apoiar, buscando sempre supri-las de informação e conhecimento útil mas sem impor ou induzir um direcionamento em sua ação.

Dentro dessa perspectiva, podemos diferenciar modelos preditivos prescritos de modelos preditivos de apoio à decisão ou descritivos. Um modelo prescritivo tem a pretensão de apontar quais objetos devem ser auditados. Para uma unidade de auditoria à busca de indícios, procurando novos rumos de ação ou agindo em um domínio pouco conhecido, esse tipo de modelo prescritivo pode ser útil e bem-vindo, até como ponto de partida para uma nova frente de trabalho. Entretanto, devido às características das metodologias em que se apoiam, é comum que modelos preditivos ofereçam resultados sem explicações compreensíveis ou justificativas dos porquês das suas escolhas. São por isso designados de modelos "caixa-preta". Essa falta de argumentos pode causar desconforto no uso desses indícios pela unidade técnica se ela não concorda ou não compreende as escolhas feitas pelo modelo. Como em todo modelo, sempre existirão entre os resultados oferecidos por um modelo preditivo uma certa porcentagem de "falsos positivos", ou seja, instâncias que foram indevidamente selecionadas devido a algum erro ou regra imperfeita. Se a unidade técnica não entende as premissas e o funcionamento da metodologia empregada, ela terá dificuldade em identificar os falsos positivos antes de investir esforços inúteis na sua apuração, e mesmo depois não será capaz de retroalimentar o modelo preditivo indicando onde ele errou. Essa retroalimentação, aliás, é essencial para a evolução dos modelos, que via de regra nascem bastante susceptíveis a erros. Dessa forma, o modelo preditivo, e talvez a iniciativa como um todo, pode cair em descrédito e ser abandonado pela unidade. Num modelo destinado ao apoio à decisão, busca-se apresentar um recorte qualitativo de um conjunto de informações, enriquecido com indicadores, alguns dos quais obtidos por indução utilizando técnicas preditivas. O modelo se apresenta como um ambiente de consulta, que o auditor utiliza para enriquecer e aprofundar seu próprio conhecimento de negócio, onde é possível comparar, ordenar e selecionar subconjuntos de instâncias.

Consideremos, para fins de ilustração de análise preditiva não prescritiva para apoio à decisão, que se deseja apoiar uma unidade técnica de uma EFS no seu planejamento de auditorias. Essa unidade tem sob sua responsabilidade uma certa "clientela", formada por um conjunto de unidades jurisdicionadas (UJs), que precisam ser acompanhadas. Obviamente a unidade técnica não tem meios para auditar *in loco* toda sua clientela a cada período de tempo. É preciso que ela selecione quais UJs auditar e, ainda melhor, o que auditar nas UJs selecionadas. Uma forma de tratar essa questão é buscar um ordenamento do conjunto de UJs e de objetos de controle segundo critérios de relevância e risco, para com isso apoiar esse planejamento. A unidade técnica pode utilizar esse *ranking* como um insumo entre outros critérios de escolha. Para materializar o que seria risco e relevância associados a uma UJ, começaríamos por escolher um conjunto de métricas que permitam medir aspectos relevantes ligados às UJs. O risco está tipicamente ligado à probabilidade de estar ocorrendo alguma irregularidade e à materialidade do prejuízo que pode ser causado caso a irregularidade se confirme. Além dessas métricas de risco, uma série de outros aspectos precisam ser considerados na priorização de ações de auditoria, ligados, por exemplo, ao impacto social, temporalidade e auditabilidade de uma UJ, da política pública entregue por essa UJ ou de um objeto de controle do qual a UJ é gestora. A esse conjunto de aspectos não associados ao risco damos a designação de "relevância".

Uma metodologia adequada de análise preditiva pode calcular esses indicadores de risco e relevância a partir de um conjunto de regras de negócio discutidas e acordadas com a unidade técnica, de forma que o *ranking* gerado pelo modelo reflita o conhecimento de negócio dos próprios auditores. Dessa forma, mesmo possíveis falsos positivos serão úteis para refinar as regras estabelecidas e inclusive para quebrar possíveis pressupostos errôneos da equipe técnica. O modelo poderá, então, evoluir continuamente, juntamente com o próprio conhecimento de negócio da equipe técnica, até se transformar numa ferramenta útil ao planejamento da unidade.

A questão da continuidade é central quando se trata de Ciência de Dados. Uma sistemática bem definida de extração de conhecimento requer processos de trabalho claros e bem documentados, que possam ser repetidos e refinados diversas vezes. Em muitos casos, os resultados obtidos numa primeira iteração de um processo de extração de conhecimento não valem nem o esforço despendido. Entretanto, iterações sucessivas levam ao conhecimento aprofundado dos negócios e bases analisadas, e podem se transformar numa ferramenta poderosa de análise preditiva.

É preciso ressaltar que o conhecimento extraído através da análise preditiva não deverá nunca substituir o trabalho de campo das auditorias e o processo de análise e julgamento tradicional. Esse conhecimento obtido serve somente como insumo para apoiar e agilizar os processos de trabalho institucionais e a eles devem estar integrados. Modelos, sistemáticas e dados, por melhor que sejam definidos e implementados, nunca estarão livres de erros e inconsistências. Diversas são as fontes possíveis para essas deficiências: regras de negócio mal interpretadas ou omitidas, dados inconsistentes, análises mal construídas. Só com a integração do processo analítico à auditoria tradicional é possível a confrontação de resultados analíticos com a realidade, permitindo o refinamento dos modelos. Modelos maduros atingem alto grau de confiabilidade, mas a própria realidade é dinâmica, e por isso o processo de refinamento dos modelos e confirmação por meio de auditorias sempre serão necessários. De forma geral, a adoção da análise preditiva pelas EFS precisa ser feita respeitando as práticas consagradas na instituição e a própria cultura organizacional.

O terceiro aspecto que desafia a prática da Ciência de Dados nas EFS diz respeito às competências requeridas. A interdisciplinaridade da Ciência de Dados requer uma combinação balanceada de competências técnicas, científicas e conhecimento de negócio, o que requer a formação de equipes multidisciplinares e a estreita colaboração entre especialistas do negócio, especialistas tecnológicos e profissionais com competência em estatística, método científico e mineração de dados. De um lado, é preciso buscar ou formar recursos humanos, preferencialmente entre os talentos da própria casa, com as competências requeridas. De outro é preciso organizar esses profissionais especialistas em equipes sinérgicas, balanceadas e motivadas. A formação e a sustentabilidade dessas equipes multidisciplinares são desafios importantes para os órgãos de controle dada a diversidade do seu escopo de atuação e a combinação requerida de competências. Um dificultador para a formação dessas equipes é novamente a cultura organizacional. É comum ocorrerem tensões internas entre grupos ou carreiras distintas dentro de instituições mais conservadoras que, por razões históricas, têm dificuldade em rever modelos de atuação conjunta por receio de perda de influência ou espaço. Por exemplo, numa visão ultrapassada de modelo organizacional, algumas instituições ainda pensam nas TICs como atividade-meio e têm dificuldade em integrar plenamente seus quadros de analistas ou especialistas tecnológicos às equipes de auditoria em ações de controle e com eles dividirem responsabilidades e atribuições.

A compreensão desses múltiplos e complexos aspectos organizacionais e institucionais nos levou a um planejamento estratégico que hoje diferencia a nossa organização como a caminho do patamar das instituições inteligentes pelo aprendizado corporativo.

5.4 Uso de dados semiestruturados e desestruturados

Embora as técnicas mais consagradas da Ciência de Dados lidem com dados estruturados ou tabulares, do tipo que são gerados e mantidos em sistemas de bancos de dados, um espaço cada vez maior tem sido ocupado por técnicas capazes de extrair conhecimento a partir de dados semiestruturados e não estruturados, do tipo documentos de texto, troca de mensagens em redes sociais, páginas da Internet, áudio e imagens.

Nesse contexto vale destacar dois domínios de particular interesse à ação das EFS, que são a análise de relacionamentos por meio da mineração de grafos (*Graph Mining*), que abordaremos mais adiante nesse capítulo, e a mineração de textos (*Text Mining*).

A aplicação de técnicas de análise e mineração de textos em dados semiestruturados e não estruturados tem um enorme potencial de facilitação e potencialização das ações de controle das EFS, inclusive no exame de processos.

Existe um enorme volume de conhecimento registrado de forma desestruturada em normas, relatórios, atas, denúncias, pareceres e deliberações no âmbito das nossas organizações de controle, o que acarreta grandes desperdícios de tempo e esforço na busca manual e na organização documental.

No caso das deliberações, temos uma típica oportunidade de aplicação da mineração de textos que é o mapeamento e sistematização automatizada da jurisprudência das cortes de contas. Oportunidade, aliás, que interessa a tribunais de forma geral. Essa sistematização tem por objetivo facilitar o acesso a entendimentos das cortes, não só pelos profissionais do próprio órgão, mas também pela sociedade em geral. A pesquisa por referências jurisprudenciais para um dado tema dentro do enorme *corpus* de deliberações de uma corte pode ser árdua e demorada se não existirem ferramentas de busca que forneçam respostas de maneira sistematizada e ordenada. As ferramentas de busca existem, mas o maior problema é a sistematização em si, que, via de regra, é feita a partir de um árduo trabalho manual de classificação e sumarização das deliberações.

Os grandes grupos de técnicas de mineração de texto são a busca e recuperação de informação, a extração de elementos específicos dentro de textos, a extração de conceitos, a classificação e o agrupamento de instâncias textuais.

A sistematização da jurisprudência pode ser enormemente facilitada por meio da aplicação de técnicas de classificação e agrupamento e técnicas de extração de elementos e conceitos das deliberações. A classificação das deliberações pode ser feita com alto grau de acerto utilizando técnicas do grupo conhecida como aprendizagem supervisionada, que se baseia em métodos de aprendizagem de máquina e bases de exemplos. O agrupamento é feito por técnicas de aprendizagem não supervisionada e busca encontrar subconjuntos de documentos com características similares. A extração de conceitos é bastante útil para a sumarização de documentos. Já a extração de elementos específicos permite ligar documentos textuais a dados estruturados, como na identificação no texto de entidades, pessoas, valores financeiros, datas e locais.

Mas não é só no ambiente interno de nossas organizações que existe informação útil ao controle disponível em formato não estruturado ou semiestruturado. Situação similar pode ser verificada também nos órgãos e entidades jurisdicionados, tais como em autos de processos, prestações de contas, editais, contratos e diários oficiais. Informação e conhecimento útil ao controle podem também ser encontrados em artigos acadêmicos, notícias da mídia e na Internet em geral.

Esse amplo universo de informações pode ser muito útil na facilitação do trabalho processual cotidiano dos auditores. O trabalho processual requer tipicamente a busca, leitura, compreensão e compilação de grandes quantidades de informação em formato textual. O auditor, face a uma nova ação de controle, precisa, desde a fase de planejamento, formar entendimento a respeito dos diversos aspectos envolvidos, o contexto no qual a ação se insere, a legislação pertinente, decisões anteriores do seu próprio órgão e de outras instâncias, indícios ou denúncias informadas via sua ouvidoria, notícias de jornal ou debates em redes sociais. Na construção de argumentos e conclusões, tanto o auditor quanto os demais envolvidos no processo decisório da ação de controle precisam recorrer e referenciar elementos precisos contidos em um misto de informações estruturadas e desestruturadas, muitas vezes dispersas em diversas fontes e formatos.

Embora de natureza fundamentalmente humana e de improvável automatização, esse trabalho processual pode ser racionalizado e reestruturado com o apoio de técnicas adequadas de análise e mineração de textos. Todos os grandes grupos de técnicas de mineração de texto podem contribuir na otimização do trabalho processual.

Como ilustração do potencial da mineração de texto consideremos uma visão idealizada da mesa de trabalho virtual inteligente do auditor, que ao iniciar um novo trabalho processual, digamos a análise de uma denúncia ou representação, recebe sua tarefa previamente organizada e acompanhada de um conjunto de elementos gerados de forma automatizada. O processo teve o tema subjacente classificado automaticamente, a partir da análise do seu conteúdo textual, e foi encaminhado via sistema à unidade competente, indicando inclusive o auditor com experiência anterior em denúncias similares. Viria acompanhado de todos os elementos relevantes à sua análise, tais como relatórios de gestão e de auditoria, acórdãos e decisões anteriores associados ao caso, legislação e normas pertinentes, planilhas geradas por consultas a diversos bancos de dados após a identificação automatizada de elementos e entidades citadas no processo, tais como empresas, pessoas e entidades governamentais. Os trechos mais relevantes do processo a serem analisados pelo auditor viriam destacados. Indo mais longe, a mesa virtual do auditor poderia inclusive sugerir encaminhamentos e apresentar formulários padronizados de instrução previamente preenchidos.

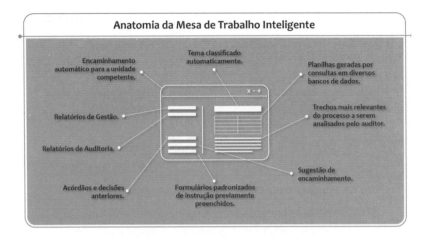

Esse cenário idealizado já é concebível a partir das técnicas de mineração textual existentes hoje na literatura e disponíveis nas ferramentas mais avançadas. Entretanto, para que esse ambiente virtual de trabalho seja concebido é necessário antes um amplo esforço institucional focado na estruturação dos seus processos de trabalho, na construção de infraestrutura adequada e principalmente na gestão do conhecimento e mais particularmente na gestão documental. A pura busca e recuperação textual, pela qual se identificam quais documentos contêm palavras ou sentenças escolhidas, pode ser implementada sem maior esforço utilizando ferramentas de mercado. Já as tarefas de classificação, agrupamento e identificação de elementos e conceitos exigem um trabalho prévio que vai ser a base dos modelos de mineração de textos. Um dos elementos essenciais dessa preparação é a construção de vocabulários controlados, nos quais se estabelecem, para os termos mais relevantes do negócio institucional, significados precisos e relações entre eles. Esses vocabulários, que se materializam em taxonomias, tesauros e ontologias, permitem que as ferramentas de mineração de textos identifiquem elementos semânticos nos documentos, indo além das puras cadeias de caracteres. Esses elementos semânticos sintetizam conceitos contidos nos documentos e permitem assim que se agrupe ou classifique um conjunto de documentos segundo tipificações semânticas preestabelecidas. Outro elemento essencial nesse esforço são as bases de exemplos, na maioria das vezes construídas de forma manual, nas quais parte de um *corpus* textual foi analisada e classificada segundo critérios de interesse da instituição. Com uma base de exemplos adequada é possível construir modelos de classificação automatizados com alto grau de acerto.

A incorporação desses recursos de análise e mineração de textos aos processos de trabalho dos órgãos de controle tende não só a acelerar e racionalizar o trabalho processual, mas também a melhorar sua qualidade e assertividade, permitindo ainda uma ampliação do escopo de atuação das EFS dadas as reduções em tempo e esforço requeridas para cada ação de controle.

5.5 Uso de dados geoespaciais para o controle

Uma forte tendência que o cenário tecnológico atual aponta é que os recursos informacionais geoespaciais venham a ser cada vez mais valiosos para o trabalho dos órgãos de controle.

Os dados geoespaciais ou geodados são aqueles que têm como propriedade central a localização espacial. Esses dados indicam a posição, geometria e topologia de objetos espaciais através de um sistema de georreferenciamento ou de coordenadas geográficas.

Para entender a importância dos geodados para o controle basta lembrar que muito da entrega dos serviços públicos é baseada em aparelhos distribuídos pelo território nacional, e a localização desses recursos é um atributo central para uma análise crítica das políticas públicas. Por exemplo, a cobertura do território pelas políticas de saúde, educação ou segurança pode ser analisada comparando de forma georreferenciada a densidade populacional ou indicadores ligados ao desenvolvimento humano em cada localidade com a quantidade de instalações, recursos financeiros e recursos humanos ali disponibilizados pela Administração Pública.

Da mesma forma, a fiscalização e o acompanhamento de obras públicas depende fortemente do acesso, físico ou visual, à localidade do empreendimento. Grandes obras, tais como rodovias, represas e ferrovias, requerem acompanhamento geoespacial de grandes extensões territoriais.

Uma série de tecnologias e metodologias vem evoluindo e convergindo nesse domínio, permitindo a aquisição, registro e distribuição de dados geoespaciais para as mais diversas finalidades e interesses com custos sempre em queda.

Dois nichos nesse domínio interessam particularmente ao controle. O primeiro diz respeito às bases de dados georreferenciados, que vêm sendo cada vez mais utilizadas para registrar geodados da infraestrutura pública, tais como estabelecimentos de saúde, escolas, aeroportos, estradas, reservas florestais, usinas, instalações militares, etc. Um avanço importante nesse nicho no Brasil foi a criação da Infraestrutura Nacional de Dados Espaciais (INDE), instituída pelo Decreto nº 6.666 de 27/11/2008, que tem o propósito de catalogar, integrar e harmonizar dados geoespaciais existentes nas instituições do governo brasileiro. Uma série de geoserviços é oferecida pela INDE, entre eles o Diretório Brasileiro de Dados Geoespaciais. A INDE disponibiliza geodados também no Portal Brasileiro de Dados Abertos.

O segundo nicho de tecnologias geoespaciais de interesse para o controle é o do sensoriamento remoto: conjunto de técnicas que possibilita a obtenção de informações sobre alvos na superfície terrestre, coletados por instrumentos que não estejam em contato físico com os objetos investigados, tipicamente satélites e aeronaves. O sensoriamento remoto via satélite ou utilizando veículos aéreos não tripulados (VANT) já são tecnologias acessíveis e confiáveis, de uso cada vez mais frequente com aplicações em inúmeras áreas como agricultura, meio ambiente, geologia, recursos hídricos, defesa, planejamento territorial e urbano, cartografia digital, estudo de solos e florestas. Usando combinações de escalas e bandas espectrais diferentes durante o processo de sensoriamento é possível analisar diferentes aspectos dos alvos selecionados.

O sensoriamento remoto viabiliza a formação de grandes bases de imagens georreferenciadas que podem servir no acompanhamento, inspeção e registro remoto de objetos de interesse para o controle, tais como obras públicas, reservas ambientais, recursos naturais, elementos do espaço urbano tais como arruamentos, estradas, conjuntos esportivos e parques. Esse recurso poderá diminuir drasticamente a necessidade de visitas *in loco* e permitirá o acompanhamento de um número muito maior de empreendimentos quase em tempo real. O histórico de imagens de uma localidade permite medir a evolução no tempo de projetos financiados com recursos públicos e comparar os avanços verificados visualmente com dados estruturados sobre o dito projeto, tais como seu cronograma, pagamentos realizados e cumprimento de exigências legais. Técnicas avançadas de imageamento e análise tridimensional permitem, por exemplo, calcular volumes de material deslocado ou removido no caso de obras que requerem escavação ou aterramento. Além das obras, esses bancos de imagens permitem o acompanhamento de diversas outras políticas públicas, como as relativas ao meio ambiente, apoio à agricultura, saneamento e recursos hídricos. Por meio de imagens de satélite é possível, por exemplo, calcular áreas afetadas por desmatamento, estimar volumes retirados de madeira ou minério, medir o assoreamento de rios e estimar volumes de reservatórios.

Ciente do potencial dessas novas tecnologias, o TCU lançou o projeto GeoControle, com o propósito de identificar as melhores ferramentas de geotecnologias para auxiliar o Tribunal no exercício do controle externo.

Já na sua etapa preliminar de estudos de viabilidade, o projeto evidenciou as inúmeras vantagens para o Controle da aplicação de geotecnologias, como as que se destacam a seguir:[1]

Aumento da capacidade de fiscalização – a utilização de imagens de sensoriamento remoto possibilita a automação do processo de fiscalização, ao disponibilizar uma maior quantidade de informações sistematizadas em um menor intervalo de tempo, viabilizando avaliações mais amplas das políticas ou obras públicas;

Ampliação da abrangência espacial e temporal do controle externo – com uma maior capacidade de fiscalização se torna viável o controle de um maior número de locais e em diversos momentos;

Redução de custos com viagens – a utilização do sensoriamento remoto é capaz de substituir ou reduzir, em grande parte dos casos, a ida do auditor ao local da fiscalização;

Fiscalização tempestiva de atividades críticas – determinadas atividades que demandem um acompanhamento mais intenso por parte do órgão de controle podem ser monitoradas remotamente de forma eficiente e tempestiva;

Aprimoramento do planejamento do controle – a grande quantidade de informações processadas que essa tecnologia viabiliza, se torna uma poderosa fonte para o planejamento das ações de controle;

Aumento da expectativa de controle – com uma maior capacidade de fiscalização e com a ampliação da abrangência espacial e temporal das atividades do órgão de controle, as ações de controle externo se tornam eficientes e tempestivas o que resulta em uma maior expectativa de controle por parte do auditado;

Aumento da robustez e qualidade das avaliações de políticas públicas – com uso de análise multicritério espacial é possível avaliar e comparar variáveis não quantificáveis ou que não podem ser monetizadas, permitindo que o controle avalie de forma mais robusta as alternativas e escolhas de projetos e políticas, tais como corredores de transportes,

---

[1] Retirado do Portal do TCU em <http://portal.tcu.gov.br/fiscalizacao/transporte/informa coes/contas-consulta-publica.htm>.

traçados de obras de infraestrutura, localização de escolas, hospitais, entre outras políticas públicas;

Transparência nos critérios adotados para a definição de políticas ou projetos – a disponibilização de todos os dados analisados como critério de avaliação e escolha de um projeto num banco de dados espacial (SIG) (que pode estar combinado ou não com uma ferramenta de análise multicritério) dá transparência aos critérios adotados e aos pesos relativos usados nos processos decisórios.

Ainda nesse enfoque de controle a distância e uso de tecnologias de aquisição de dados de forma georreferenciada, começa a se delinear uma convergência interessante das geotecnologias com a da realidade aumentada e a "gamificação".

A realidade aumentada se caracteriza pela integração de informações virtuais a visualizações do mundo real, tipicamente captadas por uma câmera embarcada em um dispositivo móvel. Por meio dessa tecnologia é possível criar um ambiente ampliado misto em tempo real, que envolve tanto elementos do mundo físico quanto elementos gráficos artificiais criados por computador.

A gamificação é o uso de artifícios típicos aos jogos com o objetivo de estimular a participação e gerar engajamento por parte dos usuários.

A convergência dessas três tecnologias está por trás do recente fenômeno no mundo dos jogos eletrônicos, o *Pokémon Go*. Nele o usuário sai "à caça" de pequenos personagens virtuais utilizando seu aparelho celular. Com auxílio do GPS e da câmera embarcados no seu celular o usuário vê na tela uma mistura de jogo e realidade e interage com essa realidade aumentada. Além do jogo em si, e mesmo da questão do entretenimento, já se discute a utilidade dessa combinação de tecnologias para os mais diversos fins, tais como o marketing.

Estamos na era da "computação ubíqua", ou pervasiva, onipresente no cotidiano das pessoas. Os telefones celulares são hoje uma plataforma tecnológica universalmente adotada, utilizados cotidianamente por usuários em todo o território, dotados de sensores sofisticados como o GPS, câmera e microfone. Quando utilizados por aplicativos e jogos de realidade aumentada que induzem o comportamento dos seus usuários, fazendo com que se desloquem a locais selecionados, prestem atenção a detalhes específicos e ainda mirem suas câmeras e microfones para alvos de interesse, está-se criando uma nova e revolucionária forma de serviço público somado a um sensoriamento remoto em larguíssima escala.

O potencial dessa convergência tecnológica chega a preocupar especialistas em segurança cibernética e tem levado a proibições de uso em locais e situações específicas, e em alguns casos até ao banimento em países inteiros.

Mas se considerarmos um uso cívico e ético dessas tecnologias, veremos grandes possibilidades para o governo e para o controle, que pode se servir dessa indução de comportamentos e dessa captação de informações em larga escala para acompanhar e medir a entrega de serviços públicos nas pontas, a execução de obras, os problemas e dificuldades enfrentadas pela população, o estado do patrimônio público, apoiar e orientar a população em situações de catástrofe ou conflito.

Esse auditor cibernético ubíquo do futuro é só uma miragem hoje, como provavelmente também o era a Internet a meros cinquenta anos.

5.6 Mineração de grafos e análise de relacionamentos

Uma informação altamente relevante que pode ser obtida em bases de dados estruturadas e semiestruturadas diz respeito ao relacionamento entre entidades referenciadas nessas bases.

Um exemplo simples de interesse imediato para o contexto do controle é a análise do relacionamento entre pessoas envolvidas em contratações pela Administração Pública. Por exemplo, é útil saber se duas empresas que concorrem em um mesmo certame licitatório estão relacionadas entre si, seja por meio de uma relação direta do tipo matriz-filial, seja de forma indireta por meio de sócios em comum, sócios com ligação familiar, mesmo endereço ou contador. Esse tipo de relacionamento é um forte indício de arranjo ilegal entre concorrentes que pode interferir nos resultados do certame e pode ser facilmente identificado ao se cruzar as bases de dados pertinentes.

De forma mais ampla, uma infinidade de relacionamentos pode ser descoberta nas inúmeras bases de dados estruturadas que definem ligações entre indivíduos, objetos ou entidades, como em cadastros de empresas com seus sócios, pessoas com seus parentes, contratações, vínculos empregatícios, transações bancárias, ligações telefônicas, compra e venda de bens, etc. Bases semiestruturadas também podem ser úteis, tais como páginas da Internet e mensagens trocadas em redes sociais. Esse universo de relacionamentos pode servir de base para o uso de técnicas pertencentes a um domínio emergente conhecido como mineração de grafos. A mineração de grafos estuda a descoberta de conhecimento em dados interconectados representando redes complexas e vem sendo cada vez mais utilizada em análises de relacionamentos, em particular nas redes sociais.

Com a mineração de grafos é possível, por exemplo, descobrir se duas entidades quaisquer, sem um vínculo óbvio entre elas, estão relacionadas indiretamente entre si por meio de intermediários. Mais ainda, é possível identificar subestruturas frequentes em grandes redes de relacionamento, como sequências típicas de ações envolvendo vários entes, subgrupos de entes fortemente relacionados, classificação de relacionamentos segundo critérios diversos, particionamento de grafos em subconjuntos distintos.

A análise de relacionamentos pode ser combinada com a análise preditiva, de forma a permitir a identificação de redes de relacionamento que envolvam situações de risco ou atípicas.

Utilizando essas técnicas da mineração de grafos no nosso contexto do controle é possível, por exemplo, identificar nichos de mercado, possíveis cartéis, indícios de conluio entre empresas e entre empresas e entes públicos, terceirizações e quarteirizações de contratos, fluxos financeiros de lavagem de dinheiro, manobras para burlar impedimentos por condenações a empresas ou seus sócios, empresas fantasmas ou comandadas por laranjas, ligação atípicas de políticos com empresas ou associações diversas, desvio de função de servidores públicos, etc.

5.7 Dados abertos, governo aberto e o papel das EFS

A expressão governo aberto refere-se a projetos e ações que visam à promoção da transparência, à luta contra a corrupção, ao incremento da participação social e ao desenvolvimento de novas tecnologias, de modo a tornar os governos mais abertos, efetivos e responsáveis. Fortalece a democracia e reduz as distâncias entre governo e cidadão.

A prática de governo aberto no que diz respeito à informação e à transparência governamental passou gradativamente a se apropriar dos recursos de processamento e disseminação de dados eletrônicos em grande volume e alta velocidade. Atualmente, a transparência está fortemente associada à disponibilização dos chamados dados abertos, através dos quais é possível, a princípio, escrutinar o universo de ações governamentais em todos seus detalhes.

O governo federal brasileiro vem adotando uma série de medidas buscando maior abertura e transparência. Destacam-se a Lei de Acesso é Informação (LAI) e a adesão à chamada Parceria pelo Governo

Aberto (*Open Government Partnership* – OGP), lançada em 2011. Mais recentemente foi instituída por meio do Decreto nº 8.638, de 15 de janeiro de 2016, a Política de Governança Digital no âmbito dos órgãos e das entidades da Administração Pública federal direta, autárquica e fundacional, o Decreto nº 8.777, de 11 de maio de 2016, que instituiu a Política de Dados Abertos do Poder Executivo federal, e o Decreto nº 8789, que dispõe sobre o compartilhamento de bases de dados na Administração Pública federal.

A legislação vigente estabelece uma ampla abertura das informações geradas ou custodiadas pelos entes públicos, obrigando esses entes a responderem a demandas pontuais dos cidadãos por informação, como também os incitando a disponibilizarem bases de dados completas na Internet. Para viabilizar e uniformizar essa disponibilização de bases de dados foi criada a Infraestrutura Nacional de Dados Abertos (INDA), um conjunto de padrões, tecnologias, procedimentos e mecanismos de controle necessários para atender às condições de disseminação e compartilhamento de dados e informações públicas no modelo de Dados Abertos. A INDA é a política do governo brasileiro para dados abertos. O acesso aos dados públicos pode ser realizado através do Portal Brasileiro de Dados Abertos – <dados.gov. br>, onde são catalogados os dados do governo disponíveis na *web*.

As EFS brasileiras têm um triplo interesse na questão dos dados abertos. Primeiramente, sendo órgãos públicos, elas estão sujeitas às regras estabelecidas pela LAI e precisam refletir mais aprofundadamente sobre quais dados devem disponibilizar e por quais canais. A adesão à INDA e a preparação de um Plano de Dados Abertos (PDA) institucional podem ser um caminho para essa abertura. O segundo interesse das EFS na questão diz respeito ao seu papel de controle externo. Para exercer esse papel no que diz respeito à LAI é preciso que as EFS se aprofundem na questão e conheçam em mais detalhe as tecnologias e procedimentos envolvidos na abertura de dados. A fiscalização e o acompanhamento exercidos pelas EFS no que tange ao cumprimento da LAI exigirão provavelmente novas abordagens metodológicas e a definição de parâmetros claros do que deve ser cobrado dos entes públicos quanto às fontes de dados abertos que devem ser disponibilizadas. O terceiro interesse, talvez o mais relevante nessa reflexão sobre as novas tecnologias aplicadas ao controle, diz respeito ao enorme potencial que a abertura de dados tem para a inovação e a quebra de paradigmas na relação entre governo e sociedade.

A partir do acesso irrestrito e tempestivo aos dados gerados pelos entes públicos cria-se um novo ecossistema em que cidadãos, empresas, associações engajadas na causa cívica e o próprio governo podem construir pontes entre o público e o privado, o governo e o cidadão, a Administração Pública e a sociedade. Novos serviços podem ser criados, associando as tecnologias móveis aos dados governamentais, buscando informar o cidadão, orientá-lo, facilitar seu acesso aos recursos públicos, defender seus direitos. A concepção desses serviços poderá, e deverá, partir da própria sociedade, o que, por um lado diminuirá a dependência que o provimento de serviços ao cidadão hoje tem com relação à Administração Pública, mas por outro aumentará a demanda por qualidade e efetividade na entrega das políticas públicas pelo governo.

O controle externo precisa se preparar para essas mudanças de paradigma. Novas formas de fiscalizar e acompanhar o funcionamento da Administração Pública surgirão. O controle social será potencializado. Novas formas de integrar o controle externo e o controle social serão possíveis. Essa integração será possível através de canais bidirecionais por onde fluirá informação oficial útil vindo da Administração Pública para o cidadão e percepções e demandas voltando do cidadão para a Administração Pública e para os órgãos de controle. Esse tema será abordado mais detalhadamente na próxima seção.

5.8 Engajamento social apoiado em tecnologias cívicas

Os dados abertos não são um fim em si mesmo. É preciso que a informação ali contida chegue ao cidadão e que lhe seja útil. Dados eletrônicos governamentais brutos são, via de regra, de difícil compreensão para o cidadão comum. faz-se necessária a intervenção de pessoas, grupos e/ou empresas, com aptidão e interesse para desenvolver aplicativos e outros elementos tecnológicos que possam traduzir o dado governamental aberto em produtos de interesse e utilidade para a população. São as chamadas tecnologias cívicas.

As tecnologias cívicas são aquelas que estimulam o engajamento do cidadão nas questões relativas ao bem público, aprimoram a comunicação e o cocompartilhamento de informações de interesse público e contribuem para a melhoria dos serviços públicos em nível local e nacional. Dentre essas tecnologias, destacam-se os aplicativos cívicos, que estendem o conceito de redes sociais adicionando a elas o objetivo cívico. A interação entre o usuário cidadão e o aplicativo é o que diferencia essa tecnologia dos serviços convencionais de TI, tais como os *websites* e os portais. Ao mesmo tempo em que disponibiliza informações úteis ao cotidiano do cidadão, o aplicativo colhe suas impressões, assim como uma série de dados de interesse como a frequência de uso de um serviço, localização geográfica, horários de uso e acuidade dos dados disponibilizados. No jargão da Internet, essa captação de dados em massa é chamada de *crowdsourcing*.

Organizações não governamentais e instituições públicas de vários países começam a notar o potencial dos aplicativos cívicos e buscam aproximação com profissionais e empresas de TI interessadas em participar no seu desenvolvimento. Alguns exemplos marcantes desse novo paradigma são os projetos de cidades inteligentes nos EUA (*smart-cities*) dentre as quais se destacam a de Portland, Boston, Chicago e Seattle. Um amplo projeto denominado *Code for America* procura estimular o desenvolvimento de aplicativos cívicos nos EUA por meio de uma rede de pessoas e empresas engajadas no tema.

No seu relatório "Guidelines on Open Government Data for Citizen Engagement", publicado em 2013, as Nações Unidas usam a expressão "ecossistema do dado aberto" para designar o conjunto de atores envolvidos na distribuição, divulgação e uso dos dados abertos. Esse mesmo relatório dedica toda uma seção ao tema da sustentabilidade desse ecossistema. Essa seção enfatiza que os atores desse ecossistema devem promover e encorajar a abertura de mais dados, a participação e o desenvolvimento de novas aplicações. Para isso as seguintes medidas são propostas: promover usos dos dados abertos; dar sustentabilidade à comunidade de usuários dos dados abertos que redistribuem esses dados; implementar modelos de parceria entre organizações públicas e privadas; explorar as redes sociais; estabelecer mecanismos de comunicação e *feedback* entre os atores.

O governo aberto, os dados abertos e os aplicativos cívicos formam um tripé de enorme potencial para a inovação e a quebra de paradigmas na relação entre a Administração Pública e o cidadão. Novos serviços poderão ser fornecidos diretamente ao cidadão, serviços existentes poderão ser aprimorados ou mais facilmente acessados. Novas formas de fiscalizar e acompanhar o funcionamento da Administração Pública podem surgir a partir do acesso irrestrito e tempestivo aos dados gerados pelos entes públicos somados aos dados gerados pelo *crowdsourcing*.

As EFS são atores importantes no ecossistema de dados abertos brasileiro e têm um triplo interesse no assunto:

- tendo o controle social e o fomento da cidadania como parte de suas prioridades, a possibilidade de potencializar a participação social no acompanhamento e fiscalização das políticas públicas por meio do tripé descrito precisa ser considerada e explorada. As EFS podem agir como indutores e facilitadores da disponibilização e uso de dados abertos, acelerando o processo de expansão dos aplicativos cívicos;
- muitas são as possibilidades de aprimoramento dos serviços públicos em si com o novo tripé, criando-se serviços eletrônicos ou melhorando a gestão dos serviços existentes a partir dos dados, reclamações e sugestões captados pelos aplicativos. As EFS precisam cobrar dos seus entes jurisdicionados uma atitude proativa nesse sentido, para que ampliem o volume e a diversidade dos dados disponibilizados, acompanhem e facilitem as iniciativas de utilização e redistribuição desses dados e se apropriem das informações captadas junto aos cidadãos para melhoria dos serviços que prestam à sociedade;
- as ações de controle das EFS podem ser melhor direcionadas a partir de dados captados pelos aplicativos cívicos. Tratamentos estatísticos a partir dos dados captados permitirão múltiplas visões do funcionamento da máquina pública, das percepções do cidadão com relação aos serviços públicos que lhe são prestados e das lacunas, omissões, sobrecargas e desperdícios da máquina administrativa pública. Esses dados captados, comparados aos dados oficiais, permitirão uma análise crítica entre o que a máquina estatal oferece e paga com os recursos públicos e o que é entregue na outra ponta.

Ações nesse contexto por parte das EFS precisam ser focadas no pragmatismo, buscando contribuir com o ecossistema dos dados abertos a partir do que sabemos fazer de melhor. Sugestões nesse sentido são:
- estimular e cobrar dos entes públicos a disponibilização de conjuntos de dados abertos de qualidade e de preferência alinhados às melhores práticas de abertura e difusão de dados eletrônicos, utilizando interfaces bem definidas e documentadas e buscando uniformização e integração com outras fontes de dados correlatas através do uso de vocabulários controlados;
- contribuir com seu conhecimento de negócio sobre a coisa pública, orientando e treinando a comunidade de desenvolvedores de tecnologias cívicas de forma que compreenda melhor o funcionamento da Administração Pública e os direitos e deveres dos cidadãos;

- dirigir esforços no sentido de se apropriar das informações captadas pelas tecnologias cívicas por meio do *crowdsourcing* e utiliza-las da melhor forma possível, seja na escolha de objetos de controle a serem fiscalizados e acompanhados, seja na criação de indicadores e métricas que permitam avaliar e conhecer melhor o país pela percepção dos cidadãos.

5.9 Criação de um ambiente institucional propício à adoção das novas tecnologias na prática do controle

Um ambiente institucional adequado pode facilitar e acelerar a adoção plena dessas novas tecnologias aqui apresentadas. Destacamos três grandes frentes de ação que podem contribuir para a criação de um ambiente ideal nas EFS:

- adotar práticas continuadas de gestão do conhecimento organizacional;
- estabelecer um modelo organizacional que crie condições para a formação de equipes multidisciplinares "verticalizadas", combinando competências técnicas e de negócio, e que ao mesmo tempo integre o trabalho de equipes e unidades técnicas diversas quando tratam de assuntos e ferramental de interesse transversal;
- criar condições para que iniciativas embrionárias se transformem em produtos e serviços sustentáveis.

O que nos leva a destacar o primeiro grupo agora citado é que, diferentemente de organizações civis ou outras instituições governamentais, os órgãos de controle lidam com uma infinidade de temas e domínios. O conjunto das políticas públicas e seu impacto sobre a sociedade, a diversidade e heterogeneidade da atuação e da organização da Administração Pública e o complexo arcabouço legal que rege o funcionamento do governo definem um escopo de atuação do controle altamente diverso e complexo. Nesse sentido, a experiência e o conhecimento acumulados pelos auditores e suas unidades técnicas durante a prática do controle são de enorme valia para a ação institucional e podem ser potencializados e perenizados se forem adotados processos adequados de gestão desse conhecimento. Por isso nos interessa olhar mais de perto o que tem a oferecer o domínio da gestão do conhecimento. A gestão do conhecimento pode ser definida como um conjunto de processos para criação, captura, armazenamento, disseminação, uso e proteção do conhecimento institucional.

Por meio de iniciativas práticas, objetiva organizar de forma estratégica o conhecimento do corpo técnico da instituição integrando-o a fontes de informação e conhecimento internas e externas relevantes para o negócio. Transformar o conhecimento tácito, descentralizado e desestruturado do corpo técnico em bases de conhecimento institucionalizadas é um grande desafio, mas pode facilitar enormemente não só a prática da Ciência de Dados, mas também diversas outras iniciativas fortemente dependentes do conhecimento de negócio institucional, tais como projetos em *Business Intelligence*, ou Inteligência de Negócio, transparência, abertura de dados e planejamento estratégico. A gestão do conhecimento se materializa em iniciativas pragmáticas, tais como comunidades de prática, fóruns, educação corporativa, enciclopédias corporativas colaborativas, gestão de competências, gestão do capital intelectual, gestão da informação e aprendizagem organizacional. Assim como a Ciência de Dados, a gestão do conhecimento deve ser uma prática continuada que precisa estar ancorada na própria cultura da organização.

Quanto à segunda frente, a reflexão aqui proposta é a de que uma política organizacional de recursos humanos adequada à Ciência de Dados precisa levar em conta dois aspectos de alta relevância que são a multidisciplinaridade e a verticalidade das equipes de análise ideais assim como a existência de recursos e temas transversais que interessam ao conjunto de equipes ou unidades técnicas das EFS.

Como já exposto na seção deste mesmo capítulo que discorre sobre os desafios de integrar a análise preditiva à prática institucional das EFS, a prática da Ciência de Dados requer uma combinação balanceada de competências técnicas e conhecimento de negócio e a estreita colaboração entre especialistas com diferentes perfis e habilidades. Uma departamentalização inadequada dentro da instituição pode dificultar muito o trabalho colaborativo entre os especialistas, burocratizando a interação e a distribuição de tarefas e responsabilidades. Ações de controle nas quais a ciência de dados pode ser útil, como na preparação e execução de uma auditoria, requerem agilidade e tempestividade. A depender de uma TI convencional, e de uma departamentalização que distancia a gestão e a operação da infraestrutura tecnológica e de dados das equipes finalísticas, dificilmente os ciclos de análise e mineração de dados se encaixarão nos prazos requeridos pela ação de controle, além de exigirem esforços extras e desnecessários de coordenação e especificação de tarefas distribuídas entre diferentes equipes. Em instituições que ainda encaram a TI como atividade meio, trabalhando meramente como apoio técnico e/ou administrativo, pode ser necessário um redesenho organizacional que traga as competências tecnológicas e metodológicas dos especialistas em computação para mais perto da atividade-fim do controle. Idealmente, equipes multidisciplinares dispondo de uma combinação balanceada de conhecimento em auditoria, governo, métodos analíticos e computação serão mais ágeis e eficazes na prática do controle.

Quanto à questão da transversalidade, diferentes equipes de análise precisam trabalhar de forma sinérgica e integrada, mesmo quando atuando em temas e domínios de análise distintos, já que separadamente terão grande dificuldade em obter e gerenciar todos os recursos informacionais, teóricos e tecnológicos necessários. Conhecimento detido por uma unidade técnica pode ser de grande valia às demais quando trata de assuntos transversais. A prática do controle governamental no Brasil, embora diversa em temas e clientela jurisdicionada, tende a utilizar de forma recorrente as mesmas grandes bases de dados oficiais estruturantes, por exemplo. Dessa forma é essencial que exista uma estrutura organizacional que permita e incentive a interação entre unidades técnicas e entre equipes de análise e que as competências e conhecimentos individuais possam ser aproveitados além das fronteiras departamentais. Essa interação é essencial para que haja replicação e reaproveitamento de trabalhos bem-sucedidos e de conhecimentos adquiridos de interesse transversal. Essa transversalidade indica também a necessidade de pontos focais dentro da instituição onde competências muito específicas e raras possam estar consolidadas e colocadas à disposição das diversas equipes de análise. Exemplos dessas competências são o domínio de técnicas matemáticas e estatísticas complexas, experiência com técnicas e algoritmos de aprendizagem de máquina e inteligência artificial e conhecimento avançado em temas específicos, tais como contabilidade pública ou legislação. Papéis e modelos organizacionais consolidados na prática da ciência de dados e do *analytics* no mundo corporativo, como o *Chief Data Officer* e o *Chief Data Scientist*, podem ser adaptados buscando estruturar e supervisionar as diversas iniciativas institucionais, servindo como integradores com uma visão ampla dos projetos já realizados, em andamento ou em planejamento e orientando atividades específicas ou complexas sem necessariamente centralizar ou controlar excessivamente o trabalho das unidades técnicas.

Quanto à terceira frente, destacamos a necessidade de criação de um ambiente propício para que a inovação se consolide na forma de novos produtos e serviços úteis à instituição. Contando tipicamente com quadros altamente preparados e motivados, a tendência é que a incursão das EFS no mundo da Ciência de Dados ocorra a partir de iniciativas pessoais ou departamentais espontâneas, na forma de protótipos e provas de conceito. Embora seja uma prática bastante salutar e meritória, esses esforços isolados carecem de sustentabilidade e escalabilidade pois dependem fortemente dos talentos e esforços individuais, que uma vez desmobilizados colocam todo o trabalho realizado em risco. A institucionalização da prática da Ciência de Dados, passando do estágio dos protótipos para uma ação ampla, sustentável e integrada à realidade corporativa, é outro grande desafio para os órgãos de controle. Ela requer o repensar dos processos internos, real engajamento de líderes e gestores, a busca por uma visão ampla e de longo prazo do rumo que a instituição deseja trilhar e um consenso sobre riscos, custos e benefícios envolvidos na inovação.

A institucionalização da prática da Ciência de Dados pode requerer também esforços de reestruturação e regulamentação internas. O conhecimento gerado pela Ciência de Dados será mais útil se a instituição de controle der ênfase às ações proativas e rápidas, o que pode requerer a revisão de processos de trabalho burocratizados, baseados em longas cadeias decisórias ou com foco em ações reativas ou de simples verificação de conformidade.

5.10 Conclusão

Como demonstrado nessa reflexão sobre as novas tecnologias potencialmente úteis para a prática do controle, muitas são as oportunidades para a inovação e grandes podem ser os ganhos e o impacto para a ação institucional das EFS. Entretanto, diferentemente de outros nichos tecnológicos, a apropriação dos benefícios oferecidos pela Ciência de Dados e suas disciplinas correlatas aqui apresentadas não é possível por meio da simples aquisição de bens ou serviços, mas exige o desenvolvimento de competências dentro da própria instituição e a disposição para quebrar paradigmas e rever modelos organizacionais e de ação. Na contabilização dos ganhos potenciais *versus* os desafios a serem enfrentados diante desse cenário tecnológico atual, e em particular diante da opção pela Ciência de Dados, é preciso sempre considerar que inovar é um processo continuado e não um projeto pontual. Como em todo processo de longo prazo é preciso entender e administrar os riscos e custos envolvidos, respeitar a cultura organizacional sem ser engessado por ela, relativizar fracassos ou ganhos modestos, aprender com os erros, agir em ciclos, valorizar iniciativas de sucesso e investir na sua continuidade, buscar consensos e alianças e buscar sempre o benefício institucional antes do individual ou departamental.

Informação bibliográfica deste texto, conforme a NBR 6023:2002 da Associação Brasileira de Normas Técnicas (ABNT):

BALANIUK, Remis. Novas tecnologias aplicadas ao controle. In: OLIVEIRA, Aroldo Cedraz de (Coord.). *O controle da administração na era digital*. Belo Horizonte: Fórum, 2016. p. 307-336. ISBN 978-85-450-0176-8.

CAPÍTULO 6

LEGALIDADE: COMBATE À CORRUPÇÃO E *COMPLIANCE* NA "ERA DIGITAL"

RAFAEL JARDIM CAVALCANTE

6.1 A corrupção nas corporações e no setor público

A importância da discussão da "corrupção" no "Controle da Administração Pública no século XXI" advém não somente do impacto da "Era Digital" na forma de se praticar a corrupção, mas também na maneira pela qual o Estado age para combatê-la. A revolução tecnológica proporcionou tanto novos meios de o gestor da coisa pública administrar em proveito próprio, de modo ilícito, como ainda a ampliação do espectro de mecanismos para prevenir, detectar e punir os responsáveis.

A etimologia da corrupção procede do latim *corruptus*, que significa "quebrado em pedaços"; ou "apodrecido, podre, pútrido".

Por sua vez, o verbo "corromper" no dicionário *Aurélio* é definido como:

> 1. Tornar podre; estragar, decompor; 2. Alterar, adulterar; 3. Perverter, depravar, viciar; 4. Subornar, peitar, comprar.

A primeira associação significativa, de fato, remete à corrosão de caráter; esfacelamento ético; esmigalhamento de valores; depravação de conduta; sucumbência ao vício.

Na Administração Pública, a corrupção é associada a um proveito pessoal decorrente de desvio de recursos públicos, clientelismo e nepotismo – coerentemente, aliás, com a "podridão" de caráter definida etimologicamente.

Em publicação, O Secretariado Geral da INTOSAI listou alguns exemplos de corrupção:[1] favoritismo; clientelismo; nepotismo; patrocínio político ilegal, extorsão, desfalque, roubo e fraude. Em definições condensadas:

a) no *favoritismo e no clientelismo*, oferecem-se favores administrativos lastreados na pessoalidade da relação do administrador com uma pessoa ou um grupo específico, existindo ou não proveito próprio. A reprovabilidade da conduta não está unicamente no benefício de um nicho de pessoas, mas na decisão não mirada nos interesses da sociedade como um todo (ou até em prejuízo dela). Não só não se administra pelo delegante (os cidadãos), ou às vezes contra ele. Os favores aos "clientes" podem ser benefícios legislativos (redução tributária; anistias de dívida; aumento de salários; descriminalização de condutas; etc.), relativos a contratações públicas (construção de obras, por exemplo, em benefício exclusivo ou desproporcional a particulares); ou qualquer outra decisão tomada pela Estado – ou por agentes do Estado – no seu labor administrativo.

b) o termo *nepotismo* advém da autoridade que os sobrinhos e outros parentes do Papa exerciam na administração eclesiástica.[2] Um poder não proveniente da competência ou autoridade legitimamente conferida, mas unicamente oriunda da relação ou conhecimento com autoridade dotada de poder. Trata-se, tipicamente, da contratação, pelo Estado, de pessoas pessoalmente e intimamente ligadas ao tomador de decisão ou a seus apaniguados, não em razão das competências do contratado em fornecer a melhor prestação de serviço à organização, mas precipuamente pela sua relação pessoal de laços familiares, políticos, sociais ou a círculo de convivência qualquer.

c) o *patrocínio político ilegal* está se associando, genericamente, ao apoio, ao encorajamento, ao privilégio, ou ao suporte financeiro

---

[1] INTERNATIONAL ORGANIZATION OF SUPREME AUDIT INSTITUTIONS (INTOSAI); UNIT NATIONS. Collection of Important Literature o Strenghthening Capacities of Supreme Audit Institutions on the Fight against Corruption. ST/ESA/PAD/SER.E/193. Disponível em: http://www.intosai.org/fileadmin/downloads/downloads/4_documents/publications/eng_publications/E_UN_INTOSAI_Joint_Project.pdf>. out. 2013. p. 60/63 [tradução livre dos autores].

[2] BUARQUE DE HOLANDA FERREIRA, AURÉLIO. *Novo Dicionário Eletrônico Aurélio.* Versão 5.11A. Edição eletrônica autorizada à POSITIVO INFORMÁTICA LTDA. 2004.

que uma organização ou indivíduo presta a ocupante (ou pretendente) de função pública, de modo a terem seus interesses atendidos em determinada gestão administrativa. A conduta é típica em períodos eleitorais, em que grupos empresariais financiam lícita ou ilicitamente campanhas com a promessa de decisões administrativas que atendam interesses específicos do patrocinador e não do eleitor;

d) o *suborno* é o ato de conferir um benefício a fim de impropriamente influenciar ação ou decisão do administrador. O benefício – ou a mera promessa de benefício – pode passar diretamente pela pessoa subornada ou interessá-la apenas indiretamente, inclusive com terceiros de sua relação pessoal (família, amigos, associações, partidos políticos, etc.). O interesse pode ser qualquer: dinheiro, interesses empresariais, informação, sexo, emprego e outros favores. A decisão não seria tomada não fosse a benesse, mesmo em se tratando de obrigação funcional do agente em fazê-lo;

e) a *extorsão* no setor público seria a exigência indevida de benefício pessoal ou para outrem em razão do poder formal delegado (ou a delegar) a determinado agente, sob pena de perseguição ou administração tendenciosa a prejudicar terceiros. No Código Penal Brasileiro a conduta é tipificada como concussão, assim positivada: "ato de exigir para si ou para outrem, dinheiro ou vantagem em razão da função, direta ou indiretamente, ainda que fora da função ou antes de assumi-la, mas em razão dela, vantagem indevida";

f) o *desfalque* e o *roubo* estariam associados aos desvios patrimoniais do Estado por agente público. No caso, no Brasil, sem prejuízo de outras tipificações, tratar-se-ia de peculato, consistente na "subtração ou desvio, por abuso de confiança, de dinheiro púbico ou de coisa móvel apreciável, para proveito próprio ou alheio, por funcionário público que os administra ou guarda; abuso de confiança pública";

g) já o termo *fraude* aplica-se genericamente a uma série de condutas ilegais puníveis. As condutas enquadráveis como "corrupção" poderiam, em boa medida, serem taxadas por "fraude", em sinonímia. Propomos, contudo, em juízo mais estreito, caracterizá-la pelo abuso de confiança (ou má-fé) caracterizado pela manipulação dolosa de documento ou prática administrativa de forma a ilegalmente e deliberadamente obter vantagem ou privilegiar interesse próprio ou de outrem.

No código penal, existe tipificação específica para a corrupção ativa e passiva, assim definidas:

Corrupção passiva

Art. 317 – Solicitar ou receber, para si ou para outrem, direta ou indiretamente, ainda que fora da função ou antes de assumi-la, mas em razão dela, vantagem indevida, ou aceitar promessa de tal vantagem

Corrupção ativa

Art. 333 – Oferecer ou prometer vantagem indevida a funcionário público, para determiná-lo a praticar, omitir ou retardar ato de ofício (Decreto-Lei 2848/40)

A "vantagem", nas corrupções ativa e passiva, não é necessariamente vinculada ao enriquecimento pessoal ou a outro proveito específico; mas meramente o benefício ilício consciente (não pautado em lei) de si, em lesão à coletividade a que deveria servir.

Adjuntos a essas condutas estariam também outros crimes contra a Administração Pública, como a (o): usurpação de função pública; tráfico de influência, concussão, peculato, prevaricação, facilitação de contrabando ou descaminho, excesso de exação, advocacia administrativa, emprego irregular de verbas ou rendas públicas, alteração não autorizada de sistema de informações; e condescendência criminosa (Decreto-Lei nº 2.848/40).

Não obstante as tipificações penais dos crimes contra a Administração Pública, ou mesmo o senso comum do que venha a ser uma fraude praticada por agente público, a definição do que venha a ser corrupção por agente administrativo não se deve limitar à responsabilidade penal, posto ser necessário abranger algumas condutas, também reprováveis, que, fora de qualquer dúvida, desviam-se do *standart* de conduta moral exigido do gestor médio.

Talvez essa combinação de *moralidade* e padrão ético o que mais bem contorne, amplo senso, uma melhor definição para a corrupção no setor público. Os delegados de poder do Estado devem lealdade a valores e princípios administrativo-constitucionais elementares para fazer valer as obrigações estatais, eminentemente quando à dita moralidade – pré-requisito de conduta dos administradores públicos e direcionadora de arbítrios na defesa do interesse coletivo.

Sobre a moralidade – de fundamental conceito para contornos mais precisos do que venha a ser "corrupção" – é reconhecida, ainda, a ausência de definição positiva e perfeitamente definida no Direito

Administrativo. O significado é fluido, porque liquefeito é o conceito social e individual do que venha a ser ético. A moralidade, como formação particular, é construída por meio de valores e experiências individuais ou coletivas construídas desde tenra idade, herdadas pessoalmente da educação e do convívio social; mas experimentadas de maneira única por cada pessoa, primeira julgadora de sua própria consciência. Segundo Freitas, "O princípio da moralidade contempla a determinação jurídica da observância de preceitos éticos, produzidos pela sociedade, variáveis segundo as circunstâncias de tempo e lugar, entre outras. Não obstante, apesar de não deterem forma concreta, na seara pública, prendem-se à finalidade pública da atividade executada e não se confundem com a moral comum".[3]

Eis o ponto necessário para a discussão axiológica da expressão "corrupção no setor público". Quando se trata do que é público, é uniforme – ao menos nos Estados democráticos – o conceito ético e moral de que o gestor deve administrar para todos e no interesse da coletividade. Esse é o núcleo da democracia e a razão de ser da República. Clarice Zancaner[4] alude, nessa admissão, que a moralidade administrativa significa obediência às regras da boa administração, entendida como uma "interpretação finalística do sistema jurídico, tendo em vista a missão à qual a Administração Pública está destinada, e associada às ideias de função e interesse público".

O professor Hely Lopes Meirelles,[5] ainda mais pragmático, aponta a relação íntima entre a legalidade, a moralidade, o interesse coletivo (a finalidade) e a validade do ato administrativo: "O controle jurisdicional se restringe ao exame da legalidade do ato administrativo; mas por legalidade ou legitimidade se entende não só a conformação do ato com a lei, como também com a moral administrativa e com o interesse coletivo".

Quando relacionada, portanto, a desvios intencionais da própria razão de administrar o que é do outro, são uniformemente imorais e comprometedores da confiança conferida pelo delegante do poder os atos conscientes de desvio ao interesse coletivo em prol de benefícios

---

[3] FREITAS, Ney Nosé de. *Ato administrativo*: presunção de validade e a questão do ônus da prova. Prefácio Romeu Felipe Bacellar Filho. Belo Horizonte: Fórum, 2007. p. 59/60.

[4] ZANCANER, Weida. *Estudos em homenagem a Geraldo Ataliba*. São Paulo: Malheiros, 1997. p. 628.

[5] BRASIL. Tribunal de Justiça de São Paulo. Relator: Desembargador Cardoso Rolim. Revista de Direito Administrativo, p. 134. Apud MEIRELLES. Direito Administrativo Brasileiro. p 88.

individuais ou de grupos específico. Tal assunção pode ser estendida, inclusive, para a área corporativa. A quebra deliberada da confiança, em face dos poderes delegados, é característica do desvirtuamento de conduta exigido pelo delegante.

> A corrupção corporativa e governamental, nesse sentido, caracteriza-se pela conduta – ativa ou omissiva – de determinado agente praticada em delegação de competência, intencional e desvirtuada (legal e eticamente) aos interesses do delegante, em face de vantagem pessoal ou de outrem, mesmo que indiretamente, seja em ato praticado pelo agente, seja em conluio com ele

Nessa proposta conceitual, não se estaria abarcando – reconhecemos – quem ilicitamente tira proveito do que é público em benefício próprio, mas sem a obrigação legal e funcional de trabalhar em proveito de todos. A exemplo, em conduta reprovável, de um comerciante ou comprador que intencionalmente omite nota fiscal (ou não a exige), em proveito próprio, para redução da carga tributária de todos. Ou mesmo dos que cometem furto de patrimônio de repartição pública. Ou ainda, em conduta não típica, de não zelar pelo patrimônio público como se não fosse seu.

A questão é meramente conceitual, posto que seria complexa a tarefa de aferir a exata reprovabilidade das condutas. A restrição da corrupção aos detentores de mandato e competências delegadas tem a vantagem, entretanto, de *focar uma linha específica de estratégias corporativas (e governamentais) para preveni-la e evitá-la.*

A corrupção enfraquece os resultados institucionais corporativos e governamentais pela perda de eficiência nos processos e deslegitimação dos administradores, em consequências graves para a finalidade do negócio. Por esse motivo, faz parte da governança corporativa os meios para prover as instituições de mecanismos para combater a corrupção.

O desvio de conduta do agente delegado de poder em mandatos públicos mira-se, via de regra, nos "donatários" do poder constituído. Os mandatos dos administradores públicos conferem poderes dos agentes para gerir o patrimônio coletivo. O "principal" e mandatário do poder estatal é o povo, de quem emana a autorização republicana para o desempenho de suas atividades típicas. Quando se usurpa os interesses da coletividade em proveito próprio, está-se corrompendo a delegação coletiva para agir em nome dele.

Segundo publicação da Intosai e da ONU,[6] a corrupção "é geralmente definida como *o abuso de confiança ou autoridade pública em benefício próprio*". Por sua vez, se a "boa governança" é a "precondição para o desenvolvimento sustentável das sociedades", o que equivale a "uma gestão dos recursos governamentais e dos serviços públicos de maneira mais adequada, transparente, isonômica e responsável pelas necessidades das pessoas".

Como dito, em qualquer corporação, e eminentemente no Estado, a consequência mais gravosa da corrupção, além da perda de eficiência no desempenho finalístico, é a ilegitimação do poder, delegado para equalizar e potencializar o interesse de todos. As mazelas vão além do definhamento dos recursos do Estado para atender às necessidades dos cidadãos. A estratégia e o planejamento estatal para o privilégio individual ou para um grupo de apaniguados certamente são distintos de uma visão administrativa para o desenvolvimento. Os fins do Estado – na visão dos detentores do poder constituído e na fragilidade dos meios para o combate à corrupção – não serão, senão, os de obter mais e mais vantagens e para permanecer no poder, de forma a perenizar essas vantagens. Não se cultivam sementes para viabilizar um desenvolvimento coletivo sustentável. Haverá, então, uma *"governança da corrupção"; e não uma governança para o desenvolvimento.*

> Falhas na governança corporativa e governamental, tendo em vista a facilitação do exercício decisório em benefício individual, são solo fértil à ocorrência da corrupção, com consequências graves em termos da própria existência e legitimação corporativa e institucional.

Ao reconhecer, então, a luta contra a corrupção um axioma da governança, traz-se à tona a forma pela qual as corporações devem fazê-lo. Em primeira regra, consequências e riscos mais graves, demandar ações preventivas e corretivas igualmente urgentes e efetivas.

---

[6] INTERNATIONAL ORGANIZATION OF SUPREME AUDIT INSTITUTIONS (INTOSAI); UNIT NATIONS. Collection of Important Literature o Strenghthening Capacities of Supreme Audit Institutions on the Fight against Corruption. ST/ESA/PAD/SER.E/193. Disponível em: http://www.intosai.org/fileadmin/downloads/downloads/4_documents/publications/eng_publications/E_UN_INTOSAI_Joint_Project.pdf>. out. 2013. p. 57 [tradução livre dos autores].

Constitui-se, aí, um necessário contraponto em termos da definição de corrupção associada ao desvirtuamento de finalidade administrativa: cuidado ao comparar uma e outra conduta "corrupta". Se qualquer desvio ao bem coletivo é corrupção, todas corrupções seriam iguais. Como o gestor que a pratica e alega: "antes de criticar, cada um deve fazer a sua parte"; ou "todo mundo erra"; ou "todo governo é assim...". A universalização de erros – e principalmente o abrandamento da reprovabilidade – é extremamente danosa, porque torna fluido, permissivo e menos censurável a ilicitude ou a imoralidade nas corporações.

> As medidas de combate à corrupção, em seu viés de prevenção, detecção e responsabilização, devem ser sempre proporcionais à materialidade, ao risco e às consequências à organização decorrentes da conduta potencial.

As condutas enquadráveis em corrupção podem ser mais ou menos graves, de acordo com a legalidade e a reprovabilidade ética da ação. Apesar da reprovabilidade de todo proveito pessoal, em deliberado prejuízo de outrem, não se devem igualar as condutas, porque muitíssimo diferente são as consequências, para terceiros ou para a sociedade, de um e outro desvio. A uniformização e consequente abrandamento do desvio ético depõem contra o combate à corrupção, porque todos são passíveis de cometê-los, em maior ou menor grau.

Nessas conclusões, há de se pensar sobre a governança corporativa e estatal, proporcional aos riscos e consequências dos desvios aos interesses dos delegantes e a forma de administrar tais conceitos – eminentemente sobre a evolução dessa governança na "Era Digital" – para dela se extrair o contexto de combate à corrupção na Era Digital.

6.2 Corrupção, delegação de competência, governança corporativa e o papel do controle

Toda organização depende do trabalho desenvolvido por seus integrantes. Em uma corporação, cada indivíduo labuta com um "mandato" que lhe é "autorizado" por um agente delegante. A delegação de competências em uma organização é a regra norteadora dos trabalhos em geral.

No setor público, a sociedade delegou ao Estado todo o poder constituído. Por seu turno, o Estado delega competências para o desempenho de suas atividades, que pode ser:[7]

- *interna horizontal*, quando existe um conjunto de delegações que ocorre internamente na estrutura estatal de um Poder para outro, de um ente federativo para os demais ou em outras situações internas nas quais não haja vínculo de subordinação;
- *interna vertical*, nos casos em que cada poder, dentro da hierarquia existente entre os diversos níveis de execução, confere poderes sucessivos a cada subordinado para desempenho de suas atividades;
- *externa*, na situação em que o Estado delega poderes a agentes privados para, dentro de situações particulares, que desempenhe atividades de interesse da coletividade.

Em cada uma das possibilidades, há de existir uma estrutura de governança para garantir o labor dos agentes delegados dentro dos negócios do delegante; todos eles trabalhando para maximizar os interesses do povo (no caso do Estado). Falhas normativas, hierárquicas, valorativas, culturais, processuais, relacionais – ou seja, *gaps* de governança – podem facilitar o privilégio de interesses individuais em detrimento dos coletivos, em ambiente fértil para a corrupção.

Não se trata de preconceber que todo ser humano é corrupto; e que a construção de regras de governança parte de um prejulgamento do delegado. Trata-se do reconhecimento de que, em maior ou menor grau, toda pessoa é falível. Se todo agente fosse incorrupto (livre de mazelas de caráter) ou 100% competente, a própria norma (ou lei) seria desnecessária, como componente de governança pública e corporativa. As estruturas garantidoras de resultado e finalidade institucional existem para minimizar a possibilidade de, por dolo ou culpa, existirem decisões corporativas desassociadas dos interesses dos donos do negócio. São, assim, cuidados para desencorajar, probabilisticamente, condutas do delegado desligadas dos interesses do delegante.

Arremata-se que, no estrito interesse corporativo ou governamental, ao se delegar competências a alguém – interna ou externamente; horizontal ou verticalmente – deve-se trabalhar para fomentar, aprimorar, fiscalizar, exigir e garantir os interesses do delegante. Isso é a governança (e, também, combate à corrupção).

---

[7] NARDES, João Augusto Riberio; ALTOUNIAN, Cláudio Sarian; VIEIRA, Luís Afonso Gomes. *Governança pública*: o desafio do Brasil. Prefácio de Jorge Gerdau Johannpeter. Belo Horizonte: Fórum, 2014. p. 167/171.

O Estado é em um organismo formalmente constituído por diversas instituições públicas, com poderes legalmente concedidos e exercidos por pessoas da própria sociedade administrada. As pessoas a quem são delegados os poderes para em nome dele administrar os interesses de todos provêm de grupos específicos que nem sempre compartilham interesses em comum. Levando em conta os diversos grupos de interesse que formam a sociedade, é esperável que existam forças de pressão – eventualmente antagônicas – agindo para influenciar as decisões dos agentes políticos e administrativos. Essa é, afinal, a força eletromotriz da democracia. É salutar para o Estado Democrático que existam grupos antinômicos.

Esses grupos de interesse, ou mesmo indivíduos, tentarão atrair o poder para si de modo a ter sua visão de mundo e suas conveniências privilegiadas. Tenderão a tanto demandarem leis específicas como maximização de seu benefício, como decisões administrativas que lhe confiram vantagem.

> Um dos pilares da governança estatal está justamente em garantir que esses instrumentos de pressão por grupos da sociedade sejam lícitos e consentâneos aos valores éticos e legais essenciais para o desenvolvimento equânime e sustentável da sociedade, qual seja, o respeito e submissão às leis e às instituições de Estado criadas isentamente para mediar tais interesses antagônicos.

Quando os agentes delegados são ilicitamente "corrompidos" pelos interesses individuais ou de grupos de pressão, mormente pela existência de um ambiente estatal fértil a essa predação ilícita ou imoral, a soberania no interesse popular e a justa discussão sobre as decisões administrativas, raiz da democracia, são definhadas. Haverá uma administração ilegítima de poucos governando para poucos.

É por isso que em qualquer corporação, delegantes do poder carecem de olhos para averiguar e fomentar instrumentos que fortaleçam a governança corporativa de decisões voltadas aos interesses das companhias. No setor público, similarmente, a indispensabilidade republicana de um Controle existe para garantir o bom funcionamento do Estado em prol do poder delegado pelos cidadãos, dentro da lei e padrões éticos adequados. *Essa é a razão precípua da importância de um Controle independente.* No conceito de corrupção voltado a privilégios desassociados do interesse público, cabe aos órgãos de controle atuar em fomento da governança corporativa "anticorrupção".

O combate à corrupção envolve, em um ambiente corporativo e estatal, um conjunto de normas, práticas, processos e respectiva estrutura organizacional preparada para inibir os desvios de finalidade em todas as suas fases. O combate à corrupção, a ser fomentado pelo Controle, deve envolver um conjunto de ações coordenadas voltadas a *prevenir, detectar* e *responsabilizar* a corrupção.

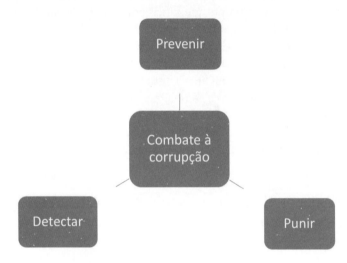

Figura 1 – O combate à corrupção

A regra geral é *prevenir* a ocorrência do ato lesivo; ou seja, antes que ocorra, agir para dificultar a decisão do agente delegado em desvios de conduta. Caso atravessada a "barreira" da prevenção, a entidade deve dispor de meios para *detectar* os desvios, seja pela abertura de canais de informação de terceiros, seja por instrumentos de investigação próprios. Uma vez detectada conduta questionada, há de devidamente identificar e *responsabilizar* os responsáveis, com certeza, justeza e celeridade; até mesmo para fortalecer a prevenção, pela expectativa de consequência, em uma dialética efetiva de combate à corrupção.

> A atuação do Controle deve avaliar e atuar para garantir uma estrutura corporativa e estatal eficiente, eficaz e efetiva em prevenir, detectar e responsabilizar agentes na prática da corrupção.

O Controle tem de ser também eficiente. Se contemporaneamente a TI é o coração da atividade administrativa; e se é obrigatória a utilização da tecnologia porque vinculada é a eficiência do Estado, também obrigatório é o conhecimento e ampla utilização dos instrumentos viavelmente disponíveis para potencializar as atividades de Controle do interesse do Estado. Esse é um dos diferenciais do combate à corrupção e do Controle na "Era Digital".

A forma de se utilizar a tecnologia, então, perpassará pela utilização dos novéis instrumentos disponíveis em cada macroprocesso do combate à corrupção, quais sejam, a prevenção, a detecção e a responsabilização, o que será discorrido no próximo tópico.

6.3 Prevenção, detecção e responsabilização no combate à corrupção no século XXI

6.3.1 Prevenção da corrupção

Uma conhecida parábola grega, chamada "O anel de Gyges", contada ainda nas idealizações da República, é muitíssimo elucidativa sobre os fundamentos da prevenção e da detecção da corrupção.

Gyges era um pastor de ovelhas que, uma vez pastoreando o rebanho, deu-se com uma grande tempestade e tremor de terra, que abriu uma enorme fenda no solo. Descendo lá, encontrou um cavalo de bronze oco. Em uma das aberturas viu um cadáver com um vistoso anel de ouro na mão. Tomando para si a posse do anel, Gyges descobriu que o artefato detinha o poder de torná-lo invisível. Com tal capacidade, sem ninguém para monitorar e reprovar o seu comportamento, Gyges pratica toda série de más ações, sempre sem deixar rastros e sem despertar a menor suspeita. Com o auxílio do anel, em resumo, trai o soberano local, seduzindo a sua rainha, matando-o, e tomando o poder. Ninguém jamais soube ou saberia de como Gyges se tornou rei ou se casou com a rainha.

Gyges, na parábola, somente praticou tais atos abomináveis porque tinha certeza da impunidade. Estava certo de que seus crimes eram indetectáveis. Se tivesse a mera expectativa ou dúvida sobre testemunhas de seus atos, poderia não ter cedido à convidativa tentação de se corromper. A facilitação foi um convite à corrupção.

A parábola resume alguns dos pilares da prevenção e detecção de fraudes: a expectativa que a mera vigilância (ou o Controle) tem de prevenir maus resultados; o imperativo de se ter uma transparência nos negócios dos trabalhadores, em que os processos de trabalho não sejam "invisíveis" ao controle dos pares e ao controle formalmente constituído; a importância da existência de instrumentos de denúncia e detecção de fraudes; a necessidade do fortalecimento dos valores éticos dos agentes; ou até – puxando para as novidades tecnológicas – a necessidade de o rei ter óculos mágicos que lhe possibilitassem ver objetos invisíveis. Todas seriam medidas preventivas e probabilisticamente dificultadoras dos fatos que vieram a decorrer.

Figura 2 – O anel de Gyges e a transparência republicana

As melhores maneiras de prevenir o desvio de conduta em uma organização são por meio do fortalecimento da consciência e da vigilância dos empregados. Haja vista que os resultados institucionais quase nunca são fruto do trabalho individual de um trabalhador, são raros os desvios ocorridos de forma imperceptível ou sem o conluio de mais de um indivíduo. Quanto mais trabalhadores e setores envolvidos em determinado processo ou resultado, e mais transparente forem os processos de trabalho, mais dificuldade existirá para o privilégio imoral do interesse individual em detrimento do dever corporativo.

Os trabalhadores, contudo, devem ter plena ciência do padrão de conduta exigido de si, dos pares e de seus superiores. Tendo em vista a fluidez do conceito de padrão moral e ético, é também papel da organização incutir, disseminar e educar seus trabalhadores, como também o público externo que se relaciona com a organização, sobre o padrão ético exigível de comportamento em seu trabalho e sobre a responsabilidade de todos em manter a integridade ética da organização. Há de se minimizar quaisquer dúvidas sobre a correção de um ou outro comportamento.

Pouco efetiva ainda seria a existência de um padrão ético consolidado de condutas, com fortalecimento do julgamento pessoal, uma cultura anticorrupção e a da fiscalização lateral dos trabalhos e resultados (em obrigação de todos), sem um canal eficiente de "ouvidoria". As denúncias internas e externas, para a tomada das devidas providências punitivas pelos administradores, são um potente inibidor de fraudes, porque aumentam a chance de detecção da conduta faltosa e incrementadora da expectativa do controle.

Aliado a isso, não se deve perder de vista a imperativa transparência dos processos de trabalho e resultados. Tal providência contribui para o controle lateral e externo, em idêntico desencorajamento de desvios e "fortalecimento da consciência". A mera possibilidade de o ato ser questionável à luz da "consciência média" de todos é preventiva.

Todos esses condicionantes devem ser potencialmente avaliados por um controle interno que detenha olhos acurados e conhecedores dos processos de trabalho, dotado de munição adequada, em termos pessoais e tecnológicos, para avaliação das condutas e identificação de riscos.

Uma postura proativa na realização de auditorias específicas nos macroprocessos e resultados voltadas ao exame específico de desvios de legalidade (geralmente a lei, uma norma ou mesmo um preço tido como o de mercado), em viés de detecção, é indispensável à inibição da corrupção. A expectativa de um controle atento e capaz de identificar irregularidades, com a certeza da punição, desencoraja a ilicitude.

> Todo investimento em detecção de fraudes é também fomentador da expectativa do controle; e, portanto, preventivo contra a corrupção.

Figura 3 – Relação entre detecção de fraudes e a prevenção

Os controles internos também devem se voltar a uma avaliação de eficiência e efetividade dos instrumentos anticorrupção, em trabalhos que busquem nortear se existe uma adequada "Gestão do Risco à Fraude". *Antes* de agir reativamente à ocorrência (também necessária, diga-se, para conferir expectativa de controle e a certeza de consequências pelo agente), trabalhar para encorpar os mecanismos institucionais preventivos dos desvios.

Nesse tom, a Gestão do Risco à Fraude, de acordo com a Instituição de Auditoria Superior dos Emirados Árabes,[8] é elemento-chave da estrutura de controle, e deve partir de uma visão global do programa de gestão de riscos, envolvendo: a elaboração de um Anuário de Avaliação de Risco à Fraude para identificar, analisar, priorizar e responder os riscos de desvios enfrentados pela organização; além do desenvolvimento e implantação de um Plano de Controle à Fraude na

---

[8] INTERNATIONAL ORGANIZATION OF SUPREME AUDIT INSTITUTIONS (INTOSAI); UNIT NATIONS. Collection of Important Literature o Strenghthening Capacities of Supreme Audit Institutions on the Fight against Corruption. ST/ESA/PAD/SER.E/193. Disponível em: http://www.intosai.org/fileadmin/downloads/downloads/4_documents/publications/eng_publications/E_UN_INTOSAI_Joint_Project.pdf>. out. 2013. p. 14 a 17 [tradução livre dos autores].

organização para coordenar e focar as atividades anticorrupção. O plano precisa ser avaliado, aprovado e monitorado pela auditoria interna.

A avaliação do risco é um processo utilizado para identificar e tratar os riscos à *fraude na organização*, envolvendo riscos internos (relativos a processos de trabalho dentro da instituição) ou externos. Tal avaliação deve perpassar por cinco fases muito bem definidas:

- *estabelecer o contexto* – de forma a entender qual é a finalidade da organização, a diversidade do campo de atuações, a envergadura institucional para lidar com os desafios, o apetite e a tolerância ao risco e como os indivíduos e setores corporativos se relacionam para viabilizar os resultados organizacionais. Nesse contexto, vislumbrar, de maneira geral, as ameaças decorrentes da conduta de seus funcionários ou dirigentes com relação à finalidade institucional;

- *identificar os riscos* – anotando todas as possibilidades de erros ou desvios de conduta possíveis dos agentes organizacionais, em face de seu papel nos processos organizacionais para a produção dos resultados, mesmo que existam controles alocados para evitar que ocorra a fraude;

- *analisar os riscos* – avaliando a probabilidade de ocorrência de cada risco identificado, as consequências do evento para os resultados da organização e a estrutura de controle existente para mitigar a ocorrência;

- *priorizar os riscos* – de acordo com a combinação da respectiva probabilidade da chance de ocorrência, da gravidade da ocorrência e da fragilidade dos controles existentes;

- *elaborar plano de resposta e controle aos riscos* – uma vez priorizados, há de se desenvolver ações para, de acordo com a viabilidade da ação, prevenir, transferir, mitigar, aceitar ou eliminar o risco;[9] e continuamente monitorar os resultados das estratégias adotadas, com a formulação de um "Plano de Controle à Fraude.

O "Plano de Controle à Fraude", a ser endossado pela Auditoria Interna, descreverá a abordagem organizacional para controlar a fraude, incluindo ações para redução dos riscos à corrupção identificados e definidos no processo de Avaliação de Riscos, delegando responsabilidades específicas para tal fim.[10]

---

[9] PMI. *Um guia do conhecimento em gerenciamento de projetos* (guia PMBOK) [texto e tradução] Projetct Manegment Institute. 5. ed. São Paulo: Saraiva, 2014. p 344 a 345.

[10] INTERNATIONAL ORGANIZATION OF SUPREME AUDIT INSTITUTIONS (INTOSAI); UNIT NATIONS. Collection of Important Literature o Strenghthening Capacities of

Em resumo a todo o discorrido, podemos listar as seguintes ações para o fortalecimento do sistema corporativo e governamental de prevenção da corrupção:

- criação, fomento e fortalecimento de canais de "ouvidoria";
- investigações de integridade e alinhamento do perfil dos empregados pré-contratação;
- investimento em educação na cultura e na ética corporativa;
- investimento em ferramentas e processos que promovam a transparência dos processos e resultados corporativos;
- segregação de funções;
- controle interno hábil para identificar e monitorar riscos, detectar fraudes, bem como detectar e responsabilizar condutas faltosas;
- fortalecimento do controle interno e de instrumentos na detecção de fraudes;
- existência de um plano sistematizado de combate e controle à fraude, considerando, inclusive, a eventual revisão dos processos de trabalho em face de fraudes já detectadas;
- responsabilização rápida e justa de condutas faltosas;

O Controle, *lato sensu*, envolve planos específicos para implantar e priorizar cada uma das providências descritas.

Todas as providências, em maior ou menor grau, podem (devem) ser potencializadas com uso adequado de ferramentas de TI. Como já concluído nesta obra:

> Se o "Controle" é braço fundamental do equilíbrio republicano, um "Controle Eficiente", com maximização dos recursos disponíveis e com aparato tecnológico condizente com a "Era Digital", é também requisito necessário para uma democracia saudável.

Supreme Audit Institutions on the Fight against Corruption. ST/ESA/PAD/SER.E/193. Disponível em: http://www.intosai.org/fileadmin/downloads/downloads/4_documents/publications/eng_publications/E_UN_INTOSAI_Joint_Project.pdf>. out. 2013. p. 16 [tradução livre dos autores].

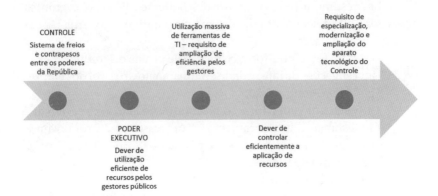

Figura 4 – O uso de tecnologia da informação como requisito para o Controle eficiente

Propomos, nesse sentido, um quadro exemplificativo da utilização dos recursos de TI em cada ação preventiva:

Tabela 1 – Ferramentas de TI na prevenção à corrupção

Ação	Ferramenta de TI
Ouvidoria	- aumento do número de canais para a chegada e reposta da informação, como WhatsApp, Facebook, *e-mail*, sítio institucional, SMS, em garantia do sigilo ou da premiação pela denúncia; - publicação eletrônica interna e externa, em veículos diversos digitais, no setor ou pessoa responsável pelo recebimento da denúncia, bem como do modo e a forma de encaminhá-la; - utilização de *softwares* especializados no armazenamento e análise de informações, de modo a facilitar o acesso e comparar relações entre denúncias e demais bancos de dados disponíveis; - diminuição do tempo de resposta ao denunciante, pelo tratamento mais ágil oportunizado pelos procedimentos eletrônicos;

(continua)

Ação	Ferramenta de TI
Investigações Pré-contratação	- averiguação do perfil pessoal, atuações profissionais pregressas e alinhamento à cultura institucional, por redes sociais, sites de busca e demais disponibilidades na rede (*Big Data*); - investigação ágil de condutas pregressas e "nada consta" em sítios na Internet de órgãos de controle, instituições de proteção ao crédito e demais sítios de interesse.
Cultura corporativa	- encaminhamento de mensagens-chave institucionais em correspondências eletrônicas internas e externas, *banners* no sítio eletrônico, mail- marketing interno, etc.; - videoconferências e treinamentos EAD para uniformização de paradigmas ético-corporativos e regras de negócio; - melhoramento de estratégias corporativas de comunicação pelo monitoramento eletrônico de resultados em quantificação e qualificação de resultados de citações em veículos de informação e mídias sociais.
Transparência	- disponibilidade digital e a qualquer tempo dos atos administrativos dos gestores, acompanhadas da respectiva motivação; - publicação dos orçamentos e custos das contratações públicas para controle social; - publicação da evolução dos gastos de contratações típicas da instituição, e respectivas comparações com gastos semelhantes de outras entidades; - publicação, em linguagem acessível, de uma métrica de resultados para políticas públicas, com o respectivo alcance dos resultados esperados.
Plano de Controle à Fraude	- elaboração de fluxograma de atividades e processos em *softwares* específicos, para visualização e identificação mais eficiente dos processos e ameaças associadas; - utilização de ferramentas eletrônicas para armazenamento e recuperação de eventos-risco chave para organização e cálculo probabilístico de ocorrência; - ponderação ágil e organizada para o custo em caso de ocorrência da ameaça ou de suas exatas consequências no processo, inclusive da eventual perda de tempo para os resultados típicos do negócio; - viabilização da aferição do custo institucional relacionado à imagem da empresa (pelo monitoramento das redes eletrônicas) em caso de ocorrência de desvio.

(continua)

Ação	Ferramenta de TI
Controles Interno e Externo	- potencialização dos instrumentos para detecção e responsabilização por fraudes com instrumentos de TI (com incremento na expectativa preventiva do controle), com utilização de instrumentos tecnológicos de aferição de qualidade e quantidade dos produtos e serviços adquiridos; - melhor identificação de riscos de controle, por meio do cruzamento de dados disponibilizados pela própria organização ou fora dela (*Big Data*); - maior eficiência nos processos internos de trabalho, com a utilização de *software* (como processos administrativos eletrônicos) e *hardware*, e aumento da eficiência das atividades de controle; - potencialização e agilização na comunicação com a administração, em agilização dos processos de trabalho e aumento da eficiência do controle;

(conclusão)

Na realidade, as potencialidades da TI na prevenção à fraude são tantas quantas a inovação e a inventividade típicas da "Era Digital" possam criar.

> O princípio geral é admitir que a tecnologia da informação acelerou a obsolescência dos processos de trabalho, com contínua necessidade de avaliar novos instrumentos para tornar mais eficiente a atividade administrativa e o respectivo controle

Tal intranquilidade – de continuamente pesquisar novos meios de agir, mormente contra a corrupção – é princípio imperativo no combate à corrupção. Em proveito pessoal, o corrupto é instigado a pensar em novos meios para obter vantagem para si. Se não houver um desassossego do Controle a incitar igualmente a recriação de métodos e instrumentos para prevenir, detectar e responsabilizar os agentes, haverá uma contínua perda de capacidade de "controlar" os interesses republicanos, e, portanto, uma perda de governança democrática. Ou um crescente poder de prevenção.

> *Concluindo, a inovação deve ser mola das atividades do controle no combate à corrupção.* A ausência de tal propulsor nos processos de trabalho e nas estratégias corporativas é mediatamente convidativa à fraude e antipreventiva.

6.3.2 Detecção da corrupção

Em primeiro canal de argumentação, como já argumentado, a sensação de que existe um sistema eficiente de detecção de desvios é requisito necessário para a prevenção da corrupção. Em paralelo, tal prevenção somente será efetiva se acompanhada de um sentimento de que não haverá impunidade, com a razoável certeza da responsabilização.

Existe, portanto, uma fina relação entre a prevenção, a detecção e a responsabilização no combate à corrupção. E tais providências devem ser realizadas de modo eficiente; para que efetiva seja a redução de desvios de conduta pelos membros da organização. O uso de tecnologias e a inovação será, então, necessário e fundamental para o aumento da musculatura dessas atividades. *Uma intranquilidade inventiva – porque inventivo é o agente corrupto – é precondição para o combate à corrupção.*

O pensamento é bem ilustrado pela figura a seguir:

Figura 5 – Combate à corrupção – A detecção e a responsabilização efetiva são ações preventivas à corrupção

A inventividade e a inovação são particularmente decisivas na detecção à corrupção.

Vejam-se as duas principais providências relacionadas à detecção à fraude (todas eles passíveis do emprego massivo de TI):

a) criação e fortalecimento de uma Ouvidoria;

b) incentivo às delações; e

c) efetividade de atuação dos controles corporativos.

Como visto, a melhor maneira de detectar a fraude é envolvendo as pessoas no conceito de que o combate à corrupção institucional é tarefa de todos; e por isso a criação dessa cultura é importante agente preventivo. Uma vez enraizado o conceito, fortalece-se um importante canal de detecção à fraude, que é a "Ouvidoria".

As organizações devem facilitar os procedimentos para viabilizar as pessoas a reportar suas suspeitas à fraude. Por sua vez, qualquer informação recebida deve ser tratada, com garantia de confidencialidade, sem quebra do sigilo ou discussão com terceiros que não detenham a competência para fazê-lo.[11] Para a existência de uma *ouvidoria* que funcione, as organizações devem:

- nomear "Ouvidor" para receber qualquer denúncia, tanto de empregados da própria organização, quanto de agentes externos à instituição, como empresas e cidadãos;
- informar sistematicamente os empregados, empresas e público em geral de como denunciar (em diversos canais de informação típicos da modernidade) e o que denunciar;
- construir um sistema de armazenamento e tratamento de todas as denúncias recebidas, inclusive para potencializar a identificação de riscos de fraude;[12]
- desenvolver procedimentos para a resposta à denúncia, inclusive para fomentar a utilização do instrumento;
- adotar providências para proteger (ou até mesmo premiar) os denunciantes: mantendo a confidencialidade e a restrição de acesso às informações; não tolerando ato ou ameaça de

---

[11] INTERNATIONAL ORGANIZATION OF SUPREME AUDIT INSTITUTIONS (INTOSAI); UNIT NATIONS. Collection of Important Literature o Strenghthening Capacities of Supreme Audit Institutions on the Fight against Corruption. ST/ESA/PAD/SER.E/193. Disponível em: http://www.intosai.org/fileadmin/downloads/downloads/4_documents/publications/eng_publications/E_UN_INTOSAI_Joint_Project.pdf>. out. 2013. p. 16 a 18 [tradução livre dos autores].

[12] *Vide* Plano de Controle à Fraude no tópico "Prevenção, detecção e responsabilização no combate à corrupção na era digital".

prejuízo a qualquer denunciante; e tomando ações para evitar que haja prejuízo a denunciados sem a devida investigação de pertinência da informação.

- adotar mecanismos de controle para avaliar a efetividade das providências suprapropostas.

No que se refere ao *incentivo* às *delações*, igualmente se trata de instrumento de detecção de fatos e condutas fraudulentas por meio da denúncia; mas com informações privilegiadas de agente que, em conluio com outros, tem interesse em delatar. O mecanismo é bastante dependente da capacidade de detectar e responsabilizar a fraude. Todavia, em um ciclo eficiente e bem sincronizado, a expectativa de controle leva os indivíduos a, na certeza da punição, arranjar meios de, em interesse pessoal, torná-la a menor possível. O incentivo à delação parte justamente dessa premissa, dentro da teoria dos jogos.

A ideia provém do famoso "dilema do prisioneiro". A premissa é que, em um jogo, cada um tenderá a tomar estratégias e decisões de modo a aumentar ao máximo a própria vantagem, qualquer que seja as decisões dos outros jogadores. Suponha-se, nessa linha, dois suspeitos, cujas provas já angariadas levariam à condenação de ambos por 6 meses de prisão. Não obstante, para os dois, um mesmo acordo é oferecido: caso o prisioneiro confesse e testemunhe contra o outro (aumentando-lhe a pena), e se o outro permanecer em silêncio, o delator sai livre; e o delatado recebe 10 anos. Se ambos traírem o comparsa, cada um leva 5 anos. A decisão de um é feita independentemente da decisão do outro, porque não sabe qual será o caminho tomado pelo comparsa.

O dilema é: o risco de confiar no comparsa compensa?

Existe muito ganho em delatar, ao mesmo tempo em que há altíssimo risco de o comparsa denunciar, porque o ganho ao parceiro será igualmente alto. Mesmo diante da chance de levar apenas 6 meses, o risco de levar 10 anos é muitíssimo maior. Denunciar, nesse sentido, em face da massiva probabilidade de levar 10 anos, é reduzir, no mínimo 5 anos de cadeia – com chances de ficar livre. Caso se indique o privilégio somente ao primeiro delator, a lógica da delação é ainda mais arrebatadora.

Qualquer que seja a fraude descoberta, se existe conluio com outros agentes e se existe a viabilidade de oferecimento de informa-ções que realmente alavanquem as investigações, tornando justo o abrandamento de pena pelo delator, em caso de, o "dilema do prisio-neiro" será inteiramente aplicável. A Administração deve fomentar tal mecanismo. A persecução investigativa é ampliada, como também a responsabilização, em face da natureza probatória tipicamente mais encorpada.

Sobre o prestígio aos *controles interno e externo*, quatro variáveis devem ser priorizadas para a consolidação das atividades de controle na detecção de fraudes:

a) treinamento e especialização dos auditores;

b) utilização continuada e crescente de tecnologia:

- na identificação de riscos de controle;

- nas inspeções materiais nos objetos de controle.

c) desenvolvimento e aprimoramento de manuais de auditoria;

d) contato continuado com outras entidades de controle.

O *treinamento e a especialização dos auditores* não somente reforçam a capacidade de perceber os desvios; mas constituem-se em providências que, se não tomadas, têm consequências deletérias no combate à corrupção como um todo.

Explica-se: quanto mais complexa e diversificada é a atividade corporativa (eminentemente a estatal), mais os processos de trabalho – e eminentemente as suas motivações – exigirão ação especializada dos respectivos agentes. Natural, então, que quanto mais intricado o processo, mais difícil também será a missão de aferir-lhe a devida correção. Pela complexidade de variáveis necessárias para legitimar uma "boa" tomada de decisões, mais dificultosa será a motivação para comprovação da legitimidade da decisão administrativa, em termos do respectivo alinhamento ao interesse institucional.

Conclusão direta: sem lentes adequadas para, com capacidade e experiência, enxergar e traduzir a motivação (ou mesmo a fraude), não haverá um real controle corporativo (ou republicano). Tanto não se deterá o *know-how* para averiguar a má gestão, como não existirá a capacidade de julgar boas e más condutas, mesmo que provenientes de denúncias da ouvidoria. O Controle por completo não cumprirá a sua razão de ser, em insubstituível prejuízo da governança.

O controle realizado por agentes incapacitados pode, ainda, adquirir outras consequências nocivas. Na ocorrência da corrupção e na sua não detecção, legitimam-se atos ímprobos e fomenta-se a sensação de impunidade (em auditorias antipreventivas). Em situação também ruinosa, caso se aponte ato viciado e, por falhas na fiscalização, posteriormente se "descubra" que o ato, em verdade, foi legítimo, a depender da consequência do erro, o próprio controle vai perdendo a credibilidade. Apontamentos futuros, mesmo que corretos, nascerão crivados pela dúvida – inclusive de quem julga. Existirá, assim, um prejuízo global também nas presentes e futuras responsabilizações. Perde-se em toda a cadeia prevenção/detecção/responsabilização.

O treinamento e a especialização dos agentes de fiscalização são, dessa forma, condição para a própria efetividade do controle. É simples, denotar, nesse reconhecimento, que a capacitação também deve envolver a dotação de *expertise* para manejar as ferramentas, técnicas e tecnologia para potencializar o trabalho dos profissionais. *Softwares* e equipamentos específicos de áreas de negócio diversas demandam talvez maior treinamento contínuo e específico. A *utilização continuada e crescente da tecnologia* é, também, condição para um controle eficaz; porque todo o labor corporativo e administrativo é realizado tendo a tecnologia da informação como meio.

Qualquer atividade organizacional enfrenta o mesmo dilema econômico: "recursos escassos e demandas infinitas". Contextualizando: os setores ou órgãos de controle contam com número finito de dinheiro e mão de obra para desenvolver o seu trabalho e, de maneira idêntica aos demais entes corporativos, devem, com o mínimo de recursos, obter o máximo resultado, em máxima eficiência. Para tal, impera que priorizem suas ações nas atividades mais sensíveis do negócio. Em outras palavras, no combate à fraude, existe a premência na realização de ações voltadas aos processos de trabalho que envolvam maiores riscos, em termos de probabilidade e gravidade da respectiva consequência.

Uma vez escolhidas as prioridades, devem novamente maximizar o seu potencial, procurando, em menor tempo possível, o máximo de inconformidades (caso existam) com o maior grau de certeza possível.

> A TI é condição para a resolução desse dilema de eficiência do Controle, tanto na identificação e mensuração dos riscos, como na detecção de inconformidades nos objetos de controle.

A mineração de dados e a utilização do *big data* são exemplos clássicos dessa identificação de riscos de controle. Como é caso da definição de autorias de conformidade realizada pela secretaria do TCU especializada em fiscalização de obras rodoviárias. Utilizando-se de dados e informações existentes eletronicamente, automatizam-se critérios de identificação de riscos de controle de forma a viabilizar um *ranking* de riscos de desvio, norteadores da escolha dos empreendimentos a serem auditados. O DNIT (Departamento Nacional de Infraestrutura de Transportes), órgão responsável pela gestão de rodovias federais brasileiras, alimenta seus bancos de dados com orçamento da obra, número e identificação de licitantes, tipos de serviços realizados (terraplenagem, pavimentação, pontes, etc.), quantidade de empresas desclassificadas da concorrência, quantidade de aditivos, data de assinatura e empenho dos contratos, servidores responsáveis pelas decisões-chave, etc. Todos esses elementos, combinados com irregularidades detectadas no histórico de fiscalizações na entidade, possibilita aferir pesos para o ordenamento de ameaças e respectivos riscos de ocorrência. Quando se aliam esses dados a outras informações de outros órgãos (ou mesmo da rede), como identificação de doações eleitorais, com particularização de doadores, data dos repasses e destinatários do dinheiro, autoria de emendas parlamentares, etc., produz-se uma matriz de riscos capaz de maximizar os resultados do órgão de controle federal em fiscalizações com maior potencial de detecção de desvios.

Ou, ainda, em outro exemplo no TCU, os dados exploratórios obtidos a partir do sistema SAO (Sistema de Análise de Orçamentos), desenvolvido no âmbito da Secretaria de Fiscalização de Infraestrutura Urbana do TCU. Tendo em vista os orçamentos de obras realizados pelos diversos órgãos da administração federal, são elementos estruturáveis, dentre ferrovias, saneamento, infraestrutura urbana, aeroportos, rodovias, etc., e diante dos bancos de dados referenciais de preços eletronicamente disponíveis da administração federal (SICRO, SINAPI, sistemas estaduais, etc.), além de outras obras já auditadas, procede-se a uma comparação automatizada dos serviços nos orçamentos – centenas deles. O resultado é uma lista robusta obtida com extrema agilidade e com obras com serviços potencialmente superestimados. A depender dessa pré-estimativa, procede-se, ou não, a abertura de investigação específica. Aumenta-se, nessa mineração, a chance de se realizarem fiscalizações que efetivamente detectem condutas passíveis de ensejar desvios de administradores. Levando em conta, ainda, que qualquer "pré-sobreavaliação" é informada aos órgãos executores, a providência também aumenta a expectativa de controle; e, assim, a prevenção.

Em mais um exemplo de levantamento de riscos foi a auditoria realizada pelo TCU na Refinaria Abreu e Lima. No Acórdão nº 1990/2015-TCU-Plenário, consta que a equipe de fiscalização solicitou a listagem de todas as subcontratadas para a execução do contrato para a construção da Unidade de Coqueamento Retardado (UCR) da refinaria da Petrobras. Em pesquisa aos bancos de dados disponíveis com informações das subcontratadas, verificou-se algumas delas com endereço em terrenos baldios; ou com sede incompatível com o tamanho declarado da empresa; ou empresas de ramos diversos com mesmo contador; ou empresas cujos proprietários eram pessoas de baixa renda; ou empresas com empregados constantes na lista dos donos; ou empresas outrora já denunciadas por lavagem de dinheiro; etc. Claramente os pagamentos para os serviços ditos como subcontratados a essas empresas tinham maior riscos de fraudes; e foi esse o caminho tomado pela equipe de fiscalização em seus exames, priorizando a aplicação de recursos em exames nos processos de maior risco. Foram R$600 milhões identificados como superfaturamento. Tais levantamentos seriam impossíveis sem a atuação especializada de profissionais de TI no *datamining* e cruzamento de informações.

A mineração e estruturação de informações passíveis de serem indicativas de riscos e ameaças são infindáveis.

Os exames de campo são também potencializados pela instrumentação tecnológica. Não somente agilizam análises, como possibilitam conclusões impassíveis de serem tomadas sem recursos de tecnologia da informação.

Ou no exemplo demonstrado pelo Acórdão do TCU, 1535/2008-Plenário. Em longo trecho rodoviário, a equipe de auditoria se viu com riscos altos de quantificação a maior de volumes de terraplenagem, que levariam talvez meses para comprovação do prejuízo por métodos tradicionais (estações totais e levantamento topográfico convencional). Utilizou-se, então, sistema móvel com antena fixa em veículo utilitário que possibilita a obtenção georreferenciada e planialtimétrica de pulsos de pontos. Quando esse pulso de pontos é comparado com os levantamentos originais de campo e feita a avaliação com *softwares* próprios de topografia, constatou-se diferença gritante entre o volume de terra medido com o efetivamente executado e pago. Foram milhões de reais em desvio detectado. Obviamente que a agilidade exigida da resposta dos auditores seria no mínimo demasiadamente dificultada sem a utilização da novidade tecnológica empregada.

Figura 6 – Equipamento topográfico utilizado e fraude identificada de adulterações de seção transversal das escavações

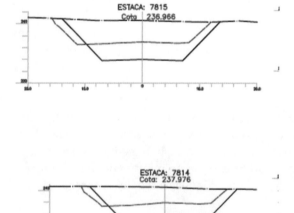

O gráfico demonstra exemplo de diferença entre a seção transversal de um corte declarada para a respectiva medição; e o aferido em campo, com a utilização de equipamento adequado.

Na mesma obra, a equipe utilizou-se de imagens de satélite e equipamento GPS para verificar a real procedência das jazidas de materiais, bem como a respectiva distância, dentre terra, areia e brita. Tal constatação ensejou a verificação de um superfaturamento superior a R$10 milhões. Vejam-se os resultados.

Insumo	Forma de aquisição Proj. Bas.	Forma de aquisição Proj. Exec.	Forma de aquisição observada *in loco*	Distância de transporte Proj. Bas.	Distância de transporte Proj. Exec.	Distância de transporte observada *in loco*
LOTE 1						
Brita	comercial	comercial	comercial	360,75 Km	103,2 Km	103,2 Km
Areia	comercial	comercial	comercial	101,75 km	101,8 Km	101,8 Km*
LOTE 2						
Brita	comercial	comercial	**produzida**	192,24 Km	168,80 Km	168,80 Km
Areia	comercial	comercial	comercial	337,24 Km	329,80 Km	40,24 Km**
LOTE 4						
Brita	comercial	comercial	comercial	281,87 Km	282,09 Km	103,2 Km ***
Areia	comercial	comercial	comercial	41,40 Km	37,26 Km	101,8 Km****

Figura 7 – Distâncias superestimadas, comprovadas por meio da utilização de imagens de satélite das jazidas e GPS

As distâncias de transporte dos insumos para a realização da obra, decisivas para o justo valor a ser pago pelos serviços executados, haviam sido mais que duplicadas.

O uso de geotecnologias em ferramentas de controle externo é vasto. Veja-se trabalho realizado pela Secretaria de Fiscalização em Infraestrutura Hídrica e Ferroviária do TCU:

> Como ferramentas importantes para dar suporte às ações de controle externo destacam-se o uso de imagens provenientes de sensoriamento remoto (satélites, Vants e radares) com técnicas de geoprocessamento, aplicações de análise multicritério para informações geográficas e as plataformas de Sistemas de Informação Geográfica (SIG) suportando todas estas tecnologias. Para verificar a eficiência da análise multicritério como ferramenta de auditoria, foi realizado um teste piloto com base em um modelo de decisão por múltiplos critérios acoplado a sistemas de informação geográfica direcionados ao planejamento de transportes. O estudo foi desenvolvido para a planejada extensão

norte da Ferrovia Norte Sul – FNS, interligando Açailândia/MA ao porto em Barcarena/PA. Os resultados do piloto foram muito positivos. O modelo revelou-se simples e flexível. Os resultados gráficos permitem uma fácil visualização comparativa das alternativas e dos corredores mais econômicos e eficientes. Ademais, o modelo traz transparência quanto aos dados utilizados, bem como valores e regras adotados. A adoção da análise multicritério espacial mostrou um enorme potencial de aplicação em controle externo. O uso de ferramentas de geotecnologia possui a capacidade de aprimorar a atuação do controle externo, destacando-se o aumento da capacidade de fiscalização; ampliação da abrangência espacial e temporal do controle; redução de custos com viagens; fiscalização em tempo real de atividades críticas; aumento da "sensação" de controle. O conhecimento das geotecnologias viabiliza um controle externo mais atuante por parte do TCU, seja pelo aumento da capacidade de proposição de ferramentas para a formulação de políticas públicas, seja pelo aumento da capacidade de avaliação de políticas públicas instituídas. Nesse sentido, a realização deste piloto confirma a viabilidade técnica e o potencial de utilização das geotecnologias de análise multicritério nessas duas dimensões. Os próximos passos deste trabalho de pesquisa incluem a avaliação de outras geotecnologias e a avaliação da sua incorporação como ferramentas de controle externo.[13]

Igualmente alvissareira é a utilização da tecnologia para averiguar a justeza das avaliações de viabilidade técnica, econômica, financeira e ambiental de empreendimentos. Veja-se o resumo do artigo "Análise multicritério geográfica como ferramenta para aumentar a eficiência do controle externo":

> [...] o uso de geotecnologias pode se tornar uma ferramenta inovadora para o controle externo, citando quais são as principais ferramentas de geotecnologia, elencando as vantagens de sua aplicação no âmbito do controle externo e descrevendo um projeto piloto realizado no Tribunal de Contas da União (TCU). Como ferramentas importantes para dar suporte às ações de controle externo destacam-se o uso de imagens provenientes de sensoriamento remoto (satélites, Vants e radares) com técnicas de geoprocessamento, aplicações de análise multicritério para informações geográficas e as plataformas de Sistemas de Informação Geográfica (SIG) suportando todas estas tecnologias. Para verificar a eficiência da análise multicritério como ferramenta de auditoria, foi realizado um teste piloto com base em um modelo de decisão por

---

[13] BERBERIAN, C. F. Q.; VIEIRA, R. R. T.; DIAS FILHO, N.; FERRAZ, C. A. M.; NOBREGA, R. A. A. O uso de geotecnologias como uma nova ferramenta para o controle externo. *Revista do Tribunal de Contas da União*, 2015.

múltiplos critérios acoplado a sistemas de informação geográfica direcionados ao planejamento de transportes. O estudo foi desenvolvido para a planejada extensão norte da Ferrovia Norte-Sul – FNS, interligando Açailândia/MA ao porto em Barcarena/PA. Os resultados do piloto foram muito positivos. O modelo revelou-se simples e flexível. Os resultados gráficos permitem uma fácil visualização comparativa das alternativas e dos corredores mais econômicos e eficientes. Ademais, o modelo traz transparência quanto aos dados utilizados, bem como valores e regras utilizadas. A adoção da análise multicritério espacial mostrou um enorme potencial de aplicação em controle externo. O uso de ferramentas de geotecnologia possui a capacidade de aprimorar a atuação do controle externo, destacando-se o aumento da capacidade de fiscalização; ampliação da abrangência espacial e temporal do controle; redução de custos com viagens; fiscalização em tempo real de atividades críticas; aumento da "sensação" de controle. O conhecimento das geotecnologias viabiliza um controle externo mais atuante por parte do TCU, seja pelo aumento da capacidade de proposição de ferramentas para a formulação de políticas públicas, seja pelo aumento da capacidade de avaliação de políticas públicas instituídas. Nesse sentido, a realização deste piloto confirma a viabilidade técnica e o potencial de utilização das geotecnologias de análise multicritério nessas duas dimensões. Os próximos passos deste trabalho de pesquisa incluem a avaliação de outras geotecnologias e a análise da sua incorporação como ferramentas de controle externo.[14]

Não se pode ignorar, finalmente, ainda no teor da potencialização das ferramentas para a detecção de desvios, o fundamental *relacionamento interinstitucional* entre as diversas entidades do Estado responsáveis pelo controle da corrupção. É simples denotar que a troca de informações e experiências aumenta a eficiência e evita retrabalhos do poder público. A união de diferentes inteligências, de acordo com as especialidades de cada entidade, também maximiza resultados de controle.

> Logo, se a relação entre órgãos de controle e a troca de informações maximiza resultados e redunda em maior eficiência nas atividades do setor público, pode-se afirmar que não existe somente uma oportunidade, mas uma obrigação de inter-relação institucional.

---

[14] BERBERIAN, C. F. Q.; VIEIRA, R. R. T.; DIAS FILHO, N.; FERRAZ, C. A. M.; NOBREGA, R. A. A.. Análise multicritério geográfica como ferramenta para aumentar a eficiência do controle externo. Artigo científico apresentado no Encontro Técnico Nacional de Auditoria de Obras Públicas ENAOP 2015.

As instituições devem prever mecanismos que incentivem e demandem relações entre os diversos agentes institucionais de controle. É, nesse sentido, inócuo falar de sucesso de relações institucionais sem admitir que as empresas, órgãos e instituições são formadas por pessoas. Relações institucionais, na realidade, são relações entre pessoas, que possuem interesse e afinidades congruentes ou antagônicas.

Os agentes públicos devem fomentar essa relação entre si. Reuniões periódicas para identificação e reconhecimento de mútuos interesses – em empatia necessária para o estreitamento institucional – fazem parte das obrigações dos representantes governamentais de controle em seu dever de eficiência em seus olhos para a boa administração. Bons entendimentos de dirigentes de corporações ensejam boa relação institucional. Existirá a facilitação de tal relação quando se identifica e se fomenta a sinergia de interesses.

6.3.3 Responsabilização

O último requisito no trinômio de combate à corrupção é a Responsabilização. Pouco efetivas seriam a prevenção e a detecção sem instrumentos adequados de identificar os responsáveis e cobrarem-lhes as devidas consequências.

Desvios identificados, mas não punidos, têm amplificado o seu potencial lesivo. Tendo em vista a "era do conhecimento" e a maior cobrança pela sociedade (muito mais informada), a mora na responsabilização na atualidade tem um poder muito maior de disseminar sentimento de impunidade, em contrafluxo à prevenção desejada.

A responsabilização pode ser desmembrada em termos das seguintes providências:

- identificação dos responsáveis;
- aplicação de penalidades;
- recuperação de perdas;
- agilidade nos processos de recuperação e penalização;
- informação a outras agências de controle;
- informação das consequências à sociedade.

As três primeiras podem ser consideradas os pilares da responsabilização. A identificação dos responsáveis, a aplicação das penalidades e a recuperação das perdas redundam em consequências reais aos agentes. A expectativa dessas punições, geradas pelo exemplo de outras assemelhadas, é que gera a expectativa necessária inibidora de más condutas.

O primeiro desafio é a identificação de todos os responsáveis pela fraude – e, mais uma vez, incrementar a expectativa do controle. Quando existe algum proveito político de desvios, com indicação de apadrinhados a cargos-chave na estrutura de determinada entidade pública, é complexa a identificação processual do real "mandante" da fraude. Entremeiam-se empresas, laranjas e pagamentos fraudulentos que dificultam a persecução do rastro. Nessa linha, novamente, as ferramentas tecnológicas, mormente as de TI, assumem um protagonismo investigativo. Em caso de se tratar de fraude financeira, o dinheiro pago por determinado serviço tem de percorrer caminhos, geralmente de empresa para empresa, para chegar até os respectivos beneficiários. A mineração de inter-relações entre empresas e pessoas, tendo em vista os dados estruturados e não estruturados dispersos na rede digital, viabiliza o pareamento de relações diversas entre as empresas e inter-relações dos respectivos agentes, tornando mais eficaz a responsabilização, em termos de "hierarquia" decisória.

As penalidades também devem ser suficientes para desencorajar os corruptos; e a recuperação de perdas deve ser tempestiva e eficiente. Penas muito brandas tendem a ser "compradas"; e dívidas não cobradas ou guardadas por longo tempo chamam à inadimplência. Ou: vale a pena incorrer em determinada conduta proibida, pois mesmo com risco de ser pego, a consequência será leve.

> As multas devem ser suficientemente duras para, com justeza, coibir a fraude. As dívidas devem ser rapidamente e eficazmente cobradas.

Sobre as três demais vertentes da responsabilização – a agilidade dos processos, informação a outras agências de controle e publicação à sociedade – trata-se de medidas potencializadoras das três primeiras; e nem por isso menos importantes.

Processos ágeis, em aspectos processuais e materiais (com a utilização de processos eletrônicos, por exemplo), são fortalecedores do respeito às leis. Punições letárgicas abrandam o aspecto coibidor da pena. A ineficiência estatal em ressarcir o prejuízo que lhe foi imposto e a morosidade de dar consequência penal a agentes faltosos são fortalecedores da sensação de impunidade. *Responsabilizar bem é também, portanto, responsabilizar rápido.*

Condutas fraudulentas, ademais, normalmente angariam um rol de consequências não todas associadas a uma mesma instituição de controle. Implicações administrativas, penais, civis, tributárias, etc., devem – todas – ensejar a devida consequência. A responsabilidade, para ser justa e coibidora, tem de ser completa. A *informação aos demais órgãos de controle*, além de boa prática responsabilizadora, é obrigatória.

> A troca de informações entre as agências de controle, além de potencializar a detecção de fraudes, é medida necessária para a completude da justa responsabilidade dos agentes faltosos, ampliando o caráter inibidor da responsabilização.

Finalmente, a responsabilização, para ser completa, mormente em seu caráter educativo e preventivo para a sociedade, deve ter a devida *publicidade* – respeitada a intimidade e a honra legalmente previstas. Não se trata de ação midiática ou espetaculosa, em alarido inútil. Trata-se da prestação de contas aos donos do negócio (o cidadão) sobre as consequências da má aplicação do seu dinheiro e interesses, bem como o fortalecimento da mensagem à sociedade de que a corrupção terá consequências. Tal fato é fundamental para a geração e na confiança do cidadão em suas instituições.

> O contato com a imprensa, veículo de informação à sociedade, em prestação de contas sobre as consequências de ação fraudulenta, é fortalecedor das instituições e, nesse sentido, da própria democracia republicana.

Deve-se reconhecer o poder do cidadão na democracia. Quando decisões a serem tomadas no combate à corrupção e ao bem difuso do interesse coletivo contrariam os detentores do poder, as instituições de controle carecem, também, de força para fazer o que tem de ser feito. Os agentes de controle carecem de respaldo para, amparados pelos olhos e pela fiscalização da sociedade, promoverem a justa responsabilização dos malfeitos identificados. É bom para a democracia, em face da fiscalização popular das necessárias penalizações pela corrupção, como também para a fortaleza da expectativa do controle, que assim o seja.

6.4 Os programas de integridade e o "paradoxo" do *compliance*

Em razão das consequências nefastas dos desvios de conduta de seus agentes, as organizações, como demonstrado, carecem de ter mecanismos coibidores do trabalho e da gestão do interesse individual sobre o interesse corporativo. Também devem zelar pela criação de providências que "vacinem" os processos de trabalho e as decisões de seus gestores, de erros, mesmo que cometidos de boa-fé.

O pensamento natural é o seguinte: se, pela experiência, existe uma melhor maneira de se executar uma atividade, de forma a mais bem prevenir riscos e que comprovadamente seja mais eficiente, seria de consenso padronizar tal processo de trabalho, perenizando a experiência organizacional para que todo e qualquer agente pratique aquela mesma atividade.

Esse justamente é o raciocínio do *compliance*. Trata-se de regras e mecanismos organizacionais, objetivamente definidos, tendentes a evitar desvios de conduta, erros, e a fomentar boas práticas, maximizando a eficiência organizacional.

O termo *compliance* advém do verbo em inglês *"to comply"*, relativo a agir de acordo com determinada regra, norma interna ou atendimento a um comando. *"Being in compliance to"* significa estar em conformidade com as regras.

Organizações – e o próprio Estado – tendem a criar regras para garantia da melhor conduta de seus agentes. Quanto maior é a organização, quanto maior a delegação de competências nos processos de trabalho e quanto menor a capacidade do "dono do negócio" de cuidar dessas melhores práticas, maior é a necessidade de criar regrar de boa conduta e providências para fiscalizá-las.

> De forma mais ampla, o *compliance* é o conjunto de mecanismos internos organizacionais destinados a avaliar, acompanhar e monitorar o alinhamento organizacional a um modelo de conduta tendente a maximizar os objetivos finalísticos da organização.

Em paralelo com o axioma da Governança, que são as estruturas, mecanismos e práticas organizacionais que visam a garantia do alinhamento dos agentes aos interesses dos principais, o *compliance* seria a atividade pela qual os mecanismos de governança para a finalidade do negócio são colocados em prática. Seria os instrumentos formalmente instituídos para o alinhamento dos processos institucionais aos melhores padrões para o atendimento dos seus objetivos.

Mecanismos institucionais de *compliance* (ou de integridade, em razão do alinhamento à norma ou regra específica) foram primariamente experimentados nas instituições bancárias. Internacionalmente, desde os primórdios dos anos 70, com a criação do Comitê de Basileia para Supervisão Bancária, procurou-se fortalecer o sistema financeiro por meio da maior conceituação sistemática de suas atividades, parametrizando-as pelas boas práticas financeiras e munindo-as de procedimentos prudenciais na sua atuação. Iniciava-se o processo para a tentativa de saneamento do sistema financeiro internacional. Fatos relevantes no cenário mundial, como o ato terrorista nos EUA em 2001 e os escândalos financeiros em Wall Street em 2002, despertaram a necessidade de regulamentações ainda mais efetivas e rapidamente aplicáveis em todos os países, a fim de gerir os riscos aos quais as instituições estão sujeitas.[15]

Houve, assim, a necessidade e restabelecer a confiança das instituições perante aos clientes e fornecedores. Os bancos, na prática, foram compelidos a empreender mudanças, com maior transparência corporativa e travas a condutas nefastas de seus agentes. Iniciou-se uma reestruturação estratégica, organizacional e tecnológica para fazer frente a essas mudanças.

Segundo a Febraban,[16] o *compliance* corporativo: evita os custos da não conformidade e aumenta a habilidade das instituições em satisfazer as necessidades dos seus clientes.

> De forma mais ampla, o *compliance* é o conjunto de mecanismos internos organizacionais destinados a avaliar, acompanhar e monitorar o alinhamento organizacional a um modelo de conduta tendente a maximizar os objetivos finalísticos da organização.

---

[15] FEBRABAN. Função do *Compliance*. Federação Brasileira de Bancos. Coleção infi – Instituto FEBRABAN de Educação. p. 7. Disponível em: <http://www.febraban.org.br/funcoescompliance.pdf>.

[16] FEBRABAN. Função do *Compliance*. Federação Brasileira de Bancos. Coleção infi – Instituto FEBRABAN de Educação. p. 7. Disponível em: <http://www.febraban.org.br/funcoescompliance.pdf>.

O *compliance* remete a padrões. Programas de conformidade (ou integridade às melhores práticas, como também são chamados) tendem a garantir processos de trabalho na linha padronizada de maiores resultados, em face de estudo prévio de riscos nos processos internos.

> Na Administração Pública, a conduta do administrador é pautada pela lei. Regras coibidoras de más condutas ou fomentadoras de boas práticas são consubstanciadas por leis, normas e regulamentos.

Em silogismo simples decorrente da afirmação, a sociedade, sempre que exposta a chuvas de notícias de corrupção, de incompetência e de má prestação de serviços públicos, demanda mais e mais respostas dos agentes do Estado e mesmo do Controle. Comumente, o retorno é dado com a criação de mais regras, de mais leis, de mais travas.

Com mais regras, maior é a dificuldade – em tese – da ocorrência de conduta faltosa, e mais se tolhe, na contramão, a liberdade individual de agir. O efeito por vezes é contrário à função precípua da norma. Excessos legislativos, em engessamento desproporcional da capacidade de o agente público decidir, pode gerar a perda de eficiência estatal, pelo tolhimento da capacidade administrativa. E esse, precisamente, é o *paradoxo do compliance*.

Faz-se pertinente retornar, nesse caminho, a algumas conclusões já esboçadas nesta obra sobre o impacto da "Era Digital" na Administração Pública e na forma de interpretar o Direito Administrativo:

> É justamente no caráter pouco mutável do arcabouço normativo, frente a um mundo e necessidades cada vez mais voláteis, aliado a uma tradição positivista de possibilidades jurídicas, o primeiro embargo à Administração Pública em arcar, com eficiência, de seus deveres constitucionais. Contrapõem-se a legitimação legal da transferência do poder estatal a um órgão específico (e a pessoa específica) para atender as necessidades dos administrados, com uma realidade cada vez mais mutável e de necessidades emergentes";

> Tal visão mais ampla do arco legal dentro da Administração Pública não é unicamente dos juízes; mas pelo contrário: inicia pelos próprios gestores, o primeiro aplicador (e julgador) da lei. No dia-a-dia administrativo, na resolução de problemas do Estado e da sociedade, os representantes da Administração Pública devem estar preparados para atuar dentro da Lei, de forma ampla. Se a Lei é imbróglio para resolução de determinada satisfação do administrado (meio para o atingimento das finalidades), possivelmente aquela não seria a sua melhor interpretação.

Se a Lei não prevê estrutura administrativa para o cumprimento de determinada ação social, dela não pode o administrador servir-se de guarida para a sua ineficiência;

Diríamos, então, que a "nova" Administração Pública Digital deve ser o meio pelo qual o Estado deve se estruturar para, frente a um ambiente volátil e diante da disponibilidade crescente de ferramentas, adimplir com as suas obrigações e ter capacidade de mais eficientemente atender os "novos" anseios de seus administrados. Se os direitos fundamentais, como a saúde, segurança e educação (além dos direitos supra individuais como sustentabilidade e equilíbrio fiscal), acompanham as novéis possibilidades tecnológicas, o estado há de estruturalmente ter capacidade de atendê-los, em uma visão mais ampla das limitadas possibilidades normativas.

As regras de *compliance* não são um fim em si própria; e nem metaprocessos. Elas possuem uma finalidade – esta, sim, a ser privilegiada. A perda dessa visão pode resultar na perda de eficiência do dever Estatal de prover seus cidadãos de seus direitos fundamentais, cujas necessidades específicas são tão volúveis e dinâmicas como elásticas são as transformações culturais e sociais dos tempos atuais.

O poder público, nesse sentido, tem de conseguir, diante do espectro normativo que lhe norteia, ter a capacidade de dinamicamente ser eficiente desse dilema, com maior capacidade de tomada de decisões. O aumento da discricionariedade, nessa dinâmica, parece condição para legitimação do Estado.

Já foi visto que maior liberdade exige maior responsabilidade, com capacitação (ética e técnica) condizente com o poder discricionário conferido. Liberdade é por demais arriscada nas mãos de gestores mal preparados ou mal-intencionados.

A primeira repercussão dessa dicotomia é que em situações de lacunas de capacidade administrativa, seja mais vantajoso oferecer menor número de possibilidades ao administrador, com maior leque de estruturas de *compliance* a mitigar o risco. Tal dilema pode ser aplicado em qualquer estrutura gerencial.

Do discorrido, parecem lógicas as conclusões esboçadas na Figura 8, a seguir:

Figura 8 – Balanceamento de responsabilidades do gestor público, conforme o nível de controle, capacidade e integridade

Maiores responsabilidades pessoais são exigidas dos gestores quando assumem um maior número de decisões discricionárias.

Mas a pergunta ainda persiste: como é possível adotar medidas de fomento à boa administração e de combate à corrupção ao mesmo tempo em que se privilegia a discricionariedade e a juridicidade do direito, em privilégio aos fins?

Foi demonstrado que quanto mais complexa e diversificada é a atividade estatal, mais os processos de trabalho – e eminentemente as suas motivações – exigirão ação especializada dos respectivos agentes. Quanto mais intricado o processo, mais difícil também será a missão de aferir-lhe a devida correção.

A existência e o fortalecimento de um *Controle*, com a devida especialização para se constituir como as lentes adequadas para, com capacidade e experiência, enxergar e traduzir a motivação (ou mesmo a fraude) para a população é a solução de tal equação. É a resposta republicana para viabilizar o aumento do dinamismo decisório necessário ao aumento da eficiência dos serviços prestados pelo Estado.

Para tal, há de se contar com uma especialização condizente a cada meandro da atividade estatal, bem como mecanismos céleres para identificação de "desvirtuamentos interpretativos" das discricionariedades necessárias para o exercício da atividade administrativa na "Era Digital".

Tem de contar, assim, com *ferramentas tecnológicas suficientes a viabilizar um controle concomitante, preditivo e tempestivo, fincado em indicadores*. Esta é a maneira de equalizar uma administração (e interpretação normativa) pautada em princípios com o necessário contrapeso de juridicidade aqui defendido. *Sem o fortalecimento de uma instituição pública capacitada para entender a linguagem das diversas especialidades administrativas e viabilizar uma ação estatal em direção da juridicidade (nem tanto na legalidade estrita), a eficiência e legitimidade do Estado tornam-se comprometidas.*

Segue quadro sequencial intuitivo, que adequadamente conclui este capítulo:

Referências

BERBERIAN, C. F. Q.; VIEIRA, R. R. T.; DIAS FILHO, N.; FERRAZ, C. A. M.; NOBREGA, R. A. A. Análise multicritério geográfica como ferramenta para aumentar a eficiência do controle externo. Artigo científico apresentado no Encontro Técnico Nacional de Auditoria de Obras Públicas ENAOP, 2015.

BRASIL. Tribunal de Justiça de São Paulo. Relator: Desembargador Cardoso Rolim. *Revista de Direito Administrativo*, p. 134. *Apud* MEIRELLES. *Direito Administrativo Brasileiro*.

FEDERAÇÃO BRASILEIRA DE BANCOS – FEBRABAN. *Função do Compliance*. Coleção infi – Instituto FEBRABAN de Educação. p. 8. Disponível em: <http://www.febraban.org.br/funcoescompliance.pdf>.

FREITAS, Ney Nosé de. *Ato administrativo*: presunção de validade e a questão do ônus da prova. Prefácio Romeu Felipe Bacellar Filho. Belo Horizonte: Fórum, 2007. p. 59-60.

INTERNATIONAL ORGANIZATION OF SUPREME AUDIT INSTITUTIONS – Intosai; United Nations – UN. Collection of Important Literature o Strenghthening Capacities of Supreme Audit Institutions on the Fight against Corruption. ST/ESA/PAD/SER.E/193. Disponível em: <http://www.intosai.org/fileadmin/downloads/downloads/4_documents/publications/eng_publications/E_UN_INTOSAI_Joint_Project.pdf>. out. 2013. p. 60-63.

NARDES, João Augusto Riberio. *Governança pública*: o desafio do Brasil. Prefácio de Jorge Gerdau Johannpeter. Belo Horizonte: Fórum, 2014. p. 167-171.

PROJETCT MANEGMENT INSTITUTE – PMI. *Um guia do conhecimento em gerenciamento de projetos* (guia PMBOK). 5. ed. São Paulo: Saraiva, 2014. p. 344-345.

ZANCANER, Weida. *Estudos em homenagem a Geraldo Ataliba*. São Paulo: Malheiros, 1997.

Informação bibliográfica deste texto, conforme a NBR 6023:2002 da Associação Brasileira de Normas Técnicas (ABNT):

CAVALCANTE, Rafael Jardim. Legalidade: combate à corrupção e *compliance* na "Era Digital". In: OLIVEIRA, Aroldo Cedraz de (Coord.). *O controle da administração na era digital*. Belo Horizonte: Fórum, 2016. p. 337-377. ISBN 978-85-450-0176-8.

APÊNDICES

CASES INOVADORES NO TCU

Apêndice A – Laboratório de Inovação e Coparticipação (coLAB-i)

Apêndice B – O uso de *Analytics* no TCU: modelo preditivo para estimar o risco de ocorrência de conluio entre a unidade gestora e o fornecedor

Apêndice C – Fiscalização realizada com vistas ao mapeamento e classificação de riscos associados às transferências voluntárias por meio da metodologia CRISP-DM

Apêndice D – Fiscalização realizada nas obras de esgotamento sanitário nos municípios a serem beneficiados pelo Projeto de Integração do Rio São Francisco (PISF)

Apêndice E – Levantamento operacional realizado para examinar as políticas públicas de inclusão digital

Apêndice F – Projeto de Fiscalização Contínua

Apêndice G – Projeto Geocontrole

Apêndice H – Laboratório de Apoio ao Controle Externo (LabContas)

Apêndice I – Avaliação do financiamento do desenvolvimento regional

Apêndice J – Sistema de Auditoria de Orçamentos (SAO 2.0)

Apêndice K – Nuvem Cívica: a plataforma TCU de serviços de dados para apoio aos Aplicativos Cívicos

Apêndice L – Algoritmos cognitivos para o Controle Externo

Apêndice M– Serviços digitais através de dispositivos móveis no TCU

Inovar é uma necessidade de grande importância para as instituições públicas que querem caminhar alinhadas às tendências tecnológicas e almejem alçar posições de relevo em seus negócios.

Sendo o ponto de partida para o atingimento de inúmeros resultados, a inovação proporciona relevante fortalecimento institucional, juntamente com uma vivência moderna, conectada e sustentável. E mais: gera valor econômico, impulsiona e aprimora a capacidade de fiscalização e de controle, além de possibilitar novas descobertas e potencializar posições de liderança.

Para facilitar o alcance desses resultados, o Tribunal de Contas da União inaugurou em julho de 2016 o Laboratório de Inovação e Coparticipação (coLAB-i), instrumento fundamental para fomentar e dar suporte às unidades técnicas no desenvolvimento de projetos inovadores.

Além da própria iniciativa de criação do coLAB-i, inédita em instituições de controle em nível mundial, este apêndice apresenta alguns *cases* de inovação bem-sucedidos no âmbito do TCU, a exemplo do cruzamento e da análise de dados em fiscalizações, e descreve a natureza técnica dos processos envolvidos, de modo a contribuir para a disseminação das boas práticas de controle externo e de incentivar o debate acerca dos temas em apreço.

APÊNDICE A

LABORATÓRIO DE INOVAÇÃO E COPARTICIPAÇÃO (COLAB-I)

Em 2015, a Organização para a Cooperação e Desenvolvimento Econômico (OCDE) apresentou na publicação *Government at a Glance*[1] diversos indicadores que possibilitam uma visão geral do desempenho do setor público entre os países membros da organização (OCDE, 2015). Em sua quarta edição, o relatório aponta que muitos países ainda enfrentam grandes desafios econômicos. Reformas e outros programas essenciais precisam sobreviver num contexto de investimentos públicos limitados. Ao mesmo tempo, é necessário enfrentar desafios extremamente complexos como, por exemplo, sustentabilidade e mudanças climáticas. A desigualdade social mantém excluída grande parte da sociedade, mesmo com os benefícios alcançados pelo recente crescimento econômico.

Além disso, enfrentar os desafios postos num cenário onde a confiança do cidadão no setor público está cada vez menor deixa a tarefa ainda mais árdua. Os cidadãos têm expectativas em relação aos serviços prestados pelo governo e questionam como nunca a qualidade das políticas públicas implementadas. As redes sociais estimulam o engajamento e a iniciativa privada ocupa espaços antes exclusivos dos órgãos públicos. Em contrapartida, aumentam as restrições orçamentárias e a pressão fiscal. Nesse cenário adverso, é necessário fazer mais com menos.

---

[1] *Government at a Glance 2015: A dashboard of key indicators to help you analyse international comparisons of public sector performance.* Disponível em: <http://www.oecd.org/gov/govataglance.htm>.

Para solucionar problemas complexos do mundo moderno, a sociedade espera do setor público soluções tão ou mais efetivas que as providas pelas melhores empresas do setor privado. Pessoas criativas, com mentes brilhantes, existem em todo lugar, porém, no setor público, a burocracia acaba impedindo que boas ideias sejam implementadas e convertidas em soluções. A barreira burocrática precisa ser vencida para que órgãos públicos possam transformar criatividade em inovação.

Segundo Tim Brow, CEO da empresa de design Ideo,[2] a capacidade de inovar depende da habilidade de se desenhar soluções que atendam necessidades humanas, que tenham modelo de negócio viável e que sejam implementáveis com tecnologia acessível. A inovação só se torna, de fato, solução quando efetivamente implantada e em funcionamento.

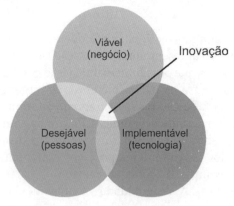

Figura 1 – Diagrama sobre a capacidade de inovação

A pergunta que se apresenta, portanto, é como catalisar a criatividade entre os servidores púbicos para que soluções inovadoras sejam regra e não exceção. Como o governo pode se preparar para enfrentar os desafios presentes e os que surgirão no futuro?

De acordo com estudo publicado pela organização britânica Nesta,[3] fomentar inovação em instituições governamentais requer time dedicado, qualificações e métodos específicos, e um suporte político

---

[2] Disponível em: <https://www.ideo.com/about/>. Acesso em: 04 out. 2015.
[3] *i-teams: The teams and funds making innovation happen in governments around the world* - Disponível em: <http://www.nesta.org.uk/sites/default/files/i-teams_june_2014.pdf>

consistente. Em todo o mundo, surgem laboratórios de inovação, dentro ou fora dos órgãos públicos, com a missão de serem os catalisadores da mudança na esfera governamental (Figura 2).

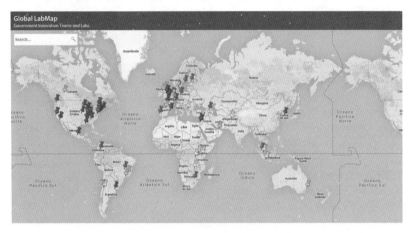

Figura 2 – Laboratórios de inovação ao redor do mundo[4] Fonte: Nesta (2015)

Os laboratórios de inovação em governo têm modelos de funcionamento, estruturas e propósitos bastante diversificados, mas pelo menos um objetivo esses times têm em comum: remover barreiras para fazer a inovação acontecer. Eles assumem diferentes funções: desde o desenvolvimento de novas tecnologias a prestação de consultoria em metodologias de inovação, incluindo também desenho de políticas públicas mais eficientes.

Em 2015, o TCU criou em sua estrutura o coLAB-i,[5] laboratório responsável por disseminar inovação no Tribunal e, assim, ajudá-lo na sua missão de aprimorar a administração pública em benefício da sociedade, fomentando a criatividade dos servidores, estimulando a colaboração e o foco no cidadão, estabelecendo parcerias e compartilhando conhecimento.

Em 2013, o *Parsons Desis LAB*,[6] um laboratório de pesquisa que trabalha aplicando conhecimento interdisciplinar para gerar práticas

---

[4] Para mais informações, visite: <http://www.nesta.org.uk/blog/world-labs>.
[5] Disponível em: <http://www.tcu.gov.br/inovatcu>. Acesso em: 04 out. 2015.
[6] Disponível em: <http://www.newschool.edu/desis>. Acesso em: 04 out. 2015.

sustentáveis e inovação social, apresentou um mapa[7] para ilustrar e monitorar o crescimento de laboratórios de inovação no governo pelo mundo. Nele, é apresentada uma taxonomia dos serviços comumente prestados por laboratórios. A partir dessa taxonomia, o coLAB-i organizou suas atividades, conforme apresentado na Figura 3.

Por que existimos?
• Disseminar a inovação no TCU em benefício da sociedade.

Como fazemos?
• Fomentando a criatividade, estimulando a colaboração, com foco nas pessoas, estabelecendo parcerias e compartilhando conhecimento.

O que fazemos?
• Pesquisa. Suporte ao desenvolvimento de estudos focados em tecnologias emergentes, como análise de dados, big data e georreferenciamento;
• Comunicação. Promoção de eventos e publicações para fomentar a incorporação de novas tecnologias;
• *Networking*. Criação de conexões entre diversos atores para construção de soluções *smart* e *mobile*;
• Capacitação. Desenvolvimento de aptidões e competências para ampliar o aprendizado corporativo e melhorar a qualificação de órgãos públicos, cidadãos e organizações não governamentais;
• Desafio. Promoção de competições e concursos para fomento de ideias e desenvolvimento de projetos inovadores com colaboração de diversos atores;
• *Design*. Fomento à utilização da abordagem de *design thinking* para definir problemas e desenvolver soluções e serviços;
• Prototipação. Apoio ao desenvolvimento de testes e protótipos de novas abordagens em auditoria antes de implementação em larga escala.

Figura 3 – *Golden Circle*[8] do Laboratório de inovação do TCU

---

[7] Disponível em: <http://nyc.pubcollab.org/files/Gov_Innovation_Labs-Constellation_1.0.pdf>. Acesso em: 04 out. 2015.
[8] Veja mais informação sobre Golden Circle em: <http://www.youtube.com/watch?v=POfQlg0V0Cc>. Acesso em 04 out. 2015.

Desde sua criação, o coLAB-i apoia as unidades do Tribunal no desenvolvimento de projetos inovadores, garantindo a gestão do conhecimento de soluções desenvolvidas, coordenando ações de cooperação e promovendo ações de capacitação e eventos. A Figura 4 apresenta várias iniciativas inovadoras que estão em andamento no TCU e que são apoiadas pelo laboratório. É importante ressaltar que o coLAB-i não é o responsável pelas iniciativas. O laboratório é um catalizador de soluções inovadoras e, para isso, presta suporte, apoio ou consultoria a diversas áreas do Tribunal que são responsáveis pelos projetos inovadores.

Dentre as iniciativas apoiadas pelo laboratório, algumas merecem destaque e serão citadas na próxima seção.

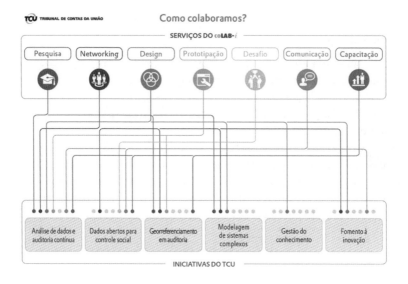

Figura 4 – Iniciativas de Inovação do TCU apoiadas pelo coLAB-i

Pesquisa

Para aproximar o TCU de tecnologias emergentes, foram assinados, em 2015, acordos de cooperação com o Instituto de Matemática Pura e Aplicada (IMPA), com o objetivo de identificar áreas de interesse em comum para realização de estudos em parceria, e com a Universidade

Católica de Brasília (UCB) para impulsionar o desenvolvimento de aplicativos cívicos (este projeto será descrito mais à frente).

Em 2016, o coLAB-i viabilizou o acordo de cooperação entre o TCU e a Fundação Universidade de Brasília (FUB) que aproximou as Secretarias de Fiscalização de Infraestrutura do Tribunal ao Departamento de Geografia da Universidade de Brasília (UnB). O objetivo da cooperação é gerar conhecimentos e produtos em processamento digital de imagens de sensores remotos para auxiliar o monitoramento e fiscalização pelo TCU de obras de engenharia e infraestruturas. Este acordo é uma das peças fundamentais que viabiliza o Projeto GeoControle (descrito nas sessões seguintes) e cujo propósito é avaliar e institucionalizar o uso de geotecnologias no TCU, aplicando-as a fiscalizações.

Prototipação

Na etapa atual do Projeto GeoControle, as tecnologias selecionadas estão sendo aplicadas em uma primeira auditoria, com foco em obras de infraestrutura ferroviária. Esse projeto também busca institucionalizar a ferramenta para uso em outros tipos de obras, assim como em outras áreas do controle.

O laboratório apoia o desenvolvimento de testes e protótipos de novas abordagens em auditoria antes de implementação em larga escala. Isso porque acredita que é necessário começar pequeno, aprender com os erros, e crescer rápido. Novas soluções devem ser experimentadas antes que maiores investimentos sejam realizados.

Comunicação

Com objetivo de despertar os servidores para novas possibilidades e estimulá-los a buscar alternativas para os problemas que encontram no dia a dia, o laboratório apoia a produção de eventos e publicações em temas relacionados a inovação e a tecnologias emergentes.

Uma dessas iniciativas é o Seminário de Análise de Dados da Administração Pública. Em setembro de 2015, numa parceria entre TCU e o Ministério de Transparência, Fiscalização e Controle (MTFC), aconteceu sua primeira edição. Servidores de órgãos diversos foram convidados a apresentar trabalhos desenvolvidos pela Administração Pública e seus resultados práticos durante os dois dias de eventos.

Em 2016, aconteceu a 2ª edição do Seminário de Análise de Dados da Administração Pública. Nessa edição, as apresentações foram selecionadas após chamada de trabalhos, já que a intenção era descobrir e selecionar outros autores que pudessem compartilhar ferramentas, técnicas utilizadas, resultados alcançados e lições aprendidas de trabalhos realizados com uso de análise de dados para aperfeiçoamento da Administração Pública. Durante dois dias, foram mais de 20 apresentações de casos práticos sobre aplicação de análise de dados para melhoria da gestão e do controle de entidades, programas e políticas públicas.

Também com o objetivo de estimular respostas inovadoras para os problemas atuais, o coLAB-i mantém uma coluna no jornal interno do Tribunal sobre inovação e colaboração. Semanalmente publica matérias sobre assuntos relacionados aos diversas temas de interesse do TCU a fim de provocar e aguçar a criatividade de seus servidores. Essas matérias também podem ser lidas na seção de Notícias do portal InovaTCU (http://www.tcu.gov.br/inovatcu). Os temas são bem variados e vão desde Design Thinking, Criatividade, Internet das Coisas, Marco Legal da Inovação até Análise de Dados e Georreferenciamento, entre outros. Qualquer pessoa do Tribunal pode enviar matérias para o laboratório que auxilia na sua divulgação.

Networking

Uma das prioridades do coLAB-i é fomentar o uso de análise de dados e o encontro de pessoas com expertise e interesse no assunto, iniciativa essencial para multiplicação de esforços. Com este objetivo, foi criada a primeira comunidade virtual de análise de dados do TCU que conta com a participação de mais de cem servidores. Neste ambiente virtual, servidores podem trocar informações sobre o assunto, divulgar notícias relacionadas, conhecer trabalhos que outros colegas estão desenvolvendo, além de ser uma ferramenta para ajudar a mapear interesse dos servidores.

Outra iniciativa que visa estimular a criação de networking entre os colegas do TCU é o evento Café com *Analytics*. A cada 15 dias, um servidor apresenta algum trabalho que faça uso de análise de dados e responde a perguntas com o objetivo de trocar experiências, divulgar técnicas experimentadas, conhecer outros colegas interessados no assunto. As apresentações duram 30 minutos e são seguidas por sessão de perguntas e respostas.

Desafio

Fomentar a realização de desafios é uma maneira que os laboratórios de inovação encontraram para engajar o público em torno de uma determinada ação. Este é o objetivo do coLAB-i ao apoiar ações como concursos, desafios e maratonas.

Em 2015, o TCU participou do 1º Hackathon dos Tribunais de Contas, em Recife, com envio de especialistas nos temas de controle externo. Além disso, o TCU participou do StartupGov, evento que fomentou o debate com o objetivo de aproximar o governo de especialistas ligados ao ecossistema de *startups*, com vistas à formação de rede para discussão de ideias e possibilidades de futuras parcerias para resolução de questões de interesse público.

Em 2016 o TCU lançou o edital do primeiro Desafio de Aplicativos Cívicos para estimular o controle social. Numa iniciativa inédita na Administração Pública, o TCU disponibilizou bases de dados públicas que foram tratadas e tornadas acessíveis a qualquer desenvolvedor de aplicativos. Este projeto será descrito com mais detalhes nas seções seguintes.

Para participar do desafio, os cidadãos desenvolveram aplicativos móveis nas plataformas Android ou iOS e publicaram em loja online de forma gratuita. O edital exigia que os aplicativos desenvolvidos fossem sobre um dos temas selecionados pelo Tribunal: saúde, educação e assistência social.

Design

A despeito de o conceito do *design* ser frequentemente associado somente à estética, à forma, a um desenho mais arrojado e, em certa medida, até futurista dos objetos, ele é e sempre foi muito mais do que isso.

Certamente quem se dedica a essa área precisa estudar os vários tipos de materiais, métodos de fabricação das coisas e economia, de modo a tornar sua produção viável e assimilável pelo mercado. Essa área de conhecimento, contudo, encontra seus principais fundamentos na Antropologia (estudo do homem e de seus comportamentos), mais especificamente na Antropometria (ramo da Antropologia que estuda as medidas e dimensões do corpo humano), na Ergonomia (estudo que visa à adaptação dos meios de trabalho ao homem), e mesmo na Psicologia (estudo dos processos mentais e do comportamento do ser humano e suas interações com o ambiente físico e social).

Isso porque as pessoas são o foco do *design*. Os objetos são desenvolvidos para solucionar os problemas delas, mas não se valendo do ponto de vista dos *designers*, do que acham que deve ser bom para os usuários dos produtos projetados. Ninguém sabe melhor de suas dificuldades, de suas dores, dos seus desafios, de quão árdua é sua jornada diária do que as próprias pessoas. Daí a necessidade desses profissionais desenvolverem a empatia para com os usuários, entenderem profundamente sua realidade, suas necessidades, para, então, se tornarem hábeis a conceber os "produtos".

A partir da percepção de que os ditos "produtos" nada mais são que meras interfaces de serviços, fica mais fácil entender a importância de serem modelados de acordo com quem os utiliza e seu contexto.

Recentemente uma nova abordagem foi incorporada por muitas empresas para fazerem frente ao desafio de manter os clientes satisfeitos com seus produtos e serviços. Começou-se, então, a disseminação da maneira de pensar do que hoje é chamado de "design thinking" (DT).

O *DT* promove uma visão holística do problema, centrada no ser humano. Outra vantagem desse processo é que ele se dá de forma iterativa, ou seja, as conclusões ou insights de uma fase retroalimentam a outra, num indo e vindo, aumentando a compreensão do problema, definindo-o melhor para melhor resolvê-lo. Por meio dessa metodologia vários atores envolvidos na situação são engajados num verdadeiro trabalho de coparticipação, de colaboração na construção de soluções inovadoras para o problema em questão.

Devido ao grande potencial de criar soluções inovadoras e efetivas para problemas complexos, melhorando a qualidade de vida do ser humano e, em consequência, da sociedade, a abordagem do *design* já está sendo empregada, louvavelmente, por órgãos de governo de vários países para o desenho de melhores políticas e serviços públicos. Entre tais países destacam-se Dinamarca, Irlanda, Austrália, Reino Unido, França, Alemanha, Singapura, Holanda e Estados Unidos.

É importante registrar que também no TCU já está sendo empregada a metodologia. Alguns projetos incorporam, no todo ou em parte, a referida abordagem, e estão previstos eventos de capacitação no tema. O intuito desses eventos é disseminar a prática para o redesenho de processos de trabalho, para a busca de soluções inovadoras dirigidas aos desafios enfrentados diariamente por esta Corte de contas, para tornar cada vez mais efetivos políticas e serviços públicos em benefício da sociedade.

A abordagem do DT compreende as etapas percorridas no processo do design: Imersão (ou Empatia), Definição do Problema, Ideação, Prototipação e Teste.

A Imersão ou Empatia é a primeira e mais importante das etapas do *design thinking*, tendo em vista que fundamenta todas as outras.

Na construção da empatia, a equipe deve conhecer interesses, dores e desafios de seu público alvo, fazer uma imersão em sua realidade, estudar comportamentos e suas razões, coletando todo tipo de informação que será útil no desenvolvimento do projeto. Há que se "ver" com as lentes das pessoas para as quais se está projetando.

Vale ressaltar que a experiência do usuário, preocupação constante do *design thinking*, abrange, tanto os clientes das organizações, quanto seus funcionários. A melhoria dos serviços prestados é determinada pelo seu desenho, aderente às necessidades dos clientes, mas também pela forma como são prestados.

A empatia contribui verdadeiramente para o crescimento das organizações, dos seus produtos e serviços e, principalmente, de quem se permite passar pela experiência de "calçar", ainda que por alguns momentos, "os sapatos de uma outra pessoa".

A segunda etapa dessa abordagem é a Definição do Problema. É necessário primeiro saber o que é que se busca solucionar para, então, se vislumbrar as oportunidades de atuação. Apesar de parecer um tanto ilógico que a definição do problema ocorra somente na segunda etapa de um projeto, isso ocorre porque no início do trabalho a equipe tem apenas uma vaga ideia do desafio a ser enfrentado. Muitas vezes, o problema a princípio apontado é meramente uma consequência de fatos ainda desconhecidos. Somente após ter passado pela primeira fase do *design*, ou seja, a da empatia ou imersão, é possível conhecer verdadeiramente o problema, detectar onde reside suas causas.

É de suma importância que se consiga enxergar o problema da perspectiva do usuário, assim como de outras pessoas envolvidas, e compreender o contexto, as razões de quem precisa da solução, as necessidades que deverão ser atendidas. A equipe deve mergulhar fundo no assunto, no propósito por trás da ação, coletando todos os aspectos que permeiam o tema, as influências do ambiente, seus atributos internos e externos.

Depois que o problema foi delimitado na segunda etapa – (Re) Definição do problema – e devidamente compreendido pela equipe, é chegada a hora de gerar ideias para solucioná-lo.

APÊNDICE A
LABORATÓRIO DE INOVAÇÃO E COPARTICIPAÇÃO (COLAB-I) | 391

Tendo como foco um desafio de cada vez, o principal objetivo da fase de Ideação é usar a criatividade e a empatia para desenvolver melhores e mais satisfatórias soluções. Todas as informações obtidas nas fases anteriores devem ser utilizadas para fundamentar e, principalmente, para provocar a produção de ideias. Torna-se imprescindível, portanto, que tais informações estejam acessíveis à equipe, de preferência em meios visuais e não em pilhas de papel.

Já que as atitudes, o pensamento e a colaboração das pessoas são influenciados pelo ambiente, é importante garantir um espaço inspirador para a ideação, que facilite o compartilhamento de ideias de modo livre, igualitário, sem julgamentos e, de preferência, longe das rotinas diárias dos participantes, para evitar distrações. Nesta fase, deverão integrar a equipe representantes dos vários grupos de atores mapeados na etapa da Empatia, de modo a trazer a diversidade de visões e experiências a respeito do tema, o que muito enriquecerá as propostas para resolvê-lo.

O convite feito às pessoas nesta etapa é "pensar fora da caixa". Mas, pedir a alguém que, diante de uma folha de papel em branco, elabore boas soluções para um problema, pode ter como resultado poucas e não muito criativas ideias. Para estimular a produção de ideias inovadoras, então, pode-se recorrer a várias técnicas, que deverão ser escolhidas de acordo com as características da equipe.

As ideias mais bem votadas na etapa de ideação deverão ser tangibilizadas, por meio de protótipos a serem produzidos de forma rápida, simples e com materiais baratos, para não elevar o custo do projeto nem gerar apego às ideias em desenvolvimento. Essa é a fase de Prototipação. Muitas vezes, durante a produção dos protótipos, é possível que a equipe já se depare com obstáculos e impossibilidades a princípio não vislumbrados, que poderão inviabilizar alguma das ideias ou trazer aprimoramentos a elas.

Os protótipos produzidos devem ser, então, submetidos a pessoas da equipe ou de grupos externos, para que os analisem mais profundamente, validando as ideias ou não, e contribuam para seu aperfeiçoamento. A ideia nessa fase é errar rápido para acertar mais rápido ainda, a baixíssimos custos.

Depois de o projeto passar pelas fases de empatia/imersão, (re) definição do problema, ideação e prototipação, é chegada a hora de colocar à prova as ideias geradas para validação junto aos usuários dos serviços/produtos e perante o mundo real. Esta última etapa da abordagem de *design thinking*, chamada de Teste, é crucial para o sucesso de um projeto. Isso porque, em vez de as ideias já serem implantadas em larga escala, elas deverão passar antes pelo crivo de um pequeno grupo de usuários reais, com o propósito de validá-las ou não.

Os protótipos produzidos na fase de prototipação não servem somente para materializar as ideias e para a equipe já promover alguns aperfeiçoamentos nelas. Eles também serão o meio para se atingir o objetivo de testar as ideias, receber feedbacks, descobrir problemas e, até mesmo, dar origem a novas alternativas para as soluções. Nesse sentido, o teste faz parte do processo de prototipação, que inclui rápidos ciclos de criação de soluções e de verificação se elas cumprem com seu potencial. Na fase de teste, as soluções devem ser sempre aprimoradas e refinadas até que todos seus aspectos problemáticos tenham sido removidos ou aperfeiçoados, ou até que não haja mais valores a serem agregados dentro do escopo e do contexto do projeto.

O coLAB-i, seguindo uma tendência mundial, fomenta a utilização da abordagem de *design thinking* para definir problemas e desenvolver soluções e serviços no Tribunal. Dentre as ações do TCU que já utilizaram a abordagem do *design thinking*, destaca-se a validação do modelo para seleção de objetos e ações de controle. Em 2015, foi desenvolvida pela Secretaria de Métodos e Suporte ao Controle Externo (Semec) e Secretaria-Geral Adjunta de Controle Externo (Adgecex/Dinpla) proposta de modelo para seleção de objetos e ações de controle, de modo a aperfeiçoar o processo de identificação de áreas críticas para a atuação do TCU e de definição de ações prioritárias. Na Figura 5 está um infográfico que representa as diversas fases do método.

Um teste piloto da metodologia foi realizado com a Secretaria de Fiscalização de Pessoal (Sefip), a Secretaria de Controle Externo da Administração do Estado (SecexAdministração) e a Secretaria de Controle Externo da Previdência, do Trabalho e da Assistência Social (SecexPrevidência). Como resultado do teste piloto, uma abordagem preliminar da metodologia foi definida de modo a incorporar as oportunidades de aprimoramento apresentada por seus participantes.

Com apoio do coLAB-i, foram realizadas diversas oficinas colaborativas destinadas a ampliar o envolvimento das unidades do tribunal no processo de definição e validação da metodologia em questão. Por meio da abordagem do *design thinking*, com a utilização de algumas ferramentas foram colhidas impressões sobre pontos positivos e negativos e sugestões de melhoria relacionados ao método, além de ideias para ajustar a metodologia baseado nas discussões ocorridas nas oficinas. Todas as informações colhidas nos *workshops* estão sendo utilizadas para o aprimoramento da metodologia proposta.

Figura 5 – Seleção de Objetos e Ações de Controle

Capacitação

> Mapa Estratégico do TCU – 2015 a 2021
> Objetivo: *Desenvolver capacidade organizacional ampla para trabalhar com recursos tecnológicos.*
> Iniciativas Estratégicas:
> 10. Ampliar o uso de Ciência de Dados;
> 11. Implantar plataforma móvel de processo eletrônico.

Figura 6 – Trecho extraído do Mapa Estratégico do TCU – 2015 a 2021

O Tribunal de Contas da União, em seu Plano Estratégico de 2015 a 2021,[9] reconhece a importância de desenvolver capacidade organizacional ampla para trabalhar com recursos tecnológicos emergentes e analisar grandes bases de dados (*big data*). Em seu mapa estratégico (Figura 6) um dos objetivos trata exclusivamente sobre esse assunto.

Além disso, o Tribunal possui em seu Plano de Diretrizes[10] o indicador "Índice de capacitação em análise de dados"[11] que avalia o percentual de servidores capacitados para trabalhar em análises de dados internas e externas ao TCU.[12] O Plano Diretor da Secretaria-Geral da Presidência (Segepres) estabeleceu como uma das ações prioritárias para 2015 a proposição de um programa de capacitação em análise de dados.

A tendência mundial de informatização leva ao aumento da quantidade de dados facilmente acessíveis e do poder computacional disponível para tratá-los. Assim, decisões que antes eram baseadas em

---

[9] BRASIL. Tribunal de Contas da União. Portaria-TCU nº 141, de 1º de abril de 2015. Aprova o Plano Estratégico do Tribunal de Contas da União para o período 2015-2021 (PET 2015-2021). Brasília, 2015.

[10] BRASIL. Tribunal de Contas da União. Portaria-TCU nº 54, de 23 de fevereiro de 2016. Altera a Portaria-TCU nº 130, de 27 de março de 2015, que aprova o Plano de Diretrizes do Tribunal de Contas da União (Plano de Diretrizes) para o período de abril de 2015 a março de 2017 e a distribuição, nos períodos avaliativos, dos valores das metas que compõem o resultado institucional. Brasília, 2016.

[11] A análise de dados encontra-se na confluência entre áreas de análise estatística, informática e conhecimento do negócio, o que requer a construção de equipes multidisciplinares nessas áreas para potencializar seus benefícios.

[12] 100 x ($\sum$ servidores capacitados $\div \sum$ servidores ativos).

experiência pessoal e conhecimento especializado, tendem a se apoiar em dados coletados e tratados de forma automática. Por isso, a análise de dados tem sido considerada pelas organizações públicas e privadas uma das principais competências a serem adquiridas na atualidade.

Em 2013, a Organização para a Cooperação e Desenvolvimento Econômico (OCDE) alertou para a importância de se investir nas competências relacionadas ao processamento de informação (*information-processing skills*).[13] Em 2014, a Organização das Nações Unidas (ONU), em relatório sobre a revolução dos dados (*data revolution*),[14] estabelece como uma das recomendações-chave a capacitação de servidores públicos, objetivando expandir seu conhecimento em análise de dados. Nesse mesmo ano, o relatório elaborado pelo *LinkedIn*, maior rede social de negócios do mundo, coloca *Statistical Analysis and Data Mining*, como a competência mais desejada e, no ano seguinte, a versão mais atualizada desse relatório afirma que tal competência situa-se entre as quatro mais relevantes em todos os países analisados.[15]

Em novembro de 2014, a ONU fez um chamamento urgente para ação em que estabelecia como uma das recomendações-chave a capacitação de servidores públicos, objetivando expandir a competência em análise de dados (*data literacy*[16] ou *information-processing skills*).[17]

Em março de 2015, o relatório do 23º Simpósio das Nações Unidas/INTOSAI,[18] sobre o papel das Entidades Fiscalizadoras Superiores (EFS)

---

[13] OECD. OECD Skills Outlook 2013: First Results from the Survey of Adult Skills, OECD Publishing. 2013. Disponível em: <http://dx.doi.org/10.1787/9789264204256-en> Acesso em: 03 ago. 2016.

[14] NAÇÕES UNIDAS. Data Revolution Group. A World that Counts: Mobilising the Data Revolution for Sustainable Development. 2014. Disponível em: <http://www.undatarevolution.org/wp-content/uploads/2014/11/A-World-That-Counts.pdf> Acesso em: 03 ago. 2016.

[15] LINKED IN. Official blog. The 25 Skills That Can Get You Hired in 2016. Disponível em: <http://blog.linkedin.com/2016/01/12/the-25-skills-that-can-get-you-hired-in-2016/> Acesso em: 03 ago. 2016.

[16] Para informações mais detalhadas, acesse: *Big Data Literacy: A New Dimension of Digital Divide, Barriers in Learning via Exploring "Big Data"* (http://www.irma-international.org/chapter/big-data-literacy/125051/).

[17] Nações Unidas. Data Revolution Group. A World that Counts: Mobilising the Data Revolution for Sustainable Development. 2014. Disponível em: <http://www.undatarevolution.org/wp-content/uploads/2014/11/A-World-That-Counts.pdf> Acesso em: 03 ago. 2016.

[18] NAÇÕES UNIDAS. 23e Symposium ONU/INTOSAI. 2-4 março 2015, Viena, Áustria. Disponível em: <http://www.intosai.org/fileadmin/downloads/downloads/5_events/symposia/2015_23rd_symposia/23_UN_INT_Symp_E_Final_Conclusions.pdf> Acesso em: 03 ago. 2016.

na Agenda 2030,[19] destaca-se a importância tanto da capacitação quanto do uso intensivo de análise de dados[20] (*data analytics*).

> "A capacidade de obter dados, processá-los, visualizá-los e comunicá-los, (...) será uma habilidade muito importante nas próximas décadas, não só a nível profissional, mas também no processo educativo (...). Porque agora nós realmente temos dados essencialmente livres e onipresentes. Assim, o fator complementar escasso é a capacidade de compreender os dados e extrair valor deles" Hal Varian, Economista-chefe do Google (traduzido de McKinsey & Company, 2016)[21]

A atividade de controle tem como insumo e produto a informação, elemento altamente dependente de tecnologia, de forma que o tratamento de dados e informações é condição indispensável para alavancar as atividades de controle. Por esse motivo, desenvolver capacidade organizacional ampla para trabalhar com recursos tecnológicos emergentes e analisar grandes bases de dados é condição imprescindível para ampliar a capacidade de fiscalização e, consequentemente, dar resposta às demandas apresentadas ao TCU.

A adoção de decisões baseadas em dados permite ganhos de produtividade e novas oportunidades de ação anteriormente inalcançáveis. Por isso, o Tribunal tem centrado suas ações em iniciativas desse tipo.

O TCU, assim como outras EFS, está investindo maciçamente na formação de equipes para alavancar a análise de dados em seus trabalhos de fiscalização. A instituição tem oferecido uma série de oportunidades e incentivos para que os servidores se desenvolvam nesse tema.

Com a finalidade suprir as lacunas de competência em análise de dados, o coLAB-i, com o apoio técnico da Secretaria de Gestão de

---

[19] A Agenda 2030 corresponde ao conjunto de programas, ações e diretrizes que orientarão os trabalhos das Nações Unidas e de seus países membros rumo ao desenvolvimento sustentável.

[20] Por exemplo, a aplicação de imagens de satélite ou o uso do sensoriamento remoto para ações de controle.

[21] MCKINSEY & COMPANY. Hal Varian on how the Web challenges managers. Disponível em: <http://www.mckinsey.com/industries/high-tech/our-insights/hal-varian-on-how-the-web-challenges-managers> Acesso em: 03 ago. 2016.

Informações para o Controle Externo (Seginf), desenvolveu e está ofertando programa educacional com as seguintes premissas:

a) Abrangência: o Tribunal entende que as competências em análise de dados são fundamentais em todas as suas unidades e, por esse motivo, as capacitações não serão restritas à Segecex, englobando todos os servidores do Tribunal;

b) Inclusividade: as ações educacionais serão planejadas de forma a alcançar servidores com diferentes níveis de proficiência no assunto, ou seja, serão ofertadas ações para os níveis de conhecimento básico, intermediário e avançado;

c) Alcance: visando atender às Secex nos Estados, será dada prioridade para ofertas na modalidade à distância;

d) Conveniência: as ações educacionais serão modulares e via de regra terão curta duração. Apesar de ser implícita a noção de progressão, os módulos poderão ser cursados com certa independência, de forma que os servidores possam melhor organizar suas necessidades de capacitação com outras demandas profissionais e pessoais;

e) Adaptabilidade: as iniciativas estão sendo planejadas de forma a atender um leque amplo de preferências na forma de aprender – aprendizagem individual ou em grupo, aprendizagem na sala de aula ou no trabalho, suporte de tutores ou autodidatismo; e

f) Apoio das chefias: as competências em análise de dados demandam tempo e dedicação para serem desenvolvidas e, por isso, é fundamental o apoio das chefias.

O Programa foi estruturado em duas trilhas principais e uma trilha complementar. Ao final da Trilha de Excel, o auditor será capaz de manipular informações digitais de maneira proficiente, permitindo que planeje e execute trabalhos de auditoria de dados em ambientes estáveis e com regras de negócio bem definidas. Ao final da Trilha R, o auditor será capaz de manipular e analisar informação digitais usando técnicas estatísticas e de mineração de dados, o que permitirá planejar e executar modelos probabilísticos de auxílio à seleção de objetos de controle, trabalhos de auditoria de dados em ambientes complexos, descrição estatística dos objetos de controle e automatização do processo de acompanhamento contínuo de irregularidades. Importante ressaltar que, na forma como o Programa foi estruturado, apenas a Trilha R permite que o servidor alcance os Tópicos Especiais em Análise de Dados, onde aprenderá sobre as técnicas de clusterização, classificação, regressão, detecção de anomalias, mineração de texto, entre outros. As Ferramentas Complementares têm como finalidade fornecer competências que apoiem as duas trilhas principais, por exemplo, um servidor que tenha conhecimentos em estatística estará mais apto para extrair valor da informação independente da trilha seguida.

Na Figura 7, apresenta-se o infográfico que foi utilizado para comunicar o Programa[22] para os servidores do Tribunal.

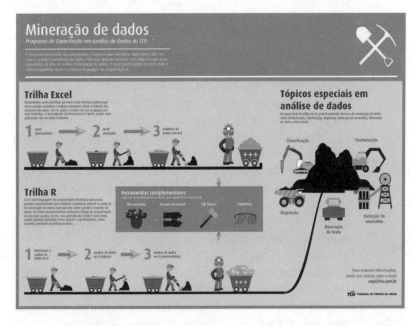

Figura 7 – Infográfico utilizado para comunicar o Programa de Capacitação em Análise de Dados para os servidores do TCU.
Fonte: Secretaria de Comunicação do TCU (Secom/TCU)

Com base nessa proposta inicial, foram desenvolvidos uma série de cursos relacionados com a temática de análise de dados. A seguir, uma lista não exaustiva das ações desempenhadas.

---

[22] Além desse Programa, foi incentivada a participação de servidores em ações educacionais oferecidas pelo mercado. Por exemplo, foi dada autorização para a participação em eventos externos de 6 servidores para que cursassem o *Analytics Edge*, do *Massachusetts Institute of Technology* (MIT), que tem entre 120 e 180 horas de carga.

Tabela 1 – Exemplos de ações educacionais promovidas no âmbito do Programa de Capacitação em Análise de Dados (2015-2016)

NOME	CH	PÚBLICO	MATR.[23]	OFERTA	TURMAS[24]
Análise de dados com enfoque prático: básico	40	TCU	20	Presencial	1
Análise de dados com enfoque prático: intermediário	68	TCU	20	Misto	1
Análise de dados aplicada ao controle	10	TCEs	40	Presencial	1
Análise de dados no R	10/15	TCU	30+70	Distância	2
Excel avançado aplicado ao controle	30	TCEs/TCU	30	Distância	5
SQL básico aplicado ao controle	24	TCU	15	Presencial	1
SQL básico aplicado ao controle[25]	50	TCU	0	Distância	0
Estatística básica aplicada ao controle[26]	40	TCU	0	Distância	0
Introdução ao *Qliksense*	8	TCU	26	Presencial	1
Modelagem geográfica de corredores[27]	1	TCU	10	Presencial	1

---

[23] Número de matrículas.

[24] Tanto os valores para turmas do Café com *Analytics* quanto de Excel tratam-se de estimativas feitas em agosto para o final de 2016.

[25] Ainda em desenvolvimento em agosto de 2016.

[26] Ainda em desenvolvimento em agosto de 2016.

[27] Nome completo: Modelagem geográfica de corredores para otimização do estudo de viabilidade técnica, econômica e ambiental de segmentos ferroviários.

Além das ações educacionais descritas anteriormente, foram desenvolvidas uma série de ações complementares. Por exemplo, a aquisição de livros sobre análise de dados pela biblioteca física do TCU e assinatura de serviços para biblioteca virtual. Além disso, o TCU obteve a autorização do MEC para ofertar o curso de pós-graduação em Análise de Dados para o Controle.

No início do ano de 2016, foi elaborado o Diagnóstico de Competências em Análise de Dados. Esse diagnóstico teve os seguintes objetivos: fundamentar as ações do Programa (2016 e 2017); priorizar as ações de capacitação; criar banco de competências; criar banco de interessados no assunto; fundamentar o planejamento na pós-graduação em Análise de Dados para o Controle; e embasar alterações normativas com o objetivo de retirar os obstáculos e incentivar a capacitação no tema.

Esse diagnóstico contou com 431 respostas[28] e teve a seguinte estrutura: análise de 40 competências atuais e futuras, descritas no Anexo I; fontes de informação utilizadas pelos servidores para capacitação; formas preferidas de aprendizado; interesse em pós-graduação; interesse em atuar em projetos de análise de dados; e questões abertas sobre obstáculos e incentivos para capacitação nesse tema.

O diagnóstico demonstrou lacunas em competências fundamentais para a atuação em análise de dados, por exemplo: estatística (descritiva e inferencial, além de aplicativos como SPSS, *Stata* e R), programação (linguagens Java, R, Python e Visual Basic) e matemática (regressões linear e logística).

As competências em Sistemas de Informação Geográfica (SIG) e sensoriamento remoto também possuem lacunas, sobretudo para os servidores das áreas responsáveis pelo controle das áreas de infraestrutura, da agrícola e da ambiental[29] do TCU. Devido aos resultados esperados do Projeto GeoControle,[30] à grande quantidade de obras estruturantes em andamento e previstas para o governo federal, aos acordos de cooperação firmados com organismos internacionais em temas ambientais e à necessidade de investimento nas geotecnologias para o monitoramento dos Objetivos de Desenvolvimento Sustentável,

---

[28] Aproximadamente 17% dos servidores.

[29] Sob a responsabilidade respectivamente das Secex Infra e da Secex Ambiental.

[30] Esse projeto tem o objetivo de estudar as geotecnologias disponíveis e avaliar a sua aplicação em diversas áreas do controle.

da Agenda 2030, prevê-se que as geotecnologias[31] ganhem maior relevo dentro do Programa de Capacitação em Análise de Dados.

Dada a importância temática para o controle público, o TCU deverá intensificar as ações de controle fundamentadas em análise de dados e, consequentemente, desenvolver capacidade organizacional ampla para trabalhar com recursos tecnológicos emergentes e analisar grandes bases de dados.

---

[31] No momento em que esse artigo foi redigido, em agosto de 2016, o ISC está formalizando acordo com o Departamento Nacional de Infraestrutura de Transportes (DNIT) em que esse órgão se disponibiliza a ceder capacitações nos seguintes temas para servidores no TCU: cartografia, geoprocessamento e sensoriamento remoto.

APÊNDICE B

O USO DE *ANALYTICS* NO TCU: MODELO PREDITIVO PARA ESTIMAR O RISCO DE OCORRÊNCIA DE CONLUIO ENTRE A UNIDADE GESTORA E O FORNECEDOR

O uso de análise preditiva no apoio a ações de controle junto à administração pública é um dos temas mais promissores e disruptivos para o controle governamental. Metodologias de descoberta de conhecimento em grandes bases de dados informatizados permitem a extração e disponibilização de informações em diferentes níveis de agregação, indo do grão mais baixo relativo a fatos e achados úteis à execução de auditorias e fiscalizações, passando por totalizações e estatísticas úteis ao nível tático no planejamento das ações de controle e no monitoramento das políticas públicas, até a análise de risco e relevância, importante ao nível estratégico de definição de prioridades institucionais.

Por meio da análise preditiva é possível a geração de alertas, a análise objetiva e quantitativa de risco e a composição de indicadores tanto para apoiar ações preventivas e de monitoramento junto à administração pública, buscando evitar prejuízos e desperdícios, quanto para selecionar alvos das ações de controle propriamente ditas, como fiscalizações e auditorias.

Buscando explorar esse tema o TCU investiu esforços em uma iniciativa inovadora, na qual uma metodologia de análise preditiva foi concebida sob medida para se adequar à sua prática institucional.

As unidades técnicas do TCU trabalham com bastante independência e adquiriram ao longo dos anos larga experiência nos temas afetos ao controle governamental. Essa experiência é essencial na escolha e na condução das ações de controle. A metodologia proposta partiu do pressuposto que essa experiência deve ser valorizada e potencializada.

Outro pressuposto da iniciativa é que bases de exemplos de ilícitos confirmados, que viabilizariam o uso de metodologias preditivas convencionais, são raras e muito específicas, o que limita muito o escopo de temas nas quais essa análise preditiva convencional pode ser realizada.

Por outro lado, embora não existam bases abundantes de exemplos já categorizados, as bases de dados estruturados disponíveis são muitas e ricas em detalhes.

As técnicas de análise preditiva se dividem tipicamente em duas grandes classes: as técnicas indutivas, que buscam obter conhecimento a partir dos dados, e as dedutivas, que partem de regras e pressupostos e buscam confirmação nos dados.

O contexto no qual nos inserimos, definido por poucas bases de exemplos, farto conhecimento de negócio e abundância de dados estruturados, aponta para o uso de abordagens híbridas, combinando técnicas indutivas e dedutivas. Abordagens híbridas buscam explorar o conhecimento a priori do especialista ao mesmo tempo em que extraem padrões e tendências a partir da análise dos dados, buscando assim construir modelos preditivos.

Tendo esses pressupostos como norteamento, e investindo em pesquisa científica realizada por especialistas da própria casa, foi delineada uma metodologia adequada à realidade do controle e baseada numa abordagem híbrida inovadora. Em sua forma final a metodologia proposta se apresenta como um recorte qualitativo de um conjunto de informações, relativas a um tema de análise escolhido, enriquecido com indicadores, alguns dos quais obtidos por indução por meio de técnicas preditivas. O modelo teórico no qual se baseia, conhecido como Raciocínio Bayesiano, permite que se combinem dados estruturados, provenientes das mais diversas bases de interesse, com regras de negócio dedutivas definidas a partir da experiência do auditor.

O modelo se apresenta como um ambiente de consulta interativo, que o auditor utiliza para enriquecer e aprofundar seu próprio conhecimento de negócio, onde é possível comparar, ordenar e selecionar subconjuntos de instâncias. Um indicador central calculado pelo modelo, que denominamos genericamente de risco, é combinado a um amplo conjunto de dados e indicadores secundários descrevendo o universo de objetos de controle associado ao tema escolhido, permitindo ao auditor escolher os alvos de suas ações de controle.

Trata-se de uma metodologia flexível e que pode ser aplicada em qualquer tema, desde que hajam dados que permitam quantificar as dimensões de análise escolhidas pela equipe de auditoria.

A concepção da metodologia teve início definindo o que seria o problema típico do auditor, que pode ser descrito da seguinte forma: dado um grande conjunto de instâncias dentro de um tema (objetos de controle) escolher um subconjunto a ser auditado.

O TCU define objetos de controle como sendo qualquer ato, programa, atividade, projeto, processo, contrato, aquisição, sistema, entidade ou órgão que envolva o uso de recursos públicos federais e que é, por isso, sujeito à sua fiscalização.

Por essa perspectiva podemos dividir o universo inicial de objetos de controle de um tema, foco de um esforço de fiscalização em planejamento, em duas grandes classes:

- A: objeto de controle vale o esforço de ser auditado
- B: o objeto de controle não vale o esforço de ser auditado

Note-se que se trata de uma análise que vai além do risco de haver ou não ilícito associado ao objeto de controle. Embora essa seja uma das dimensões da análise, a escolha da equipe de auditoria precisa levar em consideração uma série de outros aspectos tais como a oportunidade, a viabilidade, a temporalidade, o esforço e os custos requeridos, os impactos e a materialidade associada à fiscalização de um dado objeto.

Dessa forma, podemos enxergar o problema típico do auditor como um esforço de classificação, o que o traz para um contexto propício ao uso de técnicas de análise preditiva.

Mas além da classificação em si, outro aspecto que precisa ser levado em consideração diz respeito aos limites de recursos disponibilizados para o dito esforço de fiscalização. Limites em tempo de execução, número de pessoas envolvidas, recursos financeiros disponíveis, etc. Com isso, mesmo que a análise preditiva seja capaz de identificar corretamente a classe de objetos que valem o esforço de serem auditados, muito provavelmente não haverá recursos disponíveis para tratar toda essa classe de objetos. Dessa forma, melhor que tratar o problema típico do auditor como uma questão de classificação propriamente dita, é trata-lo como um problema de ranqueamento, onde um conjunto de instância é ordenado segundo um critério ou métrica escolhida. O ranqueamento pode ser naturalmente derivado de uma classificação dual (classe A ou classe B) se o seu resultado for calculado na forma de probabilidades de um objeto estar em uma classe ou na outra. Podemos simplesmente utilizar a probabilidade de um objeto de controle estar na classe A como critério de ranqueamento dos objetos com relação à relevância em audità-lo.

Para explicar a metodologia vamos recorrer a um exemplo simples onde queremos analisar quais unidades gestoras (UGs) da administração pública federal devem ser auditadas num dado esforço de fiscalização focado em questões de governança.

O Raciocínio Bayesiano, quando aplicado a um problema de classificação, busca calcular as probabilidades associadas a cada classe possível, dados os valores conferidos a um conjunto de atributos selecionados para a análise de cada instância específica a ser classificada.

As duas classes de saída, A e B, já foram definidas acima.

Os atributos de entrada precisam ser selecionados, idealmente por meio de uma análise baseada em critérios de negócio, buscando identificar variáveis quantificáveis correlacionadas às classes de saída.

Para o nosso exemplo, o auditor deve ser capaz de identificar variáveis que podem ser medidas para todo o conjunto de UGs a ser ranqueado e que de alguma forma estejam correlacionadas com o perfil de UG que o auditor fiscalizaria se fizesse uma escolha manual.

Alguns exemplos de variáveis seriam:

- Proporção das aquisições da UG realizadas em critério "emergencial", ou seja, por dispensa de licitação justificada nos incisos 3, 4, 5 e 7 da Lei das Licitações (LEI nº 8.666, de 21 de junho de 1993);
- Proporção de compras da UG por adesão a registros de preço com emissão de um único empenho (uso desnecessário do registro de preços);
- Proporção de compras da UG por adesão a registros de preço de outros órgãos.

Note-se que essas variáveis podem ser calculadas para todo o universo de UGs a partir dos dados do SIASG - Sistema Integrado de Administração de Serviços. Cada uma dessas variáveis permite medir um comportamento que, embora previsto em lei e circunstancialmente necessário, quando utilizado em demasia indica ao auditor problemas de governança da UG, muito provavelmente associados à falta de planejamento e processos internos frágeis.

Uma vez identificadas as variáveis, sua mensuração é feita, considerando nosso exemplo, para todo o universo de UGs extraindo-se os dados correspondentes do banco de dados do SIASG. Um esforço de preparação dos dados ainda é requerido, buscando transformar os valores brutos das variáveis em poucos valores discretos, diminuindo a complexidade do modelo. Como estamos lidando com proporções nos exemplos acima citados, faremos uma discretização por faixas buscando

novamente a opinião do especialista. Para a primeira variável, que mede a proporção das aquisições da UG realizadas em critério "emergencial", definiremos cinco faixas:
- 0 a 2%: considerado como dentro da normalidade
- 2 a 5%: normal mas merece atenção
- 5 a 20%: uso expressivo de compras emergenciais
- 20 a 45%: uso intensivo de compras emergenciais
- >45%: uso excessivo de compras emergenciais

O Raciocínio Bayesiano requer que se defina uma série de distribuições de probabilidade, ditas *a priori*, para que, utilizando o conhecido Teorema de Bayes, se possa calcular as probabilidades "a posteriori", ou seja a inferência preditiva com relação a cada classe possível de saída.

Nesse ponto, nossa abordagem analítica faz três simplificações de forma a tornar o modelo viável em função dos dados tipicamente disponíveis para esse tipo de análise.

A primeira simplificação é assumir que as variáveis de análise são independentes, ou seja, que não existe forte correlação entre seus valores. Essa simplificação diminui enormemente a quantidade de distribuições *a priori* que devem ser informadas na análise e não representa grande risco à precisão do modelo já que é sempre possível selecionar variáveis razoavelmente independentes. No jargão científico essa simplificação, largamente utilizada no Raciocínio Bayesiano, é chamada de Bayes Ingênuo (Naive Bayes).

As outras duas simplificações dizem respeito à forma como as distribuições de probabilidade *a priori* serão obtidas.

Para cada variável de entrada selecionada a análise Bayesiana requer que sejam informadas duas distribuições *a priori*: a probabilidade de ocorrência de cada valor possível da variável dado que a classe de saída seja A e, da mesma forma, a probabilidade de ocorrência de cada valor possível da variável dado que a classe de saída seja B.

Na prática essas distribuições *a priori* representam uma compilação de um conjunto de exemplos, ou seja, precisaríamos ter classificado *a priori* um conjunto significativo de UGs nas classes A ou B, com um grau razoável de confiabilidade, para então derivar as distribuições de probabilidade dos valores pelas classes.

Nesse ponto retornamos à dificuldade já identificada nos pressupostos dessa iniciativa de que tais bases de exemplos não existem, ou não são estatisticamente relevantes e confiáveis.

Em função disso nossa abordagem faz essas simplificações baseadas em dois novos pressupostos.

O primeiro é que a classe A é bem menor que a classe B em número de instâncias. Ou seja, supomos que os objetos de controle que precisam, ou merecem, ser auditados representam uma pequena fração do conjunto total. Esse pressuposto se justifica facilmente ou pela suposição de que irregularidades são exceções ou pelo simples fato de que a equipe de auditoria só tem condições de auditar uma pequena fração do universo de objetos de controle sob sua jurisdição. Em função desse pressuposto podemos supor que, a cada variável de entrada, a distribuição das probabilidades *a priori* associadas à classe B é muito próxima numericamente da própria distribuição de frequência dos valores dessa variável. Essa distribuição de frequências é diretamente derivável dos dados discretizados obtidos na fonte de dados, sem requerer pré-classificação. Dessa forma, a segunda simplificação que adotamos é utilizar as distribuições de frequência das variáveis de entrada como sendo as distribuições de probabilidades *a priori* dessas variáveis dada a classe B como saída.

O segundo pressuposto é que o especialista no negócio, no nosso caso o auditor do TCU, é capaz de inferir qual o comportamento médio dos objetos de controle que merecem ser fiscalizados considerando cada variável de entrada. No caso do nosso exemplo, o auditor poderia supor que as UGs que merecem ser auditadas fazem, na média, uso expressivo ou intensivo de compras emergenciais. A partir desse pressuposto nossa última simplificação consiste em definir manualmente as distribuições de probabilidades *a priori* das variáveis de entrada dada a classe A como saída, buscando refletir as suposições do especialista com relação ao comportamento médio esperado da classe A.

As figuras 1 e 2 ilustram essas distribuições de probabilidade *a priori* para a variável considerada no exemplo.

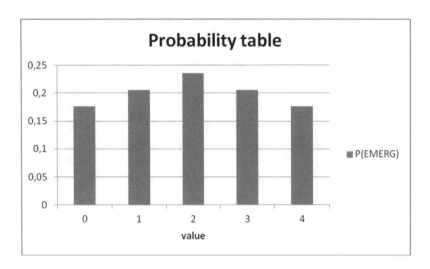

Figura 1– Distribuição de probabilidades da proporção de uso de compras emergenciais dada a classe de saída A

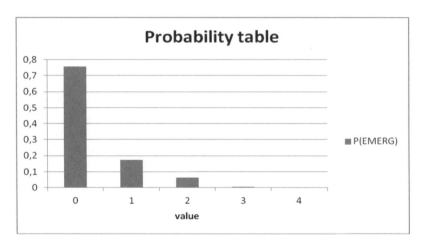

Figura 2 – Distribuição de probabilidades da proporção de uso de compras emergenciais dada a classe de saída B

Os valores mostrados no gráfico da Figura 2 correspondem à realidade constatada no sistema SIASG. Ou seja, em mais de 70% das UGs a realização de compras ditas emergenciais representa menos de 2% do total de compras.

Os valores mostrados no gráfico da Figura 1 correspondem à hipótese proposta pelos auditores de que UGs que merecem ser auditadas recorrem a dispensas de licitação ditas emergenciais, na média, em 5 a 20% das compras que realizam.

O trabalho de modelagem, feito em estreita parceria entre o analista e o auditor, consiste então em identificar as variáveis significativas para cada problema de classificação ou ranqueamento, obter e tratar os dados que permitam descrever o comportamento médio do conjunto de objetos de controle nessas variáveis (comportamento da classe B), e definir via regra de negócio o comportamento médio suposto dos objetos da classe A.

Esse trabalho de modelagem funciona melhor em ciclos. Diversas variáveis candidatas tendem a ter seus valores médios influenciados por exceções ou ruídos na captação de dados brutos. Outras podem não ser capazes de distinguir bem as instâncias de diferentes classes. Várias tentativas podem ser necessárias até que se atinja um modelo que realmente aponte para subconjuntos que a equipe de especialistas considere relevante.

Ao final da etapa de modelagem obtemos então a capacidade de estimar a probabilidade que cada objeto de controle tem de pertencer à classe alvo. Essa probabilidade é usada como um indicador de risco e no ranqueamento do conjunto de objetos. Ao multiplicarmos esse risco aos valores financeiros dos recursos públicos associados a cada objeto obtemos um segundo indicador importante que mede a materialidade das perdas potenciais associadas a cada objeto.

Esses indicadores são utilizados para definir um recorte do conjunto inicial de objetos no topo do ranqueamento, que será então submetido à análise dos auditores. Os limites desse recorte podem ser escolhidos pela própria equipe de auditoria, de forma a selecionar para análise detalhada só uma quantidade razoável de objetos.

Para ampliar a capacidade de análise dos objetos selecionados utilizamos uma ferramenta interativa de descoberta de conhecimento, típica dessa nova geração de ferramentas de *analytics* e visualização de dados. Nesse ambiente de análise o auditor tem acesso não só aos valores dos indicadores de risco e materialidade estimados pelo modelo preditivo, como também a um amplo conjunto de informações correlatas. No caso do nosso exemplo, onde queremos auxiliar o auditor a selecionar um pequeno conjunto de UGs a auditar com foco em problemas de governança, pode ser preparado um painel ou *dashboard* mostrando, além dos indicadores de risco, o conjunto de aquisições da

UG, com detalhes de seus processos licitatórios e contratos, fornecedores contratados, ou ainda a relação de servidores e gestores que ali atuam, processos, auditorias e condenações anteriores onde esses gestores são citados, etc. Por meio de uma interface gráfica bastante intuitiva o auditor pode realizar recortes e mergulhar nos detalhes de instâncias selecionadas até formar entendimento com relação ao contexto selecionado pelo modelo. Na mesma ferramenta de análise o auditor pode obter detalhes não só para selecionar seus alvos de fiscalização como também para planejar e executar suas ações de controle.

Por iniciativa da Secretaria de Gestão da Informações para o Controle Externo (Seginf) e com o apoio da Coordenação-Geral de Controle Externo dos Serviços Essenciais ao Estado e das Regiões Sul e Centro-Oeste (Coestado) a metodologia proposta foi aplicada no TCU, buscando avaliar a abordagem proposta. Foi escolhido um contexto de alta complexidade e relevância, envolvendo o universo de todos os contratos e aquisições da administração pública federal (APF). O foco do ensaio foi na identificação de relações suspeitas entre contratantes da APF e seus contratados, tais como conluios ou favorecimentos.

Foi então instaurada uma Fiscalização de Orientação Centralizada (FOC), coordenada pela Secretaria de Controle Externo de Aquisições Logísticas (Selog). O objeto de controle da Selog inclui a fiscalização da conformidade nos processos administrativos licitação e de contratação pública. Ao todo, foram realizadas dezessete auditorias de conformidade, das quais duas foram auditorias-pilotos realizadas pela própria Selog e as demais pelas secretarias de controle externo localizadas nos seguintes estados: Bahia, Ceará, Goiás, Mato Grosso, Pará, Paraná, Rio de Janeiro, Santa Catarina e São Paulo.

A abordagem do trabalho consistiu em verificar, por meio de auditorias de conformidade, a ocorrência de irregularidades, fraudes e desvios de recursos nas contratações de bens e serviços selecionadas com base no modelo de análise preditiva. A partir disso, buscou-se evidenciar qual a medida de contribuição do modelo na detecção dessas irregularidades, assim como sugerir melhorias para as eventuais deficiências detectadas.

O conjunto inicial de objetos de controle continha todos os pares UG x Fornecedor que firmaram contratos entre 2010 e 2015, registrados no sistema SIASG. Tratam-se de 3.272 UGs e 223.915 fornecedores, totalizando 897.303 pares. O montante dos contratos associados a esse conjunto de pares é de R$345 bilhões.

A seleção das variáveis de análise foi feita com apoio da equipe da Selog. Foram considerados três aspectos principais: indícios de problemas de governança da UG, perfil atípico do fornecedor e relacionamento atípico entre a UG e o fornecedor. No total, dezenove variáveis foram selecionadas. Para calcular seus valores foi necessário coletar dados em pelo menos doze sistemas diferentes.

Foram concebidos quatro modelos de análise distintos em função da natureza dos contratos: serviços, bens, obras e geral. Utilizando os indicadores de risco e ainda dados descrevendo aspectos relevantes das UGs (valor total das contratações diretas, p.e.), dos fornecedores (número de UGs onde participa de licitação) e da relação entre eles, em particular aquisições, contratos, pagamentos e indícios de conluio, foi preparado um painel interativo com os quatro modelos. No modelo geral, por exemplo, 5.338 pares foram considerados de risco, totalizando mais de R$66 bilhões em perdas potenciais.

As equipes das secretarias de controle externo nos estados efetuaram suas próprias seleções de alvos de fiscalização utilizando o painel e os modelos preditivos fornecidos.

A fiscalização abrangeu aspectos de conformidade das contratações, sendo avaliados os processos de contratação relacionados aos diferentes objetos selecionados.

Não se vislumbrou a utilização de duas amostras independentes, uma selecionada com a utilização do modelo preditivo e outra aleatória, já que na abordagem adotada pela FOC a intenção era evitar a seleção de contratos cuja fiscalização não seria passível de verificação nas auditorias (desconhecimento da equipe sobre o tema, fornecimento de bens de consumo já utilizados, por exemplo).

Diante disso, entendeu-se mais apropriado considerar que o resultado das fiscalizações abrangidas nesta FOC representa um teste de campo inicial para o modelo probabilístico, e não uma validação do modelo utilizado propriamente dita.

O volume de recursos fiscalizados durante a FOC alcançou o montante de R$1.129.058.034,95. Entre os benefícios estimados desta FOC, pode-se mencionar a contribuição para o aperfeiçoamento dos processos de análise de riscos para seleção dos objetos a serem fiscalizados pelo TCU, de forma a aumentar a probabilidade de eficácia das fiscalizações no combate às irregularidades, fraudes e desvios de recursos. Ademais, menciona-se a identificação de irregularidades que podem ensejar o ressarcimento de R$32.174.345,28, assim como o aumento da expectativa do controle.

Em relação ao feedback das equipes participantes da FOC, embora tenham sido identificadas incoerências em alguns dados apresentados pelo painel, relacionadas na sua maioria a problemas nos dados brutos extraídos dos bancos de origem, destaca-se que foi bem recebida a utilização do modelo probabilístico como direcionamento para a escolha dos objetos de auditoria. 78% das equipes registraram que o uso do modelo contribuiu para melhorar a seleção de objetos fiscalizados.

Foi feita uma tentativa de mensuração da correlação entre o risco calculado pelo modelo e os resultados obtidos pelas auditorias. Para isso foram escolhidas duas variáveis para descrever se houve ou não irregularidades ou impropriedades nos pares UG-Fornecedor selecionados para auditoria: "número de achados negativos registrados" e "quantidade de categoria de propostas de encaminhamento".

Para se comparar o risco fornecido pelo modelo probabilístico para os pares selecionados com essas duas variáveis, escolheu-se como métrica o coeficiente de correlação de Pearson.

Como resultado da comparação dessas duas variáveis – número de achados negativos registrados e a quantidade de categorias de propostas de encaminhamento –, foram encontrados os respectivos coeficientes de 45,84% e 38,87%, o que sugere que o modelo ainda requer aprimoramentos.

De um modo geral, entende-se, por meio da FOC realizada, que o modelo analisado contribuiu para otimizar o uso de recursos do TCU nas fiscalizações, por meio da seleção de objetos cujo risco é considerado alto pelo modelo, sendo necessários alguns ajustes para aprimorar sua eficácia, com alterações nas variáveis de risco e inclusão de novas informações no sistema, assim como no processo de seleção dos objetos, os quais serão realizados no segundo ciclo dessas auditorias, que se realizará ainda em 2016.

APÊNDICE C

FISCALIZAÇÃO REALIZADA COM VISTAS AO MAPEAMENTO E CLASSIFICAÇÃO DE RISCOS ASSOCIADOS ÀS TRANSFERÊNCIAS VOLUNTÁRIAS POR MEIO DA METODOLOGIA CRISP-DM

Conforme consta na presente publicação, a Era Digital requer dos governos e instituições públicas o desenvolvimento de novas formas de atuação e de exercício das ações de controle, sob pena de esvaziamento da capacidade e efetividade de produção de bens e serviços de qualidade à população.

Tornou-se cada vez mais evidente que os procedimentos e as práticas de controle concebidas ou desenvolvidas com suporte em informações consignadas em versão impressa têm eficiência limitada em ambientes virtuais e de crescente volume de dados.

As atividades de controle externo também têm por insumo (*input*) a informação e, como produto (*output*), o conhecimento, os quais são fatores substancialmente dependentes do uso articulado de bases de dados, de tecnologia e de Inteligência Organizacional.

Segundo o Plano Estratégico do TCU (PET 2011-2015),[32] define-se a competência "Domínio da Informação" como a "capacidade de reconhecer, captar e tornar disponíveis, interna e externamente, informações

---

[32] Este trabalho foi proposto em 2013 e executado ao longo de 2014, estando, essencialmente, sob a égide do PET 2011-2015. Não obstante, ele está completamente amparado no PET 2015-2021, que possui, entre outros, os seguintes objetivos estratégicos, todos correlacionados a análise de risco: intensificar a atuação com base em análise de risco; realizar diagnósticos sistêmicos em áreas relevantes; induzir o aperfeiçoamento da gestão de riscos e controles internos da Administração Pública; induzir o aperfeiçoamento da gestão das políticas públicas descentralizadas; condenar efetiva e tempestivamente os responsáveis por irregularidades e desvios; desenvolver capacidade organizacional ampla para trabalhar com recursos tecnológicos; aprimorar o uso da TI como instrumento de inovação para o controle; aprimorar a gestão do conhecimento.

relevantes para o acompanhamento da gestão pública e o suporte à tomada de decisão".

O "Domínio da Informação" desenvolve-se no espaço-tempo e, por isso, tem por referência a existência da informação em meio físico. A migração das informações do meio físico para ambiente digital exige o estabelecimento de um novo referencial, com novos processos de trabalho e novas capacidades para exercício dessa importante competência organizacional.

Por sua vez, o modelo de atuação orientado para a especialização e trabalhos sistêmicos requer a ampliação do universo de informações a serem consideradas e intensificação do uso de tecnologias e ferramentas de análise de grandes volumes de dados, estruturados e não estruturados.

No âmbito do TCU, o desafio é enfrentado por suas unidades técnicas mediante variadas ações empíricas.[33] Desse enfrentamento estão aflorando metodologias consistentes e sustentáveis de identificação e classificação de riscos associados a objetos de controle pré-definidos.

Tais instrumentos foram essenciais para viabilizar o cumprimento de determinação do Plenário, acolhendo proposta do Ministro-Substituto Weder de Oliveira na sessão de 04 de setembro de 2013, que preconizou o desenvolvimento de uma "metodologia de mapeamento e classificação de risco na utilização de recursos federais descentralizados por meio de transferências voluntárias, de modo a subsidiar ações preventivas, tempestivas e pedagógicas com a finalidade de reduzir a ocorrência sistemática de não comprovação da boa utilização de recursos federais e de contribuir para a boa execução de convênios". Em síntese, o atendimento da proposta do Ministro Substituto requer capacidade preditiva.[34]

Para tanto, propôs-se a aplicação da metodologia CRISP-DM[35] adaptada às atividades de controle externo, com o intuito de se permitir

---

[33] Vide trabalhos recentes de análise de risco conduzidos pela Segecex, a exemplo da metodologia de risco elaborada em resposta ao diagnóstico da SAI PMF; a fiscalização sobre as obras de esgotamento sanitário no âmbito do Programa de Integração do São Francisco. Em um passado mais remoto, os manuais de risco elaborados pelas extintas Secretarias Adjunta de Fiscalização (Adfis) e Secretaria de Fiscalização e Avaliação de Programas de Governo (Seprog), bem como a análise de risco das agências reguladoras produzido pela extinta Secretaria de Fiscalização de Desestatização (Sefid) com apoio metodológico da Fundação Getúlio Vargas (2004-2006).

[34] Capacidade de prever o resultado de um processo antes que o seu término seja conhecido.

[35] Acrônimo para Cross-Industry Standard Process for Data Mining (Processo Padronizado Interindústria para Mineração de Dados, em tradução livre)

a seleção de objetos de controle segundo critérios de risco – os quais podem ser acrescidos de atributos como materialidade e relevância, conforme o caso – iniciando-se os trabalhos pelo tema das Transferências Voluntárias.

CRISP-DM consiste em metodologia largamente empregadas em atividades de mineração de dados[36] e foi selecionada após período de estudo e exercício de possibilidades de solução a contento. Essa metodologia permite ao usuário extrair informação implícita nos dados de forma progressiva e organizada, partindo da compreensão do negócio e seguindo em direção à definição e implantação de modelos consentâneos com os objetivos da mineração.[37]

A metodologia CRISP-DM[38] consiste de seis etapas, cujos títulos permitem antever razoavelmente suas respectivas naturezas: compreensão do negócio; compreensão dos dados; preparação dos dados; modelagem; aplicação; e, avaliação. Cada etapa é subdividida em tarefas, definindo um processo iterativo cujo ciclo de etapas é repetido quantas vezes forem necessárias até que os objetivos da mineração sejam atingidos. Vale registrar que a metodologia CRISP-DM foi convenientemente adaptada ao contexto institucional, de negócio e modelo de atuação do TCU.

---

[36] Mineração de dados é a exploração e a análise, por meio automático ou semiautomático, de grandes quantidades de dados, a fim de descobrir padrões e regras significativos. BERRY, Michael; LINOFF, Gordon. *Data Mining Techniques*. 2. ed. Willey, 2004, p.7.

[37] Saliente-se que a metodologia não garante resultados; é uma forma de organizar o processo de mineração de dados.

[38] A exposição da metodologia CRISP-DM é baseada em BALANIUK, Remis. A Mineração de Dados como apoio ao Controle Externo. *Revista do Tribunal de Contas da União*, Brasília, n. 17, p. 77-84, janeiro/abril 2010.

O esquema a seguir ilustra o processo de trabalho que foi realizado:

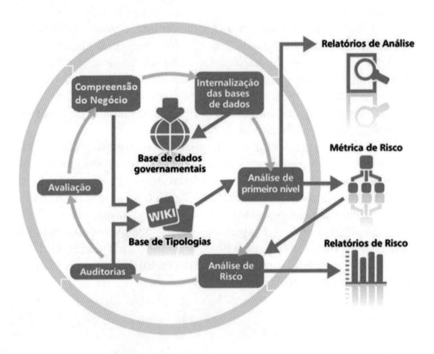

Figura 1 – Macroprocesso de mineração de dados

A etapa "Compreensão do Negócio" contou com a participação de especialistas do corpo técnico da casa, os quais, com suas experiências no controle, descreveram as regras de negócio conhecidas acerca do tópico Transferências Voluntárias.

A etapa "Internalização das Bases de Dados", correspondente à preparação de dados, busca disponibilizar os dados necessários à análise proposta. Esse foi o momento em que se fez o levantamento dos dados e informações disponíveis, com indicação de onde e quando podiam ser obtidos, além do formato de apresentação.

Vale enfatizar que a mineração ocorre sobre todo o conjunto de dados correspondente à integralidade do domínio analisado. Dessa forma, é preciso ter acesso à totalidade das bases de dados correspondentes para realizar a análise.

APÊNDICE C | 419

A etapa seguinte, "Análise de Primeiro Nível", correspondente à etapa de compreensão dos dados, teve por objetivo extrair dos dados variáveis capazes de apreender a essência do objeto de controle que se quer minerar, conforme a definição dos especialistas. Assim, a variável é qualquer aspecto ou atributo considerado relevante, desde aqueles colhidos diretamente da massa de dados, sem nenhum tratamento ou transformação prévia, até métricas de risco e resultados complexos, derivados intrincados cálculos e interações com outros dados e informações.

Feita a escolha das variáveis de interesse, o desafio seguinte foi combiná-las a fim de priorizar um subconjunto para dele se servir como *input* ao planejamento das ações de controle. Em função disso, deu-se início à etapa "Análise de Risco e Relevância", também chamada de "Modelagem".

O objetivo dessa etapa foi agregar as informações levantadas pela "Análise de Primeiro Nível", permitindo análise ampla do domínio considerado. Entre os diversos objetivos da análise, cabe citar: ordenar um domínio segundo critérios de risco ou relevância; encontrar padrões de comportamento; identificar agrupamentos com características comuns; e identificar instâncias com comportamento atípico.

Possivelmente, o primeiro desses objetivos seja o de maior impacto no contexto do TCU, pois permite ordenar instâncias segundo critérios de risco ou relevância. A título ilustrativo, neste trabalho as transferências voluntárias foram classificadas segundo o risco de fracassarem na entrega da política pública que carreiam. Para tanto, considera-se transferência voluntária veículo de determinada política pública e que a obrigação do convenente de devolver os recursos que lhe foram disponibilizados, total ou parcialmente, por não comprovação de sua regular aplicação, equivale ao fracasso daquela política pública, pelo menos em nível local.

Novamente o conhecimento de negócio é usado como base para construir modelos de análise. Na análise de primeiro nível, os modelos consistiam no simples cruzamento entre bases de dados acompanhado de filtros. Na análise de risco e relevância, os modelos analíticos são mais elaborados e baseados em métodos matemáticos. Para cada objetivo é necessária a escolha de um método adequado. Para cada método, um conjunto de parâmetros precisa ser especificado na definição de um modelo de análise. O trabalho de modelagem consiste em transformar dados e conhecimento de negócio desestruturado em parâmetros objetivos a partir dos quais um modelo é construído.

Um método adequado precisa ser escolhido, que integre as diversas variáveis obtidas. Para modelagem é necessário conhecimento sobre as técnicas de mineração de dados e o formato que cada uma delas exige. Dado que as tarefas e aplicações de mineração de dados são amplas e diversas, existem diversas ferramentas disponíveis para auxiliar o processo de modelagem. Todavia, elas não conseguem eliminar o alto grau de conhecimento exigido para realizar o processo de mineração.

Em geral, a construção dos modelos pelos algoritmos envolve operações matemáticas de difícil compreensão. Todavia, em termos metodológicos, a modelagem restringe-se à seleção e especificação de variáveis, cujo esforço é focado em aspectos de negócio e de manipulação de dados, e que o processamento do modelo se faz por meio de ferramenta automatizada, de forma transparente para o analista. Além do mais, os modelos de análise de risco a serem concebidos são poucos e seu uso e atualização se farão periodicamente quando da chegada de novos dados ou métricas, exigindo pouco retrabalho a cada novo processamento.

É preciso enfatizar que o método proposto permite a ordenação de qualquer tipo de domínio, desde que sejam definidas variáveis adequadas a ele. Seria possível ordenar conjuntos de transferências voluntárias, de licitações, de contratos, de empresas, de servidores, de programas de governo, entre outros.

A etapa "Auditoria" corresponde à aplicação do CRISP-DM, onde os relatórios gerados pela Análise de Risco e Relevância são levados em consideração na seleção de objetos de controle a serem fiscalizados.

A etapa "Avaliação" analisa os resultados obtidos nas fiscalizações, validando ou não os resultados das análises. Os acertos reforçam o modelo, as regras de negócio, as variáveis empregadas, enquanto os erros permitem refiná-los. Erros precisam ser detalhados para que se encontre sua fonte permitindo as correções necessárias. Acertos precisam ser registrados para reforçar o modelo e facilitar análises subsequentes. O conhecimento refinado de variáveis e regras de negócio permitirá a definição de modelos mais precisos.

Para o trabalho de classificação, escolheu-se transferências voluntárias como objeto de controle. Em apertada síntese, transferências voluntárias são transferências de recursos da União para outros entes da federação ou entidades privadas cujo compromisso de transferir recursos é voluntariamente assumido pelo concedente, dentro do seu poder discricionário, com vistas ao atendimento de interesse comum. Há aqui uma dificuldade inicial: não existe definição precisa de transferência voluntária[39] e a identificação das transferências voluntárias é realizada mediante processo de exclusão. De fato, fez-se a seguinte delimitação quanto ao escopo do trabalho: do total de transferências da União, excluíram-se aquelas que não decorriam de mandamento constitucional, legal ou relativo ao Sistema Único de Saúde - SUS, adicionando-se as transferências a entidades privadas, sem fins lucrativos.

Transferências constitucionais, em sua maioria, representam repartição de receita, não sendo abrangidas pela competência do TCU. Transferências legais referem-se àquelas não discricionárias, criadas por leis específicas que regulam a forma de habilitação, de transferência, de aplicação dos recursos e de prestação de contas.

A partir de 2011, parte das transferências voluntárias passaram a ser qualificadas como transferências fundo a fundo,[40] o que explica o decréscimo dos valores de transferências voluntárias entre 2011 e 2014, comparativamente ao triênio 2008-2010.

Em regra, transferências voluntárias devem ser executadas pelo Sistema de Gestão de Convênios e Contratos de Repasse (Siconv), nos termos do Decreto nº 6.170/2007 e da Portaria Interministerial MP/MF/CGU nº 507/2011.[41] Todavia, parte ainda é executada no Siafi,[42] número que decresce consistentemente desde 2008. A Tabela 1 resume os valores de transferências voluntárias contratados, ou seja, valores compromissados pela União, não necessariamente empenhados e

---

[39] Segundo a Lei Complementar nº 101 (Lei de Responsabilidade Fiscal - LRF), transferência voluntária é a entrega de recursos correntes ou de capital a outro ente da Federação, a título de cooperação, auxílio ou assistência financeira, que não decorra de determinação constitucional, legal ou os destinados ao Sistema Único de Saúde (SUS). Por sua vez, a Lei nº 12.919/2013 (LDO 2014), artigos 54, 55 e 57, regula transferências voluntárias a entidades privadas sem fins lucrativos.

[40] Vide o caso das transferências do Programa Nacional de Alimentação Escolar (PNAE) e do Programa Dinheiro Direto na Escola (PDDE). Lei nº 11.947, de 16.07.2009 - Programa Nacional de Alimentação Escolar (PNAE) e Programa Dinheiro Direto na Escola (PDDE).

[41] Transferências voluntárias não registradas no Siconv - exceções da Portaria Interministerial MP/MF/CGU nº 507/2011: Programa Federal de Assistência a Vítimas e a Testemunhas Ameaçadas, instituído pela Lei nº 9.807/1999; Contratos de gestão celebrados com Organizações Sociais – OS, nos termos da Lei nº 9.637/1998; Incentivo à inovação e à pesquisa científica e tecnológica no ambiente produtivo – Finep e CNPq, nos termos da Lei nº 10.973/2004; Recursos do Fundo Nacional de Desenvolvimento da Educação (FNDE), nos termos da Lei nº 12.695/2012.

[42] A execução no Siafi abrange transferências executadas diretamente no sistema ou por meio de sistemas próprios dos órgãos concedentes, que posteriormente migram os dados para o Siafi.

liquidados, restritos àquelas do tipo convênio, contrato de repasse e termo de parceria.[43]

Tabela 1 – Valores de transferências voluntárias segundo o sistema de origem (em milhões de reais)

Tipo	Origem	2008	2009	2010	2011	2012	2013	2014
Convênio	Siafi	12.133,09	7.750,49	7.762,66	5.099,90	3.599,86	5.449,67	1.239,48
	Siconv	2.955,97	7.602,91	6.163,60	6.679,72	7.099,34	8.493,02	2.463,24
Contrato de Repasse	Siafi	7.740,87	1.514,99	41,62	14,43	0,82	0,00	0,00
	Siconv	30,66	5.147,29	5.131,91	4.128,53	5.289,03	6.999,62	2.816,32
Termo de Parceria	Siafi	313,76	279,94	136,14	119,69	12,53	0,00	0,00
	Siconv	13,07	60,04	235,06	44,84	504,13	917,12	93,04

Fonte: Siafi e Siconv.

Dos dados apresentados, depreende-se o uso do Siconv como principal sistema de gerenciamento e registro de transferências voluntárias, de modo que a utilização direta do Siafi passou a ter caráter residual a partir de 2012. A diferença entre o Siconv e o Siafi é que, enquanto o último contempla apenas a execução orçamentária e financeira da transferência voluntária no âmbito do órgão concedente, o Siconv registra todo o ciclo de vida da transferência, desde a apresentação de proposta pelo candidato a convenente até a prestação de contas.[44]

---

[43] As transferências do tipo acordo de cooperação técnica e termo de cooperação, embora pertençam ao gênero transferência voluntária, possuem características bastante distintas dos convênios, contratos de repasse e termos de parceria, não sendo recomendável que recebam o mesmo tratamento destes últimos, não sendo de interesse deste trabalho.

[44] O Siconv registra em meio digital toda a documentação de suporte, incluindo propostas, planos de trabalhos, pareceres, relatórios de fiscalização, extratos bancários, notas fiscais, comprovantes de despesa, bem como toda sorte de documentação apta a demonstrar a execução do objeto da transferência voluntária. Em geral, as informações estão registradas em formato estruturado e os comprovantes são anexados em meio magnético.

Após análise dos dados disponíveis, foram escolhidas 27 variáveis consideradas capazes de descrever adequadamente o ciclo de vida de uma transferência voluntária,[45] das quais 24 foram aproveitadas no modelo.

Diversos algoritmos foram testados, com diversas combinações de variáveis. Ao final, optou-se pelo algoritmo de classificação denominado C50, evolução do algoritmo C4.5,[46] implementado por meio do aplicativo R. Trata-se de algoritmo de classificação[47] largamente utilizado em tarefas de predição de resultados.

Em termos bastante simplificados, o algoritmo C50 analisa o rol de variáveis do conjunto de dados de treinamento e, por critérios matemáticos,[48] escolhe a variável com maior capacidade de explicar o resultado conhecido. A partir da escolha da primeira variável, o processo é repetido para cada subgrupo gerado no passo anterior, utilizando-se a totalidade das variáveis,[49] gerando novos subgrupos a partir da divisão dos anteriores. Esse processo é repetido até que o algoritmo considere não ser vantajoso continuar a fragmentação dos dados. Os subgrupos gerados imediatamente antes da decisão de parar a fragmentação são chamados de folhas da árvore de decisão. Todos os subgrupos gerados anteriormente são os nós da árvore.

Depois de construída a árvore, o algoritmo verifica é mais vantajoso manter um nó com as folhas associadas – um galho – ou se é melhor removê-lo e convertê-lo em uma folha,[50] mediante a agregação das folhas originais. Isso é feito baseado no cálculo do total de erro previsto após a poda. Se houver redução do erro, o procedimento é realizado. Caso contrário, as folhas são mantidas.

---

[45] Para compreensão do grau de dificuldade da tarefa, basta saber que o Siconv possui mais de 400 tabelas e milhares de variáveis. O rol inicial possuía em torno de 60 itens, os quais foram depurados ao longo de centenas de iterações, produzindo o rol que é apresentado neste trabalho.

[46] QUINLAN, J.R. C4.5: programs for machine learning. San Mateo: Morgan Kaufmann Publishers, 1993.

[47] Algoritmos de classificação geram modelos que classificam objetos por meio de regras inferidas a partir de objetos previamente classificados.

[48] Não parece atender ao propósito deste relatório o detalhamento das regras de cálculo utilizadas. Para aprofundamento no tema, vide QUINLAN, J.R. C4.5: programs for machine learning. San Mateo: Morgan Kaufmann Publishers, 1993. Uma abordagem mais geral e contextualizada pode ser vista WITTEN, Ian H.; EIBE, Frank; HALL, Mark A. *Data mining: practical machine learning tools and techniques*. 3. ed. New York: Elsevier, 2011.

[49] Uma mesma variável pode ser utilizada mais de uma vez, assim como determinada variável pode não ser considerada.

[50] A remoção do galho é denominada poda, por isso o modelo é dito podado (*pruned tree*).

O processo descrito trata da construção de uma árvore. Todavia, o algoritmo C50 gera até cem árvores. Ao ser submetido para classificação, um determinado objeto passa pela avaliação de todas as árvores do modelo, em um processo de votação, vencendo a classe – o resultado previsto – com maior número de indicações.

Ao final, o modelo foi aplicado ao conjunto de teste – grupo de controle formado por transferências voluntárias cujo resultado é conhecido, mas que não foram empregadas no treinamento. A taxa de acerto obtida nessa etapa é a acurácia do modelo.

Após o processo de aprendizado, o algoritmo gera um modelo capaz de prever o resultado para instâncias cujo resultado não é conhecido. No caso presente, o objetivo foi classificar transferências voluntárias segundo o risco de fracassarem na entrega da política pública que carreiam, isto é, classificar transferências segundo duas classes: "êxito" e "fracasso".

A premissa é que transferência voluntária é veículo de determinada política pública e que a obrigação do convenente de devolver os recursos que lhe foram disponibilizados, total ou parcialmente, por não comprovação de sua regular aplicação, sinaliza o fracasso daquela política pública, pelo menos em nível local.

Por "êxito", entende-se a circunstância em que, submetida a transferência voluntária ao escrutínio de instância de controle habilitada para tal, não se identificam falhas que configurem hipóteses de devolução de recursos. De modo análogo, "fracasso" é definido pela circunstância em que fica configurada alguma das hipóteses de devolução de recursos por não comprovação de boa utilização. Também é enquadrado em fracasso o não atingimento integral dos objetivos da transferência voluntária, mesmo nos casos em que o concedente tenha dado causa – situação em que não há que se falar em devolução de recursos pelo convenente.

Para fins de aprendizado, foram utilizadas 9823 transferências voluntárias, divididas igualmente entre fracasso e êxito. Desse total 6877[51] (70%) foram selecionadas aleatoriamente para construção do modelo (treinamento), 1473 (15%) foram utilizados para validação e outros 1473 (15%) para teste.

Ao final da etapa de teste, obteve-se taxa média de acerto nas previsões de 89,9%, enquanto 10,1% das transferências foram classificadas incorretamente. Em termos quantitativos, 66 casos cujo resultado

---

[51] Em razão da seleção aleatória, o conjunto de treinamento ficou levemente desbalanceado, com 3403 exemplos de fracasso e 3474 de êxito.

conhecido era êxito foram classificados como fracasso; 83 casos cuja classificação prévia era fracasso foram classificados como êxito.

O modelo preditivo foi aplicado à totalidade dos dados do Siconv, composto de quase 89 mil transferências voluntárias.

Por meio de Fiscalização de Orientação Centralizada (FOC), coordenada pela Secex/MT, buscou-se confrontar as previsões do modelo com os resultados de fiscalizações *in loco*, a fim de avaliar o desempenho do modelo em uma situação de uso real. Participaram dos trabalhos, além da Secretaria de Controle Externo no Estado do Mato Grosso, as unidades técnicas do TCU em Espírito Santo, Goiás, Maranhão, Mato Grosso do Sul, Paraná, Roraima, Rio Grande do Sul e Santa Catarina.

Foram selecionadas para fiscalização 51 transferências voluntárias, selecionadas de forma não aleatória. Por isso, as análises que seguem não podem ser extrapoladas para toda a população de transferências voluntárias presentes no Siconv.

Seis das 51 transferências selecionadas não foram objeto de trabalhos de campo em razão de devolução integral dos recursos pelo convenente ou requisição do órgão concedente nesse sentido. Esses casos, mesmo não fiscalizados, foram comparados com a previsão do modelo e considerados fracasso, em razão do não alcance de nenhum dos objetivos previstos, um dos critérios de treinamento do modelo. Observe-se que as referidas transferências configuram caso explícito de fracasso em nível local da política pública, uma vez que o repasse do recurso foi efetivado sem a correspondente implementação, ainda que a atuação do controle externo não se tenha feito necessária.

Dentre diversos indicadores sugeridos pela literatura especializada, os seguintes foram selecionados para avaliação do modelo:

> Sensibilidade: mede a proporção de elementos da classe positiva corretamente previstos como tal pelo modelo. Em outras palavras, mede a proporção de transferências fracassadas que o modelo é capaz de identificar.

> Precisão: mede a proporção de elementos relevantes (verdadeiros positivos) dentre aqueles selecionados (previstos como positivos).

Valor preditivo negativo (VPN): mede a proporção de elementos não relevantes (verdadeiros negativos) dentre aqueles não selecionados (previstos como negativos).

Acurácia: mede a proporção de previsões corretas feitas pelo modelo.

A tabela abaixo apresenta os valores dos indicadores calculados a partir das matrizes de confusão das duas análises anteriormente descritas:

Indicador	Análise 1 (sem procedimentos relativos a superfaturamento)	Análise 2 (com procedimentos relativos a superfaturamento)
Sensibilidade $\dfrac{verdadeiros\ positivos}{número\ de\ positivos\ encontrados}$	$\dfrac{12}{15} = 80\%$	$\dfrac{13}{17} = 76,5\%$
Precisão $\dfrac{verdadeiros\ positivos}{número\ de\ positivos\ previstos}$	$\dfrac{12}{27} = 44,4\%$	$\dfrac{13}{16} = 81,2\%$
Valor Preditivo Negativo $\dfrac{verdadeiros\ negativos}{número\ de\ negativos\ previstos}$	$\dfrac{21}{24} = 87,5\%$	$\dfrac{18}{22} = 81,8\%$
Acurácia $\dfrac{número\ de\ previsões\ corretas}{total\ de\ previsões}$	$\dfrac{12+21}{51} = 64,7\%$	$\dfrac{13+18}{38} = 81,6\%$

Interessante observar que, em ambos os cenários de análise, o modelo apresentou alta taxa de acerto entre as previsões de êxito ("valor preditivo negativo"). Ou seja: nas transferências cujas previsões são pelo êxito, mesmo as auditorias que incluíram as avaliações de superfaturamento não demonstraram o contrário. Essa informação pode ser utilizada na fase de planejamento de futuros trabalhos como um bom indicativo de onde não atuar em trabalhos de fiscalização.

De modo geral, os resultados apontam boa acurácia, embora aquém da taxa de acerto obtida na fase de teste teórico do modelo, da ordem de 90%. Ressalve-se que por ocasião do teste foi empregado grupo de controle com aproximadamente 1,5 mil transferências voluntárias, enquanto os resultados da FOC são computados em relação a apenas 51 transferências (ou 38, a depender das premissas da avaliação). Importante repisar que a cada previsão de êxito ou fracasso está associado um grau de incerteza específico, e que nas fases de aprendizado os melhores resultados foram obtidos para aquelas previsões acima de 90%. No caso das transferências fiscalizadas, a acurácia esperada (probabilidade média das previsões) é da ordem de 86%.

Importante frisar que o modelo não tem a pretensão de substituir o auditor na escolha de objetos de controle, mas sim a de ser uma ferramenta para apoiá-lo nessa tarefa. A função de qualquer modelo de risco é diminuir a incerteza no processo decisório. Nesse sentido, o modelo contribui ao promover a melhoria na taxa de acerto na escolha de objetos a serem fiscalizados em comparação com os métodos convencionais.

A construção do modelo classificatório em sua versão atual consumiu quase um ano de trabalho, dos quais seis meses foram necessários para apresentação da primeira versão com resultados consistentes. Mais de dez algoritmos de classificação e cerca de sessenta variáveis foram experimentadas, até se chegar ao algoritmo C50, às variáveis selecionadas e a árvores de decisão.

Essa é uma das vantagens do modelo em relação às abordagens de risco tradicionais. O conhecimento de especialistas é utilizado para escolher as variáveis e analisar os resultados. As preferências pessoais, baseadas no conhecimento individual e na experiência, não o influenciam diretamente.[52] Outro aspecto relevante é a possibilidade de automação da análise, de modo que nova classificação pode ser gerada a cada alteração no conjunto de dados.

A fiscalização para validação do modelo preditivo encerra o ciclo da metodologia de mineração de dados CRISP-DM. Até onde se tem notícia, é a primeira vez que um ciclo completo é cumprido na Administração Pública, ressalvadas as instituições financeiras.

Os resultados obtidos foram promissores. Mas ainda mais importante foi o aprendizado obtido em todas as fases do processo de validação.

---

[52] Há influência indireta, pois a escolha das variáveis é baseada no conhecimento e na experiência dos especialistas envolvidos.

APÊNDICE D

FISCALIZAÇÃO REALIZADA NAS OBRAS DE ESGOTAMENTO SANITÁRIO NOS MUNICÍPIOS A SEREM BENEFICIADOS PELO PROJETO DE INTEGRAÇÃO DO RIO SÃO FRANCISCO (PISF)

Aplicaram-se conceitos relacionados ao controle à distância de obras públicas com utilização de sistemas de informações e georreferenciamento. Foi desenvolvido um modelo inovador com utilização intensiva de tecnologia da informação. Os resultados encontrados estão materializados no Acórdão nº 1.421/2015-Plenário.

A auditoria operacional foi coordenada pela Secex/PB, com participação das Secexs PE, RN e CE. O objetivo foi contribuir para a melhoria da governança das obras de esgotamento sanitário associadas ao Projeto de Integração do Rio São Francisco (PISF), por meio do diagnóstico e análise da situação dessas obras e identificação dos problemas e gargalos para conclusão das mesmas.

A área de estudo foi composta por 399 municípios nos quatro estados a serem beneficiados pelo PISF, envolvendo a análise de 142 convênios relacionados a obras de esgotamento sanitário, com valor total de R$730 milhões. O PISF é um empreendimento do Governo Federal, sob a coordenação do Ministério da Integração Nacional. Seu objetivo é assegurar a oferta de água para 12 milhões de habitantes do Nordeste, com a construção de dois canais que levarão água do rio para Pernambuco, Paraíba, Rio Grande do Norte e Ceará. Para maximizar os efeitos positivos do projeto, tem-se a implantação de sistemas de esgotamento sanitário nos Municípios que serão bene-ficiados. A Figura 1 representa os eixos dos canais, os municípios objeto da auditoria e a situação precária do esgotamento sanitário na região.

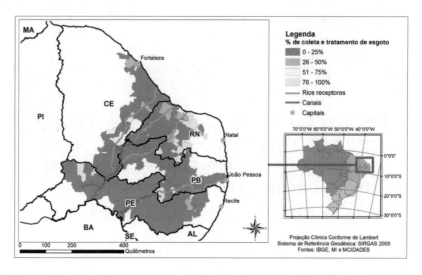

Figura 1 – Situação do esgotamento sanitário nos Municípios da área de estudo
Fonte: Elaborado a partir de dados do Ministério das Cidades e Ministério da Integração Nacional.

A metodologia utilizada na auditoria consistiu em coletar dados oriundos de sistemas de informações, tratá-los e analisá-los, possibilitando o acompanhamento a distância de elevado número de obras públicas. Por meio da integração, cruzamento e análise de dados realizou-se auditoria operacional em diversas obras conveniadas. Como ferramenta de auxílio na integração dos dados, utilizou-se programação em *Structured Query Language* (SQL). Foram realizadas 14 inspeções *in loco* para validação dos resultados obtidos com a análise de dados.

Os principais achados foram: 55% das obras estavam paralisadas, em ritmo lento de execução ou não iniciadas com atraso superior a dois anos; 39% dos objetos não estavam concluídos, mas os prazos de vigência dos convênios estavam expirados; 30% das licenças ambientais de instalação estavam vencidas; 13% das empresas contratadas para execução das obras tinham capacidade operacional incompatível com a execução das mesmas; em 9% dos convênios foram identificadas movimentações atípicas nas respectivas contas bancárias; e risco de poluição das águas do PISF por despejos de efluentes sanitários não tratados.

O modelo aplicado foi inovador, possibilitando uma visão sistêmica das obras públicas conveniadas. Trata-se de uma alternativa para aumentar: (i) eficácia do TCU, na medida em que é possível o acompanhamento de elevado número de convênios de obras; (ii) qualidade dos trabalhos, visto que se obtém informações de diversas fontes e empreendimentos, possibilitando uma melhor análise crítica dos resultados, além de viabilizar maior integração entre as Secexs Regionais; (iii) tempestividade, tendo em vista que os sistemas de informações são periodicamente atualizados, permitindo uma atuação mais tempestiva do TCU; (iv) com a ampla divulgação dos resultados da auditoria e a expectativa de controle gerada junto aos jurisdicionados, espera-se que o TCU sirva como indutor da conclusão das obras, impulsionando o andamento e/ou conclusão das mesmas. Dessa forma, tem-se alta repercussão social, contribuindo diretamente com a gestão pública e atendimento às necessidades da sociedade, materializadas com a conclusão das obras.

A auditoria foi premiada no âmbito do Programa Reconhe-Ser 2015 na categoria "Trabalho Inovador". Em parceria com universidades, foram produzidos artigos científicos e uma tese de doutorado sobre os métodos aplicados e resultados obtidos.

APÊNDICE E

LEVANTAMENTO OPERACIONAL REALIZADO PARA EXAMINAR AS POLÍTICAS PÚBLICAS DE INCLUSÃO DIGITAL

O desenvolvimento da informática e a acelerada expansão da internet trouxeram novas formas de interação social e econômica, além de propiciar o acesso a volumes significativos de informação custodiados em arquivos virtuais. Essa revolução informacional transforma vidas e nações. São incontáveis oportunidades de desenvolvimento econômico e social facilitadas pelo uso em larga escala das tecnologias da informação e comunicação (TIC).

Ao mesmo tempo, esse progresso também provocou o surgimento de uma nova classe social de excluídos: a digital. São milhões de brasileiros que nunca utilizaram a internet ou mesmo um computador, e assim permanecem afastados de novas oportunidades de trabalho, novos conteúdos culturais, bem como de novas formas de exercer a própria cidadania.

Diante dessa realidade, é natural que os estados nacionais desenvolvam políticas públicas que possam contribuir diretamente para o desenvolvimento econômico, cultural e social da população, por meio do uso das Tecnologias da Comunicação da Informação (TIC), buscando a inclusão digital das pessoas.

Assim, garantir o acesso as TIC é um dever do Estado moderno, que busca o progresso econômico e social e a redução das desigualdades, não se limitando a promover apenas o Governo Eletrônico. Portanto, é imprescindível que os gestores públicos atuem na formulação de políticas públicas que promovam e utilizem as TIC como elemento essencial no desenvolvimento da sociedade brasileira.

Destarte, considerando que por intermédio da inclusão digital, cada vez mais, as relações econômicas, sociais e políticas acontecem, o Tribunal de Contas da União, em seu papel de fiscalização e avaliação das políticas públicas, deve acompanhar as ações governamentais de inclusão digital e o seu papel norteador nas demais políticas públicas governamentais.

Antecedentes

O Tribunal de Contas da União vem acompanhando as ações de inclusão digital ao longo dos últimos anos, pois já havia identificado a política de inclusão digital como ferramenta essencial para o desenvolvimento do país e inclusão social, e como exemplo de trabalhos já realizados sobre o tema, destaca-se o TC 015.001/2005-5, que tratava de auditoria operacional para avaliar o Programa de Governo Eletrônico. Neste trabalho, foi abordado, de maneira conexa, a questão da inclusão digital.

Destaca-se, ainda, o trabalho realizado por esta Corte em relação às Contas do Governo da República – Exercício de 2012 (TC 006.617/2013-1), que tratou em seu subitem 6.6 do tema inclusão digital. Esse trabalho resultou no Acórdão 1274/2013-TCU-Plenário, que exarou recomendações no sentido de aperfeiçoamento da governança relativa à condução da política pública de inclusão digital. Além disso, apontou dificuldades na coordenação dos diversos programas de inclusão digital no âmbito do governo federal e articulação com outras esferas administrativas, situação considerada crítica para a consecução de aspectos relevantes e de uma maior efetividade da política pública de inclusão digital.

Em 2015, foi realizado um levantamento operacional acerca do tema política pública de inclusão digital (TC 007.688/2015-6).

Levantamento operacional

O objetivo do levantamento operacional realizado em 2015 foi de compreender as políticas públicas e os programas do governo federal relacionados à inclusão digital e identificar os principais desafios a serem enfrentados.

Nesse trabalho, identificou-se que a inclusão digital representa "garantir que os cidadãos e instituições disponham de meios e capaci-

APÊNDICE E
LEVANTAMENTO OPERACIONAL REALIZADO PARA EXAMINAR AS POLÍTICAS PÚBLICAS DE INCLUSÃO DIGITAL | 435

tação para acessar, utilizar, produzir e distribuir informações e conhecimento, por meio das TIC, de forma que possam participar de maneira efetiva e crítica da sociedade da informação" (CGPID, 2010).

Para tanto, com base, principalmente, nos padrões internacionais da Organização Internacional de Entidades Fiscalizadoras Superiores (Intosai); no Referencial para Avaliação de Governança em Políticas Públicas (TCU, 2014), instrumento utilizado pelo Tribunal para avaliação das políticas públicas governamentais; e por fim, nas premissas básicas, que definem a Estratégia de Inclusão Digital desenvolvida pelo governo do Reino Unido (REINO UNIDO, 2014) foi possível concluir que uma política pública de inclusão digital deve estar fundamentada em três estratégias básicas:

1. Alfabetização do indivíduo para o uso das TIC;
2. Infraestrutura que garanta a disponibilidade de acesso; e
3. Conteúdo adequado às necessidades dos usuários.

Além disso, os gestores responsáveis pela política pública devem se preocupar com os quatro principais desafios enfrentados pelo cidadão excluído digitalmente:

1. Acesso – refere-se à capacidade de realmente permanecer *online* e conectar-se à internet, estando relacionada a diversos fatores, como política de preços, condições de renda da população e limitações da infraestrutura.
2. Habilidades – relacionado aos aspectos de formação e competência dos indivíduos, mas que ultrapassa a simples capacitação específica para utilização das TIC, abrangendo questões como o nível de instrução da população, que afeta a sua capacidade de usar as tecnologias da informação e comunicação.
3. Motivação – relacionado às dimensões da alfabetização e conteúdo. Esse desafio se refere à motivação do indivíduo em querer utilizar as TIC, ou seja, ao cidadão ter conhecimento das vantagens e da potencialidade dessas novas tecnologias para o seu desenvolvimento pessoal.
4. Confiança – obstáculo que se refere aos aspectos da segurança da informação – como, por exemplo, o receio do indivíduo de ter os seus dados e informações violados – indo até questões psicológicas – como o medo do erro, de não saber como começar ou da sua incapacidade individual.

A seguir, tem-se uma representação gráfica da estrutura essencial para o sucesso de uma política pública de inclusão digital.

Figura 1– Estratégias para a política pública de inclusão digital
Fonte: Relatório de Inclusão Digital (Acórdão nº 2151/2015-TCU-Plenário)

Além das três estratégias mencionadas anteriormente, não se pode esquecer os aspectos relacionados à gestão das ações e dos programas que objetivam a inclusão digital das pessoas e instituições.

Nesse contexto, a etapa de formulação deve seguir, no mínimo, alguns requisitos essenciais para garantir a efetividade, ou ao menos a eficácia das ações definidas. Segundo Stoner (apud TYSZLER; BARBERO, 2003), sem planos, os administradores não podem organizar eficientemente as pessoas, controlar resultados ou, até mesmo, dirigir de forma geral a instituição. Nesse mesmo sentido, Chiavenato afirma que

> O planejamento figura como a primeira função administrativa, por ser aquela que serve de base para as demais funções. [...] determina antecipadamente quais são os objetivos que devem ser atingidos e como se deve fazer para alcançá-los. [...] começa com a determinação dos objetivos e detalha os planos necessários para atingi-los da melhor maneira possível. (CHIAVENATO, 2000, p.126).

Portanto, o sucesso de uma ação depende intrinsecamente da boa formulação e planejamento. Assim, sem a adequada formulação, as ações e os programas de inclusão digital não serão efetivos.

Nesse mesmo sentido, é importante considerar o ciclo PDCA (DAYCHOUM, 2016), ferramenta de gestão imprescindível, que tem como objetivo promover a melhoria contínua dos processos de trabalho por meio de um circuito de quatro ações: planejar (*plan*), fazer (*do*), checar (*check*) e agir (*act*).

Pretende-se destacar que a gestão é o próprio "cérebro" da política pública. Sem uma gestão que possa estabelecer um determinado grau de acompanhamento e de coordenação das estratégias necessárias para o desenvolvimento da política de inclusão digital, essa política não alcançará os objetivos almejados. A seguir, tem-se um diagrama representando as premissas básicas que devem ser seguidas na construção das ações e programas de inclusão digital.

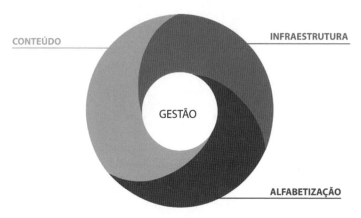

Figura 2 – Premissas básicas para as ações e programas de inclusão digital
Fonte: Papeis de Trabalho da equipe de auditoria do Tribunal de Contas da União.

Inclusão Digital no Brasil

Com relação a situação do Brasil no contexto internacional, o relatório (*Measuring the Information Society Report* – MIS/2014) publicado pela União Internacional de Telecomunicações – UIT, o Brasil, de um total de 166 países avaliados, encontra-se na 65ª posição, com índice de 5,5. A Dinamarca aparece com o maior Índice de Desenvolvimento de TIC – IDI (com índice de 8,86), superando a Coreia do Sul (8,85). Os demais países que completam os dez mais bem posicionados são predominantemente europeus (Suécia, Islândia, Reino Unido, Noruega, Países Baixos, Finlândia e Luxemburgo), com exceção de Hong Kong, que fecha esse grupo. Considerando apenas o quesito acesso, o Brasil estaria em 71ª; usabilidade, 60ª; e habilidades e capacidade de uso das TIC, na 80ª posição.

Posição	Países	IDI
1º	Dinamarca	8,86
2º	Rep da Coreia	8,85
3º	Suécia	8,67
4º	Islândia	8,64
5º	Reino Unido	8,50
48º	Uruguai	6,32
56º	Chile	5,92
59º	Argentina	5,80
65º	BRASIL	5,50
95º	México	4,29
	América Latina	4,86
	Países em desenvolvimento	3,84

Fonte: Measuring the Information Society Report 2014, International Telecommunication Union.

No aspecto relacionado ao acesso à internet no Brasil, segundo dados da pesquisa TIC Domicílios e Empresas 2013, elaborado pelo Centro Regional de Estudos para o Desenvolvimento da Sociedade da Informação (Cetic), o acesso está disponível em 48% dos domicílios urbanos e apenas 15% na zona rural.

A citada pesquisa apresenta uma síntese dos motivos que levam as famílias a não ter acesso à internet, mesmo possuindo um computador no domicílio.

Figura 3 – Proporção de Domicílios com computadores e sem acesso à internet, por motivos para falta de internet
Fonte: TIC Domicílios e Empresas 2013, Pesquisa sobre o uso das tecnologias de informação e comunicação no Brasil, Comitê Gestor da Internet no Brasil/Cetic.br

Diante dos resultados obtidos no relatório de levantamento operacional (2015), foi possível identificar diversos desafios que podem comprometer a efetividade da política pública de inclusão digital e o seu vínculo com as demais políticas públicas governamentais.

Desafios

Assim, quanto aos desafios a serem enfrentados, identificou-se cincos aspectos que devem ser considerados prioritariamente: infraestrutura, conteúdo, acesso, alfabetização digital e gestão da política pública.

Em relação à infraestrutura, foi identificada uma série de problemas que obstam o bom andamento da política pública de inclusão digital, entre as quais podem ser citadas, a precariedade, em algumas regiões do Brasil, da infraestrutura de telecomunicações, sobretudo quanto a baixa capilaridade das redes de dados; a qualidade da conexão instalada; e a infraestrutura física (rede elétrica, construção civil) dos locais que receberão a estrutura de rede (escolas, postos de saúde, órgãos públicos municipais, etc.).

Ressalte-se estudo do Banco Mundial explicitando que banda larga não é somente uma infraestrutura, é uma tecnologia de propósito geral que pode reestruturar fundamentalmente uma sociedade e, portanto, tem um impacto significativo no crescimento econômico, merecendo um papel central nas estratégias nacionais de desenvolvimento.

Diversos estudos, como do Banco Mundial (2009) e da União Internacional de Telecomunicações (2013), têm demonstrado a importância das TIC, e em particular da infraestrutura de banda larga, para educação, saúde, ciência, inovação, pesquisa e desenvolvimento (P&D), competitividade, comércio exterior, ampliação do governo eletrônico e para a economia como um todo.

Quanto ao conteúdo, destaca-se, de maneira geral, a pouca oferta de conteúdos adequados e personalizados que supram as carências de serviços públicos e informacionais das diferentes realidades regionais. Dentre as causas dessa falha está a falta de identificação das necessidades do indivíduo (de maneira geral, a população não foi ouvida quanto às suas demandas).

Relativamente ao acesso, sobressaem como problemas o preço elevado dos planos disponibilizados para conexão, o valor dos equipamentos e o nível pouco adequado nas adaptações para o acesso dos deficientes físicos. Destaca-se ainda a baixa competição existente em algumas regiões do Brasil.

O preço de serviços de acesso à internet é um fator determinante para sua adoção. Segundo apontado anteriormente, 37% das famílias brasileiras que não têm acesso à internet, apesar de possuírem computador em casa, justificam-se por considerá-lo caro ou além de seus meios.

A respeito da alfabetização digital, pode-se citar como entrave à inclusão digital plena da sociedade brasileira, o pouco letramento formal de parte da população, combinado com baixo interesse na aquisição de novos conhecimentos, consequência, em grande medida, do desconhecimento das potencialidades das TIC, de uma cultura digital incipiente e da desconfiança de sofrer fraude, roubo de identidade, vírus e outros problemas de segurança *on-line*. Nesse sentido, corrobora à perpetuação dessa conjuntura o fato de a qualidade e a oferta de treinamentos para o uso das TIC não serem adequadas.

Por fim, em relação à gestão da política pública, salienta-se a dificuldade de coordenação e de articulação tanto entre os diversos órgãos do governo federal que, de alguma forma, atuam na política pública de inclusão digital ou necessitam dessa política, como entre o governo central e os órgãos estaduais e municipais.

Mostra-se oportuno, em conclusão, observar que a importância das TIC ultrapassa as questões meramente econômicas. O acesso à tecnologia deve ser visto como um fator determinante ao desenvolvimento social, à melhoria na distribuição de renda e ao exercício pleno da cidadania, como bem expressa o Marco Civil da Internet, ao estabelecer não somente o direito de acesso à internet a todos, mas também por ressaltar a sua essencialidade ao cidadão moderno.

As ações, programas e políticas públicas de inclusão digital devem considerar as quatro premissas básicas essenciais para o seu sucesso (infraestrura, alfabetização digital, conteúdo e gestão). Formular uma ação, programa ou política pública de inclusão digital sem considerar tais aspectos representa ineficiência no processo de planejamento e formulação, e, consequentemente, desperdício dos recursos investidos, especialmente quanto aos recursos relacionados à infraestrutura.

Por fim, dada a importância da inclusão digital para o desenvolvimento econômico do país, é fundamental o estabelecimento de uma política nacional de inclusão digital com um horizonte de longo prazo e metas definidas, elaborada de forma coordenada com o diversos entes federativos que utilizem a infraestrutura de TIC como meio para a implementação de forma eficiente de suas políticas públicas, em articulação com os outros planos nacionais governamentais, como planos setoriais nas áreas de telecomunicações, governo digital, saúde, educação, entre outros.

APÊNDICE F

PROJETO DE FISCALIZAÇÃO CONTÍNUA

Nos últimos dez anos, o TCU tem aprimorado sua atuação nas áreas de Previdência Social, Assistência Social e Trabalho com o uso de ferramentas e métodos vinculados à Tecnologia da Informação. As três áreas se caracterizam pela alta materialidade das despesas com a concessão, manutenção e pagamento de benefícios sociais, o que impossibilita a auditoria tradicional realizada diretamente em cada uma das concessões.

Uma estratégia que pode maximizar a atuação do Tribunal se baseia na realização de buscas, filtros e consolidações automatizadas nos bancos de dados das áreas auditadas, tendo em vista o alto número de benefícios pagos.

As auditorias decorrentes dessa nova forma de atuação do Tribunal trouxeram diversos benefícios ao controle das Políticas Públicas a cargo dos ministérios envolvidos (Ministério do Trabalho e da Previdência Social e Ministério do Desenvolvimento Social e Combate à Fome), porém têm sido realizadas de forma pontual, com poucas auditorias realizadas a cada ano, em que se verificavam poucas espécies de benefícios e regras de negócio.

Nesse contexto, iniciou-se, na Secretaria, o projeto de Fiscalização Contínua. Inicialmente, um processo de trabalho que permite a visão sistemática de todo o fluxo de atividades e áreas responsáveis, seguida da elaboração de testes de credibilidade das informações disponibilizadas; da criação de indicadores gerenciais; da verificação de tipologias (não cumprimento de regras de negócios); e da detecção de anomalias ou padrões de irregularidade (mineração de dados), todas essas etapas realizadas continuamente, por meio de rotinas automatizadas, conforme ilustrado na figura a seguir.

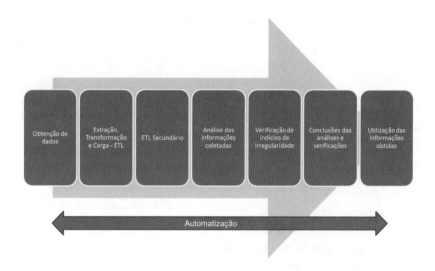

Ao se implementar a Fiscalização Contínua, há grande aumento na relação custo/benefício na alocação de servidores para realizar fiscalizações sobre concessão, manutenção e pagamento de benefícios, uma vez que as auditorias tradicionais (com atuação pontual e de escopo restrito) se substituem por um processo contínuo e automatizado, mais tempestivo, de maior escopo e com menor investimento de pessoal.

Outro ganho advindo da implementação desse processo é a capacidade de integrar diferentes equipes do TCU, concentrando as diversas especializações do Tribunal e maximizando o efeito do Controle Externo nos processos relativos a benefícios sociais.

Em 2015, iniciaram-se três Acompanhamentos sobre concessões, manutenções e pagamentos de benefícios previdenciários, assistenciais e trabalhistas, que podem ser mais bem analisados nos TC 010.947/2015-9 (Previdência Social), TC 022.036/2015-6 (Trabalho) e TC 030.760/2015-1 (Assistência Social).

APÊNDICE G

PROJETO GEOCONTROLE

Geotecnologia é um conjunto de tecnologias utilizadas na coleta, no processamento, na análise e na disponibilização de informações georreferenciadas. Englobadas nesta concepção, destacam-se as técnicas de Sensoriamento Remoto (SR), que incluem o uso de imagens, obtidas via satélite e/ou de aeronaves tripuladas ou não, de aplicações de análise multicritério para informações geográficas e as plataformas dos Sistemas de Informações Geográficas (SIG) que dão suporte a todas as demais tecnologias.

O Sensoriamento Remoto é o conjunto de técnicas que possibilita a obtenção de informações sobre alvos na superfície terrestre (objetos, áreas, fenômenos). O sensoriamento remoto não se restringe a fotos com satélites, mas inclui qualquer equipamento que possa sustentar um sensor, tais como uma câmera fotográfica, um radar ou até uma trena a laser. Assim, os sensores podem captar a luz visível ou qualquer outra frequência do espectro eletromagnético e podem estar instalados na mão de uma pessoa, num prédio, num satélite, num avião ou nos modernos Vants (Veículos Aéreos Não Tripulados). Naturalmente, a posição relativa entre o sensor e o objeto a ser observado pode variar, resultando numa infinidade de perspectivas, que possibilitariam diferentes aplicações para as imagens obtidas.

O avanço aeroespacial, a miniaturização dos sensores e a popularização de Vants têm possibilitado a obtenção de imagens de melhor qualidade e a custos cada vez menores. Esse efeito, aliado à profusão de softwares como o *Google Earth*, deu enorme impulso para a popularização de imagens da superfície terrestre e viabilizou a aplicação do sensoriamento remoto para uma enormidade de propósitos.

Os Sistemas de Informações Geográficas (SIG ou GIS - *Geographic Information Systems*), são os sistemas que conectam informações geográficas a bancos de dados contendo outros tipos de informação.

Os SIGs permitem realizar análises complexas ao integrar dados de diversas fontes e criar bancos de dados georreferenciados. Os dados agrupados permitem a criação de mapas temáticos, em que vários tipos de informações podem ser sobrepostos e interpretados.

O Geoprocessamento é a disciplina do conhecimento que utiliza técnicas matemáticas e computacionais para o tratamento da informação geográfica e que vem influenciando de maneira crescente as áreas de cartografia, análise de recursos naturais, transportes, comunicações, energia e planejamento urbano.

Com base nessas tecnologias acima conceituadas, foi desenvolvido no TCU, pela unidade técnica responsável pela fiscalização na área de ferrovias, em parceria com outras unidades da instituição, o Projeto GeoControle, com o propósito de identificar as melhores ferramentas de geotecnologias para auxiliar o Tribunal no exercício do controle externo.

No início do projeto, foram realizados testes pilotos para verificar a viabilidade de utilização dessas ferramentas por parte do TCU. Os testes se viabilizaram por meio de quatro ações: O uso de imagens de satélite gratuitas e desenvolvimento de portal; A utilização de imagens de alta resolução; o emprego de Veículos Aéreos Não Tripulados (Vants) e a Análise multicritério espacial.

Com o objetivo de identificar instituições na administração pública que utilizam o geoprocessamento, de conhecer as ferramentas por elas utilizadas e, ainda, compreender como ocorreu a estruturação e a institucionalização do uso da referida tecnologia, foi utilizado o processo de *benchmarking* junto a órgãos públicos, tais como Polícia Federal, Instituto Brasileiro de Meio Ambiente, Departamento de Infraestrutura de Transportes e Exército Brasileiro.

Após a realização dessas duas etapas do projeto, restaram evidenciadas as inúmeras vantagens para o Controle da aplicação de geotecnologias, como as que se destacam a seguir:

- Aumento da capacidade de fiscalização – a utilização de imagens de sensoriamento remoto possibilita a automação do processo de fiscalização, ao disponibilizar uma maior quantidade de informações sistematizadas em um menor intervalo de tempo, viabilizando avaliações mais amplas das políticas ou obras públicas;
- Ampliação da abrangência espacial e temporal do controle externo – com uma maior capacidade de fiscalização se torna viável o controle de um maior número de locais e em diversos momentos;

APÊNDICE G
PROJETO GEOCONTROLE | 447

- Redução de custos com viagens – a utilização do sensoriamento remoto é capaz de substituir ou reduzir, em grande parte dos casos, a ida do auditor ao local da fiscalização;
- Fiscalização tempestiva de atividades críticas – determinadas atividades que demandem um acompanhamento mais intenso por parte do órgão de controle que podem ser monitoradas remotamente de forma eficiente e tempestiva;
- Aprimoramento do planejamento do controle – a grande quantidade de informações processadas que essa tecnologia viabiliza, se torna uma poderosa fonte para o planejamento das ações de controle;
- Aumento da expectativa de controle – com uma maior capacidade de fiscalização e com a ampliação da abrangência espacial e temporal das atividades do órgão de controle, as ações de controle externo se tornam eficientes e tempestivas o que resulta em uma maior expectativa de controle por parte do auditado;
- Aumento da robustez e qualidade das avaliações de políticas públicas – com uso de análise multicritério espacial é possível avaliar e comparar variáveis não quantificáveis ou que não podem ser monetizadas, permitindo que o controle avalie de forma mais robusta as alternativas e escolhas de projetos e políticas, tais como corredores de transportes, traçados de obras de infraestrutura, localização de escolas, hospitais, entre outras políticas públicas;
- Transparência nos critérios adotados para a definição de políticas ou projetos - a disponibilização de todos os dados analisados como critério de avaliação e escolha de um projeto num banco de dados espacial (SIG) (que pode estar combinado ou não com uma ferramenta de análise multicritério) dá transparência aos critérios adotados e aos pesos relativos usados nos processos decisórios.

Com base nesses benefícios e dando continuidade ao desenvolvimento do GeoControle, o Tribunal de Contas da União deu início neste ano de 2016, a realização, em parceria com técnicos da Universidade de Brasília, de fiscalização utilizando ferramentas de geotecnologia, com a expectativa que estas possam fornecer à equipe de fiscalização elementos e possíveis evidências de auditoria.

Concomitantemente ao desenrolar da auditoria, o projeto realiza ações de divulgação, disseminação das técnicas de geotecnologia e busca o estabelecimento das estratégias de institucionalização destas ferramentas no âmbito do TCU.

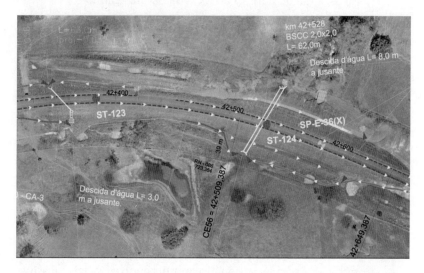

Figura 1 – Imagem aérea da Ferrovia Norte Sul coletadas por Vant com sobreposição do projeto de engenharia

Referências

DAVIS, Clodoveu; CÂMARA, Gilberto. *Introdução*: por que geoprocessamento?. Inpe INPE-8562-PRE/4306, São José dos Campos: INPE, 2001.

DELGADO, André. *Geotecnologias como ferramenta para o controle externo de obras públicas*: estado da arte e perspectivas futuras, 2014.

APÊNDICE H

LABORATÓRIO DE APOIO AO CONTROLE EXTERNO (LABCONTAS)

Atualmente o exercício do controle externo não pode prescindir de uma previa avaliação de risco, ainda que realizada de forma empírica. Esse procedimento, comumente chamado de análise de risco, norteia e delineia as ações de controle na tentativa de proporcionar melhor eficiência e efetividade na aplicação dos recursos nessa atividade.

Contudo, mesmo com o apoio de uma avaliação de risco bem conduzida, percebe-se que o aumento da efetividade do controle depende, cada vez mais, da capacidade de análise de informações, para a assimilação e a correlação de novos e diversificados tipos de dados, em quantidades maiores, a cada novo trabalho executado.

Isso decorre de múltiplos fatores, dos quais podemos destacar: a característica de o próprio exercício do controle consumir e produzir informação e conhecimento, elementos hoje altamente dependentes do uso intensivo e articulado de bases de dados, de tecnologia e de Inteligência Organizacional; e o fato de que, atualmente, com a diminuição dos custos e aumento na diversidade de formas de armazenamento e de ferramentas de análise de dados, torna-se possível a exame de enormes quantidades de informações digitais produzidas e capturadas quase que concomitante a execução dos processos e atividades objetos de controle.

Nesse contexto, é fácil perceber que procedimentos, práticas, capacidades e habilidades concebidas e desenvolvidas para lidar com informações com suporte em papel já apresentam alcance e, portanto, eficiência limitados, o que exige o desenvolvimento de novas formas de atuação e de exercício das ações de controle, sob risco real de perda de capacidade e de efetividade. O conceito de papéis de trabalho evoluiu, não se restringindo mais a referenciar apenas informações registradas em meios físicos, mas também em meios digitais. Além disso, consolida-se a percepção de que a análise de grandes volumes de dados não se mostra mais como limite ou barreira intransponível à atividade de controle.

No Tribunal de Contas da União, esse novo cenário demandou a criação de um ambiente virtualizado de trabalho, com as premissas de ser facilmente configurável e flexível, contemplando ferramentas, informações e dados prontos para uso. Tal plataforma deveria prover o apoio às atividades de observação, experimentação e produção de informações uteis aos processos de trabalho de controle.

Essa necessidade norteou a implantação do Laboratório de Informações de Controle (LabContas) cujo projeto iniciou-se em 2013, tendo sua primeira versão funcional de ambiente apresentada ao final do ano seguinte, quando o TCU o franqueou ao seu corpo técnico. Em 2015, o acesso ao laboratório se estendeu a grupos específicos de servidores de outras instituições, incluindo os tribunais de contas estaduais e o Ministério Público, mediante solicitação de seus respectivos órgãos.

O LabContas teve como inspiração o projeto do Ministério da Justiça (MJ) intitulado Laboratório de Tecnologia Contra Lavagem de Dinheiro (LAB-LD), que fora criado em 2007, constituindo-se, à época, em uma unidade dotada de alta tecnologia com a finalidade de ajudar e apoiar nas investigações de crimes de corrupção e de lavagem de dinheiro.

O laboratório constituiu-se de um ambiente computacional virtual acessível remotamente, de forma segura, a partir de qualquer lugar pela internet, fornecendo flexibilidade e escalabilidade adaptáveis às necessidades de seus usuários. Ele disponibiliza um vasto poder de processamento computacional, ferramentas para análise e gigantescas bases de dados para experimentação, independentemente do computador local utilizado, que funciona apenas como um mero terminal de acesso ao laboratório e às suas máquinas virtuais dedicadas. Consolida mais de 50 bases de dados, entre custodiadas, públicas e derivadas (geradas a partir de cruzamento entre as bases), totalizando 4,75 terabytes de dados utilizáveis, acessível a mais de 256 usuários cadastrados, entre usuários internos e externos ao TCU.

A maioria dessas bases são obtidas e atualizadas periodicamente por meio de acordos de cooperação firmados com órgãos e entidades da Administração Pública, abrangendo informações diversas, como cadastros de pessoas físicas e jurídicas, dados sobre aplicação de recursos públicos, convênios, contratos, benefícios e beneficiários de programas de Governo, entre outras informações potencialmente úteis ao controle.

Além dessa diversidade de bases de dados, o LabContas permite a inserção de novas massas de dados que sejam de interesse do usuário, fornecendo, ainda, uma grande variedade de ferramentas computacionais de análise, que por sua vez, além de permitirem a execução de simples cruzamentos, também fornecem apoio para o levantamento de dados estatísticos e para a identificação de padrões de comportamento do universo de dados objeto de análise, entre outras possibilidades.

Atualmente, esse ambiente apoia a execução de trabalhos e as conclusões de equipes de auditores do TCU, em fiscalizações de escopos específicos e também na avaliação de programas de Governo.

Um desses resultados encontra-se registrado no relatório e voto do Acórdão 775/2016-TCU-Plenário que originou a suspensão da concessão de lotes do Programa Nacional de Reforma Agrária pelo Instituto Nacional de Colonização e Reforma Agrária (Incra). Os indícios de irregularidades apontados se referiram à detecção de beneficiários do programa enquadrados em situações nas quais não se admite a concessão de lotes, como é o caso de: pessoas já contempladas anteriormente no Programa Nacional de Reforma Agrária; pessoas com menos de dezoito ou mais de sessenta anos; servidores públicos, empresários, estrangeiros não naturalizados, detentores de maus antecedentes, titulares de mandatos eletivos; pessoas falecidas, portadoras de deficiências com percepção de aposentadoria por invalidez; pessoas que apresentam sinais exteriores de riqueza ou renda maior que três salários mínimos, ou que detenham propriedades rurais, incluindo a propriedade de área maior que um módulo rural; e pessoas que possivelmente não residem nos lotes concedidos.

Para obtenção dessas informações fez-se cruzamentos de dados com diversas bases e cadastros, como: o cadastro de pessoas físicas e jurídicas da Receita Federal (CPF e CNPJ), a base da Relação Anual de Informações Sociais (RAIS), bancos de dados de beneficiários de auxílio reclusão, a base de dados do Sistema Nacional de Cadastro Rural (SNCR), a base de dados do Sistema de Controle de Óbitos (Sisobi), dentre outros. Essa análise abrangeu a relação de beneficiários selecionados (antes da homologação) quanto a situação ocupacional de lotes dos já assentados (situação verificada após a homologação). Os prejuízos financeiros potenciais decorrentes das irregularidades constatadas alcançavam R$2,83 bilhões.

Outro trabalho de relevância, objeto do Acórdão 1.009/2016-TCU-Plenário, avaliou o enquadramento de beneficiários no Programa Bolsa Família, também utilizando dados de diversos cadastros, como os mantidos pelo Cadastro Único para Programas Sociais (CadÚnico), enriquecidos com os CPFs da base da Receita Federal, da folha de pagamento do referido Programa, do banco de dados de pagamento do INSS (Maciça), da base de dados da RAIS, entre outros. A partir desses cruzamentos, foram identificados 163.173 cadastros de famílias beneficiarias do programa com indícios de erro ou fraude, cuja renda familiar as tornava incompatíveis para o recebimento de benefícios do programa. A correção dessas inconsistências gerará uma economia potencial de 16 milhões de reais aos cofres públicos no mês da verificação, ou, extrapolando-se para todo o exercício de 2015, a cifra de R$195 milhões.

Essas informações foram encaminhadas aos órgãos responsáveis para fins de análise e de adoção das medidas pertinentes com vistas às correções necessárias, cujo cumprimento será objeto de monitoramento por parte do TCU.

Acredita-se que a difusão de treinamento das equipes de auditores do TCU e a obtenção de mais bases de dados acessórias de interesse aos trabalhos de fiscalização, somado com o aumento de facilidade de disponibilização do LabContas aos auditores, permitirão a execução de maiores e mais profundas análises de dados e, por consequência, trabalhos com resultados mais objetivos e ricos de informações para tomadas de decisão.

Nessa esteira, cabe registrar a publicação do Decreto 8.789, de 29 de junho de 2016, que dispôs sobre o compartilhamento de bases de dados na administração pública federal. Na prática, o decreto mudou o formato de intercâmbio usual dentro do governo federal, tornando-o mais automatizado e menos oneroso e burocrático, sem a necessidade de formalização de convênios entre os órgãos federais. Esse fato poderá impulsionar melhorias na administração pública e, por consequência, aperfeiçoar os controles internos dos órgãos no combate à ineficiência e ao desperdício de recursos, sendo que o controle externo pode servir como agente indutor dessa mudança.

APÊNDICE I

AVALIAÇÃO DO FINANCIAMENTO DO DESENVOLVIMENTO REGIONAL

Em julho de 2015 o Tribunal de Contas da União empreendeu um trabalho de avaliação sobre a sustentabilidade das fontes de financiamento regional dado o contexto de crise econômica enfrentada pelo país e o intenso fluxo de recursos entre os entes da federação, adotado pelo modelo federativo nacional (TC 011.432/2015-2).

Os principais objetivos do referido trabalho são: conhecer a geração e o intercâmbio de recursos entre a União, Estados e Municípios; levantar a situação fiscal e orçamentária dos estados e municípios; quantificar o grau de dependência de cada ente federativo em relação a recursos externos; e, avaliar, de forma preliminar, o impacto dos recursos interfederativos recebidos no desenvolvimento regional e local.

Para isso, foram levantados os montantes de recursos movimentados entre todos os níveis federativos sob a forma de operações de crédito realizadas por bancos federais e transferências obrigatórias e voluntárias recebidas por estados e municípios.

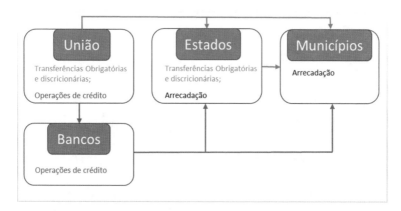

Figura 1– Fluxo dos recursos

Conhecer o montante envolvido nos repasses entre os entes federativos bem como a dependência e a situação fiscal de cada estado e município permite ao Tribunal mapear eventuais riscos à União que possam deteriorar ainda mais sua situação financeira.

O desafio foi imenso, muito em virtude da quantidade de informações que as dimensões nacionais impõem a qualquer estudo. São 26 estados, o Distrito Federal e mais 5.500 municípios. Esse número de entes, aliado à necessidade de se avaliar um período de pelo menos 10 anos, tornou o trabalho impraticável sem o uso de ferramentas de dados, tanto para as atividades de processamento e de análise, quanto para as relacionadas à apresentação de resultados.

Por meio de recursos de TI, tais como as linguagens R e SQL, foi possível trabalhar com diversas bases de dados oriundas da Secretaria do Tesouro Nacional e de todos os bancos públicos federais. Além do processo de consolidação dessas bases, iniciativa pioneira, com o auxílio de softwares de apresentação de dados em *dashboards*, como o *QlikView*, foi possível disponibilizar de forma interativa e estruturada todos os dados coletados durante o trabalho para todo o Tribunal.

O painel de dados foi desenvolvido com o intuito de fornecer os dados nas seguintes perspectivas: montante de recurso que cada ente, seja ele estado ou município, recebe por meio de repasses de outros entes e quanto esse mesmo ente arrecada; e montantes, evolução e distribuição de cada tipo de repasse (transferências obrigatórias, discricionárias e operação de crédito). Todas essas informações estão disponíveis para os anos de 2000 a 2014, sendo possível filtrá-las por período, tipo de transferência, origem do recurso, estado e até região.

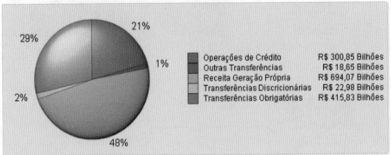

Figura 2 – Origem dos recursos de estados, DF e municípios em 2014

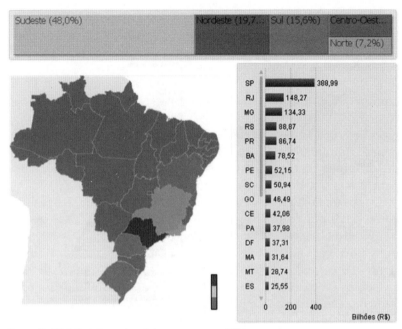

Figura 3– Distribuição regional dos recursos em 2014

Além das informações sobre o fluxo de recursos, o painel também dispõe de classificação dos estados e dos municípios de acordo com sua situação fiscal e orçamentária, bem como de acordo com seu grau de dependência. Por meio dessas classificações evidenciadas no painel foi possível saber quais são e onde estão os entes com maiores problemas fiscais e orçamentários e os mais dependentes de recursos oriundos de outros entes. Além disso, também foi possível avaliar a situação de um ente específico ao longo de um período determinado, examinando a evolução de cada indicador empregado na classificação mencionada. Para isso, foram inseridos no painel filtros referentes à região, estado, ano, índice e à classificação dos entes.

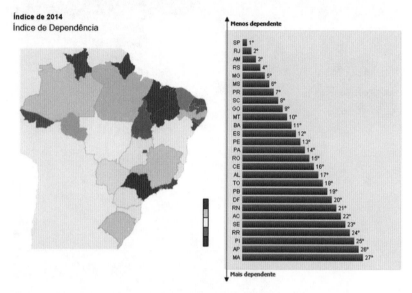

Figura 4 – Nível de dependência das UFs em 2014

O painel também permite que se avance nos detalhes de cada característica estudada em cada ente. Uma das funcionalidades, denominada "Raio X", permite ao usuário conhecer todos os dados levantados quanto a um ente específico, a exemplo do montante de transferências obrigatórias recebidas e informações sobre os aspectos socioeconômicos, tais como: população, IDHM e renda *per capita*.

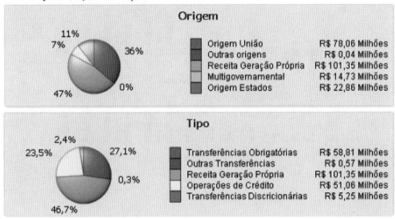

Figura 5 – Raio-X de município

O fato de a ferramenta oferecer interatividade com o usuário possibilitou a criação de mecanismos que permitissem também a comparação de desempenho entre os entes, utilizando como filtro todos os dados já mencionados anteriormente. Essa funcionalidade permite um acompanhamento mais efetivo da gestão e do desempenho de aspectos financeiros de estados e municípios a partir da confrontação, por exemplo, de informações entre municípios e estados semelhantes, entre municípios do mesmo estado ou da mesma região, dentre outras. Novamente, essa possibilidade está disponível para cada um dos vários indicadores construídos.

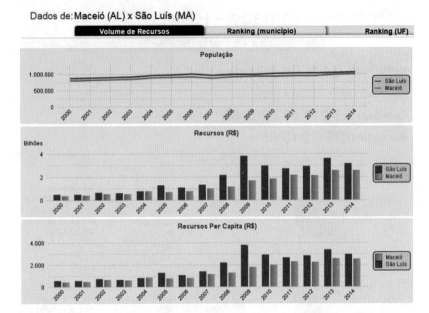

Figura 6 – Comparativo entre entes federativos

A criação do painel de dados foi uma importante inovação no que se refere ao oferecimento de mais um produto decorrente das atividades de fiscalização do Tribunal. O painel oferece a possibilidade de utilização das informações por uma maior quantidade de auditores, tanto em atividades de planejamento de auditoria, quanto em atividades de execução.

Todo esse movimento de construção e utilização de ferramentas tecnológicas nas ações controle favorece a atuação do Tribunal em uma perspectiva de ampliação do escopo de sua atuação e beneficia a tempestividade da fiscalização. Isso porque a automatização permite a chegada dos auditores em áreas de risco com maior tempestividade e profundidade, nas quais as técnicas convencionais de controle possuem limitações inerentes, e garante uma atuação mais célere, tendo em vista o acompanhamento contínuo oferecido pela tecnologia.

APÊNDICE J

SISTEMA DE AUDITORIA DE ORÇAMENTOS (SAO 2.0)

O Sistema de Auditoria de Orçamentos (SAO) foi desenvolvido pelas Secretarias de Obras do TCU (Secobs), atuais Secretarias de Infraestrutura (Seinfras), em parceria com a Secretaria de Soluções de TI (STI). O sistema auxilia os auditores nos trabalhos de análise de orçamentos de obras, reduzindo o tempo que era empregado na preparação e no processamento de dados da planilha orçamentária, aumentando a produtividade dessa tarefa em comparação às análises não automatizadas.

No âmbito gerencial, o SAO 2.0 é uma ferramenta de avaliação de risco em orçamentos de obras públicas. O sistema possui capacidade de identificar, de forma automatizada, uma série de irregularidades, tais como: i) erros de cálculos de valores parciais; (ii) existência e incidência de administração local medida por mês; (iii) existência de verba discriminada de forma explícita; (iv) duplicidade de serviços com características de administração local; e (v) incidência de serviços idênticos com preços diferentes em um mesmo orçamento.

De forma preliminar, o SAO 2.0 gera uma lista de classificação dos orçamentos aplicando uma nota de risco a partir das possíveis inconsistências identificadas automaticamente por algoritmos. Essa análise com base nos riscos identificados, aponta as planilhas orçamentárias que requerem maior atenção por parte do Tribunal.

Assim, as ferramentas disponíveis no SAO 2.0 permitem: (i) avaliar de forma global os orçamentos encaminhados; (ii) focar esforços nas principais, ou mais corriqueiras, deficiências dos orçamentos das obras; e (iii) racionalizar as ações de fiscalização.

No que se refere à esfera operacional, o SAO 2.0 possui informações atinentes às bases de dados de sistemas referenciais de preços e ferramentas computacionais que auxiliam o desenvolvimento das auditorias de orçamentos de obras, tais como: (i) os módulos de criação de curvas ABC de serviços e insumos; (ii) ajustes e comparação de orçamentos; e (iii) cálculo de sobrepreço.

Além disso, o sistema permite a geração de relatórios individuais automatizados apontando as possíveis inconformidades elencadas no orçamento.

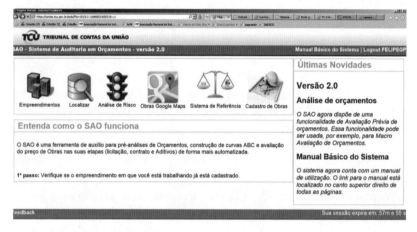

Figura 1 –Tela inicial do Sistema SAO

Utilização de informações gerenciais para Obras Públicas

Com vistas à realização de auditoria piloto foram identificados os órgãos gestores de recursos relevantes destinados à investimentos em obras públicas dentro da clientela da Seinfraurbana. A unidade técnica constatou então que parcela considerável de recursos são alocadas nos (i) Ministério das Cidades (MCidades); (ii) Fundo Nacional de Saúde; e (iii) Ministério do Esporte (fonte: Siob). Essa constatação é reflexo da atuação especializada da SeinfraUrbana, responsável por fiscalizar obras de mobilidade urbana, de saneamento, de contenções em áreas de risco e obras de edificações gerais (esporte, saúde, educação etc.), cuja execução se dá por meio da atuação dos órgãos supracitados.

Todavia, os recursos são descentralizados pela Administração Pública para que outros órgãos e entidades, de acordo com suas competências, promovam a (i) análise e aprovação de documentação técnica, institucional e jurídica das propostas selecionadas, inclusive projeto básico; (ii) verificação de realização do procedimento licitatório pelo convenente; e (iii) acompanhamento e ateste da execução do objeto conveniado.

No caso dos Ministérios (i) das Cidades; (ii) do Esporte; (iii) do Turismo; e (ii) da Saúde, foi verificado que estes se utilizam, em grande medida, de contrato com a Caixa Econômica Federal para que o banco atue em seu nome como mandatário da União, gerindo as operações de repasses sob sua responsabilidade. Foi verificado, ainda, que a Caixa também atua ou atuou como mandatária para diversos outros entes cujas obras estão sob a responsabilidade de fiscalização da SeinfraUrbana, dentre os quais se destacam: (i) Fundo Nacional do Meio Ambiente; (ii) Instituto do Patrimônio Histórico e Artístico Nacional; (iii) Ministério da Ciência e Tecnologia; (iv) Ministério da Cultura; (v) Ministério da Integração Nacional; e (vi) Ministério da Justiça.

Portanto, devido à relevância dos recursos envolvidos, foi escolhida a Caixa como jurisdicionado piloto para que fossem requisitadas as informações gerenciais sobre o andamento dos convênios, bem como da análise sistêmica dos orçamentos de obras.

Após demandada pela SeinfraUrbana, a Caixa Econômica Federal forneceu a base de dados com as informações requeridas sobre os convênios. Atualmente, a Caixa disponibiliza periodicamente, na área de *downloads* do seu sítio eletrônico, as informações gerenciais das operações de repasse nas quais atua como mandatária da União.

Em resumo, as informações obtidas acerca da posição da CEF em 31 de janeiro de 2016 dão conta de que o banco gere operações que abarcam 23 gestores, e valor de investimento (repasses + contrapartida) da ordem de R$110 bilhões, aplicados em vários exercícios. Desse total de recursos, 76% são oriundos do Ministérios das Cidades, 6% do Ministério do Esporte, 6% do Turismo e 3% da Saúde, cujos órgãos são os principais gestores de recursos de repasses sob controle da Caixa. O restante dos recursos, cerca de 9% do montante total, está distribuído nos demais dezenove gestores.

Cabe a observação, que 87% do montante financeiro apresentado são relativos a operações nas áreas de (i) habitação; (ii) saneamento; e (iii) infraestrutura. Desse modo depreende-se que o objeto principal dessas operações sejam obras, ainda que haja destinação parcial dos recursos para atividades complementares à execução dos empreendimentos, como por exemplo: (i) elaboração de estudos e projetos; e (ii) trabalho social.

Os 13% restantes são operações nas áreas de (i) agricultura; (ii) saúde; e (iii) educação/desportes. Nessas áreas, foram identificados convênios cujo objeto possui características de realização de obras, como por exemplo: (i) recuperação de estradas; (ii) construção de casa farinha. Em adição, nessas áreas foram constatados outros convênios que os objetos não puderam ser associados diretamente à realização obras, como, por exemplo: (i) compra de equipamentos; e (ii) realização de atividades de gestão. Contudo, as informações disponibilizadas pela Caixa não permitiram segmentar e quantificar automaticamente os objetos pelas suas características. Desse modo, nesses 13% podem existir operações que não possuam recursos referentes a obras.

Importa salientar que a base de dados fornecida pela Caixa contém apenas as operações ativas e, portanto, apresentam parcialmente a atuação da Caixa no seu histórico de atuação. Não constam da base de dados as operações de repasse em estudo nem as operações de financiamento de obras (ex: FGTS, FAT, FDS, HBB-BID etc), cuja avaliação também deve constar de futuros processos de levantamentos.

Da análise dos dados gerenciais fornecida pela Caixa

Os dados disponibilizados pela Caixa permitem avaliar estatisticamente aspectos gerenciais e estratégicos, como, por exemplo, a evolução de desembolsos/pagamento nas operações e, por estar altamente correlacionado a esses, a evolução das obras. Portanto, o trabalho piloto contemplou o exame dos contratos no que tange ao ritmo de desembolso/pagamentos com vistas a identificar possíveis atrasos de cronograma ou paralisações de execução dos serviços.

Em síntese, a escolha das operações sobre as quais seriam requisitados orçamentos decorreram (i) da materialidade do valor de investimento; (ii) da situação da operação (ex: retiradas as operações contratadas com cláusula suspensiva ou em Tomadas de Contas Especiais); (iii) da conveniência de aplicação da metodologia de análise sistêmica no orçamento da obra (ex: excluídas operações com orçamentos pulverizados); e (iv) da possibilidade de inclusão das obras no Fiscobras 2016.

Dessa forma, na fiscalização piloto, foram eleitas 280 operações para as quais foram requisitados os orçamentos das obras. Com base nas informações mais recentes fornecidas pela Caixa, a qual indicou a exclusão de sete das operações inicialmente selecionadas pela unidade técnica, devido à distrato com os convenentes, restaram efetivamente requisitados os orçamentos de 273 operações que totalizavam investimentos de R$36 bilhões (repasses + contrapartida), representando cerca de 33% do total da carteira de operações de repasses geridas pela Caixa à época da extração dos dados.

Além dos orçamentos das obras, foi solicitado que a Caixa incluísse informações gerenciais dos empreendimentos, tais como: (i) a identificação da fase de análise na Caixa - antes ou depois da análise inicial ou da licitação do objeto; (ii) as coordenadas geográficas da parte principal da obra; e (iii) os dados do construtor mais atual, caso houvesse.

Para as 273 operações com orçamentos requisitadas, foram apresentadas respostas passíveis de utilização em 202 casos. Nas demais situações houve ausência total ou parcial de resposta ou ainda entrega digital de orçamentos em formatos com difícil importação (pdf, imagem etc).

Dentre as 202 operações analisadas pelo SAO 2.0, cerca de 10% não apresentaram deficiências significativas quando da análise sistêmica. Em adição, foi verificado que existiam operações com mais de uma obra/etapa/meta, de modo que, na prática, para as 184 operações/ rubricas selecionadas houve envio de 260 questionários/relatórios automatizados.

Foi identificado ainda que parte do valor de investimento (repasses + contrapartida) das operações poderia ser direcionado à compra de equipamentos, trabalho social ou outras metas não vinculadas a obras, itens que não foram avaliados pelo SAO 2.0. Dessa forma, o volume final de recursos fiscalizados nos orçamentos foi da ordem de R$18,96 bilhões, equivalente a mais de 445 mil linhas de orçamentos.

Do escopo de análise automatizada

A análise sistematizada do SAO 2.0 permitiu a geração de relatórios individualizados por orçamento que, de forma resumida, contemplam os seguintes aspectos:

a) verificação de erros relevantes de cálculo matemático para obtenção do valor total da obra;

b) adequação do BDI às faixas previstas no Acórdão TCU 2.622/2013-Plenário;

c) correspondência da taxa de encargos sociais utilizada com às informadas em sistemas de referência (Sicro ou Sinapi), em casos de orçamento de referência (projeto/editais);

d) existência de administração local ou de seus elementos medidos com valor mensal fixo na planilha orçamentária, em desacordo com o item 9.3.2.2 do Acórdão TCU 2.622/2013-Plenário;

e) adequação do valor percentual da administração local às faixas citadas no Acórdão TCU 2.622/2013-Plenário;

f) indicação de itens orçamentários relevantes precificados de forma genérica (verba), contrariando a súmula 258 do TCU;

g) existência de mais de um preço unitário para o mesmo serviço dentro do orçamento;

h) utilização de serviços menos eficientes ou econômicos para o tipo de obra;

i) existência de serviços inadequados para o tipo de obra;

j) indicação de possível superestimativa de serviços para o tipo de obra com base em macro indicadores;

k) possibilidade de serviços orçados em duplicidade;

l) adequabilidade do serviço de referência informado ao serviço orçado (unidade);

m) adequabilidade de alguns dos preços unitários dos serviços de maior relevância econômica com correspondência direta nos sistemas referenciais. Ou seja, não foram avaliados automaticamente todos os preços unitários de referência, e sim, apenas alguns pré-selecionados e com alta similaridade entre suas descrições e as contidas nos sistemas de referência.

Em adição, a partir dos dados de gestão das operações fornecidos pela Caixa, foi avaliada de forma semiautomatizada a aderência da evolução de cada operação em relação aos gráficos de curva S propostos por Carl V. Limmer para aquelas obras já iniciadas.

De forma sucinta, esses gráficos apresentam os valores acumulados de recursos (geralmente monetários) necessários à execução de um projeto ao longo do seu prazo de execução. Dessa forma, caso a evolução de pagamentos às empresas contratadas esteja fora dos padrões propostos por Carl V. Limmer, há indícios de que haverá problemas para término da obra no prazo proposto.

Impende registrar que o projeto piloto não contemplou a conformidade dos repasses no que tange aos projetos das obras, à adequação do objeto às diretrizes do programa de governo, ao edital de licitação, à execução e à qualidade dos serviços. Além disso, não foram conferidos os quantitativos de serviços orçados em relação ao projeto ou ao realizado nas obras. Tais verificações poderão ser objeto de análise em futuras auditorias deste Tribunal, caso sejam preenchidos os requisitos previstos (oportunidade, conveniência e risco envolvido).

Em adição, nos relatórios, por terem sido *utilizados apenas procedimentos automatizados e semiautomatizados de análise, foram registradas inconformidades passíveis* de verificação por meio dos algoritmos do SAO 2.0. Dessa forma, não foi afastada a possibilidade de novos apontamentos de irregularidades, inclusive de semelhante teor, em futuras auditorias de conformidade para o(s) orçamento(s) da(s) obra(s) contidas nas operações de repasse ora aferidas.

De igual modo, é possível que os apontamentos de inconsistências, obtidos de forma automatizada, sejam justificáveis (haja explicação implícita) ou sejam falsos positivos (indicação equivocada de erro pelo SAO 2.0), ainda que essa última situação tenha sido pouco comum nos apontamentos de fiscalizações de obras individuais anteriores que se fundamentaram nos algoritmos do SAO 2.0.

Das possíveis inconformidades verificadas

Em resumo, foram identificados automaticamente 1.433 possíveis inconsistências utilizando os algoritmos do SAO 2.0. Nessas, foram apontadas possibilidades de correção nos orçamentos da ordem de R$789 milhões, ajustes em 484 irregularidades e ainda outros R$2,3 bilhões de itens possivelmente inconsistentes.

Ainda, durante a execução dos trabalhos foram verificados problemas não padronizáveis de cálculo em dez relatórios para os quais foi requerida, aos gestores, manifestação acerca.

De igual modo, convêm destacar que o encaminhamento dos questionários ao gestor, além de possibilitar a regularização de ofício das possíveis inconformidades, permitiu aferir e ajustar os procedimentos automatizados do SAO 2.0.

Dos resultados

O trabalho piloto possibilitou aos gestores procederem a correção em cerca de 66% dos apontamentos de erro de cálculo matemático; 46% dos casos relativos a serviços idênticos com preços distintos; 12% dos casos com serviços orçados em duplicidades; 70% dos casos com erro na unidade de medição e 13% das indicações de sobrepreço.

As principais justificativas fornecidas para a não correção foram: (i) correção desfavorável à administração, ausência de interesse público na correção; (ii) apontamento de ilícito fundamentado em jurisprudência ou legislação posterior à prática dos atos; e (iii) atos posteriores obedeceriam aos ditames jurisprudenciais (caso por exemplo do desembolso proporcional da administração local, que não requereria necessariamente ajuste na planilha, mas apenas quando das medições).

Acredita-se que a expectativa de controle criada nos auditados, a partir do apontamento das possíveis irregularidades levantadas pelo SAO, pode induzir à correção dos indícios tempestivamente. Ademais, pode ser indicado como benefício da utilização do SAO a disseminação do conhecimento da jurisprudência do Tribunal entre os servidores da Administração que lidam com obras públicas.

A partir do acompanhamento da execução dos empreendimentos, surgiram evidências que sugerem maior risco de paralisação das obras, sobretudo aquelas de menor porte. Observou-se, ainda, que as regiões Norte e Nordeste concentram a maior incidência de paralisação dos contratos.

APÊNDICE K

NUVEM CÍVICA: A PLATAFORMA TCU DE SERVIÇOS DE DADOS PARA APOIO AOS APLICATIVOS CÍVICOS

Um número crescente de comunidades e empreendedores têm investido esforços no desenvolvimento de ferramentas digitais que, servindo-se de dados abertos, buscam incrementar o bem-estar das suas comunidades e aumentar a transparência da administração pública. Esse movimento, que vem ganhando impulso em diversos países, recebeu a alcunha de tecnologias cívicas, através das quais é possível incrementar a participação cidadã, criar novos canais de comunicação entre a sociedade e o Estado, prover e aprimorar serviços públicos. Uma mudança profunda de paradigma na relação entre a sociedade e o governo e, em particular, na forma de atuação do controle externo e do controle social, poderão advir desse ecossistema nascente, que tem como elementos essenciais os desenvolvedores dessas tecnologias, seus apoiadores e financiadores, o governo como provedor de dados abertos e, obviamente, o próprio cidadão, principal beneficiado.

Uma dessas tecnologias, os aplicativos cívicos, está no centro desse ecossistema e explora a conveniência, a flexibilidade e a mobilidade dos aparelhos celulares e *tablets* para oferecer serviços e informações úteis ao cidadão. Esses aplicativos inovam a comunicação entre a sociedade e o governo pois permitem a criação de canais bidirecionais por onde são oferecidos informações e serviços, mas por onde podem também ser coletados dados os mais diversos que podem auxiliar o governo e a própria sociedade a medir e compreender a entrega das políticas públicas e a percepção do cidadão com relação aos serviços prestados pelo Estado. É o verdadeiro Estado Social onde o compartilhamento torna-se indispensável.

Organizações não governamentais e instituições públicas de vários países começam a notar o potencial dos aplicativos cívicos e buscam aproximação com profissionais e empresas de TI interessadas em participar no seu desenvolvimento. Alguns exemplos marcantes desse novo paradigma são os projetos de cidades inteligentes nos EUA (*smart-cities*) dentre as quais se destacam a de Portland, Boston, Chicago e Seattle. Um amplo projeto denominado *Code for America* procura estimular o desenvolvimento de aplicativos cívicos nos EUA por meio de uma rede de pessoas e empresas engajadas no tema.

Uma particularidade dos dados abertos é que, devido às características inerentes à própria definição de abertura de dados, eles podem ser acessados, reutilizados e redistribuídos por todos, incluindo ainda o cruzamento com outras bases. Dessa universalidade da participação infere-se que os cidadãos podem ajudar a corrigir, enriquecer ou sinalizar problemas, sejam eles nos dados ou em contextos apontados por eles. Essa participação coletiva, se bem administrada, pode levar ao aprimoramento do próprio dado aberto em termos de qualidade, mas também à adição de novos conhecimentos de campo não contidos nos dados originais. É fácil imaginar, no cenário brasileiro, quão útil seria comparar dados e estatísticas oficiais da saúde ou da merenda escolar, por exemplo, com a percepção do cidadão usuário final desses serviços no extremo oposto da cadeia.

Esse tripé: controle social, dados abertos e aplicativos cívicos pode quebrar diversos paradigmas na relação entre o governo e a sociedade, assim como tem enorme potencial de inovação e geração de valor.

Trata-se de uma fronteira de grande interesse para diversos segmentos da sociedade, como as organizações não governamentais engajadas na causa social, os órgãos de controle da administração pública e a Academia, além de representar uma nova e promissora dimensão no controle social. Mas ao mesmo tempo trata-se de uma fronteira também do conhecimento, já que traz consigo uma série de desafios e questões em aberto que residem na complexa interatividade entre conhecimento técnico-científico e saber popular ou representação social. Os desafios começam na apropriação das inúmeras fontes de dados abertos, que em sua maioria carecem de qualidade, são disponibilizados em formatos e plataformas pouco amigáveis, em formato bruto e de difícil compreensão e tratamento. O desafio continua na concepção dos elementos tecnológicos, que precisam ligar um tema cívico aos dados relevantes, traduzi-los para uma linguagem compreensível para o cidadão comum e gerar disso tudo um serviço útil e interessante para a sociedade. Por fim, é não menos desafiante transformar as enormes massas de dados geradas por essas tecnologias em conhecimento para então utiliza-lo como fator transformador.

A Nuvem Cívica é uma proposta estruturante que visa facilitar e potencializar a ação dos diversos atores desse ecossistema nascente. Ela busca trazer os dados abertos para mais perto do desenvolvedor de tecnologias cívicas, ao mesmo tempo em que oferece um ambiente gratuito de hospedagem dos dados gerados pelos aplicativos.

Resultado de um modelo de atuação proposto e adotado pelo Tribunal de Contas da União – TCU, a Nuvem Cívica tem uma visão comunitária de longo prazo, que busca ao mesmo tempo fortalecer o controle social e aprimorar sua ação enquanto órgão de controle externo.

Cinco pressupostos dessa iniciativa precisam ser enfatizados para que se compreenda sua necessidade, seu alcance e seu potencial para a inovação e o aperfeiçoamento da atuação do TCU.

Primeiro pressuposto: o controle externo, missão do TCU, tem forte ligação com o controle social. Ambos compartilham como objetivos a melhoria da administração pública, o bom funcionamento dos serviços por ela prestados, a fiscalização e a vigilância do uso correto e eficiente dos recursos públicos. É nas pontas, na vida cotidiana do cidadão, que se mede se as políticas públicas e os direitos previstos na constituição estão sendo entregues e respeitados, e é lá que o controle social atua. Por isso é preciso criar canais de interação adequados entre a sociedade e o TCU, que permitam que se meça essas entregas, indo além dos espaços voltados somente à denúncia pontual como é o caso dos serviços de ouvidoria.

Segundo pressuposto: os aplicativos cívicos podem vir a ser um canal poderoso de interação entre o governo e a sociedade. A interação entre o usuário cidadão e o aplicativo é o que diferencia essa tecnologia dos serviços convencionais de TI tais como os *websites* e os portais. Ao mesmo tempo em que disponibiliza informações úteis ao cotidiano do cidadão, o aplicativo cívico colhe suas impressões assim como uma série de dados de interesse, como a frequência de uso de um serviço, localização geográfica, horários de uso e acuidade dos dados disponibilizados. No jargão da internet, essa captação de dados em massa é chamada de *crowdsourcing*. Ambientes virtuais de grande sucesso, tais como a Wikipedia e o aplicativo Waze, são baseados nesse conceito e permitem a construção coletiva de poderosas bases de informação e conhecimento.

Terceiro pressuposto: os dados abertos governamentais representam hoje um pilar da transparência e do governo aberto, são de enorme importância para o controle social, mas não são um fim em si mesmos. É preciso que a informação ali contida chegue ao cidadão e que lhe seja útil. Dados eletrônicos governamentais brutos são, via de regra, de difícil compreensão para o cidadão comum. Faz-se necessária a intervenção de pessoas, grupos e/ou empresas, com aptidão e interesse para desenvolver aplicativos e outros elementos tecnológicos que possam traduzir o dado governamental aberto em produtos de interesse e utilidade para a população.

Quarto pressuposto: é preciso apoiar os desenvolvedores de tecnologias cívicas. No seu relatório *Guidelines on Open Government Data for Citizen Engagement*, publicado em 2013, as Nações Unidas usam a expressão "ecossistema do dado aberto" para designar o conjunto de atores envolvido na distribuição, divulgação e uso dos dados abertos. Esse mesmo relatório dedica toda uma seção ao tema da sustentabilidade desse ecossistema, enfatizando que seus atores devem promover e encorajar a abertura de mais dados, a participação e o desenvolvimento de novas aplicações. Para isso as seguintes medidas são propostas nesse relatório: promover usos dos dados abertos; dar sustentabilidade à comunidade de usuários dos dados abertos que redistribuem esses dados; implementar modelos de parceria entre organizações públicas e privadas; explorar as redes sociais; estabelecer mecanismos de comunicação e feedback entre os atores. Essas "comunidades de usuários dos dados abertos que redistribuem esses dados" são tipicamente os desenvolvedores de tecnologias cívicas, também chamados de infomediários. São, em sua maioria, ativistas individuais ou atuando em pequenos grupos, que não dispõem de grandes recursos financeiros ou de infraestrutura tecnológica própria e que não obtém lucro de seus projetos.

Quinto pressuposto: embora tenham havido avanços na oferta de dados abertos por parte da administração pública desde a promulgação da Lei de Acesso à Informação – LAI, a enorme maioria dos conjuntos de dados disponibilizados ainda são de difícil apropriação pelos desenvolvedores de tecnologias cívicas. A principal dificuldade reside no fato dessas bases de dados serem oferecidas tipicamente em formato bruto, deficientes em qualidade, acurácia e valor informativo, e disponibilizadas na forma de arquivos estáticos que requerem do desenvolvedor um árduo trabalho periódico de transferência, compreensão, limpeza, adequação e posterior disponibilização na forma de serviço acessível pelos aplicativos. Essa disponibilização, aliás, pode requerer infraestrutura de TI remota e disponível continuamente, o que implica em custos de hospedagem com os quais o desenvolvedor precisa arcar de forma continuada. Essas dificuldades inibem o uso de dados abertos pelos aplicativos cívicos. Os que o fazem tendem a utilizar alguns poucos dados estáticos, o que compromete a sustentabilidade e utilidade dos seus aplicativos.

Assumidos esses pressupostos, o modelo de atuação do TCU no ecossistema dos dados abertos e das tecnologias tomou como premissa a necessidade de oferecer aos desenvolvedores de tecnologias cívicas uma plataforma adequada de serviços de dados onde seus aplicativos possam ter acesso facilitado e remoto a dados abertos tratados e atualizados ao mesmo tempo em que possam armazenar os dados por eles gerados.

A partir dessa premissa se moldou uma visão de longo prazo cujo objetivo é tornar o TCU um agente indutor de inovações cívicas ao mesmo tempo em que busca ampliar sua atuação e expandir sua interface com a sociedade. Essa visão se materializa na Nuvem Cívica, que nasceu para prestar dos seguintes serviços à sociedade:

- Concentração e difusão de dados abertos tratados: bases de dados abertos de grande relevância são continuamente internalizadas e aprimoradas segundo critérios de negócio típicos ao controle governamental para então serem disponibilizados em diferentes formatos, em particular para comunicação entre aplicações (*webservices*). O provimento de dados via *webservice* permite aos desenvolvedores de aplicativos utilizarem esses dados em seus softwares por meio de consultas diretas ao provedor do TCU, sem a necessidade de internalizar ou tratar os dados eles mesmos.
- Recepção de dados gerados pelos cidadãos: pelo mesmo meio de comunicação entre aplicações o TCU capta dados gerados pelos aplicativos cívicos em formato previamente definido pelo próprio TCU, realizando um *crowdsourcing* cívico. Esses dados captados são tipicamente relativos às contribuições e percepções dos cidadãos dentro dos temas tratados pelas bases de dados abertos disponibilizadas pela própria plataforma.
- Uso e divulgação dos dados captados: as massas de dados geradas pelo *crowdsourcing* cívico serão fontes inestimáveis de informação, em particular para a concepção de indicadores que permitirão a análise de serviços e políticas públicas, a descoberta de conhecimento a respeito do funcionamento da

máquina administrativa pública, das necessidades do cidadão nas diversas localidades e segmentos da sociedade e da percepção da sociedade a respeito dos serviços a ela prestados. Esse conhecimento servirá futuramente como insumo no planejamento de ações de controle do próprio TCU.

Pode-se dizer que o uso do *crowdsourcing* para fins públicos ou cívicos é bem parecido com outras formas tradicionais de articulação de pessoas em prol de um objetivo comum. O que torna o *crowdsourcing* como uma prática de transparência é que ela permite que grandes quantidades de dados ganhem sentido, podendo gerar ideias novas para o desenvolvimento de projetos para sociedade.

Importante ressaltar que o *crowdsourcing* cívico não é uma nova forma de ouvidoria. O direcionamento que foi dado à concepção da Nuvem Cívica cria um ambiente de hospedagem de dados típico aos aplicativos móveis, no qual se coletam a maioria das informações de interesse cívico de forma implícita, sem que o usuário final se coloque no papel de denunciador ou utilizando um canal formal com o TCU.

Da mesma forma, foram tomados todos os cuidados para preservar a privacidade dos usuários ao mesmo tempo em que se faz uso dos dados coletados de forma absolutamente ética, respeitando a anonimidade das fontes dessas informações e com foco na ação institucional do TCU.

Tecnologicamente a Nuvem Cívica é definida por dois grandes conjuntos de serviços de dados, os *webservices*. Um que acessa e envia dados ao que chamamos de "metamodelo", um modelo de dados genérico destinado a hospedar dados gerados pelos aplicativos móveis, e outro que acessa dados governamentais abertos tratados. Ambos conjuntos de webservices são destinados a uso público e gratuito, embora os serviços do metamodelo sejam de acesso controlado de forma a garantir que cada aplicativo acesse somente os dados que ele mesmo gerou.

A Nuvem Cívica do TCU serve hoje a diversos aplicativos, gratuitamente disponibilizados nas lojas da Apple (*Apple Store*) e da *Play Store* (plataforma *Android*). Estão hospedadas hoje diversas bases de dados abertos, nos temas da saúde, educação e assistência social. No tema da saúde disponibilizamos dados completos descrevendo os estabelecimentos de saúde do SUS, inclusive com seu georeferenciamento, profissionais que neles atuam e especialidades que atendem. Ainda nesse tema disponibilizamos dados de medicamentos segundo classificação da ANVISA. No tema da educação disponibilizamos diversas bases descrevendo os estabelecimentos de ensino das redes pública e privada, avaliações e censos realizados nessas redes. No tema da assistência social disponibilizamos dados descrevendo sua rede pública de postos de atendimento. A oferta de bases e serviços de dados será ampliada gradualmente, em função da demanda.

Um ambiente de apoio, voltado à comunidade de desenvolvedores que utilizam a plataforma de serviços de dados foi criado e está em constante evolução. Nesse ambiente de apoio o desenvolvedor encontra documentação técnica a respeito dos elementos tecnológicos que compõem a plataforma, mas também descrição e detalhamento das bases de dados abertos disponibilizadas e textos explicativos sobre as políticas públicas associadas a cada tema tratado. O ambiente foi concebido de forma aberta, permitindo que os participantes da comunidade se comuniquem entre si e com o TCU e que construam de forma colaborativa conteúdo útil a toda e todos os colaboradores.

Buscando estimular o uso da Nuvem Cívica o TCU está promovendo nesse segundo semestre de 2016 o Desafio de Aplicativos Cívicos, um concurso nacional voltado aos desenvolvedores de tecnologias móveis. Fugindo da fórmula que vem sendo largamente utilizada nesse contexto, de competição de curta duração denominada genericamente de *hackathon*, o desafio patrocinado pelo TCU incentiva o desenvolvimento de aplicativos mais sofisticados, de maior impacto e sustentáveis, e por isso o desafio se estenderá por dois meses, quando então será feito o julgamento e premiação das melhores soluções.

A Nuvem Cívica foi construída em estreita parceria com a Universidade Católica de Brasília, em particular com seu Programa Educacional Brasileiro de Desenvolvimento para iOS (BEPiD), financiado pela Apple Computadores, e com seu Mestrado em Gestão do Conhecimento e Tecnologia da Informação – MGCTI. A parceria com a Academia permitiu que se moldasse um modelo de atuação aberto, rompendo com diversos paradigmas institucionais convencionais, explorando as melhores e mais atuais práticas dentro desse universo multidisciplinar das tecnologias móveis e da internet e buscando agir, antes de tudo, como indutor e facilitador dentro de um ecossistema complexo e desafiador, pouco conhecido pelo próprio TCU e suas equipes técnicas.

Embora tenha sido proposta e implementada pelo TCU, a Nuvem Cívica nasce com uma visão comunitária, aberta a contribuições e parcerias. Seu sucesso dependerá da convergência de esforços e ideais na construção de elementos tecnológicos, soluções inovadoras e serviços úteis ao cidadão. Se bem-sucedida trará resultados que extrapolam em muito o interesse direto do TCU na questão do *crowdsourcing* cívico, podendo contribuir para a melhoria dos serviços e políticas públicas e provendo novos serviços e recursos para a sociedade como um todo.

APÊNDICE L

ALGORITMOS COGNITIVOS PARA O CONTROLE EXTERNO

Entre as iniciativas mais promissoras na área de Inteligência Artificial, destacam-se os algoritmos cognitivos que utilizam *machine learning*, conjunto de técnicas que se baseia em uma grande quantidade de dados de exemplos, ou *big data*, para o treinamento de modelos computacionais capazes de capturar padrões de qualquer natureza, e serem utilizados em ações de controle. Assim, o resultado desses algoritmos é aplicável na detecção de possíveis irregularidades e na melhoria dos processos de trabalho do Tribunal e da Administração Pública em geral.

Funcionamento

Ao contrário dos algoritmos normalmente desenvolvidos por meio da análise de um problema em particular e posterior elaboração de uma solução com base apenas em sua descrição, os algoritmos cognitivos realizam tarefas que não dependem da elaboração explícita de softwares de forma analítica, mas sim no aprendizado automático, por métodos estatísticos, de características presentes nos dados do domínio em questão de uma função matemática que mais se aproxima da solução necessária para a predição de classes discretas ou valores contínuos que respondem a questões apresentadas pela análise desses dados.

As funções matemáticas aproximadas por esse tipo de algoritmo podem fornecer respostas consistentes a questões que não foram treinadas e, portanto, são capazes de generalizar suas predições e não apenas memorizar suas entradas e saídas.

Aplicações em Ações de Controle

Uma função comum no tratamento de textos de documentos oficiais, que já está em processo de implantação no Tribunal de Contas da União, é a classificação de tipos de deliberações contidas em acórdãos proferidos pelo Tribunal. Nesse caso, um algoritmo de classificação treinado em toda a base de mais de 280.000 documentos deste tipo é capaz de aproximar, mesmo para acórdãos futuros, cada uma das 54 classes distintas com uma precisão superior a 96%. Com isso é possível, em uma etapa posterior, realizar a extração das entidades mencionadas em cada deliberação por outro algoritmo cognitivo, também treinado nesta mesma base textual.

Outra função que pode ser aproximada por meio de algoritmos de aprendizado automático, com a finalidade de abranger um grande número de obras fiscalizadas, é a detecção de padrões de execução de projetos, usando imagens obtidas por sensoriamento remoto. Nesse caso, os algoritmos de *deep learning*, ou redes neurais profundas, podem ser utilizados para monitorar o andamento dessas obras. Esse tipo de algoritmo pode realizar a comparação das imagens referentes aos diversos estágios de cada obra e indicar possíveis atrasos ou inconformidades técnicas com as especificações.

Quando se trata da detecção de anomalias, aplicada ao descobrimento de fraudes em convênios, por exemplo, um algoritmo cognitivo pode, em modo não supervisionado, reconhecer situações anormais em sua execução após receber como entrada milhares de situações normais que não representam irregularidades. Assim, caso ocorra uma discrepância entre os fluxos de recursos realizados e a execução esperada dos projetos, esse método pode indicar, com alta probabilidade, a ocorrência de atividades ilícitas.

No caso de tratamento de sequências, um algoritmo baseado em redes neurais recorrentes pode ser treinado com as séries temporais de ofertas de preços e atributos dos objetos de licitações, aprendendo a identificar sequências que representam irregularidades no processo licitatório. Isso é possível graças ao grande número de exemplos existentes de sequências anteriores, que foram classificadas como irregulares ou não por especialistas. Sendo assim, esse tipo de solução conteria o conhecimento consolidado de muitos profissionais ao longo de décadas de experiência.

Conclusão

O uso de algoritmos cognitivos no auxílio às ações de controle, portanto, pode acarretar um ganho de escala suficiente para abranger um número muito maior de casos de irregularidades do que hoje é possível atingir por simples amostragem relacionada à materialidade dos recursos envolvidos. No entanto, certamente, o papel dos especialistas de cada área envolvida não poderá ser dispensado, uma vez que as situações encontradas automaticamente não representam indicações determinísticas, mas indicações com uma probabilidade associada ao maior ou menor grau de certeza de que representam achados importantes.

APÊNDICE M

SERVIÇOS DIGITAIS ATRAVÉS DE DISPOSITIVOS MÓVEIS NO TCU

Nos últimos anos, o uso da tecnologia da informação no dia-a-dia das organizações tem se intensificado de forma acentuada. As demandas crescentes por novas soluções e novas tecnologias para apoiar processos de trabalho e de comunicação e de interação institucional confirmam essa tendência e exigem mudanças e ampliação da capacidade de resposta. Entre as principais tecnologias emergentes, encontram-se aquelas que suportam a oferta de soluções para dispositivos móveis, cujo uso e alcance crescem de forma ampla e significativa.

Para ilustrar o crescimento desse mercado, estima-se que o tráfego de dados entre dispositivos móveis irá crescer seis vezes e que o mercado de dispositivos móveis irá aumentar 30% até 2020. Outro fato interessante, é que 2015 foi o primeiro ano da história em que o uso da internet através de dispositivos móveis ultrapassou o uso através de desktop, isso é uma constatação de que esse segmento será o predominante nos próximos anos.

O desenvolvimento de aplicações para dispositivos móveis apresenta grande potencial para melhoria dos serviços digitais ofertados pelo Tribunal de Contas da União (TCU) ao cidadão e para fomento do controle social. Diversos projetos institucionais, aprovados no início desta gestão no âmbito do TCU, estão orientados especificamente para essa tecnologia, entre eles:

   a) Conceber plataforma tecnológica para desenvolvimento de dispositivos móveis pelo Tribunal integrada aos sistemas corporativos como o e-TCU, além da implementação e disponibilização para o público de conjunto inicial de aplicativos;

b) Estruturar arquitetura corporativa que estabeleça a infraestrutura tecnológica necessária à interoperabilidade de serviços de software;

c) Definir um modelo preliminar de atuação do TCU em um contexto de engajamento social apoiado em aplicativos cívicos, focando na aproximação da instituição com a sociedade, e realizar um piloto.

Nesse contexto, o provimento de serviços através de dispositivos móveis apresenta-se como importante meio para aprimoramento dos processos de trabalho e melhoria significativa dos resultados do Tribunal. O uso desse tipo de tecnologia já é realidade e tende a crescer significativamente nos próximos anos, conforme pesquisa da empresa *Gartner*.

É clara a orientação de ampliação da oferta de serviços digitais aos cidadãos e para o estímulo do controle social, assim como a percepção da necessidade de ampliar, de forma célere, a capacidade de provimento das demandas inerentes a tecnologia da informação.

É essencial perceber que essa nova tecnologia altera substancialmente a forma como serviços públicos podem ser apresentados. Não se restringe apenas a uma nova plataforma digital, mas também a um inovador modelo de prospecção, concepção e sustentação de serviços.

A Secretaria de Soluções de TI (STI), observando esse cenário que foi apresentado acima, estimulou a prospecção desse tipo de tecnologia através da criação de projetos pessoais de inovação que teve início em novembro de 2013. Percebendo-se a necessidade de adequar a infraestrutura dos serviços digitais Web do TCU, foi criada em 2014 a infraestrutura necessária para o provimento de Serviços Web (*Web Services*) no padrão *Representional State Transfer* (REST), que seriam utilizadas para o provimento de serviços para as aplicações móveis a serem fornecidas pelo TCU à sociedade. Em 2014 também foram adquiridas as contas corporativas das lojas *Apple Store* e *Google Play Store*, além da criação dos primeiros aplicativos móveis, nas áreas de publicações de jurisprudência e de conteúdos relativos às sessões dos Órgãos Colegiados deste Tribunal.

A partir de 2015, o estímulo a essa iniciativa passou a estar presente nos direcionadores e objetivos estratégicos do TCU e houve o lançamento dos primeiros produtos criados no contexto desse projeto de desenvolvimento de serviços digitais através de aplicativos móveis:

Tribunal de Contas da União
Centraliza as informações sobre todos os aplicativos fornecidos pelo TCU à sociedade, além de disponibilizar acesso a algumas informações do TCU.

Sessões
Disponibiliza as atas, pautas, áudios e vídeos das sessões dos Órgãos Colegiados do TCU, além de permitir que o usuário configure o recebimento de notificações sobre as atualizações desses conteúdos.

Publicações de Jurisprudência
Disponibiliza as publicações de jurisprudência pela Secretaria das Sessões: Informativo de Licitações e Contratos, Boletim de Pessoal e Boletim de Jurisprudência, além de permitir uma busca textual e a configuração para o recebimento de notificações sobre atualizações dessas publicações.

Vista Processual
Disponibiliza o acesso aos autos processuais, aos processos apensados e ao acompanhamento do andamento processual dos processos julgados pelo TCU.

Em novembro de 2015, foi criado o Núcleo de Mobilidade Digital (NMob), vinculado à Diretoria de Soluções Estratégicas, Administrativas e Mobilidade Digital (Diest/STI) e foi assinado o contrato com uma fábrica de *software* para prestação de serviços de desenvolvimento de aplicativos multiplataforma com intuito de aumentar a capacidade de entrega de serviços digitais nessa área. Como primeiros resultados dessa iniciativa, temos os seguintes aplicativos:

#EuFiscalizo
Criado em conjunto com a Secretaria de Comunicações (Secom), a Ouvidoria e a Segecex, permite que os cidadãos enviem manifestações com upload de fotos e arquivos georreferenciados através de seus dispositivos móveis. Permite também que os usuários sejam alertados sobre o impacto econômico das ações de controle promovidas pelo TCU nas diversas localidades por onde passar, através da tecnologia geofence. Esse aplicativo também será um canal de divulgação do TCU e disponibilizará os conteúdos relativos ao programa #EuFiscalizo.

Push de Processos Mobile
Construído em conjunto com a Secretaria de Gestão de Sistemas e de Informação para o Controle (Seginf), permite que as partes, interessados e advogados possam configurar e receber notificações, nos seus dispositivos móveis, sobre a movimentação dos processos no TCU. Esse aplicativo também disponibilizará a visualização de todo o andamento processual e um mecanismo para a configuração personalizada dos diversos processos de interesse, inclusive permitindo que se habilite ou desabilite o mecanismo de notificações de forma individual para cada processo.

Como resultados obtidos através da prospecção e do uso desse tipo de tecnologia, podemos citar:
a) Economicidade e melhor eficiência em relação a outras formas de comunicação;
b) Acesso direto ao usuário;
c) Agilidade para transmitir a informação ao usuário;
d) Maior disponibilidade de telefones móveis em relação aos computadores (PC);

e) Complementar o processo de comunicação do TCU;
f) Comunicação objetiva direta com menor custo;
g) Permitir que os usuários e beneficiários recebam informações dos processos relacionados;
h) Alto índice de aceitação e leitura;
i) Ampliação do relacionamento entre TCU, usuários e beneficiários de programas de governo;
j) Tempestividade na divulgação das informações;
k) Disponibilização de informação em plataforma móvel;
l) Alternativa aos meios convencionais de informação.

Esta obra foi composta em fonte Palatino Linotype, corpo 10
e impressa em papel Offset 75g (miolo) e Supremo 250g (capa)
pela Gráfica e Editora O Lutador, em Belo Horizonte/MG.